DEUXIÈME ÉDITION

LES
HOMMES
DE 1848

PAR

A. VERMOREL

PARIS
DÉCEMBRE-ALONNIER, LIBRAIRE-ÉDITEUR
20, RUE SUGER, 20
PRÈS DE LA PLACE SAINT-ANDRÉ-DES-ARTS

1869

LES

HOMMES DE 1848

EN VENTE A LA MÊME LIBRAIRIE :

HISTOIRE DES CONSEILS DE GUERRE DE 1852, ou Précis des événements survenus dans les départements à la suite du coup d'État de décembre 1851. Ouvrage plus complet que tous ceux qui ont paru jusqu'à ce jour en France, écrit d'après les documents officiels, les journaux de l'époque et classés par ordre alphabétique ; par les Auteurs du *Dictionnaire de la Révolution française*. Un beau vol. in-18 jésus, de près de 500 pages... 3 50

LE COUP D'ÉTAT DU 2 DECEMBRE 1851, par les Auteurs du *Dictionnaire de la Révolution française*. — Historique des événements qui ont précédé le coup d'État, physionomie de Paris, arrestation et barricades, pièces et documents officiels. Un vol. in-18 de 224 pages. Prix.................................. 0 50

POUR PARAITRE PROCHAINEMENT

LES HOMMES DE 1851, par A. VERMOREL. Un fort vol. in-18.

Imprimerie générale de Ch. Lahure, rue de Fleurus, 9, à Paris.

LES
HOMMES
DE 1848

PAR

A. VERMOREL

DEUXIÈME ÉDITION

PARIS
DÉCEMBRE-ALONNIER, LIBRAIRE-ÉDITEUR
20, RUE SUGER, 20
PRÈS DE LA PLACE SAINT-ANDRÉ-DES-ARTS

1869

LES HOMMES DE 1848

CHAPITRE PREMIER

ODILON BARROT

I

L'année 1847 fut signalée par une très-grande effervescence politique. L'entêtement sénile du roi Louis-Philippe dans une politique réactionnaire, l'immobilisation au pouvoir de M. Guizot, la résistance systématique du gouvernement à tout mouvement et à toute concession aux hommes pas plus qu'aux idées, avaient causé partout une irritation et un découragement qui gagnaient peu à peu les plus fidèles conservateurs eux-mêmes. Ce sentiment avait été exprimé d'une façon saisissante par M. Desmousseaux de Givré, dans une phrase restée fameuse (27 avril 1847) : « Moi qui « suis le moins considérable d'entre vous, qu'ai-je fait depuis « dix ans? Je n'ai pas fait autre chose que de travailler au « triomphe de mon parti politique. Eh bien ! mon parti po- « litique a triomphé : que se passe-t-il en France depuis que « le grand parti conservateur a conquis définitivement la « puissance? Que fait-on? qu'a-t-on fait? que veut-on « faire? *rien, toujours rien, rien sous toutes les formes.* »

A cette politique de résistance, et relevant un défi lancé par M. Duchâtel, ministre de l'Intérieur (1), l'opposition avait répondu par la campagne des banquets. Partout des pétitions se signent, partout des discours se prononcent pour la réforme électorale. Le signal est donné par le banquet du Château-Rouge; de Paris l'agitation se communique aux départements; les députés se mettent eux-mêmes en campagne pour entretenir le mouvement : M. Odilon Barrot à Rouen, M. de Lamartine à Mâcon, M. Ledru-Rollin à Lille, à Dijon, à Châlons.

Les attaques les plus vives et les plus directes se succédèrent contre le gouvernement. M. Odilon Barrot s'était écrié au banquet du Château-Rouge, invoquant les souvenirs de la glorieuse révolution de 1830 et flétrissant les misères de la politique actuelle : « On est arrivé au spectacle hon-
« teux qui afflige nos yeux, non pas en gouvernant selon
« notre révolution, mais en gouvernant contre elle, en
« manquant à tous ses principes, en déviant de toutes les
« conditions qu'elle avait imposées. Le désordre moral, qui
« menace cette société d'une dissolution entière, se mani-
« feste-t-il par des exemples assez éclatants ? Ah ! il est
« temps d'y porter remède ! Attendrons-nous que cette
« gangrène qui, Dieu merci, n'est encore qu'à la surface
« ait pénétré jusqu'au cœur et aux entrailles du corps
« social ?... A la révolution de Juillet ! Puisse son glorieux
« drapeau nous rallier tous, faire cesser toutes les divisions
« puériles de personnes et de mots, qui nous affaiblissent
« en face de l'ennemi commun, *et puisse la France sous*
« *ce glorieux drapeau refaire ce qu'elle a manqué en*
« *1830 !...* » Au banquet de Châlons M. Ledru-Rollin porte un toast à la Convention et revendique la date de 1793, au

(1) « Vous dites que le pays désire des réformes, nous mainte-
« nons le contraire, et nous vous mettons au défi de faire de l'agi-
« tation au moyen de la réforme ! »

nom de la France *sauvée du joug des rois*. A Mâcon, M. de Lamartine jette au gouvernement un anathème qui a dans tout le pays un retentissement profond : « Après avoir eu « les révolutions de la liberté et les contre-révolutions de « la gloire, vous aurez la révolution de la conscience publi- « QUE ET LA RÉVOLUTION DU MÉPRIS. »

Le peuple fait écho à M. de Lamartine, en jetant des pierres dans la voiture du duc de Montpensier, au retour d'une fête à Vincennes, et en la poursuivant des cris de : *A bas les voleurs !*

L'édifice du pouvoir craque de toutes parts et il va sombrer sous l'accumulation des scandales. Le gouvernement avait établi son empire par la corruption, qui, pratiquée d'abord à l'égard des membres du parlement, n'a pas tardé à descendre jusque dans le corps électoral. Les mœurs ayant ainsi reçu une atteinte profonde, le mal fit de rapides ravages. Les mœurs dissolues des classes supérieures de la société furent subitement révélées par une série d'événements tragiques qui plongèrent la France dans la stupéfaction : le procès Teste et Despans-Cubières, l'infâme assassinat commis par le duc de Praslin, la mort mystérieuse de M. Martin (du Nord), le suicide de M. Bresson, la folie criminelle de M. Mortier qui donna lieu à des débats cyniques. « Le pouvoir est dans des mains avides et corrom- « pues, » avait dit le général Cubières, compromis dans le procès Teste. Et les révélations les plus monstrueuses, les procès les plus scandaleux, vinrent successivement et avec une effrayante continuité justifier ces paroles. Pendant l'année 1847, chaque jour apportait quelques découvertes faites dans l'antre de la corruption. L'affaire des officiers comptables Lagrange et Bénier dévoila les désordres de l'administration de la Guerre, le célèbre procès de Rochefort, ceux de l'administration de la Marine. M. de Girardin révélait à la tribune de la Chambre des députés : que le ministère avait ostensiblement laissé vendre par ses *condottieri* du journal *l'Époque*, le privilége de l'Opéra-Comique, moyennant 100,000 francs ; qu'un mémoire, gros de preuves au sujet de cette transaction, avait été acheté 30,000 francs par le ministre de l'Intérieur pour étouffer le scandale; que 1,200,000 fr. avaient été demandés aux maîtres de poste pour présenter un projet de loi sur les relais ; qu'on avait trafiqué des titres nobiliaires; que des croix de la Légion d'honneur payaient de honteux services ; qu'on avait vendu jusqu'à des nominations à la pairie. Vainement la Chambre avait-elle essayé de couvrir ces scandales, en se déclarant, sur la proposition de M. de Morny, *satisfaite* des explications du ministère, qui ne pouvait qu'opposer d'impuisantes et dédaigneuses dénégations (1). M. de Malleville disait :

---

(1) Ces honteuses transactions étaient tellement passées dans les mœurs de l'époque, que leurs auteurs ne craignaient même pas de leur donner un caractère authentique. Sur les registres de l'enregistrement des actes sous-seing privé, 2ᵉ bureau, volume 45, folio 115, recto, cases 8 et 9, on trouve la pièce suivante : Le 19 mai 1841, enregistré un acte sous-seing privé du 18 mai dernier, portant : « Lettre missive adressée par M. de Labaleu à M. de Jussieu, « énonçant que M. Gouze a fait mander le signataire et l'envoie lui « dire qu'il est prêt pour satisfaire à ses désirs, A FAIRE RENDRE « LA LOI DANS CETTE SESSION, pour l'obtention de la soumission « du chemin de fer de Paris à Meaux, *à la condition de recevoir* « *pour indemnité de ses frais, démarches, etc.*, 450 *actions de mille* « *francs chacune, sans être tenu d'apporter aucun fonds quel-* « *conque.* »

M. de Boissy pair de France, écrivait dans une lettre rendue publique : « Notre gouvernement est le plus corrupteur, le plus « corrompu, comme il est vis-à-vis de l'étranger le plus lâche et « le plus traître des gouvernements qui ont pesé sur la France. « C'est la rapine, la dilapidation, l'ignominie personnifiées dans la « réunion de quelques hommes déguisés en ministres, muets du sé-« rail, instruments du système le plus vicieux, le plus sordide qui ait « jamais eu lieu. » — « Le temps de la justice approche, le gou-« vernement a voulu rendre les ténèbres encore plus obscures; la « lumière se fera; sous peu j'espère, la justice sera la justice et

« Déclarez pour la troisième fois que vous êtes satisfaits et
« le pays vous estimera assez pour ne pas vous croire. » Et
l'épithète de *satisfaits* restait infligée comme une désignation méprisante aux 221 votants de l'ordre du jour de M. de Morny.

L'affaire de Dujarrier, le gérant de la *Presse* assassiné en duel par Beauvallon (1), pour le compte de son beau-frère de Granier de Cassagnac, le *condottiere* de *l'Epoque*, dénoncé par M. de Girardin, vint mettre le comble à l'indignation publique et à la déconsidération du Ministère. Les magistrats eux-mêmes, si souvent complices des hontes du règne, ne purent s'abstenir de flétrir avec dégoût ces impudents misérables. Armand Marrast, dans le *National* du 17 août 1847, tirait la moralité de ces honteux débats :...

« Et comme si quelque chose manquait à ce tableau de ces
« mœurs si décentes créées par le pouvoir, il a fallu que
« ses amis, ses écrivains, ses familiers vinssent le compléter
« en Cour d'assises. Entre tous ces hommes de *noble race*,
« on en a distingué un qui fut le plus chaud, le plus vio-
« lent, le plus débraillé des défenseurs du Cabinet. Eh bien !

« non l'instrument dont se sert le pouvoir pour favoriser les voleurs
« et les assassins, pour persécuter, frapper, anéantir ceux qui veu-
« lent dénoncer ses crimes. Aux premiers, toute liberté pour con-
« server leur liberté ; pour les derniers toutes les rigueurs que peut
« suggérer la crainte que la vérité se fasse jour... LE POUVOIR A
« BEAU AVOIR LA DISPOSITION DE L'ARMÉE, L'ARMÉE LE MÉPRISE ;
« l'armée est indignée qu'il n'y ait la plupart du temps de récom-
« penses que pour les services d'antichambre ; que les grades et
« les décorations soient données non pas au sang versé, non pour
« des services militaires, mais pour des services de laquais... »

(1) Beauvallon et l'un de ses témoins, Vincent dit d'Ecquevilley furent condamnés à cinq ans de réclusion par la Cour d'assises de la Seine. Ils s'évadèrent de la Conciergerie où ils étaient détenus le 24 février 1848. Quelque temps après ils obtinrent leur grâce de M. Crémieux, ministre de la Justice. M. Crémieux avait été leur avocat devant la Cour d'assises.

« quel rôle a pris M. Granier, l'ancien rédacteur en chef
« de *l'Époque*? Le président est obligé de le blâmer sévè-
« rement pour sa conduite dans la salle des témoins. L'a-
« vocat général lui reproche des contradictions mons-
« trueuses dans sa déposition. Le magistrat, en résumant
« les débats, est plus dur encore : *Le sieur Granier (de Cas-*
« *sagnac) demande, à être entendu par le juge d'instruction,*
« *il affirme qu'il n'a pas prêté ses pistolets :* IL MENT...
« Et deux autres affirmations sont deux autres mensonges.
« Ce même homme, ainsi traité en Cour d'assises, avait été
« condamné la veille à payer une dette qu'il niait, et son
« adversaire lui avait adressé publiquement le reproche
« d'être *un infâme impudent!...* Tel est l'individu qui jouis-
« sait de la confiance et des faveurs illimitées de MM. les
« ministres, le grand défenseur de leur politique, le seul
« écrivain de quelque talent employé dans ce journal établi
« pour recevoir les confidences ministérielles et vanter les
« hautes vertus du 29 octobre! M. Granier est entré si avant
« dans ces confidences qu'on peut le désigner comme ayant
« offert de vendre un projet de loi 1,200,000 francs, sans
« que le parquet éclaircisse l'affaire. En vain on précise le
« fait, les témoins, les circonstances. M. Granier est pro-
« tégé contre la morale publique et contre la loi; car il
« importe avant tout qu'il ne soit pas tenté d'ajouter aux
« scandales en révélant ce qu'il sait (1). »

(1) Après la chute de son ancien patron, M. Granier de Cassagnac voulut offrir ses services à la République. La note suivante
du journal le *Monde* nous apprend comment ses avances furent
accueillies :

« Nous recevons de Plaisance (Gers) une lettre signé d'un nom
« respecté, qui nous apprend une incroyable nouvelle, et pourtant
« une nouvelle certaine. Au milieu d'une réunion préparatoire de
« deux mille électeurs, où l'on devait entendre la profession de
« foi de plusieurs candidats, on a vu, en avril 1848, six semaines
« après l'expulsion de M. Guizot! apparaître à la tribune, pour solli-

C'est sous ces auspices que s'ouvrit la session de 1848. La discussion de l'adresse fut remarquablement vive; ce fut une véritable mise en accusation du gouvernement. M. Odilon Barrot ouvrit le feu en interpellant le ministère, sur une affaire de concussion nouvellement révélée : celle de

« citer les suffrages des républicains du Gers, qui?... M. Adolphe
« Granier de Cassagnac ! Pas n'est besoin de dire que, hué, sifflé,
« bafoué, conspué, le *roi des drôles*, avec sa profession de foi ren-
« trée, a été jeté à la porte. »

L'heure de M. Granier de Cassagnac n'était pas encore venue. Il reparaît un an après, en avril 1849 par une lettre adressée au *Mémorial bordelais* dans laquelle il attise en ces termes sauvages les haines et les terreurs de la réaction : « Il faut, écrit-il, non
« pas réfuter le socialisme, mais le *supprimer*. La société est en
« présence du socialisme comme en présence d'un ennemi capital
« et implacable; il faut que la société *l'anéantisse* ou qu'elle soit
« anéantie. Dans ces termes toute discussion se réduit à une *lutte*
« et toute raison à une *arme*. Que fait-on vis-à-vis d'un ennemi ir-
« réconciliable qui se dresse devant vous et qui vous apporte la
« ruine et la mort? Fait-on de la controverse ? Non; on fait de *la*
« *guerre*. Ainsi la société doit se défendre contre le socialisme,
« non par des raisonnements mais par *la force*. Elle doit non pas
« discuter ou réfuter ses doctrines, mais les *supprimer*. Cela me
« paraît plus clair que le jour. » M. de Cassagnac « jure Dieu »
que cette extermination des socialistes ne se fera pas attendre
« tant que ceux qui pensent comme lui auront la ressource d'un
« fusil ou d'une fourche. »

Dans la séance de l'assemblée constituante du 11 avril 1849, M. Léon Faucher ministre de l'Intérieur, interpellé sur l'intervention illégale de la police dans les réunions électorales, crut devoir, suivant une tactique habituelle à tous les gouvernements, dénoncer des propos incendiaires qui auraient été tenus dans ces réunions. M. Ledru-Rollin lui répliqua : « J'ai posé une question de droit,
« vous y répondez par des faits puisés je ne sais où et je ne sais
« dans quel sentine. Je vous parle du droit électoral, de ce qu'il
« a de plus vivace et de plus sacré, et vous me répondez par des
« rapports qui peuvent contenir les paroles de je ne sais quels
« agents provocateurs. Vous dites qu'on a parlé d'anéantir les
« hommes qui seraient les ennemis du principe démocratique, vous

M. Petit, ex-receveur des finances à Corbeil, qui avait publié un mémoire, pour apprendre comment il avait dû acheter 30,000 francs une démission de référendaire à la Cour des Comptes. M. Odilon Barrot foudroie M. Guizot par ces paroles : « Il y a longtemps que je savais que nous ne nous
« comprenions plus en politique ; mais je croyais que nous
« pouvions encore nous entendre sur les choses d'honneur
« et de moralité. » M. Guizot ne peut que balbutier des excuses, en se rejetant sur les usages, sur les précédents, en faisant honneur de l'indignation de ses adversaires aux progrès de la moralité publique ! Et il présente un projet de loi pour prévenir le retour de semblables actes à l'avenir. M. Dufaure ouvre une issue, en proposant de déclarer que les actes étaient coupables, mais que leurs auteurs ne l'étaient pas. Mais M. Guizot resta sous le coup d'un sarcasme lancé par M. Lherbette, contre les « Tartuffes de
« probité politique, » et de cette apostrophe écrasante de

« dites qu'on a parlé de les repousser par la force... Ce langage,
« tout blâmable qu'il serait, n'est dans tous les cas qu'une repré-
« saille. Vous avez pu lire tous dans les journaux, la profession
« de foi d'un prétendu candidat, à qui je ne veux pas faire l'hon-
« neur de prononcer son nom ici à la tribune... (*Approbation à*
« *gauche.* — *Chuchottements.* — *C'est Granier de Cassagnac!*)
« Eh bien, cet homme qui, pendant qu'il a tenu une plume, n'a
« jamais cessé, vous le savez bien, d'être un agent provocateur ;
« cet homme qui, au 24 février, comme tant d'autres, au lieu de
« défendre ses maîtres, s'est caché, voici, aujourd'hui qu'il croit
« que c'en est fait de la République, voici le langage qu'il tient : »
Et M. Ledru-Rollin cite les paroles reproduites plus haut.

M. Granier de Cassagnac fut appelé peu de temps après à la rédaction en chef du *Constitutionnel*. Il se fit l'apologiste du Coup d'Etat, et il est devenu un des appuis les plus ardents du second empire qui l'a fait chevalier, puis officier de la Légion d'honneur. Enfin il fut nommé député au corps législatif après 1851. Sa fortune sous M. Rouher en 1868 est beaucoup plus élevée qu'elle le fut jamais en 1847 sous M. Guizot.

M. O. Barrot : « Que la majorité vote pour vous, et que le « pays prononce ensuite sur nous tous ! »

M. Billault, dans un discours qui est un véritable réquisitoire, développe un amendement ainsi conçu : « Nous « nous associons au vœu de votre majorité, en demandant « avant tout, au gouvernement, de travailler sans relâche à « développer la moralité des populations, *et de ne plus* « *s'exposer à l'affaiblir par de funestes exemples* ».

M. Léon Faucher attaque la question des finances ; le gouvernement, malgré sa promesse formelle, venait d'émettre un nouvel emprunt : « La situation financière, dit « M. Léon Faucher, préoccupe tous les esprits ; elle est peut- « être plus grave que notre situation politique. En tout cas, « elle est signalée par les mêmes caractères : c'est le même « relâchement dans l'administration, le même désordre « dans les faits ». M. A. Fould exprime les mêmes craintes avec une égale énergie : « Nous avons engagé nos finances, « et aujourd'hui nous nous trouvons en face d'une situation « grave, compromise uniquement par notre faute. » Vainement le ministre des finances, M. Dumont, essaye-t-il de justifier le gouvernement. M. Thiers monte à la tribune « pour éclairer le pays sur les dangers qu'on cherche à lui « cacher. » Il expose, avec sa lucidité ordinaire, l'état réel de la situation : — Un budget ordinaire de 1,400 millions, un budget extraordinaire de 150 millions, une dette flottante de 750 millions dont l'augmentation avait été de 300 millions pour les cinq dernières années. L'impôt de chaque année ne couvrait pas les dépenses ordinaires. Que faisait-on pour combler le déficit ? On absorbait d'avance les réserves de l'amortissement, et on était poussé à porter la dette flottante à une proportion dont l'imprudence était démesurée.

Voici ce qu'on avait pris, dans les huit dernières années, à l'amortissement et à l'emprunt :

Sur les fonds destinés au rachat

du 5 0/0...	632,521,486 fr. 66 c.	
du 4 1/2...	4,817,215 13	649,719,637 fr. 02 c.
du 4 0/0...	12,380,935 23	

Et de plus on avait emprunté,

En 1841,....	150,000,000 fr.	
En 1844,....	200,000,000	600,000,000 fr. »
En 1847,....	250,000,000	

Il avait donc été dévoré une somme de 1,249,719,637 fr. 12 c.

La dette inscrite en 1830 était de 218 millions; en 1848, elle était de 240 millions. La dette flottante avait été portée de 270 millions à 960 millions. La royauté de Juillet avait dépensé, en moyenne, 122 millions au delà des ressources ordinaires qui elles-mêmes n'avaient fait que s'accroître (1).

« Si nous continuons longtemps encore, concluait M. Thiers, « (on peut le redouter à entendre ce que disait le rappor- « teur du budget et la réponse du ministre) si nous con- « tinuons encore longtemps sans changer de conduite, « soyez-en convaincus, vos finances marchent vers une « catastrophe. » L'effet de ce discours fut immense. Voici comment le *National* en résumait l'impression : « Quel « héritage laisserez-vous au pays? quel est le dernier terme, « prochain peut-être, de votre système? Il faut dire le « mot, c'est la banqueroute. Avec la durée de ce qui est, « il n'y a pas d'autre issue : la banqueroute par la paix, « la banqueroute comme résultat presque inévitable de « cette politique d'ordre. »

(1) Ces chiffres étaient énormes pour l'époque. On n'a qu'à les comparer aux chiffres publiés récemment des budgets du second empire (*la Marée montante*, par Achille Mercier, le *Bilan de l'empire* par Horn, les *Déficits*, par Allain Targé), pour se convaincre que nous avons fait des progrès depuis cette époque. Aujourd'hui on ne s'émouvrait plus pour si peu.

Une campagne non moins vive est dirigée contre la politique extérieure du Cabinet qui, en Italie et en Suisse, a sacrifié complétement la cause de la liberté et de la Révolution. M. de Lamartine se fait l'apôtre ardent de la nationalité italienne : il appelle avec enthousiasme le jour de la résurrection de l'Italie, et saisissant corps à corps le ministère : « Pour-
« quoi abandonnez-vous l'Italie? Pourquoi êtes-vous rejetés
« forcément dans des alliances antipathiques à votre na-
« ture constitutionnelle et libérale dans le monde, comme
« à votre situation géographique à côté de la Suisse et de
« l'Italie? Pourquoi? C'est que votre politique, permettez-
« moi de vous le dire, elle n'est plus à vous, c'est que
« votre politique est engagée à Madrid par les mariages es-
« pagnols, c'est que votre politique, vous avez été obligés
« de la brûler derrière vous avec toutes vos alliances na-
« turelles et toutes les sympathies des peuples, le jour où
« vous avez fait cette concession à un intérêt que M. Thiers
« appelait si justement un autre intérêt que l'intérêt na-
« tional, à un intérêt que je ne veux pas caractériser. De
« ce jour, toute votre politique a été une politique contre
« nature, toutes vos alliances ont été condamnées à être
« des contre-sens. Vous avez été obligés de porter partout
« la faiblesse à vos amis et à vos principes, secours et force
« à vos adversaires et à vos ennemis. Voilà la vérité : *et
« vous n'êtes pas le premier gouvernement auquel cela est
« arrivé.* Pensez-y bien ! » M. Odilon Barrot vient s'associer aux paroles généreuses et ardentes de M. Lamartine :
« En résumé, messieurs, dit-il en terminant, et puisque
« chaque opinion a sa responsabilité, et je ne récuse pas
« la mienne, je ne crains pas de prendre sous ma respon-
« sabilité entière les deux propositions suivantes : Sur la
« reconstitution de l'indépendance italienne, de la patrie
« italienne, liberté d'action pour mon pays, selon ses in-
« térêts, selon ses sympathies. Sur la question d'interven-

« tion armée de l'Autriche contre les institutions libres des
« autres États, *nécessité, obligation, devoir d'honneur pour
« la France de s'y opposer, au besoin même, par les armes.*
« Ce sont là deux propositions que je tiendrais à maintenir,
« prenant la responsabilité de ces propositions, et je ne
« crains pas que mon pays me désavoue. » A une séance
suivante, à propos de la question du Sunderbund, M. Odilon Barrot réitère au gouvernement l'avertissement qui lui avait été précédemment donné par M. de Lamartine :
« Eh bien ! croyez moi, dans un intérêt de conservation
« arrêtez, arrêtez le gouvernement sur cette pente fatale !
« C'est une étrange destinée que la sienne : issu d'une ré-
« volution populaire, issu du sentiment de liberté, d'indé-
« pendance nationale, de cette grande vérité que les peu-
« ples sont maîtres de leur sort, voilà deux fois dans sa
« carrière qu'il se trouve tristement et fatalement amené à
« intervenir contre des peuples faisant valoir leurs droits ;
« et cela, parce qu'ils ont eu le malheur d'avoir un carac-
« tère libéral ! »

M. Thiers veut aussi prendre sa part de ce débat, et il dépasse encore ses collègues dans l'expression de ses sympathies pour « cette noble contrée qui, en ce moment, se
« débat sous la main de maîtres impitoyables. » « L'Italie,
« malheureusement, l'Italie doute de nos sentiments pour
« elle ; lorsqu'elle a besoin d'espérance, ce n'est plus vers
« nous qu'elle tourne ses regards. C'est un malheur pour
« elle, c'est un malheur pour nous ! Il importe qu'elle ne
« doute pas de nos sentiments ; il importe qu'elle sache que
« ses souffrances, que ses espérances rencontrent ici d'ar-
« dentes sympathies. Je voudrais que ma voix ait une force
« qu'elle n'a pas pour dire aux Italiens : la France vous
« aime ; elle vous aime comme une contrée longtemps as-
« sociée à ses destinées ! Il faut que l'Italie sache que la
« France lui souhaite d'être indépendante, libre et heu-

« reuse... Certainement nous ne devons pas porter la li-
« berté violemment, ni perfidement nulle part : mais nous
« ne devons pas souffrir qu'on vienne l'étouffer avec des
« baïonnettes partout où elle se sera développée, comme
« l'herbe pousse au printemps. Là je le répète, elle est
« sacrée, et la France ne doit point souffrir qu'on y touche. »

La contradiction des antécédents de M. Thiers, leur caractère contre-révolutionnaire enlevaient bien un peu de sa force à ce discours, et M. Guizot put lui adresser victorieusement cette réponse cruelle : « qu'entre eux il n'y
« avait de différence que la différence des situations et
« qu'à sa place M. Thiers eût agi et parlé comme il par-
« lait et agissait lui-même. » Mais cette déclaration que M. Thiers fit avec une certaine émotion ne laissa pas de produire une très-vive impression : « Je ne suis pas ra-
« dical : messieurs les radicaux le savent bien, et il suffit
« de lire leurs journaux pour s'en convaincre. Mais en-
« tendez bien mon sentiment : Je suis du parti de la Révo-
« lution, tant en France qu'en Europe. Je souhaite que le
« gouvernement de la révolution reste dans les mains des
« hommes modérés. Je ferai ce que je pourrai pour qu'il
« continue à y être. Mais quand ce gouvernement passera
« dans les mains des hommes moins modérés que moi et
« mes amis, dans les mains d'hommes ardents, fût-ce les
« radicaux, je n'abandonnerai pas ma cause pour cela. Je
« serai toujours du parti de la Révolution. »

C'est sur la question des banquets que se livre la grande bataille. M. Duvergier de Hauranne, qui prend le premier la parole, résume tous les griefs contre le ministère. « Pour
« moi, ce qui me confond, dit-il, c'est qu'après de tels
« exemples, après de tels scandales, vous vous étonniez
« que chaque jour les classes qui gouvernent deviennent
« plus suspectes aux classes qui sont gouvernées ; ce qui
« me confond, c'est qu'il vous paraisse singulier qu'entre

« les unes et les autres un abîme se creuse, et que sous nos
« pieds mêmes des idées funestes, *anarchiques*, anti-so-
« ciales fassent quelquefois explosion. Vous dites, je le sais,
« que ce sont nos journaux, nos discours, nos banquets, qui
« font cela. Eh bien ! nous disons, nous, que ce sont les
« doctrines que vous professez, la politique que vous pra-
« tiquez, les exemples que vous donnez. » Puis abordant
le fond même du débat et la prétention nouvelle émise par
le ministère d'interdire les banquets : « A-t-on, oui ou non,
« dans un pays libre, le droit de faire appel au pays con-
« tre les majorités parlementaires? A-t-on, oui ou non,
« le droit de se réunir pour exprimer son opinion sur les
« affaires communes? Voici, messieurs, le vrai point du
« débat... Puisque vous voulez interdire les banquets, osez
« donc proposer une loi qui étende, qui complète la loi
« des associations. Osez faire en 1848 ce qu'on n'a pas fait
« en 1834, au milieu des émeutes et en présence d'une
« vaste conspiration ! Osez démentir ainsi toutes vos pa-
« roles, toutes vos promesses, et prouvez une fois de plus
« au pays que nous sommes à l'intérieur comme à l'exté-
« rieur, en pleine contre-révolution. » Au discours de
MM. Duvergier de Hauranne, Marie, Crémieux, de Malleville, M. Duchâtel répond par ce défi : « Je n'hésite pas à
« dire que l'on se trompe si l'on croit que le gouvernement,
« accomplissant son devoir, cédera devant des manifestations
« quelles qu'elles soient ; non, il ne cédera pas. » — « Vous
« avez des mots malheureux, s'écrie M. Crémieux, « vous vous
« servez des propres expressions de Charles X. » M. Odilon
Barrot réplique à M. Duchâtel : « Il y a quelque chose de
« pénible, je dirai même d'humiliant pour moi, d'être ap-
« pelé à défendre aujourd'hui, en 1848, dix-sept ans après
« la révolution de Juillet, contre le gouvernement issu de
de cette révolution, le même droit que j'ai exercé sous la
« Restauration, à la veille de la révolution de Juillet, dans

« les circonstances politiques les plus graves, lorsque nous
« relevions le défi jeté par la Couronne, et que nous lui
« signifions que la nation française ne se laisserait point
« arrêter par des coups d'État dans la carrière de liberté
« dans laquelle elle était entrée. Comment! dix-sept ans
« après, ce gouvernement issu du mouvement même que
« nous avons alors imprimé à l'opinion, et qui lui doit sa
« naissance, son origine, se retourne contre la liberté dont
« il est né!... Voilà à quoi vous faites descendre ce droit
« politique, voilà à quel point il dégénère et s'abaisse en
« vos mains : le droit de se réunir est une faculté de police ;
« le droit de délibérer en commun, le droit de discuter en
« commun, droit nécessaire à la liberté, ce droit ne peut
« plus s'exercer que sous le bon plaisir de la police. Mer-
« veilleux pays que celui où nous vivons! après cinquante
« ans de luttes pour la liberté, les citoyens ne peuvent se
« réunir pour se concerter sur l'accomplissement d'un de-
« voir que sous le bon plaisir de la police! J'avais donc
« raison de dire, en montant à cette tribune que j'ai éprouvé
« non-seulement un sentiment pénible, mais un sentiment
« d'humiliation pour l'avortement de nos longues luttes et
« la triste inutilité de nos efforts en faveur de la liberté.
« Oui! vous, ministres de la révolution populaire de Juillet!
« vous dont le pouvoir a été sanctionné par le sang des
« martyrs de la liberté, vous contestez un droit que les
« ministres de la Restauration, au moment où elle allait être
« brisée, ont reconnu et respecté! Voilà ce qui est un fait,
« un fait indélébile. Ce qui a été respecté par M. de Polignac
« est violé par vous! »

M. Ledru-Rollin traite la question de droit dans une
argumentation très-serrée et il relève avec fermeté, en terminant, le défi de M. Duchâtel : « Répétons-donc tous au
« ministère : Prenez-y garde! Oui, le droit est pour nous, et
« vous ne pouvez le violer sans attirer sur votre tête la plus

« lourde de toutes les responsabilités. *Tous nous irons jus-*
« *qu'au bout* : et si nous sommes brisés dans la lutte, aux
« mêmes moyens d'oppression il faut opposer les mêmes
« armes ; que le pays alors comme en 1829, forme une asso-
« ciation pour le refus de l'impôt. »

« Souvenez-vous du jeu de Paume de 89 à Versailles !
« dit M. de Lamartine. Savez-vous ce que c'était que le
« jeu de Paume ? Le jeu de Paume ne fut qu'un lieu de réu-
« nion publique fermé par des ministres imprudents et rou-
« vert par la main de la nation à la représentation outragée
« du pays. »

Cependant la majorité compacte reste insensible à tout ce déploiement d'ardente éloquence : l'amendement même qui voulait retrancher de l'Adresse les paroles injurieuses du discours royal, est repoussé. M. de Girardin propose alors à l'opposition de donner sa démission en masse, ce qui eût certainement produit un très-grand effet dans le pays, et ce qui eût provoqué par la réélection non douteuse des démissionnaires une véritable mise en demeure faite au ministère. Mais l'opposition n'était point susceptible d'une initiative aussi énergique. M. de Girardin seul donna sa démission par la lettre suivante adressée au président de la Chambre :

« Entre la majorité intolérante et la minorité inconséquente
« il n'y a pas de place pour qui ne comprend pas : le
« pouvoir sans l'initiative et le progrès ; l'opposition sans
« la vigueur et la logique. Je donne donc ma démis-
« sion. »

L'opposition cependant, par une résolution insérée dans les journaux, décide qu'elle maintiendra à tous risques le droit de réunion, et qu'à cet effet elle assistera au banquet du 12me arrondisement que le ministre de l'Intérieur a déclaré à la tribune vouloir interdire. Le ministère s'émut de ce défi ; mais l'opposition était déjà altérée elle-même de son audace. M. de Morny s'interposa et on convint de se borner à un simulacre de résistance légale (1). Aussitôt que les convives auraient pris place, un commissaire de police viendrait constater la contravention. M. O. Barrot protesterait, pour la forme, contre cet abus de l'autorité, puis les députés se retireraient en faisant tous leurs efforts pour obtenir de la foule qu'elle s'éloignât dans un calme silencieux. Jusqu'à l'arrêt de la Cour de cassation, les députés de l'opposition n'assisteraient à aucun banquet défendu par l'autorité municipale. Ainsi tout ce grand déploiement d'hostilité dans la discussion de l'Adresse allait aboutir à une simple comédie parlementaire! Mais le sort en était jeté, et, malgré tout, la lutte devait s'engager. Il est douteux d'ailleurs que le peuple, qui avait pris la démonstration au sérieux et dont les débats de l'Adresse avaient surrexcité tous les sentiments,

---

(1) M. de Morny, l'auteur de l'ordre du jour des *satisfaits*, avait pris depuis quelques temps ce rôle de médiateur entre l'opposition et le gouvernement. Il avait publié dans la *Revue des Deux-Mondes* du 1er janvier un article : *Quelques réflexions sur la politique actuelle*, dans lequel il demandait que l'on donnât « une satisfaction raisonnable à l'opinion » en mettant une limite à l'invasion des fonctionnaires dans la Chambre. On cite ce mot que Louis-Philippe lui aurait dit à cette occasion : « Vous ne connaissez pas ce pays, « on ne peut le gouverner qu'avec des fonctionnaires publics. » — M. de Girardin, contre lequel avait été dirigé le vote des *satisfaits* releva très-vivement dans la *Presse*, à propos de cet article, l'inconséquence de M. de Morny, « qui votait autrement qu'il par-« lait, ou qui parlait autrement qu'il votait; et il demanda s'il « existait à la Chambre un de ces travestissements qui partage des « pieds à la tête, Arlequin en deux moitiés égales, l'une devant « être vue par les électeurs, l'autre devant être regardée par les « ministres. » M. de Morny fit demander des explications à M. de Girardin et se trouva satisfait de la déclaration de ce dernier qu'il n'avait pas eu l'intention de le blesser personnellement. Les témoins de M. de Morny dans cette circonstance étaient le maréchal Bugeaud, et M. de la Valette, alors membre de la majorité conservatrice, depuis ministre de l'Intérieur du second empire. Les témoins de M. de Girardin étaient MM. de Malleville et de Préval.

se fût prêté à ce simulacre dérisoire. Un incident survint qui rompit le contrat conclu sous les auspices de M. de Morny. La commission générale du banquet, qui ne connut que tardivement la convention intervenue, rédigea un programme de la manifestation, publié aussitôt par les journaux, qui convoquait la garde nationale, et assignait l'ordre et la marche du cortége. Le manifeste irrita vivement le ministère, qui comprit enfin toute la gravité de la démonstration, et revint à son intention première de l'interdire formellement. Les députés étaient effrayés eux-mêmes de l'audace des commissaires du banquet. Une interpellation est adressée pour la forme au ministre de l'Intérieur par M. O. Barrot qui désavoue d'ailleurs le manifeste; désaveu dont prend acte M. Duchâtel. Puis enfin après de nombreuses hésitations l'opposition décide qu'elle n'assistera pas au banquet (1) et se rabat pour dissimuler sa défection, sur le dépôt immédiat d'un acte d'accusation contre le ministère. M. de Lamartine proteste seul contre cette décision : « La place de la Con-
« corde dût-elle être déserte, tous les députés dussent-ils
« se retirer de leur devoir, j'irai seul au banquet avec mon
« ombre derrière moi (2). » Mais à la suite de tous ces inci-

(1) Mme Daniel Stern rapporte que, « à la veille du banquet,
« Mme Odilon Barrot élevant sa voix dans une réunion de ces
« hommes irrésolus, les avait fait rougir de leur prudence ex-
« cessive, et avait reproché avec véhémence à M. Thiers son in-
« fluence funeste à l'honneur du parti. »

(2) M. de Lamartine avait soutenu avec une grande vigueur et une ardente éloquence l'impossibilité de reculer : « Nous sommes
« placés, par la provocation du gouvernement, entre la honte et le
« péril... La honte ! messieurs, peut-être serions-nous assez grands,
« assez généreux pour l'accepter nous-mêmes... Oui ! notre honte
« plutôt qu'une goutte du sang du peuple ou des troupes sur votre
« responsabilité. Mais la honte de notre pays ! mais la honte de la
« cause constitutionnelle, mais la honte du caractère et du droit de
« la nation ! Non ! non ! non ! nous ne le devons pas, nous ne le
« pouvons pas ; nous ne devons, ni en honneur, ni en conscience,

dents et cédant à la pression des députés, la commission, à la tête de laquelle était M. Armand Marrast, rédacteur en chef du *National*, décide que le banquet n'aura pas lieu.

Pendant que le peuple, animé par toutes ces surexcitations, se lève en masse, spectateur menaçant de ce qui va se passer, et tout disposé à engager l'action, le 22 février, M. Odilon Barrot dépose sur le bureau du président de la Chambre l'acte d'accusation.

Le président, M. Sauzet, communique ce document à M. Guizot, qui regarde, lit, et lui rend le papier avec un geste de mépris. Et M. Sauzet lève la séance sans même daigner annoncer à la Chambre le dépôt que vient de faire M. Odilon Barrot. Voilà le texte de ce document, qui n'en

« l'accepter... Et que dirions-nous, en rentrant dans nos départe-
« ments, à ceux qui nous ont confié la défense de leurs droits et le
« soin de leur dignité de peuple libre? Quelle serait notre attitude?
« Quel serait notre rôle devant eux? Quoi! nous avons exercé avec
« eux, sur la foi de l'usage et du droit chez tous les peuples libres,
« sur la foi de la Restauration, sur la foi des ministres de la révo-
« lution de Juillet eux-mêmes, qui nous ont donné l'exemple, ce
« droit légal de réunion politique... Nous leur avons dit : Si on
« attaque ce droit, nous le défendrons; nous le sauverons pour
« vous; nous vous le rapporterons tout entier, ou du moins investi
« des garanties et des règles qu'il appartient à la loi seule de lui
« donner pour en régler l'exercice... Oui, voilà ce que nous leur
« avons dit. Et aujourd'hui, cédant lâchement à une capricieuse et
« arrogante injonction d'un ministre du haut de la tribune, nous
« prendrions son interdiction arbitraire pour la loi!... Et nous
« rentrerions dans nos départements en disant à nos commettants :
« Voilà ce que nous vous rapportons de ce champ de bataille légal,
« où vous nous aviez envoyé combattre pour vous : les débris de
« votre constitution, les ruines de votre liberté d'opinion, l'arbi-
« traire ministériel à la place du droit national! Nous avons mis le
« cou de la France sous les pieds d'un ministre. Non! non! cela
« n'est pas possible! nous ne serions plus des hommes! Nous de-
« vrions donner à l'instant même notre démission, disparaître, et
« nous anéantir dans la déconsidération publique! »

reste pas moins acquis à l'histoire, avec toutes les signatures qui l'accompagnent :

« Nous proposons de mettre le ministère en accusation, « comme coupable :

« 1° D'avoir trahi au dehors l'honneur et les intérêts de « la France ;

« 2° D'avoir faussé les principes de la Constitution, violé « les garanties de la liberté, et attenté aux droits des ci-« toyens ;

« 3° D'avoir, par corruption systématique, tenté de subs-« tituer à la libre expression de l'opinion publique les cal-« culs de l'intérêt privé, et de pervertir ainsi le gouverne-« ment représentatif ;

« 4° D'avoir trafiqué, dans un intérêt ministériel, des « fonctions publiques, ainsi que de tous les attributs et pri-« viléges du pouvoir ;

« 5° D'avoir, dans le même but, ruiné les finances de « l'État, et compromis ainsi les forces et la grandeur natio-« nale ;

« 6° D'avoir violemment dépouillé les citoyens d'un droit « inhérent à toute constitution libre (*le droit de réunion*), « et dont l'exercice leur avait été garanti par la Charte, « par les lois et par les précédents ;

« 7° D'avoir enfin, par une politique ouvertement contre-« révolutionnaire, remis en question toutes les conquêtes de « nos deux révolutions, et jeté dans le pays une perturba-« tion profonde. »

Suivent les signatures de MM. Odilon Barrot, Duvergier de Hauranne, général Thiard, Dupont (de l'Eure), Isambert, Léon de Malleville, Garnier-Pagès, Chambolle, Baroche, Léon Faucher, Havin, Hortensius Saint-Albin, Crémieux, Gauthier de Rumilly, Rimbault, Boissel, Beaumont (de la Somme), Lesseps, Mauguin, Creton, Abattucci, Luneau, Baron, Georges Lafayette, Marie, Carnot, Bureaux de Pusy, Dusolier, Mathieu (Saône-et-Loire), Drouyn de L'huys, Bethmont, Lherbette, Pagès (de l'Ariége), Ferdinand de Lasteyrie, de Courtais, d'Aragon, de Cambacérès, Drault, Marquis, Bigot, Quinette, Maichain, Lefort-Gonssollin, Tessié de la Motte, Demarçay, Berger, Bonin, de Jouvencel, Larabit, Vavin, Maurat-Ballange, Taillandier, Garnon.

II

Si l'on pouvait reprocher aux hommes qui étaient à la tête du parti libéral quelque indécision dans l'action, ils formaient cependant un groupe de citoyens éminents et loyaux, sincèrement dévoués à la liberté : MM. Odilon Barrot, Duvergier de Hauranne, Billault, Baroche, Marie, Crémieux, Fould, Léon Faucher, etc. On pouvait contempler avec sérénité l'avenir, en songeant que de tels hommes sauraient sûrement faire tourner au profit de l'établissement définitif de la liberté, les événements quels qu'ils fussent. L'engagement solennel pris par M. Thiers, de ne se mettre jamais et en aucun cas dans les rangs de la réaction, alors même que la direction des affaires passerait aux mains des radicaux, achevait de rendre la situation tout à fait rassurante.

Il existait bien à la vérité une scission déclarée entre les libéraux et les radicaux, ceux-ci représentés à la Chambre par le seul M. Ledru-Rollin : M. Carnot et M. Garnier-Pagès, le frère du célèbre orateur radical mort en 1839, s'étaient ralliés à M. Barrot. MM. Louis Blanc et Flocon avaient vivement protesté dans la *Réforme* qu'ils dirigeaient contre la conciliation à outrance avec les Duvergier de Hauranne, les Malleville et autres hommes qui naguère encore étaient les soutiens les plus ardents du système. La question s'était posée sur le terrain pratique au banquet de Lille, réuni par l'influence de M. Ledru-Rollin ; et

M. Odilon Barrot avait dû s'abstenir par suite du refus de M. Ledru-Rollin d'accepter un toast ainsi rédigé : « A la « réforme électorale et parlementaire, *comme moyen d'af-* « *fermir les institutions de Juillet.* » M. Ledru-Rollin exigeait la suppression du dernier membre de phrase (1). La différence qui existait entre les radicaux et les libéraux, c'est que ceux-ci bornaient leurs pétitions aux réformes purement politiques, tandis que les autres ne voyaient dans les réformes politiques qu'un moyen de réaliser des réformes sociales. La *Réforme* avait publié en ce sens un programme dont elle avait confié la rédaction à M. Louis Blanc ; et M. Ledru-Rollin avait affirmé ces principes dans sa profession de foi adressée aux électeurs du Mans qui l'avaient envoyé à la Chambre : « Pour nous, le peuple, « c'est tout. Passer par la question politique pour arriver à « la question sociale, telle est la marche qui caractérise le « parti démocratique en face des autres partis. »

Mais peut-être était-ce le moment d'affirmer les questions qui unissaient plutôt que d'insister sur celles qui divisaient ; et peut-être était-il sage en face d'un pouvoir aussi réfractaire et aussi hostile à tout progrès, de réunir tous les efforts sur le terrain de la liberté et de la réforme électorale contre l'ennemi commun. Nous avons cité l'appel à l'Union libérale fait au banquet du Château-Rouge par M. Odilon Barrot. M. Pagnerre, délégué du comité central de la Réforme au banquet du Neubourg (Eure), justifiait ainsi cette union : « Cherchons ce qui nous unit, et non ce qui nous divise. L'ac-

(1) Au banquet du Château-Rouge, tenu le 9 juillet 1847, un incident analogue s'éleva. On omit le toast *Au roi*, ce qui détermina l'abstention de MM. Thiers, de Rémusat, Vivien et Dufaure. Mais les toasts portés par MM. O. Barrot, Marie, G. de Beaumont, Chambolle et de Malleville, étaient si constitutionnels que les républicains regrettèrent de s'y être associés. Les orateurs furent raillés par la *Réforme*. M. Arago, quoique d'une opinion tempérée, désapprouvait l'alliance et ne voulut point assister au banquet.

« cord s'est fait publiquement, loyalement, sans réserves
« cachées, sans calculs secrets, sans abjurations d'opinions,
« sans abandon de principes de part et d'autre. Chacun a
« pu être le lendemain ce qu'il avait pu être la veille : tous
« ont su ce qu'ils faisaient, où ils allaient. Il n'y a pas eu de
« piége, il ne peut y avoir de dupes. Si les plus timides
« restent libres de s'arrêter aux limites d'une première vic-
« toire, les plus hardis n'ont pas renoncé à poursuivre au
« delà un succès plus complet de leurs convictions. Le lien de
« cette union, c'est le principe de la souveraineté nationale,
« principe qui est notre symbole à tous, notre dogme, notre
« foi ; principe duquel tout doit sortir, dans lequel tout doit
« rentrer, car il est la source unique du droit des citoyens
« et de la légitimité des pouvoirs. »

A propos des banquets de Dijon et de Châlons où l'on avait nettement opposé l'Union démocratique et radicale à l'Union libérale, le *National* écrivait : « Nous ne compre-
« nons pas ces attaques. Nous n'en voyons ni l'utilité, ni le
« but, ni les résultats... La politique d'isolement eût laissé
« la France plongée dans l'indifférence et dans l'apathie ;
« l'alliance avec les opinions voisines, faite sous toute ré-
« serve de principes, a réveillé l'opinion publique, fortifié
« la cause de la réforme, et conquis au parti radical lui-
« même de nombreux partisans. »

Le chef du parti libéral était M. Odilon Barrot, qui depuis la Restauration avait consacré sa vie à la défense de la li-
berté ; en 1832, il avait protesté vivement contre l'état de siége et avait fait casser par la Cour suprême, au nom de la légalité, les décisions des conseils de guerre. Il avait dé-
fendu vivement, en 1834, le droit de réunion et, en 1835, la liberté de la presse, contre la loi sur les associations et les fameuses lois de septembre. On ne pouvait mettre en doute ni sa sincérité, ni son désintéressement, et si les circonstances le portaient au pouvoir, il n'en accepterait sûrement

le mandat que pour assurer le triomphe des idées pour lesquelles il avait combattu toute sa vie.

Dans la séance du 10 février 1848, au plus vif de la discussion sur les banquets, M. Odilon Barrot s'était écrié : « Il est bien incroyable que, dans ce pays, après cin- « quante ans de liberté, la main de la police doive se « porter partout ! Il est bien incroyable que, quand il s'a- « git de l'exercice d'un droit naturel, vous vouliez avoir, « pour ainsi dire, une main mise sur la bouche de ceux « qui veulent parler ! » — « Prenez bien garde, avait ré- « pliqué M. Guizot, que s'il vous arrivait, ce qui vous ar- « rivera probablement quelque jour, s'il vous arrivait « d'être sur ces bancs où nous siégeons et de vous trouver « en face de circonstances semblables, vous feriez comme « nous, et vous vous défendriez contre les reproches que « vous nous adressez aujourd'hui. — M. Odilon Barrot : « *Je vous garantis le contraire*, J'EN PRENDS L'ENGAGEMENT « SOLENNEL. » — « Je n'accepte pas la garantie de la pa- « role de l'honorable M. Odilon Barrot, » avait répondu dédaigneusement M. Guizot.

Déjà, à propos de l'état de siége, M. Barrot Odilon avait protesté contre une semblable assimilation, et il avait opposé son programme à celui du ministère, indiquant comment il eût entendu et comment il entendrait, dans des circonstances difficiles, l'exercice du pouvoir : « Pour caractériser la « différence qu'il y a entre nous et nos adversaires, c'est « que nous, heureux d'avoir fait triompher les lois du « pays, ayant désormais la conscience de la force de ces « lois, nous ne les aurions pas violées, nous nous serions « fait un honneur et une force de rester dans ces lois, de « ne recourir qu'aux moyens ordinaires, de ne demander « d'autre justice que celle du pays. — Au contraire, par « des réminiscences qui me paraissent funestes, on a de- « mandé secours ou plutôt vengeance, car il n'y avait plus

« de secours à donner, à des commissions militaires. On a
« donné à la France, à l'Europe entière, le spectacle inouï
« de la capitale de la civilisation livrée à des commissions
« militaires... Voilà, messieurs, quelles sont les différences
« qui caractérisent notre système. » (*Séance du* 30 *novembre* 1834.)

Et le 5 janvier 1834, il insistait encore sur cette différence essentielle qui existait entre l'opposition libérale et le parti ministériel : « Vous voyez déjà apparaître deux
« opinions dans cette enceinte : l'une qui veut soutenir le
« gouvernement existant par la force matérielle, par des
« lois autres que les lois du droit commun, par une cer-
« taine exagération dans les poursuites ; l'autre, qui veut
« au contraire soutenir le gouvernement par l'exécution
« stricte et littérale des lois existantes, qui croit que dans
« ces lois seules est la force du gouvernement, qui veut
« même que, dans l'exécution de ces lois, il soit apporté
« une certaine réserve, une certaine modération.

« Eh bien, le pays prononcera entre ces deux opi-
« nions !...

« Notre opinion se présentera devant le pays, et elle
« dira : Le gouvernement existant non-seulement n'a pas
« besoin d'autres lois que celles qui existent, mais il faut
« qu'il purge ces lois de tout ce mélange sacrilége des lois
« d'exception de la Convention, des lois dictatoriales de
« l'Empire. Il faut qu'il rentre dans une législation régu-
« lière ; il faut que, même dans l'exercice du pouvoir, il
« mette une certaine modération. Il faut qu'il ait confiance
« dans le peuple ; il faut qu'il ait confiance dans la raison
« publique, dans la force de l'opinion.

« Il ne faut pas qu'il ait la prétention de tout empêcher,
« de tout punir, qu'il ne voie pas un délit dans une opinion,
« et que la discussion peut y répondre. Il faut enfin que le
« gouvernement vive dans cette condition du respect de la

« liberté, du respect de tous les droits, de toutes les ga-
« ranties.

« Malheur à lui s'il s'écartait de cette voie, où nous fe-
« rons tous nos efforts pour le maintenir ! Que le pays juge
« entre nous et nos adversaires ! »

Non, on n'avait pas le droit d'insinuer que M. Odilon Barrot pût jamais donner à son pays une représentation nouvelle des honteuses palinodies de ces hommes qui, arrivés au pouvoir, renient toutes leurs idées antérieures, — comme l'avaient fait M. Guizot et tant d'autres. Non, jamais M. Odilon Barrot ne comprimerait la liberté de la presse et le droit de réunion, jamais il ne suspendrait l'exercice des lois régulières du pays, jamais il ne demanderait à des mesures exceptionnelles le maintien de l'ordre ; jamais il ne retournerait ces armes d'un pouvoir détestable contre les radicaux, avec lesquels il se faisait honneur de combattre aujourd'hui : ils peuvent se fier à sa loyauté et à sa droiture et lui tendre la main pour sceller avec lui l'union libérale !

III

Mais attendons ! Pendant que la Chambre délibérait, pendant que l'opposition négociait avec le ministère pour maintenir le mouvement dans des limites légales, la révolution surgissait dans la ville. Son flot majestueux et terrible emportait, avant même qu'ils eussent eu le temps de reconnaître la situation, et le trône et la Chambre : le pouvoir était remis aux mains des radicaux, la République était proclamée. Et moins de dix mois après, le 20 décembre, M. Odilon Barrot était chargé, par le président nouvellement élu de la République, Louis-Napoléon Bonaparte, de constituer un ministère. Les circonstances sont plus graves que celles des dernières années du gouvernement de Juillet, mais aussi plus solennelles. Il s'agit pour la France « de

« refaire ce qu'elle a manqué en 1830 », suivant l'expression même de M. Odilon Barrot, au banquet du *Château-Rouge*. On ne pouvait, à coup sûr, confier cette mission à de meilleures mains, et c'était une bonne fortune inouïe, pour un homme politique, que cette occurence qui lui permettait, après dix-huit ans, de recommencer l'œuvre que des ambitieux inintelligents avaient gâtée et perdue, et d'opposer l'élévation de ses vues politiques, et la sincérité de son libéralisme, aux fautes et aux trahisons de ses adversaires.

La république de 1848 avait eu à traverser des circonstances difficiles et à subir de pénibles épreuves : les radicaux ne s'étaient pas montrés à la hauteur de leur tâche ; ils n'avaient pas su appliquer leurs idées, et leur imprévoyance avait conduit le pays à des catastrophes, qui les avaient obligés finalement à suspendre les libertés, à proclamer l'état de siège et à remettre le gouvernement à une dictature militaire. Cet échec de ceux dont il avait toujours repoussé les idées comme des utopies, ne pouvait que confirmer M. Odilon Barrot, dans ses convictions à la fois libérales et conservatrices. Élu à l'Assemblée nationale constituante, il avait bien montré quelque hostilité à l'égard des hommes de Février, notamment comme président de la fameuse enquête sur les journées de juin dont M. Quentin Bauchart fut le rapporteur. Mais ce n'est pas une chose qu'on puisse lui reprocher sérieusement. Il s'était abstenu dignement de s'associer à des mesures de réaction pour lesquels il avait toujours eu une réprobation égale à celle que lui avaient toujours fait éprouver les *excès* qui avaient rendu ces mesures nécessaires. Madame Daniel Stern dit, dans son *Histoire*, que M. Odilon Barrot, en juin 1848, vota contre l'état de siège : « Donnez-nous la chose, mais pas « le mot », disait-il à un représentant ; « j'ai voté contre en « 1832, *je ne saurais ainsi me contredire* ».

En élevant, en quelque sorte par acclamation, à la présidence de la République, le prince Louis-Napoléon, le peuple avait paru manifester son désir de trouver un port contre l'orage révolutionnaire. Comme Lafayette, en 1830, s'était rallié à Louis-Philippe, M. Odilon Barrot avait pensé que le prince Louis-Napoléon pouvait offrir, en donnant des garanties aux intérêts conservateurs, la meilleure formule de la liberté constitutionnelle ; et, plus loyal que Louis-Philippe, le prince Louis-Napoléon lui remit sans réserve la direction du pouvoir. C'était donc aux libéraux que revenait, après l'échec des radicaux, le soin de la fondation de cette liberté, qui avait été le principal objectif du peuple, en 1848 comme en 1830. Ainsi du moins devaient comprendre la situation, tous les hommes de bonne foi, qui avaient suivi, en s'y associant d'esprit et de cœur, les péripéties de nos luttes parlementaires, et qui, le 10 décembre 1848 comme le 24 février, mettaient tout leur espoir, toute leur confiance dans l'avénement au pouvoir de M. Odilon Barrot, modérateur des passions dont M. Guizot et M. Ledru-Rollin personnifiaient les deux expressions extrêmes.

Le 26 décembre 1848, M. Odilon Barrot, exposant à l'Assemblée le programme du ministère, faisait cette déclaration : « Nous nous proposons surtout de relever en France « et consolider l'autorité. Mais, qu'on le sache bien, « nous n'entendons pas faire des nécessités de l'ordre, une « fin de non recevoir ni une barrière contre les tendances « de la société moderne. L'ordre n'est pas la fin pour nous, « il n'est que le moyen ».

Mais à peine M. Odilon Barrot avait-il achevé son discours, que M. Ledru-Rollin se levait pour l'interpeller sur un abus d'autorité par lequel il avait inauguré son ministère : la réunion des troupes de ligne et de la garde nationale, entre les mains du général Changarnier, malgré la disposition formelle de la loi de 1831, sur la garde nationale (art. 67), portant qu'aucun officier, exerçant un emploi actif dans l'armée, ne pourrait être nommé à un commandement supérieur dans la garde nationale (1). C'était mal débuter. M. Odilon Barrot ne peut que balbutier quelques explications, en alléguant ces vagues nécessités de salut public, dont il avait si éloquemment fait justice autrefois, et qui, il faut bien le dire, avaient moins raison d'être que jamais le 10 décembre 1848. Et Ledru-Rollin lui adressa cette réplique : « De quelque façon qu'on le prenne, « vous n'en êtes pas moins, dès aujourd'hui, le ministère « de l'arbitraire ».

Malheureusement, M. Odilon Barrot ne devait pas s'en tenir là : la première grande mesure qu'il présenta fût un projet de loi contre les clubs, qui débutait par cette disposition catégorique : « *Les clubs sont interdits* ». Il tombait ainsi en plein, dès les premiers pas, dans cet écueil qu'il avait si souvent reproché aux ministres de Louis-Philippe, de détruire le droit pour atteindre l'abus. Avec la définition des clubs donnée par la loi : « Toute réunion publique,

(1) Cet article 67 de la loi sur la garde nationale qui consacrait la division radicale de l'autorité militaire et de l'autorité civile, fut abrogé le 7 juillet 1849, sur la proposition de M. de Montalembert, et par une disposition que M. Dufaure, ministre de l'Intérieur, déclarait lui-même *excessive* : l'Assemblée donna au gouvernement la faculté de concentrer dans les mains du chef d'une division militaire le commandement des gardes nationales de tous les départements compris dans la même circonscription. L'abus était tellement choquant qu'il provoqua une protestation très-vive de la part du général Baraguey-d'Hilliers, habitué cependant à soutenir toutes les mesures qui fortifiaient l'autorité. « Si vous « n'aimez pas l'anarchie, s'écria-t-il, je ne l'aime pas plus que « vous ; mais je déteste aussi le despotisme. On peut étouffer un « gouvernement aussi bien en l'embrassant qu'en l'étouffant. Re- « présentant du peuple, nommé pour défendre la liberté en même « temps que l'ordre, je voterai contre la proposition. » Cette protestation produisit une sensation profonde, et on peut juger par là de ce qu'était le libéralisme de M. de Montalembert à cette époque.

« pour la discussion des matières politiques », il est bien certain que les banquets de 1847 n'eussent pas été possibles. Ainsi, M. Odilon Barrot qui avait provoqué la révolution de Février pour défendre le droit de réunion, n'avait pas d'autre préoccupation, à son avénement au pouvoir, que de porter à ce droit une atteinte beaucoup plus grave que toutes celles qui avaient jamais été méditées par M. Guizot. On n'a qu'à se reporter quelques pages plus haut, à ses interpellations indignées. Hélas ! ce n'était pas cette fois dix-sept ans après, pas même dix-sept mois après qu'une révolution nouvelle avait été faite pour affirmer ce droit méconnu, que ceux-là même qui avaient fait cette révolution, se retournaient contre la liberté dont ils étaient nés !....

Si l'on veut d'ailleurs connaître quel était le fond de la pensée de M. Odilon Barrot sur cette importante question du droit de réunion et d'association, il n'y a qu'à relire son discours du 13 mars 1834 contre la loi qui interdisait les associations de plus de vingt personnes :

« Il faudrait que le banc ministériel fût bien oublieux
« pour ne pas se souvenir que, pendant nos quinze années
« de luttes sous la Restauration, le cri universel de toute
« l'opposition libérale dans les chambres et hors les
« chambres était un anathème à cet article 291 du Code
« pénal, dont on vient de nous faire péniblement la théorie
« à la tribune.

« Si l'on eût dit, il y a quatre ans, que tel serait le ré-
« sultat de nos travaux législatifs ; que non-seulement nous
« déclarerions que l'art. 291 doit subsister, mais même
« qu'il est trop libéral, qu'il faut l'aggraver, qu'il faut le
« renforcer, oh ! assurément nous aurions à l'instant même
« donné un éclatant démenti à celui qui aurait dit cela :
« *nous l'aurions pris pour un outrage. Nous aurions senti*
« *tressaillir notre orgueil national.* C'est cependant ce qui
« se passe dans ce moment...

« Le droit d'association est, je ne dis pas un droit, mais
« il est bien plus qu'un droit, bien plus qu'une faculté ;
« c'est une *nécessité*, la première de toutes les *nécessités so-*
« *ciales. Avant votre loi, il n'en existait pas au monde qui*
« *eût fait cette insulte à la raison et à la civilisation hu-*
« *maine, de dire que le droit d'association n'existe pas*
« *dans cette société.*

« Qu'est-ce que vous faites, vous ? Vous allez jusqu'au
« droit, vous faites ce que la législation de l'Empire n'a
« jamais osé, vous apposez le sceau de votre justice sur le
« droit lui-même ; vous dites : Toute association, quel que
« soit le nombre de membres qui se réunissent, quoiqu'ils
« se réunissent à des jours non périodiques, est prohibée
« par la loi et constitue un délit... Vous faites une loi pro-
« hibitive du droit lui-même ; *vous poussez, j'ose le dire,*
« *jusqu'à l'absurde les rigueurs du Code pénal de l'Empire.*
« Un pareil outrage ne devait pas être réservé a notre
« révolution de juillet...

« Vous avez proclamé que l'art. 291 était tellement con-
« traire au droit naturel, au droit social, au droit politique
« de la France, que votre conscience d'homme n'était pas
« blessée en le violant. Êtes-vous dans cette nécessité dé-
« plorable de détruire un droit que nous avons tous, dans
« toutes les opinions, exercé à nos risques et périls, mal-
« gré les lois existantes sous la Restauration. *Sommes-nous*
« *condamnés à un aussi éclatant démenti à tous nos antécé-*
« *dents?*

« En résumé, je repousse une loi préventive qui, pour
« attaquer un abus, a la prétention de détruire le
« droit, car je prétends qu'elle n'y réussirait pas. »

Il n'y avait pas à combattre une semblable loi présentée
par l'homme qui avait autrefois protesté avec tant d'éloquence et de force contre le principe même de cette loi, il
n'y avait qu'à la dénoncer et à flétrir son auteur. C'est ce que

fit M. Jules Favre. Il rappelle que la révolution de Février fut faite pour protéger le droit de réunion. Et on vient aujourd'hui demander que le droit de réunion soit supprimé !

« Et chose étrange, pour ne rien dire de plus, voilà que
« le hasard des révolutions amène à la tête du pouvoir
« celui-là même qui a déchaîné la tempête de février, et
« qui, après avoir fait verser le sang pour le droit de réu-
« nion, conspire ouvertement contre lui ! Est-ce que je n'ai
« pas le droit de vous demander au seuil même de cette
« discussion, pourquoi tous ces événements accomplis,
« pourquoi ces orages, pourquoi tant de sang versé, pour-
« quoi tant de souffrances, pourquoi la patrie livrée pen-
« dant une année aux convulsions et à l'anxiété, si l'on veut
« nous ramener à M. Guizot, représenté par sa doublure ;
« si c'est le même langage, la même théorie, et prenez-y
« garde, le même péril. Que voulez-vous que dise la cons-
« cience publique si ce n'est que ce droit de réunion, dont
« vous vous étiez fait en face du monde l'avocat d'office,
« n'a été entre vos mains qu'une machine de guerre, et
« que vous n'avez poussé la nation à renverser la monar-
« chie, que parce que la monarchie s'obstinait à ne pas
« vous accorder un portefeuille ?... Je fais ici appel à la
« conscience de tous ceux qui me font l'honneur de m'en-
« tendre, et je leur demande comment doit être jugé un
« homme d'État qui se donne, à un an de distance et après
« de tels événements, un pareil démenti ! »

Non-seulement M. Odilon Barrot trahissait toutes ses idées antérieures de liberté, mais encore il trahissait toutes ses idées antérieures de légalité, et il semblait qu'il eût à cœur de justifier jusqu'au bout l'épithète de *ministre de l'arbitraire* que lui avait infligée M. Ledru-Rollin. La loi était rédigée avec une perfidie qui n'eût pas été désavouée par M. Hébert, que M. de Girardin appelait « un Tartuffe de justice ». Vainement M. Valette (de Jura), professeur éminent à la faculté de droit de Paris, esprit conservateur et modéré, mais partisan d'une stricte justice, demandait-il une définition du délit que la loi prétendait réprimer. « Quant à la définition, répliquait M. Odilon Barrot, *ce « sont des choses qui ne se définissent pas...* Le club, c'est « la tribune permanente du haut de laquelle l'appel, la « provocation est faite aux hommes, à toutes les passions, « non pas pour traiter tel ou tel objet, non pas pour arri- « ver à la pratique de telle ou telle liberté, mais pour ar- « river à préparer la domination d'une minorité (1). Le « club, c'est un instrument de révolution... » M. Dupont (de Bussac) demande qu'on précise du moins, et qu'on ne laisse pas aux tribunaux le droit de poursuivre dans certains cas, et de ne pas poursuivre dans certains autres cas où les faits seront identiques. — *M. O. Barrot* : « Si. » — *M. Dupont* : « Vous dites : Oui, et vous appelez cela de la « justice ! » — *M. Odilon Barrot* : « C'est selon le caractère « de la permanence, selon le caractère de la réunion. » — *M. Emmanuel Arago* : « Qu'est-ce que la permanence ? » — *M. O. Barrot* : « C'est ce que nous ne définissons pas. » — *M. Dupont* : « Voilà M. le ministre de la Justice qui « dit à la face du pays, que plusieurs séances pourront dans « certains cas n'être pas poursuivies, et que plusieurs « séances pourront dans d'autres cas être poursuivies. » — *M. O. Barrot* : « Certainement. » — *M. Dupont* : « Pourquoi donc des lois pénales sont-elles faites, si ce n'est

---

(1) M. Duvergier de Hauranne disait dans la discussion de l'Adresse, en février 1848, aux applaudissements de M. Barrot. (Voir plus haut.) « A-t-on, oui ou non, dans un pays libre, le droit de « faire appel au pays contre les majorités parlementaires ? A-t-on, « oui ou non, le droit de se réunir pour exprimer son opinion « sur les affaires communes ? Voilà le vrai point du débat. » Nous n'avons pas besoin de dire que M. Duvergier de Hauranne, membre de l'Assemblée constituante, appuya de son vote la loi Barrot contre les clubs !

« pour ne pas laisser à l'arbitraire des hommes la décision
« des questions qui intéressent la liberté, la vie, l'honneur
« des citoyens? »

Quelques jours auparavant (séance du 3 mars 1849), des interpellations avaient été adressées à M. Odilon Barrot, sur l'intervention de la police au banquet des écoles de la barrière du Maine, qui était présidé par M. Pierre Leroux, représentant du peuple; le ministère répondait en invoquant contre les banquets les mêmes arguments qu'il allait développer quelques jours plus tard contre les clubs : qu'ils entretenaient l'agitation, qu'ils propageaient les mauvaises doctrines, qu'ils provoquaient l'insurrection! — « Cette lutte
« n'est pas nouvelle, dit M. Ledru-Rollin ; « je l'ai soutenue
« autrefois en ayant pour auxiliaires les hommes qui au-
« jourd'hui siégent dans le cabinet... Quel était le langage
« de M. Guizot? le même que vous venez d'entendre
« dans la bouche du ministre qui descend de la tribune.
« Et le langage des chefs des banquets, de MM. Duvergier
« de Hauranne, de Malleville, Odillon Barrot? absolument
« le même que nous tenons aujourd'hui. » Interruption de M. de Malleville. M. Ledru-Rollin reprend : « J'ai dit qu'à
« l'époque où vous dirigiez l'agitation des banquets, le
« gouvernement vous adressait sur les tendances, selon lui,
« funestes de ces banquets, les mêmes reproches que nous
« fait le pouvoir d'aujourd'hui. Reniez-vous par hasard
« vos paroles? M. Duvergier de Hauranne disait: *Vous dites*
« *que ce sont nos banquets qui sont cause de tout le mal,*
« *qu'un abîme se creuse, que sous nos pieds même des idées*
« *funestes, anarchiques, anti-sociales font explosion... Nous*
« *disons nous*, ajoutait M. Duvergier de Hauranne, *que ce*
« *sont les doctrines que vous professez et surtout la détes-*
« *table politique que vous pratiquez.* Voici maintenant
« ce qu'ajoutait M. de Malleville : *Je disais au banquet du*
« *Château-Rouge : Nous serons accusés d'être des fauteurs*

« *de désordre et d'anarchie ; opposons d'avance à ces décla-*
« *mations un calme désespérant ; et si, comme on l'avait*
« *prédit, l'agitation des banquets avait été l'occasion de dé-*
« *sordre dans la rue, je crois qu'on leur pardonnerait en se-*
« *cret, tout en les condamnant tout haut.* » Justement M. Pierre
Leroux venait de dénoncer la politique de provocation du
ministère.

M. Ledru-Rollin continue en rappelant les paroles de
M. Odilon Barrot, « qui faisait éclater son indignation au
« nom de la morale politique et du droit sacré de réunion. »
Il rappelle la réplique de M. Guizot, que, dans les mêmes
circonstances il agirait de même, et *l'engagement formel*
que non, pris par M. Barrot ! à quoi M. Guizot répondait
avec son air dédaigneux : « *Je n'accepte pas la garantie
de la parole de M. Barrot.* » — « Je n'ajouterai plus un mot,
« reprend M. Ledru-Rollin ; car, pour le chef du pouvoir
« actuel, avoir vérifié ainsi à la lettre les soupçons de
« M. Guizot, c'est, à mes yeux, le plus cruel des châti-
« ments. »

Que pouvait répondre M. Odilon Barrot? « Dans la
« destinée des hommes politiques, balbutiait-il, il arrive sou-
« vent et presque fatalement qu'ils ont tout à la fois à combattre
« pour la liberté et contre la licence. » M. Emile de Girardin relevait vivement dans la *Presse* cette hypocrite défaite :
« Pendant combien de temps encore la fausse distinction
« établie entre ces deux mots : *licence* et *liberté*, condam-
« nera-t-elle la France aux révolutions et à la décadence?
« Ce qu'il y a un an M. Guizot appelait licence, M. Barrot
« l'appelait liberté; ce que M. Ledru-Rollin appelait hier
« liberté, M. Barrot l'appelait licence. » M. Odilon Barrot
ne signalait-il pas lui-même en 1831 la démence de cette
exagération du système restrictif, qui transforme les moindres manifestation de la liberté en abus de la licence.
« Une opinion généreuse, une réclamation en faveur de la

« plus grande extension possible de la Charte était-elle
« présentée, tout de suite il s'élevait des voix pour accuser
« de sédition, de provocation à la révolte ; tout de suite on
« proclamait que cette opinion était *subversive de l'ordre
« social*. La presse défendait-elle ces mêmes principes ; il
« n'y avait pas moyen de gouverner avec la presse, il fallait
« des mesures préventives, il fallait enchaîner cette arme
« hostile, il fallait détruire ce fléau. Des associations se for-
« maient-elles, ces associations étaient des actes d'hostilité,
« des conspirations permanentes, contre lesquelles il fallait
« appeler toutes les rigueurs du pouvoir. *Quelques jeunes
« gens, alarmés par les menaces adressées aux libertés pu-
« bliques, avaient-ils la haute imprudence de réclamer soit
« sur les places publiques, soit dans les rues, pour ces liber-
« tés,* tout de suite on rattachait les membres de l'opposi-
« tion à cette effervescence populaire ; tout de suite on les
« rendait responsables, on les signalait au public, à la na-
« tion, aux électeurs, comme des agents de discorde, comme
« des instruments de trouble. Et c'est ainsi que la sépara-
« tion entre les hommes du pouvoir et les hommes de la
« liberté devenait toujours de plus en plus profonde, que
« que l'irritation des esprits croissait à chaque instant. Vous
« savez quel a été le dénouement de cette lutte.... *Il faut
« que le pouvoir sache éviter les écueils sur lesquels se sont
« brisés les pouvoirs préexistants.* »

M. Guizot tentait de se disculper en disant avant M. Barrot : « Quand nous combattons contre la licence, nous
« ne démentons pas notre passé : nous y sommes fidèles ;
« c'est encore une nouvelle manière de servir la li-
« berté. » Mais M. Odilon Barrot lui répliquait avec
une logique implacable (séance du 31 décembre 1834) :
« Il échappe aux ministres, dans certaines nécessités, dans
« certaines circonstances, de parler d'incertitudes, d'a-
« narchie d'opinions. D'anarchie d'opinions ! Et comment

« voudriez-vous qu'il n'en fût pas ainsi? Et à quoi vou-
« lez-vous que les populations se rattachent? Comment
« voulez-vous qu'elles aient une foi, une religion politique,
« des principes fixes, lorsqu'elles ont fait une révolution
« au nom de certains principes, au nom de certaines idées,
« pour assurer le triomphe de certaines doctrines, et
« qu'elles voient que ces principes, ces idées, ces doctri-
« nes, tout cela est abandonné? »

Après la loi contre le droit de réunion, M. Odilon Barrot
devait présenter une loi contre la liberté de la presse :
c'était dans l'ordre. Dans la voie de la réaction et de l'arbitraire, on ne s'arrête pas ; dès que l'on a commencé de
s'y engager, il faut aller jusqu'au bout. M. Odilon Barrot
avait été un des adversaires les plus ardents des lois de septembre, et il avait fait sa profession de foi très-nette sur
ce sujet, dès le lendemain de la révolution de Juillet, en
novembre 1830 : « La liberté de la presse étant *un droit ab-*
« *solu,* je repousse le cautionnement, le timbre et toutes les
« entraves à la liberté de la pensée... On vous a parlé de
« l'exagération de certains journaux, je ne conteste pas
« l'exagération à l'égard des personnes et des principes.
« Je déplore même ces inconvenances qui viennent blesser
« profondément la susceptibilité de nos mœurs ; je déplore
« ces utopies, ces théories qui, si elles étaient suivies, nous
« jetteraient dans les désordres de l'anarchie. Mais quel
« est le moyen d'y remédier? Est-ce en adoptant des me-
« sures hostiles? en entourant le droit d'entraves? Non,
« messieurs, la garantie est dans le bon sens public. » —
« Acceptez franchement la liberté de la presse avec ses
« conséquences, » disait-il lors de la discussion des lois de
septembre. « C'est alors que, *par une liberté de discussion*
« absolue, vous acquerrez des forces. »

Or, la loi sur la presse, de juillet 1849, aggravant les
rigueurs de la loi du 11 août 1848, comme la loi sur les

clubs, de mars 1849, aggravait les rigueurs de la loi sur le même sujet, présentée au mois de juillet 1848, maintenait le cautionnement et le timbre, et confirmait toutes les principales dispositions pénales édictées par les lois de septembre. Les observations amères de M. Mathieu (de la Drôme) étaient donc aussi parfaitement fondées que celles présentées dans le même sens par M. Jules Favre, à propos de la loi sur les clubs : « Ne pourrai-je pas prouver à M. le « président du Conseil, à M. Barrot, que ce projet est la « négation la plus complète, la plus absolue de tout son « passé, de tous ses antécédents politiques, de toute sa « carrière parlementaire? Oui, à mes yeux, et je le regrette « profondément, M. Barrot a enveloppé, enseveli ses dix- « huit années d'opposition dans ce projet qui en sera dé- « sormais le linceul mortuaire. »

Le caractère de la loi de 1849 est, d'ailleurs, nettement reconnu par un de ses principaux défenseurs, M. de Montalembert, qui se faisait gloire, au mois de mars 1848, quand il sollicitait le suffrage des électeurs républicains, d'avoir consacré toute sa vie à la défense de la liberté la plus complète et la plus entière (1), et qui fut aux deux Assemblées, constituante et législative, un des adversaires les plus ardents de la liberté sous toutes ses formes! Aujourd'hui

---

(1) Voici les principaux passages de cette profession de foi :
« Dans l'ordre politique, je n'ai eu qu'un seul drapeau, la liberté en
« tout et pour tous!... La liberté est l'idole de mon âme!... Si la
« vie politique m'était ouverte par le suffrage de mes concitoyens,
« je travaillerais *de bonne foi* et sans la moindre arrière-pensée à
« fonder la constitution de la République. Persuadé que les gou-
« vernements ne succombent en France avec une si déplorable ra-
« pidité que par défaut de sincérité et par complaisance des pas-
« sions exclusives, je m'efforcerai par-dessus tout de donner au
« gouvernement républicain la première des conditions de toute
« grandeur, la durée. Mais, quoi qu'il m'arrive, *ni mes convictions,*
« *ni mes allures ne changeront...* »

avec beaucoup d'autres, il est redevenu libéral en rentrant dans l'opposition. Voici comment s'exprimait M. de Montalembert dans la séance du 21 juillet 1849. Il débutait par avouer « qu'il avait commencé sa carrière politique en ve-
« nant voter et parler contre les lois de septembre. » Et aujourd'hui il venait défendre « cette nouvelle loi de sep-
« tembre. » Il ne repoussait pas l'assimilation, il l'acceptait et ne demandait qu'à la rendre plus complète : « Je
« n'hésite pas à dire que si la loi que nous allons voter
« donne à la République douze années de prospérité, de
« sécurité et de liberté, comme celles qui ont suivi les lois
« de septembre, je me regarderai, pour mon compte,
« comme très-justifié et très-satisfait de l'avoir votée (1). » —
« Comment expliquer ce changement? Comment, non pas
« le justifier, j'espère que nous n'en avons pas besoin,
« mais comment l'expliquer? Je suppose qu'un médecin est
« appelé et consulté sur le régime d'un homme robuste; il
« est bien permis à ce médecin, en jugeant le tempérament
« de cet homme, de lui conseiller un régime substantiel,
« énergique, stimulant. Eh bien! c'est ce que nous avons
« fait, quand nous voyions, quand nous étudiions le tempé-
« rament de la France il y a quinze ans. Nous l'avons cru
« alors robuste, capable de résister au régime de liberté
« absolue qui existait alors. Mais si le même médecin est
« rappelé au bout de dix ans auprès du même sujet et qu'il
« le trouve épuisé par ses propres excès, qu'il le trouve en
« proie à la fièvre, au délire, au frisson, est-ce qu'il con-
« tinuera à lui imposer le même régime? S'il le faisait, ce
« ne serait plus un médecin, ce serait un insensé, un

---

(1) C'est le même sentiment qui, dans le cours de cette même discussion, faisait répondre par M. Odilon Barrot à un interrupteur qui disait : « Les lois sur la presse n'ont jamais sauvé les
« gouvernements. » — « Cela peut être, mais au moins les font-
« elles vivre quelque temps. »

« ignorant, un assassin. Toute la question consiste à savoir
« si la société française doit et peut être comparée à un
« malade. Selon moi, elle est profondément malade, j'allais
« dire mortellement malade! Il faut la sauver, messieurs,
« il faut la sauver à tout prix, et, avec elle, sauver la li-
« berté. Voilà notre ambition, celle des auteurs du projet
« et de ceux qui l'adoptent : c'est de sauver la liberté.
« Et comment sauver la liberté! En la limitant, etc. »

L'argumentation est banale, et elle n'a pas même le mérite d'être spécieuse. C'est pour faire juger de sa pauvreté que nous l'avons citée. Pour prouver sa thèse, M. de Montalembert invoque les insurrections du 25 juin 1848 et du 13 juin 1849. Mais M. Guizot pouvait invoquer avec non moins de raison les insurrections de 1832 et d'avril 1834. Enfin, M. de Montalembert, pour prouver sa propre inconséquence, est un de ceux qui réclament le retour de la médication libérale, aujourd'hui que, pour parler son langage, le malade n'a fait que s'affaiblir par quelques excès de plus. O logomachie des avocats de la réaction et de l'arbitraire!

M. de Montalembert développe son *meâ culpâ*, en jetant un anathème à l'opposition qui, depuis le commencement du siècle, a ruiné tous les gouvernements : « Moi
« aussi, j'ai fait de l'opposition toute ma vie, non pas sys-
« tématique, mais trop souvent vive et exagérée. Ma voix,
« je dois le dire, a été trop souvent grossir cette clameur
« téméraire et insensée qui s'élevait de tous les points de
« l'Europe à la fois et qui a fini par cette explosion où l'on
« a essayé de renverser tous les trônes, tous les pouvoirs,
« tous les gouvernements, non parce qu'ils étaient oppres-
« seurs, comme quelques-uns l'étaient en effet, non parce
« qu'ils avaient commis des fautes, ce qui était incontes-
« table, mais parce que c'étaient des pouvoirs, parce que
« c'étaient des gouvernements, parce que c'était l'autorité,

« pas pour d'autre raison. Je me pardonne à moi-même, et
« j'espère que Dieu me pardonnera parce que j'étais de
« bonne foi. Mais je vous avoue que je ne me pardonnerais
« pas si je me croyais assez important, pour avoir contri-
« bué en quoi que ce soit à la catastrophe que j'ai signalée
« tout à l'heure. Il n'a fallu rien moins que l'abîme qui
« s'est ouvert sous nos pieds le lendemain du 24 février,
« pour me faire comprendre combien j'avais pu dévier, moi
« aussi, de la vérité politique. »

M. de Montalembert terminait en rendant un hommage chaleureux à M. Barrot qu'il assimilait à M. Guizot : « Tous
« les deux ont été successivement appelés, à user tout leur
« patriotisme, tout leur talent, toute leur énergie, à défendre
« le pouvoir qu'ils avaient en d'autres temps déprécié. »

M. Odilon Barrot n'imita pas la franchise de M. de Montalembert ; il s'en montra fort embarrassé, au contraire, et crut devoir protester expressément : « Tout en admirant
« la puissance de son talent, je me crois obligé, qu'il me le
« pardonne, de ne point accepter le secours de l'éloquence
« de cet orateur qui, en faisant la description des maux,
« des dangers de la société, en faisant un retour sur toutes
« les transitions par lesquelles elle a passé, en cherchant
« à prévoir celles dont elle peut être encore menacée, en
« reporte la responsabilité, non point à l'abus, mais à l'u-
« sage de la liberté, non pas à la violence, mais à la lutte
« légale et loyale, et tend ainsi à supprimer, ce qu'il y aurait
« crime et folie à supprimer : la discussion, l'opposition
« légale et loyale. Oh ! si notre loi méritait ce reproche, si
« elle allait jusqu'à interdire et supprimer la discussion, je
« serais le premier à la déserter. C'est parce que je main-
« tiens que non-seulement cette loi ne détruit pas, ne sup-
« prime pas la discussion, la liberté, mais qu'elle l'assure
« contre la violence qui peut la compromettre, que je
« viens la défendre. » M. Odilon Barrot reprend et déve-

loppe sa thèse de la liberté et de la licence, qui n'est ni plus neuve ni plus solide que celle de M. de Montalembert, et qui a l'inconvénient d'être moins franche. En entendant, dans une des séances suivantes, le collègue de M. Barrot, M. Dufaure, défendre la loi contre l'accusation de M. Grévy, qu'elle violait les principes sacrés proclamés par la Constitution, on ne pouvait se défendre de rappeler le souvenir de cette interpellation jetée à M. Guizot par M. Barrot, précisément lors de la discussion des lois de septembre : « Vous êtes dans la Charte, comme les jésuites sont dans « l'Évangile ! »

Ce mot se fût appliqué avec beaucoup plus de justesse encore assurément à MM. Barrot et Dufaure, flanqués de MM. de Montalembert et de Falloux. M. Pierre Leroux vint faire justice, d'une façon piquante, de toute cette comédie : « M. de Montalembert est venu, aux applaudisse-
« ments d'une partie de cette Assemblée, anathématiser
« tous les principes du libéralisme. Il est venu faire non-
« seulement sa confession, ce qui, à mon avis, était une
« ruse, mais faire la confession de M. Dufaure et celle de
« M. Barrot ; et quand il a eu fait cette confession il a
« poussé l'ironie, l'ironie forte, l'ironie sérieuse, jusqu'à
« donner sa bénédiction au vénérable M. Barrot. Le vieux
« libéral, pour me servir de l'expression de notre poëte
« Béranger, a senti l'aiguillon, et il est venu protester que
« toute sa vie politique ne lui était pas un embarras ; que,
« quant à lui, il vivait encore des souvenirs de sa jeunesse ;
« que sa gloire était là. Il est venu le dire avec un accent
« qui m'a touché, moi que son éloquence touche rarement.
« Oui, j'ai été touché, j'ai senti l'honnête homme ; mais
« j'ai senti aussi l'homme qui s'abandonne. Car enfin, si
« cette vie de jeunesse et de libéralisme est sa vie glo-
« rieuse, pourquoi l'abdique-t-il tant de fois et continuel-
« lement devant nous, et laisse-t-il à d'autres le soin de

« faire sa confession et de lui donner l'absolution et le par-
« don. » — « M. Odilon Barrot a dit que cette loi était
« pour le bien de la République, continue M. Pierre Le-
« roux, M. Dufaure en a dit autant. Ils disent aux républi-
« cains : Laissez-nous faire des lois terribles contre l'es-
« prit humain, contre la presse, contre la Constitution,
« c'est pour le bien de la République, c'est nous qui la
« sauverons. C'est ainsi que depuis le 24 février nous
« avons vu continuellement un groupe d'hommes, diri-
« geant contre la République, contre les idées républi-
« caines, contre le mouvement de Février, contre tout ce
« qu'il a produit, contre tout ce que nous avons dans le cœur,
« contre tout ce qui est dans le cœur et dans la volonté du
« peuple, dirigeant les mains d'un certain nombre d'hommes
« qui disent à la République ce que le bourreau disait à
« don Carlos : *Je vais t'assassiner, mais c'est pour ton
« bien...* Moi, je dis à MM. Dufaure et Barrot : Vous vous
« trompez, vous n'êtes que des hommes intermédiaires,
« vous êtes des éclectiques, vous n'êtes pas des hommes à
« la hauteur de la position ; vous avez des commanditaires,
« des hommes qui vous dominent et vous gouvernent,
« vous êtes leurs agents. M. de Montalembert dit que sans
« cela la République périrait sous le despotisme d'un sol-
« dat ou sous je ne sais quel autre despotisme. Eh bien !
« M. de Montalembert, c'est votre despotisme que je crains,
« c'est le despotisme des jésuites... »

En outre des délits nouveaux et des pénalités nouvelles
qu'elle institue, la loi du 29 juillet 1849 interdit les souscriptions ayant pour objet d'indemniser des amendes pour délits de presse, faculté qui avait été laissée complétement, et
dont on avait largement usé, sous le règne de Louis-Philippe;
en outre elle étend la responsabilité déjà exorbitante des
imprimeurs jusqu'aux distributeurs et colporteurs des
écrits eux-mêmes; ce qui fait que l'on pourrait poursuivre

non-seulement les libraires qui vendent un livre, et qui seraient ainsi obligés de lire et d'apprécier tous les livres qui entreraient dans leur boutique, mais jusqu'aux porteurs de journaux. Cette prescription, impraticable à force de rigueur absurde, subsiste encore dans le Code de nos lois sur la presse, avec celle qui interdit les souscriptions pour les amendes, comme un monument des dispositions libérales et intelligentes, pendant leur passage au pouvoir, de MM. Odilon Barrot et Dufaure !

Un des traits les plus glorieux de la vie de M. Odilon Barrot, c'était sa protestation vigoureuse en 1832 contre l'état de siége et, en général, contre les lois d'exception. Il ne s'était pas borné à des discours ; il avait engagé la lutte sur le terrain de l'action légale et il avait obtenu un résultat remarquable. Il avait fait annuler par la Cour de cassation, pour excès de pouvoirs, un jugement du conseil de guerre condamnant un insurgé non militaire. Sa plaidoierie à cette occasion est un chef-d'œuvre d'argumentation vigoureuse et d'éloquence libérale :

« Comment donc, au mépris des lois, de ces lois sur « lesquelles vous veillez avec tant de sollicitude et qui me « garantissent à moi citoyen, le jury du pays, la récusation « des jurés dans une proportion déterminée, l'arrêt préa- « lable d'une cour souveraine déclarant qu'il y a lieu à « mise en accusation ; comment a-t-on osé détruire toutes « ces formes protectrices, mettre de côté l'inamovibilié des « magistrats et l'institution même du jury, qui sort de la « société et y rentre incessamment, ces garanties enfin « pour lesquelles la nation avait combattu en 1830, et « qu'elle croyait avoir mises au-dessus de toute atteinte ?...

« Au surplus, est-il vrai qu'une loi existe qui donne « à un commandant de place, ou à un chef civil le pouvoir « de mettre avec ces trois mots magiques : ÉTAT DE SIÉGE, « toute une population en dehors de la loi ; de détruire

« toute une série de garanties constitutionnelles ; de tra-
« duire devant un Conseil de guerre, sans l'accomplisse-
« ment d'aucune des formalités voulues par la législation
« tout entière, tout individu quoique pris parmi toutes les
« classes de la société, au choix de ce dictateur improvisé?
« Certes, si une telle loi existe, il est bon de la signaler, car,
« tant qu'elle existera, la Constitution ne sera qu'une chimère.

 « Une constitution qui ne sera que facultative et dont le
« maintien dépendra de tel ou tel chef militaire, ne vau-
« dra pas l'*arbitraire avoué*; ce sera de l'arbitraire légal,
« car une constitution ne vaut quelque chose que si elle
« est une vérité positive et pratique. Mais je dis avec une
« profonde conviction : non, même en faisant abstraction
« de la Charte de 1830, il n'existe pas de loi qui, à l'inté-
« rieur et hors le cas d'investissement, permette à un chef
« militaire de mettre une population hors des garanties
« constitutionnelles ; on peut entasser les sophismes, mais
« trouver un texte de loi à l'appui de cette doctrine, cela
« est impossible!

 « Je me crois donc fondé à affirmer que le décret de
« 1811, appliqué et interprété loyalement, dans son texte et
« dans son esprit, n'était pas *une mesure de salut public*, mais
« était simplement un acte de *police militaire* réglemen-
« taire pour les places fortes, un acte se rattachant à la loi
« de 1791 et rien de plus... Il me reste à ajouter que ce
« décret a péri avec le gouvernement duquel il était né ; il
« a péri comme toutes les mesures d'exception par lesquelles
« le chef du gouvernement s'était arrogé le pouvoir de mo-
« difier la Constitution. La déchéance de l'Empereur a été
« motivée notamment sur sa prétention à confondre tous
« les pouvoirs : c'est là quelque chose qui atteste que, ni
« la Restauration, ni le gouvernement institué en 1830,
« n'ont hérité de cette aptitude usurpatrice à confondre
« toutes les attributions, tous les droits.........

« Parlerai-je de ces considérations qui s'ourdissent plu-
« tôt qu'elles n'éclatent, d'un prétendu intérêt du gouver-
« nement, d'intérêts ministériels, de convenances gouver-
« nementales? Un tribunal régulateur comme le vôtre n'a
« pas à se régler sur de tels motifs! Ici plus que partout
« ailleurs, les magistrats répondraient: « La Cour rend des
« arrêts et non pas des services..... » Je me trompe, mes-
« sieurs, la Cour, par l'arrêt que nous sollicitons, rendra
« un service, et le plus grand de tous (bravo! bravo!),
« elle ramènera le gouvernement à la loi; elle fera échouer
« par une résistance patriotique, toute atteinte à la Cons-
« titution du pays.

« Mais si c'est là rendre un service à tout gouvernement,
« *à plus forte raison doit-il être rendu à un gouverne-*
« *ment né d'un combat pour la défense de la loi. Ne fau-*
« *drait-il donc récompenser la population parisienne de*
« *son courage qu'en la plaçant sous le coup de la juri-*
« *diction militaire?* Vous dites qu'il n'y a de menacés et
« d'atteints que les séditieux et les rebelles; mais ont-ils
« un signe particulier qui les fasse sûrement reconnaître?
« Ne voyez-vous pas que toute la population est atteinte
« par cela même que toute entière elle est menacée?

« Messieurs, lorsqu'au moment où je parle je me trouve
« sous le coup de la juridiction militaire, lorsque vous-
« mêmes vous ne siégez que par une haute tolérance de
« cette justice qui pourrait vous absorber aussi; lorsqu'on
« réfléchit sur un tel état de choses, ne faudrait-il pas dé-
« sespérer de la légalité en France, désespérer de voir un
« terme à cette alternative promesses faites et aussitôt
« violées, dont les quarante dernières années ont donné
« tant d'exemples?......... »

M. Odilon Barrot, reprenait et développait ces arguments à la Chambre des députés, dans la séance du 1er décembre 1832 :

« Ce n'est pas seulement pour le passé que nous parlons,
« c'est aussi pour l'avenir ; nous avons à annoncer au pays,
« si, jusqu'à présent, il y a eu ou non une Constitution, si
« elle peut être impunément violée ; et si les garanties
« qu'elle présente ne résistent pas à deux ou trois mots
« d'un ministre ; si enfin une charte n'est plus qu'un chif-
« fon de papier, une duperie, une chimère ; nous avons à
« lui dire ce que c'est que cette Constitution, dont les dis-
« positions garantissent la liberté individuelle, l'institution
« du jury, le jugement du pays en matière de presse ;
« nous devons le rassurer, lorsqu'il voit toutes les garan-
« ties s'évanouir devant une déclaration faite par un mi-
« nistre, que telle ou telle ville, telle ou telle partie même
« de la France, est mise en état de siége. Il y a, messieurs,
« dans l'acte du ministère, le plus terrible abus que jamais
« gouvernement ait fait de la mesure de l'état de siège.

« Qu'est-ce que cette mesure ? C'est le siége d'une ville
« par des forces venant de l'extérieur. La loi le dit formelle-
« ment, ce n'est que lorsqu'il y a investissement ; elle fixe
« quelles sont les distances de cet investissement, la
« mesure des forces qui peuvent en déterminer l'applica-
« tion. La loi a rapport non-seulement aux places frontières,
« mais même aux places de l'intérieur. Cette célèbre loi de
« l'an V, dit formellement que la mise en état de siége
« commence avec l'investissement et finit avec lui. Je
« dis qu'on a abusé de l'état de siége, qui n'était qu'une
« disposition de défense militaire contre l'ennemi extérieur,
« pour en faire une disposition de police gouvernemen-
« tale.....

« L'état de siége, lorsqu'il n'y a plus même état de
« guerre, est un mensonge. C'est un moyen d'enlever les
« accusés à leurs juges, de substituer au jugement du pays
« le jugement par commission ; procédé contre lequel
« l'histoire de notre vieille monarchie proteste par les

« nombreuses remontrances des Parlements, et dans la révo-
« lution de Juillet par l'abolition de l'article 4 de la Charte,
« qui semblait en rendre le retour à jamais impossible...

« Pour justifier l'état de siége, on nous a représenté les
« difficultés du gouvernement. Nous ne les méconnaissons
« pas. On vous l'a représenté comme en butte aux attaques
« des diverses factions, comme menacé dans sa sûreté,
« dans son existence. Messieurs, la force d'un gouverne-
« ment est dans le respect religieux à la Constitution ;
« c'est là qu'est sa puissance ; que s'il voulait trouver cette
« puissance dans je ne sais quelle doctrine de salut public,
« qui légitime tous les moyens pour arriver à la répression
« des attaques, ces imprudents amis détruiraient par cela
« même les principales bases de notre Constitution. Et
« dans quel temps, je vous le demande, les considérations
« de salut public ont-elles manqué ?...

« Cinq ou six gouvernements ont eu recours à ces
« moyens, ils ont créé des commissions militaires ; eux
« aussi disaient : IL FAUT EN FINIR avec les conspirations ;
« ce n'est pas pour les gens de bien que ces mesures sont
« prises, cela ne les regarde pas ; c'est la conspiration
« qui est mise en état de siége, qui est renvoyée devant
« les conseils de guerre.

« Eh bien ! messieurs, tous ces gouvernements sont
« tombés ; ils se sont ainsi donnés quelques jours d'exis-
« tence, et puis, quand il fallut compter avec le pays,
« quand l'effervescence était passée, l'odieux de leurs me-
« sures est retombé sur leur tête et a fini par les anéantir.
« (*Bravos prolongés.*)

« Nous avions pensé, messieurs, que ces leçons d'his-
« toire ne seraient pas perdues pour le gouvernement ;
« qu'il renoncerait à ces moyens extraordinaires employés
« sous le prétexte de salut public ; qu'il se renfermerait
« dans la légalité : nous avons été trompés. »

Cette page glorieuse de son passé libéral, M. Odilon Barrot devait l'anéantir comme toutes les autres. Nous avons dit qu'il avait hésité par un scrupule honorable à s'associer à la déclaration d'état de siége, lors de l'insurrection du 24 juin 1848. Mais il prit lui-même l'initiative de la déclaration d'état de siége à la suite de la manisfestation du 13 juin 1849, qui était loin d'avoir la même gravité et de contenir les mêmes menaces que l'insurrection de juin 1848, ou que les émeutes de 1832. Et il prit le soin de faire effacer par le Conseil d'État, l'arrêt de la Cour de cassation, du 29 juin 1832, obtenu par son éloquence. Un avis de Conseil d'État, du 25 juin 1849, — quinze ans après, presque date pour date, — délivré sur la demande du président du Conseil, détermine les conséquences administratives et judiciaires que la législation attribue à l'état de siége. La comparaison de ces deux documents est tristement curieuse et elle ne fait pas honneur aux membres du Conseil d'État de 1849, parmi lesquels siégeaient (1) MM. Jules Simon, Bethmont, Havin, Ed. Charton, Jean Reynaud, Edmond Adam, Carteret, Vivien, Landrin, etc. La Cour de cassation de 1832 avait décidé que les conseils de guerre n'avaient pas le droit, même en vertu de

(1) Aux termes de la loi organique sur le Conseil d'Etat du 3 mars 1849, les membres de ce Conseil, au nombre de 40, étaient nommés par l'Assemblée nationale. Ils étaient renouvelés par moitié dans les deux premiers mois de chaque législature. Les 40 membres désignés par l'Assemblée constituante furent : MM. Vivien, Macarel, Boulatignier, de Jouvencel, Bethmont, Cormenin, Marchand, Stourm, Bouchené-Lefer, Jules Simon, Maillard, Rivet, Carteret, Gaulthier de Rumilly, Darricau, Boudet, Landrin, Paravey, Havin, Boulay, Jean Reynaud, Ed. Charton, Perignon, Pons (de l'Hérault), Lignier, Cuvier, E. Adam, Dunoyer, Verninac, Lanyer, Tournouer, Chasseloup-Laubat, Hély d'Oissel, Laferrière, Dussard, Crépu, H. Say, Mahérault, Vuillefroy et Boussingault. Le renouvellement par l'Assemblée législative n'eut lieu que le 29 juin.

l'état de siége, d'étendre leur compétence à des crimes ou délits commis par des individus non militaires ; elle avait déclaré le décret du 25 décembre 1811 inconciliable avec le texte et l'esprit de la Charte, portant que nul ne pourra être distrait de ses juges naturels et qu'il ne pourra être créé de tribunal extraordinaire sous quelque forme que ce soit. Le Conseil d'État de 1849 accepte complétement le décret du 25 décembre 1811 et déclare, en vertu de ce décret, que la dévolution des pouvoirs administratifs à l'autorité militaire par l'état de siége est *absolue* et *illimitée,* et que les tribunaux militaires *peuvent toujours, quand ils le veulent,* dessaisir les tribunaux ordinaires. C'est ainsi que M. Odilon Barrot réhabilitait et restaurait ce décret de 1811 qu'il avait si énergiquement combattu et flétri, et à MM. Grévy et Crémieux qui venaient soutenir contre lui la même thèse soutenue par lui en 1832 sur la limitation légale de l'état de siége, il répondait (séance du 18 juin 1849) : « L'état de « siége est une suspension des garanties ordinaires, *c'est* « *l'état de guerre...* C'est la loi de conservation, c'est la loi « du salut public. »

« L'état du siége, c'est l'état de guerre, » avait dit M. Odilon Barrot ; et en conséquence il fit ce que n'avait pas osé faire le gouvernement de Juillet en 1832, l'avis du Conseil d'État constatant que la constitution de 1848, accordait moins de garanties à la liberté que la charte de 1830. Les imprimeries Proux et Boulé furent saccagées de fond en comble, les caractères furent dispersés, les conduites de gaz coupées ; et l'aide de camp de M. Changarnier, qui présidait à cette scène de dévastation, M. de Korsy fut décoré ; et les victimes de ce pillage en poursuivirent vainement la réparation. Six journaux, le *Peuple,* la *Réforme,* la *Vraie république,* la *Révolution démocratique et sociale,* la *Démocratie pacifique,* la *Tribune des peuples,* sont suspendus et leurs bureaux occupés militairement. La *Presse,* le *Siècle,* le

National et la *Liberté* sont directement menacés du même sort et placés sous le coup de la censure. — Aux interpellations qui lui sont adressées à ce sujet, M. Odilon Barrot répond avec sa théorie barbare : « Il est vrai que ceux qui « ont donné le signal de la guerre subissent les conséquen- « ces de la guerre. Ils devaient s'y attendre. » L'état de siége est étendu à seize départements; quarante représentants du peuple sont successivement décrétés d'accusation (1) et

---

(1) Les représentants poursuivis pour participation à l'attentat du 13 juin, furent MM. Ledru-Rollin, Suchet (du Var), Deville, Maigne, Daniel Lamazières, Pilhes, Fargin-Fayolle, Boch, Vauthier, A. Rolland (de Saône-et-Loire), Considérant, Boichot, Rattier, Commissaire, Ménand, Heitzmann, Rougeot, Pflieger, Landolphe, Avril, Jannot, Félix Pyat, Ronjat, Baune, Beyer, Kopp, Hofer, Anstett, Louriou, Martin-Bernard, Ferdinand Gambon, James Demontry, Brives, Cantagrel, Kœnig.

Les poursuites ne furent pas autorisées contre M. Baune, elles furent abandonnées contre MM. Ronjat et Brives et M. James Demontry mourut avant leur issue. Les autres comparurent devant la Haute-Cour de Versailles. M. Louriou fut acquitté, M. Suchet, en faveur duquel on reconnut des circonstances atténuantes, ne fut condamné qu'à cinq ans de détention, tous les autres à la déportation.

Des autorisations de poursuites furent encore demandées et obtenues pendant ce même mois de juin 1849 contre : M. A. Rolland (de Saône-et-Loire), à raison de discours prononcés par lui dans un club à Mâcon; M. Malardier à raison d'un écrit intitulé : le *Guide du peuple dans les élections;* M. Marc Dufraisse à raison de divers articles dans la *Ruche de la Dordogne;* MM. Martin-Bernard, Ferdinand Gambon, James Demontry et Brives, à raison de délits commis en qualité de membres d'une société secrète; M. Pflieger, à raison d'outrages envers un magistrat et à un commandant de la force publique, dans l'exercice de leurs fonctions; MM. Sommier et Richardet à raison de divers articles dans la *Démocratie jurassienne.* Mais l'Assemblée refusa d'autoriser des poursuites demandées contre M. Ferdinand Gambon, à raison de fausses nouvelles répandues par lui pour influencer les élections : M. Ferdinand Gambon, ainsi sous le coup de trois demandes en autorisation de poursuites, était juge à Cosne (Nièvre)

la représentation nationale se trouve ainsi complétement mutilée ; plusieurs compagnies de gardes nationaux sont dissoutes ; le droit de réunion et d'association, garanti par l'art. 8 de la Constitution, est suspendu pour un an. La terreur est organisée partout, et des arrestations se font d'un bout à l'autre de la France ; à Lyon, 3,000 ouvriers sont jetés dans les cachots. Un écrivain, M. Furet, est conduit à pied, les fers aux mains, entre deux gendarmes, de Paris à Rouen, et ainsi les rigueurs arbitraires de la Restauration elle-même sont dépassées. C'est à cette occasion (le 13 juin) que le président de la République, lance la proclamation dans laquelle se trouve cette phrase fameuse : « *Il est temps* « *que les bons se rassurent et que les méchants tremblent.* » M. Odilon Barrot, président du Conseil et ministre de la Justice adresse aux procureurs généraux une circulaire qui laisse loin derrière elle tous les documents de ce genre : « La « société est menacée dans ses fondements. Il faut de toute « nécessité mettre un terme à une telle situation. Nous ne le « pouvons qu'en rendant à la loi *une force telle que toute* « *pensée de violence soit désormais étouffée* chez les anar- « chistes, même les plus ardents et les plus résolus, sous le « sentiment de leurs complète impuissance. C'est aux ma- « gistrats de l'ordre judiciaire, à vous surtout qui êtes « les dépositaires de l'action publique, qu'il appartient de « concourir puissamment à ce résultat. *L'occasion est bonne* « *et décisive....* Qu'il n'y ait donc aucune hésitation dans « l'accomplissement des devoirs de votre ministère ; que les « sévérités de la loi atteignent sûrement et promptement « tous ces hommes qui, non satisfaits du suffrage universel « et du droit de discussion et de critique le plus illimité, « veulent encore recourir à la violence. *Quel scrupule vous* « *arrêterait ?* Ne sont-ils pas plus coupables encore envers

sous le gouvernement de Juillet et il avait été suspendu par la Cour de cassation, en 1847, pour avoir assisté à un banquet.

« la liberté, qu'ils compromettent si gravement qu'envers
« l'ordre qui finira toujours par triompher?..... Je vous ai
« déjà fait sentir, à plusieurs reprises, combien il importait
« à l'utilité de la répression qu'elle fût immédiate, et com-
« bien l'*habitude d'étendre et de compliquer inutilement les*
« *procédures criminelles* nuisait à l'action de la justice. Plus
« que jamais vous reconnaîtrez la nécessité de déférer à
« mes recommandations à ce sujet..... Enfin, monsieur le
« procureur général, les grandes et difficiles situations élè-
« vent les hommes qui savent les comprendre et qui se
« sentent assez de courage pour y suffire. C'est assez vous
« dire que j'ai pleine confiance en votre concours. La so-
« ciété a foi dans cette magistrature française, protégée,
« même contre les révolutions, par le respect universel
« qu'elle a su conquérir : *la société ne sera pas trompée dans*
« *sa confiance* (1). »

(1) On peut rapprocher cette circulaire de M. Odilon Barrot
d'un discours prononcé à Lyon le 8 février précédent, par M. le
maréchal Bugeaud, dans lequel cet officier disait s'adressant aux
magistrats : « Et vous, messieurs les magistrats, vous aurez à
« combattre et à déployer de la fermeté dans l'exercice de vos
« fonctions. C'est à vous de prémunir MM. les jurés, de vous pré-
« munir vous-mêmes contre l'abus des circonstances atténuantes,
« abus qui énerve l'action de la justice et n'épargne les infractions
« de la loi qu'au détriment de tous les citoyens et de la société tout
« entière. » Interpellé sur ce discours, dans la séance du 12 février, M. Odilon Barrot répondit que cette opinion de M. le maréchal Bugeaud lui paraissait tellement en dehors de la mission qui
lui avait été confiée et, sous ce rapport, tellement dépourvu d'autorité, qu'il n'éprouvait nullement le besoin de lui demander des
explications à cet égard. Mais M. Odilon Barrot se réservait de
reprendre ces instructions à l'occasion et de leur donner, comme
ministre de la Justice, l'autorité qu'elles n'avaient pas dans la
bouche d'un officier militaire. — Ce qu'il y avait en tout cas de
plus grave dans le discours du maréchal Bugeaud, c'est que s'a-
dressant à l'armée il prévoyait des circonstances, prochaines peut-
être, qui exigeraient que l'on eût à combattre les perturbateurs

Un fait donnera une idée de la façon dont MM. Odilon Barrot et Dufaure entendaient et pratiquaient l'état de siége. Le gendre de M. Pierre Leroux, M. Luc Desages, avocat et publiciste à Boussac (Creuse), est arrêté, le 20 juillet, en même temps que M. Auguste Desmoulins, chargé de la correspondance commerciale de l'imprimerie P. Leroux. Ils sont inculpés au sujet d'une lettre *saisie à la poste et décachetée,* par conséquent non parvenue à son adresse. La lettre était adressée à une personne de Lyon. MM. Desages et Desmoulins sont liés et garrottés avec des chaînes de fer, et conduits à pied à Lyon comme les derniers des criminels. Cette transportation dure *vingt jours;* et, obligés d'attendre le retour des brigades, les prisonniers ont plusieurs fois à passer jusqu'à *trois nuits* dans un cachot *sur une paille humide.* A partir de Thiers, ils avaient été privés de toute facilité de donner de leurs nouvelles à leur famille. En outre de cette violation du secret des lettres et de ces procédés ignobles qui rappellent ceux de la Restauration à l'égard de MM. Magallon et Fontan, il y a, dans ce cas, cette circonstance grave, que MM. Desages et Desmoulins sont enlevés à leur ressort judiciaire, transportés dans le ressort de Lyon, qui est en état de siége, et livrés ainsi, par l'abus le plus arbitraire, à la juridiction des conseils de guerre.

M. Odilon Barrot, interpellé par M. Pierre Leroux, emploie la tactique ordinaire, en récriminant contre ces

---

les armes à la main. « La situation du pays impose à l'armée à
« l'intérieur, disait-il, des devoirs impérieux, sacrés, qu'elle a
« déjà su et qu'elle saura remplir encore. *Cette tâche n'est pas*
« *moins glorieuse que l'autre.* » Et s'adressant plus particulièrement aux officiers d'infanterie, le maréchal traçait d'une manière précise les principes les plus essentiels de la guerre des rues. M. Odilon Barrot osa déclarer à la tribune que, dans ces provocations à la guerre civile, « il ne voyait rien de blâmable, il ne voyait « rien à reprendre! »

hommes violents qui sont en protestation et en révoltes continuelles contre la loi, qui sont en insurrection permanente contre la société, et il donne à entendre que MM. Desages et Desmoulins ont été saisis en flagrant délit de complicité directe avec l'attentat de Lyon. Vainement M. Bac veut-il ramener la question sur le terrain légal : à savoir, s'il est possible, dans un département non soumis à l'état de siége, d'arrêter un citoyen, et de le jeter sur les bancs d'un conseil de guerre, et si l'état de siége confère le droit de violer le secret des lettres. L'Assemblée ne veut pas même l'écouter. Il est interrompu par des rires indécents, qui s'adressent non-seulement à la violation de la liberté individuelle dont deux citoyens ont été victimes, mais aux sentiments les plus sacrés. Mme Desages était enceinte, et prête d'accoucher lorsque son mari fut arrêté; son émotion fut si violente que l'enfant mourut dans son sein ; les jours mêmes de la mère furent un instant en danger. M. Bac ayant dit que la conséquence de ces mauvais traitements avait été la mort de l'enfant de M. Desages, un membre à droite fit en ricanant cette interruption grossièrement indécente : « Quel « âge avait l'enfant qui est mort? Est-il mort de chagrin? »

L'inanité des charges contre MM. Luc Desages et Desmoulins était telle qu'ils furent acquittés par le conseil de guerre de Lyon, mais après plus de deux mois de détention préventive.

Toute l'accusation était fondée sur cette phrase écrite dans un *post-scriptum* ajouté par M. Desages à une lettre d'affaires écrite par M. Desmoulins à un libraire, son correspondant à Lyon : « *La France et la Constitution sont* « *attaquées par les Cosaques.* » M. Desages répondit qu'il faisait allusion à un manifeste récent de l'empereur Nicolas, qui, dans un style biblique, renfermait des menaces contre la forme républicaine. En tout cas, la métaphore avait cours dans le langage politique de l'époque ; elle fut même appliquée personnellement à M. Thiers, qui répondit en renvoyant l'épithète de *démagogue* à ceux qui l'appelaient *Cosaque*. Cela ne rappelle-t-il pas ce citoyen condamné, pendant la terreur blanche, à recevoir la schlague pour avoir appelé son cheval *Cosaque* (1)?

Si le sentiment de la liberté était moins vif chez les gouvernants de 1847 que chez ceux de 1832, l'esprit public aussi était tombé beaucoup plus bas. Les victimes de l'état de siége se soumirent passivement, et il n'y eut de leur part aucune tentation de résistance légale, malgré l'invitation de M. Grévy qui disait dans la séance du 18 juin : « Je ne « comprends pas que les journaux suspendus, je ne com- « prends pas que les journaux placés sous cette intimida- « tion qui rappelle la censure, se soumettent à de pareils « actes. Les journaux suspendus peuvent paraître : il n'y a « pas un tribunal en France qui puisse les condamner, « parce qu'il n'y a pas une loi qui permette de les suspen- « dre. » En effet, en donnant à l'état de siége l'interprétation

---

(1) « Un jour, écrivait en 1849, M. Louis-Blanc (*Appel aux honnêtes* « *gens*), quand cette ivresse des passions se sera évanouie, on rap- « prochera de la conduite de M. Odilon Barrot et de ses complices « celle des Républicains socialistes qui, au mois de février, em- « ployèrent leur dictature à abolir la peine de mort, à calmer la « place publique, à protéger les vaincus, à transformer en atelier « une prison pour dettes, à rendre inviolable le droit de chaque « citoyen et indépendante la voix de chaque journal : étranges « anarchistes qui prirent pour devise, l'*Ordre dans la liberté*! sin- « guliers apôtres de la spoliation, qui donnèrent Paris à garder... « à deux cent mille affamés sous les armes..... — Depuis, qu'avons- « nous vu? Aujourd'hui encore, que voyons-nous? *Nous sommes* « *les modérés*, osaient dire ceux qui allaient remuant d'une main « violente les cendres de la guerre civile. Ainsi, les provocateur « des conseils de guerre? modérés! Les instigateurs de la dépor- « tation en masse? modérés! Les approbateurs en délire des con- « damnations sans jugement? modérés! Les inventeurs du bagne « politique? modérés, modérés, modérés! Ah! ce mot si noble et « si beau, ils en auront fait le scandale de l'histoire! »

la plus large, la conséquence était de transférer à l'autorité militaire les pouvoirs judiciaires et administratifs ; mais aucune loi n'autorisant en aucun cas la suspension des journaux, le pouvoir militaire ne pouvait pas davantage avoir cette faculté exorbitante.

Tout cela est d'autant plus choquant que les circonstances, en juin 1849, n'étaient point, en réalité, d'une gravité telle qu'elle pût motiver de semblables mesures. Il y avait même plus d'un point de rapprochement entre la manifestation du 13 juin 49 et la manifestation provoquée par M. Odilon Barrot en février 48.

Au 13 juin 1849 comme au 24 février 1848, les représentants accusaient le ministère d'avoir violé la Constitution, et ils avaient provoqué une manifestation pacifique pour protester contre cette violation. Le caractère pacifique de la démonstration de 1849 était reconnu par le gouvernement lui-même. L'un des premiers représentants arrêtés avait été M. Suchet (du Var) saisi par les gardes nationaux au moment où il invitait M. le colonel Forestier à se réunir aux représentants de la Montagne qui se trouvaient aux Arts et Métiers. Le procès-verbal d'arrestation portait comme principal grief :
« M. Suchet ne se cache pas pour dire que la réunion a
« pour but d'engager la garde nationale *à une manifesta-*
« *tion pacifique.* »

Or voici en quels termes M. Odilon Barrot démontrait le 22 février 1848 la parfaite légalité d'une manifestation en tout semblable à celle du 13 juin, et qu'il appelle non-seulement un DROIT mais « la pratique d'un DEVOIR : »
« Si dans notre pays il ne peut y avoir de grandes réunions
« et de grandes manifestations que celles qui auront été
« au préalable réglées, organisées, réglementées par les
« autorités officielles, à la bonne heure; mais dans un pays
« libre il faut bien s'accoutumer à ce que de pareilles ma-
« nifestations se règlent d'elles-mêmes ; que l'ordre s'y

« maintienne par de bonnes habitudes, par une sorte de
« discipline libre, officieuse, qui s'établit : ce sont là les
« mœurs de la liberté.... Vous nous parlez d'usurpation
« des droits de l'autorité; vous nous dites que la garde
« nationale a été convoquée, qu'elle se trouvera en armes,
« qu'elle se trouvera en état de garde nationale, il n'en est
« rien, vous avez poursuivi une chimère. Le fait est que,
« le débat une fois entamé, nous avons été soutenus par
« les sympathies toutes naturelles qui rattachent à nos dé-
« bats une grande partie de la population du pays. Le débat
« sur le droit de réunion, droit que vous avez professé et
« pratiqué vous-mêmes, ce débat ne pouvait laisser indiffé-
« rente cette partie de la population, la GARDE NATIONALE *à*
« *qui le dépôt de toutes nos libertés a été confié.* Tout ce
« qu'on pouvait demander, c'était qu'il n'y eût rien d'offi-
« ciel, c'était qu'elle se réunît officieusement, individuelle-
« ment, *sans armes, paisiblement,* comme garantie de
« tranquillité, et non comme moyen de force publique. »

« Voilà ce qui se passait, voilà ce qu'il y avait au fond de
« la situation, ajoutait M. Odilon Barrot. Eh bien! je vous
« le répète, grâce au progrès de nos mœurs publiques,
« grâce à l'intelligence de notre pays, grâce à cet accord
« universel, grâce à cette conscience instinctive de ce peu-
« ple, le plus intelligent du monde, que ce serait même
« contrarier la lutte légale que nous soutenons, si l'on y mê-
« lait le moindre désordre et le moindre trouble.... *je vous*
« *aurais donné l'assurance, et je vous aurais garanti sur l'hon-*
« *neur* qu'il n'y aurait eu aucun trouble, aucune perturbation.
« Mais la *compression* que vous établissez, ne vous le dissi-
« mulez pas, et je vous le dis avec douleur, tend une po-
« sition déjà trop tendue, ajoute à des sentiments exaspé-
« rés un nouveau degré d'exaspération. Maintenant c'est
« à vous, *c'est à vous seuls qu'est la responsabilité de cette*
« *situation.* Vous n'avez pas voulu de l'ordre avec et par

« la liberté. *Subissez-donc la conséquence de la situation*
« *que vous avez faite.* »

Ces paroles ne pouvaient-elles pas parfaitement s'appliquer aux événements du 13 juin 1849 ? On sait que l'occasion de cette démonstration fut l'expédition contre la République romaine, considérée comme une violation de l'art. 5 du préambule de la Constitution ainsi conçu :

« La République respecte les nationalités étrangères,
« comme elle entend faire respecter la sienne; n'entreprend
« aucune guerre dans des vues de conquête, et *n'emploie*
« *jamais ses forces* contre la liberté d'aucun peuple (1). »

Or, si l'on relit le discours de M. Odilon Barrot, dans la discussion de l'Adresse de 1848, que nous avons cité plus haut, dans lequel il flétrit l'abandon de l'Italie et de la Pologne, on doit se convaincre que cet acte de son gouvernement était encore une nouvelle apostasie, et que si M. Guizot eût pris une semblable initiative, il se fût certainement associé aux objurgations violentes de M. Ledru-Rollin. En 1849, M. Odilon Barrot se faisait le défenseur du pouvoir temporel du pape, sur le compte duquel il s'exprimait ainsi en 1832 : « Non, non, je ne comprendrai jamais ce gou« vernement bâtard, moitié spirituel et moitié temporel, qui
« réside dans la personne du pape. »

M. Odilon Barrot eut pour allié fidèle, dans cette circonstance, comme dans toutes les autres, M. Thiers, qui protestait, lui aussi, en février 1848, de son amour ardent pour l'Italie. M. Odilon Barrot quitta le ministère le 31 octobre 1849. Mais il soutint encore longtemps avec ses amis la politique présidentielle et fut un des principaux auteurs

---

(1) Indépendamment de cet article, l'art. 54 de la Constitution disait que le président de la République ne pouvait entreprendre aucune guerre sans le consentement de l'Assemblée nationale. Or, l'ordre d'attaquer Rome fut envoyé le 29 mai, malgré la défense formelle de la Constituante et sans avoir consulté la Législation.

de la loi du 31 mai 1850, qui mutilait le suffrage universel. Ce fut seulement au mois de février 1851 que M. Odilon Barrot et avec lui MM. Thiers et Changarnier se séparèrent du gouvernement. A cette occasion, le 17 janvier 1851, M. Thiers prononça un grand discours pour exposer les motifs de ce changement d'attitude.

Dans ce discours, document important pour l'histoire, M. Thiers expose que, pour ne pas diviser le parti modéré, ses amis et lui, au lieu de choisir un candidat dans leurs rangs s'étaient ralliés, en novembre 1848, à la candidature du prince Louis-Napoléon. Consulté par le président, il lui avait conseillé de prendre des hommes nouveaux au pouvoir, mais non dans le parlement; c'est ainsi qu'avait été formé, sous la haute inspiration de M. Thiers, le ministère Barrot-Dufaure-de Falloux-de Tocqueville (1). Cette politique porta ses

(1) Le ministère du 20 décembre 1848 était ainsi composé : *Président du Conseil et ministre de la Justice* : M. Odilon Barrot; *Affaires étrangères* : M. Drouyn de Lhuys; *Instruction publique* : M. de Falloux; *Intérieur* : M. de Malleville; *Agriculture et Commerce* : M. Bixio; *Travaux publics* : M. Léon Faucher; *Guerre* : M. le général Rulhières; *Marine* : M. de Tracy; *Finances* : M. Hippolyte Passy. M. de Malleville se retira presque immédiatement par suite d'un dissentiment qui s'éleva entre lui et le président de la République, à la suite de son refus de lui remettre les pièces relatives aux conspirations de Strasbourg et de Boulogne. Il faut rappeler qu'en 1840, lors de la conspiration napoléonienne, M. de Malleville était sous-secrétaire d'Etat au ministère de l'Intérieur. M. Léon Faucher prit son portefeuille le 29 décembre et fut remplacé aux Travaux publics par M. Lacrosse, M. Buffet prit le portefeuille de l'Agriculture et du Commerce, refusé par M. Bixio. Le ministère ainsi constitué fonctionna jusqu'au 2 juin 1849, à laquelle époque M. Dufaure prit le portefeuille de l'Intérieur, M. de Tocqueville celui des Affaires étrangères et M. Lanjuinais celui de l'Agriculture et du Commerce. Ainsi M. de Tocqueville s'associa complètement à toutes les mesures de l'état de siège et il fut un des auteurs de la loi contre la presse du 27 juillet. Ce fut son ami intime, M. G. de Beaumont, qui fut le rapporteur de la loi sur l'état de siège. Le ministère Odilon Barrot fut

fruits et *rétablit la tranquillité dans le pays.* Le 31 octobre 1849, le président changea le ministère, en annonçant dans un message *que les hommes d'action allaient remplacer les hommes de parole.* Quelques sentiments pénibles qu'aient fait éprouver à l'orateur et à ses amis cette sorte d'ingratitude, ils ne retirèrent pas cependant leur appui au gouvernement. Survinrent les élections de mars et avril 1850 qui alarmèrent vivement la France. Le président appela encore M. Thiers et ses amis, et leur demanda leur concours. Ils s'empressèrent de le lui accorder sans lui manifester aucune rancune de son message du 31 octobre, et rédigèrent la loi électorale du 31 mai, « de laquelle, dit, M. Thiers, « date le rétablissement de la sécurité dans les esprits. » Ils donnèrent encore au président une preuve de leur dévouement en appuyant, malgré leurs scrupules, la dotation demandée par lui de trois millions.

Le motif de la scission entre la majorité et le président était le fameux incident de la revue de Satory dans laquelle avaient été poussés les cris de : *Vive l'empereur!* Et ces cris avaient si bien été provoqués par le président que le général Neumayer fut destitué pour avoir ordonné à sa division de s'en abstenir. Le général Changarnier, donnant raison au général Neumayer, adressa un ordre du jour à l'armée pour lui rappeler qu'elle ne devait pousser aucun cri sous les armes. Mais il fut à son tour destitué de son poste élevé, et c'est en cette circonstance que M. Thiers était monté à la tribune pour attester la scission solennelle. Il termina son discours en dénonçant les projets ourdis contre l'Assemblée.

Il est juste de dire que pendant que le président con-

---

remplacé le 31 octobre 1849, par un ministère Rouher, dans lequel entrèrent MM. de Parieu, A. Fould, Ferdinand Barrot, de Rayneval, Dumas, Bineau, le général d'Hautpoul et l'amiral Romain-Desfossés.

spirait le rétablissement de l'empire à Satory, M. Thiers allait conspirer à Claremont, le retour de la dynastie orléaniste, et ce fut sur une pure question de compétition ambitieuse et pas du tout sur une question de principe ou de liberté qu'eut lieu la scission.

Mais à partir de cette époque, la liberté redevint le drapeau de ceux qui l'avaient si outrageusement abjurée, pendant leur passage au pouvoir : et aujourd'hui, qu'ils sont plus que jamais dans l'opposition et que les souvenirs du passé sont éloignés et en partie oubliés, ils prétendent absorber la tradition du grand parti libéral.

IV

Le 6 avril 1849, M. Guizot, posant sa candidature dans le département du Calvados, comparait la politique de M. Odilon Barrot à la sienne, et, les voyant toutes deux parfaitement identiques, il en concluait que l'expérience avait prononcé en sa faveur : « Les événements qui se suc-
« cèdent si grands et si rapides, en France et en Europe,
« disait-il, prouvent tous les jours qu'il n'y a qu'une politi-
« que sensée, honorable, praticable. Sans s'occuper des
« noms propres et des dates, ils donnent tous les jours rai-
« son aux défenseurs de cette politique, et abattent tous
« les jours ses adversaires. A coup sûr, elle peut marcher
« la tête haute au milieu des expériences qui s'accomplis-
« sent sous nos yeux. De leur côté, les hommes engagés
« aujourd'hui dans les affaires politiques, ne se montrent
« point sourds à cette grande voix des événements. Quelque
« diverses que soient leurs dispositions, la même lumière
« frappe leurs yeux. Quelque lointain que soit leur point de
« départ, ils sont tous amenés sur le même terrain. *La seule*
« *politique praticable devient aussi la seule pratiquée* (1). »

(1) M. Guizot ne fut pas élu. Sa candidature fut combattue

Quelques jours auparavant, l'ancien collègue de M. Guizot, M. Duchâtel, disait pareillement, et avec une netteté encore plus grande, s'adressant aux électeurs de Jonzac, mais pour décliner la candidature qu'ils lui offraient : « Le
« lendemain d'un grand ébranlement social, le premier de
« tous les besoins, de tous les intérêts, n'est-ce pas la sta-
« bilité ? Et comment établir quelque chose de stable sans
« résister aux mauvaises passions et aux folies ? La *résistance*,
« ce mot si bien exploité contre la royauté de 1830, ce pré-
« texte à tant de clameurs et à tant d'orages, *devient néces-*
« *sairement la règle de conduite de tout homme loyal et vrai,*
« appelé à diriger les affaires de son pays (1). On a fait,

très-vivement par le comité de la rue de Poitiers. Si MM. Odilon-Barrot, Thiers et leurs amis oublièrent tous leurs anciens principes, il faut leur rendre du moins cette justice qu'ils ne furent infidèles à aucune de leurs anciennes rancunes et de leurs anciennes haines.

(1) M. Duchâtel dit bien ici le mot juste qui caractérise la politique de M. Odilon Barrot comme elle caractérisait celle de M. Guizot : LA RÉSISTANCE. Pour laisser une fois de plus à M. Odilon Barrot le soin de se juger lui-même, citons l'incident suivant à la Chambre des Députés, dans la séance du 30 décembre 1834 :

M. O. Barrot. — « Messieurs, le ministre de l'Instruction pu-
« blique (M. Guizot), a cru qualifier mes opinions en rappelant je
« ne sais quelle anecdote qui m'assimile à Pétion : *Je vous con-*
« *nais*, m'aurait-on dit, *vous vous appelez Pétion.* » — *Plusieurs voix.* — « Vous ne citez pas bien. On vous a dit : « Il y a qua-
« rante ans, vous vous appeliez Pétion. » — *M. O. Barrot, s'a-*
dressant à M. Guizot. — « Je vous connais depuis longtemps, moi,
« monsieur ; car vous exprimez en vous, après la révolution de
« Juillet, tous les systèmes de la Restauration. Tout ce que vous
« nous avez dit n'est pas neuf, et sur la nécessité de résister, et
« sur la nécessité de donner sécurité aux honnêtes gens, et sur les
« dangers de l'entraînement des partis. Tout cela n'est pas neuf,
« monsieur, tout cela a été dit, peut-être contre vous-mêmes,
« contre vos amis. Vous voyez donc qu'il y a longtemps que
« nous nous connaissons.

« en juin 1848, ce que la monarchie avait tenté de faire en
« juin 1832 ; on met Paris en état de siége ; seulement on
« est tenté d'aller plus loin que ne le demandait la monar-
« chie ; on ajoute, à la juridiction des conseils de guerre, la
« déportation sans jugement ; on interdit les clubs en 1849,
« comme en 1834 la monarchie limitait les associations qui
« alors préparaient la guerre civile, comme les clubs la
« fomentent aujourd'hui. On résiste aux entraînements de
« la guerre pour la question d'Italie, comme la monarchie
« s'y refusait en 1831 pour la question plus lointaine de la

« Eh ! la Restauration aussi avait arboré un beau jour un système
« de résistance. C'est un jeu terrible, monsieur, que celui de résister
« aux événements et de vouloir remonter le cours des événements.
« C'est un jeu auquel de plus puissants que vous se sont brisés...
« Pour résister à une révolution, à son élan, à son entraînement
« généreux, il faut prendre un point d'appui quelque part. Vous
« avez été jadis les apôtres des sentiments de libéralisme et d'hu-
« manité ; c'est à votre école que nous avons appris notre religion
« politique tout entière. Eh bien ! ce n'est pas volontairement que
« vous avez rejeté cette robe de candidature dont vous vous étiez
« revêtu avant d'arriver au pouvoir ; vous avez cédé aux fatales
« conséquences de votre système..... Monsieur le ministre de
« l'Instruction publique, lorsque dans chacune de vos mesures,
« dans vos discours de tribune, dans l'ensemble de votre conduite,
« j'ai eu à déplorer (je le dis avec un sentiment pénible), une es-
« pèce de démenti donné à des principes et à des sentiments que
« j'avais admirés ; lorsque, dis-je, j'ai eu à déplorer de pareilles
« erreurs, j'ai plaint la situation fatale qui vous entraînait à de
« pareilles nécessités ; j'ai déploré cette nécessité fatale sous la-
« quelle vous vous étiez placé par le système même de résistance
« que vous aviez arboré. »

La situation de M. Odilon Barrot en 1849 était identiquement la même que celle de M. Guizot qu'il dénonçait en 1834 : il avait voulu résister à la révolution, et il avait dû céder comme M. Guizot aux conséquences fatales de ce système ; il lui avait bien fallu prendre, lui aussi, son point d'appui quelque part. Cette préoccupation de la résistance avait été la première qu'avait fait naître la révolution de Février dans l'esprit de M. Odilon Barrot.

« Pologne. C'est que le bon sens est le même pour tout le
« monde, c'est qu'aux mêmes maux il faut les mêmes remè-
« des, et qu'il n'y a pas deux manières de défendre la so-
« ciété, quelles que soient les situations politiques de ceux
« qui acceptent cette périlleuse mission. »

Le *Journal des Débats* écrivait dans le même sens, le
4 mars 1849 : « C'est dans l'intérêt de l'ordre public que
« M. Odilon Barrot réclame le droit de surveiller les ban-
« quets ; c'est dans le même intérêt que M. Guizot récla-
« mait le droit de les interdire. Ce droit que revendiquait
« M. Guizot, comme celui que revendique aujourd'hui

M. Garnier-Pagès cite, dans son *Histoire de la Révolution de* 1848,
une lettre que M. Odilon Barrot lui adressait dès le 26 février,
dans laquelle il dit : « Il faut bien que les bons citoyens, tous ceux
« qui ne veulent pas que notre France se perde dans des convul-
« sions intérieures, vous viennent en aide pour deux choses qui
« me paraissent dominer la situation : la première, c'est qu'en
« régularisant cette liberté d'action nécessaire à tout gouverne-
« ment et plus encore à un gouvernement révolutionnaire qu'à
« tout autre, *vous empêchiez que la révolution ne devienne* de
« *politique, aussi profondément politique que vous voudrez, révo-*
« *lution sociale*, c'est-à-dire qu'elle n'atteigne la propriété et
« la famille... » M. Odilon Barrot était de bonne foi en 1848
comme l'était M. Guizot en 1834. Il croyait que la révolution sociale menaçait la propriété et la famille. Mais il faut bien le reconnaître, la révolution de 1848 faite au nom de l'organisation du
travail, était avant tout, et c'était son caractère essentiel, une révolution sociale. Vouloir résister aux événements et remonter le
cours des événements, cela ne pouvait que provoquer des catastrophes et briser ceux qui entreprendraient cette œuvre impossible. M. Odilon Barrot allait en faire l'expérience après M. Guizot.

M. de Girardin était plus clairvoyant quand il écrivait, dans la
Presse le 18 mars 1848... « Où nous verrions un danger, où nous
« verrions un péril, ce serait dans le chimérique espoir et dans
« l'impuissante tentative de changer le caractère de la révolution
« du 24 février, — *si d'une révolution sociale, on croyait pouvoir*
« *en faire seulement une révolution politique.* Ce qui est à craindre,
« ce n'est pas le radicalisme, c'est l'antagonisme. »

4.

« M. Odilon Barrot, est une garantie essentielle à tous les
« gouvernements réguliers, à toutes les sociétés qui ne veu-
« lent pas s'abandonner elles-mêmes. Le droit d'interdic-
« tion et le droit de surveillance sont fondés sur le même
« principe, le grand et éternel principe du salut public. Que
« ces deux droits soient écrits ou non dans la loi de 1790,
« peu nous importe; ils font partie de ces droits primordiaux,
« imprescriptibles, qui n'ont besoin d'être écrits dans au-
« cun texte, et qui sont garantis par la Constitution nou-
« velle. »

C'est ainsi que l'on était conduit à substituer les principes d'autorité aux principes de liberté, et à placer les
droits des gouvernements au dessus des droits des citoyens;
peu s'en fallait que l'on ne présentât cette théorie comme la
véritable interprétation des principes de 1789. M. de Montalembert, dans son discours du 21 juillet 1849, en faveur
des lois restrictives de la presse, tirait ainsi la moralité de
cette expérience : « M. Guizot, M. Barrot, tous les deux ont
« été successivement condamnés à user tout leur patrio-
« tisme, toute leur valeur, toute leur énergie à défendre le
« pouvoir qu'ils avaient, dans d'autre temps, déprécié.
« Qu'est-ce que cela prouve? Que ce sont des apostats, des
« hommes corrompus? Pas un de vous n'a osé le dire et
« personne n'osera le supposer. Qu'est-ce que cela prouve
« donc? Qu'il y a, dans la manière dont nous entrons dans
« la vie politique, dans la manière dont nous apprécions
« les rôles du pouvoir et de la société, quelque chose de
« radicalement faux et de radicalement téméraire; quelque
« chose d'incompatible, non-seulement avec l'intérêt de la
« société, mais avec l'intérêt de la liberté même, et avec le
« devoir que nous avons tous de préserver cette liberté de
« la ruine infaillible qui l'attend, lorsqu'on a trop longtemps
« lâché le frein à ce qui se cache sous son voile et sous son
« nom. Qu'arrive-t-il aux hommes publics en ce pays-ci?

« Ils commencent tous par ne pas assez croire à l'autorité,
« par ne pas assez la respecter. Et comment finissent-ils ?
« Ils finissent de deux manières : les uns vont tomber au
« fond de l'abîme où ils cherchent à entraîner la société
« avec eux ; les autres consacrent leur talent et leur énergie
« à défendre la société avec des armes dont ils ont eux-
« mêmes trop souvent émoussé le tranchant et affaibli le
« ressort. »

Il est certain que l'enseignement qui ressort de cette expérience dont nous venons d'exposer les traits les plus significatifs, c'est qu'il faut désespérer ou de la liberté, ou bien des hommes qui, au nom de la liberté, ont aspiré dans le passé et aspirent encore aujourd'hui à diriger les affaires politiques. Ou ces hommes étaient dupes d'une illusion dans leurs revendications libérales, ou bien ils jouaient une indigne comédie et leur apostasie du lendemain mérite le mépris le plus profond. Il est impossible d'abjurer plus complétement que M. Odilon Barrot, par exemple, toutes les idées à la défense desquelles on avait mis précédemment son honneur, et de donner un démenti plus complet à tous les engagements que l'on avait pris devant le public.

Si on comprend le sentiment de triomphe que cette expérience pouvait inspirer à MM. Guizot et Duchâtel, confirmés ainsi dans leur obstination réactionnaire, on comprend aussi le découragement inspiré par ce même spectacle à M. de Girardin, qu'il exprimait en refusant une candidature, qui lui était aussi offerte à la même époque et dans les mêmes circonstances (18 mars 1849) : « Député pendant
« de longues années, j'ai vu à l'œuvre tous les hommes
« politiques ; j'ai vu ce qu'ils paraissaient dans l'opposition ;
« j'ai vu ce qu'ils étaient au pouvoir : j'ai vu à quelles
« minces questions ils attachaient de l'importance ; j'ai vu à
« quelles petites passions ils sacrifiaient les considérations

« les plus élevées; j'ai vu à quels intérêts privés ils don-
« naient la préférence sur les intérêts généraux ;... j'ai vu
« les réformes les plus inoffensives attaquées comme dange-
« reuses et les symptômes les plus graves dédaignés comme
« insignifiants; j'ai vu sur quelle pointe d'aiguille, sur
« quelles équivoques méprisables, sur quelles expressions
« inconsidérées ou perfides, sur quels amendements sans
« valeur, sur quels ordres du jour sans bonne foi, sur
« quels votes de confiance sans durée l'existence des cabi-
« nets était tenue en suspens; j'ai vu remporter d'innom-
« brables victoires par un parti sur l'autre, sans que le pays
« en retirât jamais le plus faible avantage : j'ai vu enfin
« s'accomplir une révolution que j'avais pressentie; je l'ai
« vu détruire les institutions et conserver les abus, étendre
« l'arbitraire et restreindre la liberté. »

Ce qui doit le plus donner à réfléchir, c'est que ces hommes, rentrés aujourd'hui dans l'opposition, semblent n'avoir rien appris et avoir tout oublié. MM. Odilon Barrot, Dufaure, Duvergier de Hauranne et les autres, M. de Montalembert lui-même, défendent plus haut que jamais à l'heure qu'il est la liberté qu'ils ont reniée autrefois avec aussi peu de scrupule. M. de Tocqueville était devenu dans les derniers jours de sa vie un oracle de libéralisme, et il n'est pas jusqu'à M. Léon Faucher, dont on ne cite le nom avec honneur (1). M. Odilon Barrot est tout prêt à rééditer,

---

(1) M. Léon Faucher, économiste distingué et journaliste libéral avant 1848, était rédacteur en chef du *Courrier français*; il accueillit avec enthousiasme comme beaucoup d'autres, la révolution de février. Il fut envoyé à l'Assemblée constituante à la faveur d'une profession de foi socialiste, dans laquelle il disait : « *L'Etat* « *a qualité pour mettre les instruments de travail à la portée du* « *plus grand nombre*, en développant les institutions de crédit par « un bon système de banque et de réforme hypothécaire. Il peut « favoriser l'élévation des classes laborieuses par l'éducation et les « institutions des caisses d'épargne. Il peut *limiter* l'expansion

si l'occasion s'en présentait, ses consultations de 1832 contre l'état de siége, et à soutenir la cause de la liberté de la presse et du droit de réunion : M. Dufaure ne demande qu'à se joindre à lui, et lorsque la question du secret des lettres fut soulevée il y a quelque temps, ils ont été les premiers à élever une voix indignée. L'Union libérale s'est réformée comme en 1847, et ses partisans, aujourd'hui comme

« des classes supérieures en *les appelant à supporter une plus
« grande part des charges publiques.* L'impôt est le véritable
« levier au moyen duquel on agit sur la répartition de la richesse.
« La réforme urgente aujourd'hui, la réforme populaire, est celle
« qui portera sur l'assiette de l'impôt..... »

Ministre de l'Intérieur dans le cabinet Odilon Barrot, il devint un des soutiens les plus ardents de la réaction contre le socialisme, qu'il attaquait avec une violence inouïe dans le *Moniteur*, qui sous son administration perdit sa gravité officielle et devint un organe de polémiques passionnées. M. Léon Faucher, bravant l'opinion publique qui s'était si vivement émue, sous la Restauration, du traitement infligé à MM. Fontan et Magallon, ne se borna pas seulement à recommander qu'aucune différence n'eut lieu entre les condamnés politiques et ceux qui étaient condamnés pour des délits ou des crimes ordinaires. Mais encore dans une lettre, adressée à son collègue le ministre de la Marine relativement au régime que devront subir au bagne les insurgés de juin, il pousse le raffinement de la répression jusqu'à leur refuser la consolation de les accoupler entre eux et jusqu'à prescrire de river chaque insurgé à un meurtrier ou à un voleur. Heureusement l'intérim du ministère de l'Intérieur ayant été confié à M. Lacrosse, d'autres ordres très-différents furent donnés. « M. Léon Faucher, dit Proudhon dans
« ses *Confessions d'un révolutionnaire*, est un de ces types qui ne
« se rencontrent qu'une fois en quarante siècles. » Le 29 janvier 1849, à propos d'une insurrection imaginaire qui se borna à une révolte de la garde mobile pour une question de solde, M. Léon Faucher adressait aux habitants de Paris un appel véhément à la guerre civile dans lequel il disait : « C'est la Républi-
« que, c'est la société elle-même, ce sont les bases éternelles du
« pouvoir que les perturbateurs mettent en question, *la victoire
« de l'ordre doit être décisive et irrévocable.* Que chacun fasse
« donc son devoir, le gouvernement ne manquera pas au sien. »

alors, objurguent comme des ennemis de la liberté ceux qui se tiennent sur la réserve, et ne sont même pas éloignés de les accuser d'être des partisans plus ou moins déguisés du gouvernement personnel.

Dans un article du *Courrier du Dimanche* du 21 avril 1861, à propos d'un livre de M. Odilon Barrot : *De la Cen-*

Le 12 mai, à la veille des élections à l'Assemblée législative, pour écarter les républicains de la représentation nationale, il se livra à une manœuvre incroyable et ne craignit pas de se rendre coupable d'un faux en écriture télégraphique. Une discussion très-animée venait d'avoir lieu sur les affaires d'Italie et l'Assemblée avait repoussé par 329 voix sur 621 votants la proposition de M. Jules Favre : de déclarer que le ministère avait perdu sa confiance. M. Léon Faucher télégraphia aussitôt ce résultat aux départements en désignant pour chaque département l'attitude de ses représentants, et il ajoutait : « Ce vote consolide la paix publique : « *Les agitateurs n'attendaient qu'un vote de l'Assemblée hostile* « *au ministère* POUR COURIR AUX BARRICADES ET POUR RENOU- « VELER LES JOURNÉES DE JUIN. » Cette manœuvre qui viciait en quelque sorte les élections pour l'Assemblée législative, désavouée par les collègues de M. Léon Faucher, fut l'objet d'un blâme unanime de l'Assemblée. Cinq députés seulement se levèrent pour défendre les procédés de M. Léon Faucher : c'étaient MM. Baraguey-d'Hilliers, Arène, Delattre, Denjoy et Riverieulx. A la suite de cet incident M. Léon Faucher dut déposer son portefeuille. Il continua à soutenir la politique présidentielle, même après le passage de MM. Thiers et Odilon Barrot dans l'opposition, et fut appelé le 10 avril 1851, à prendre dans le ministère Rouher le portefeuille de l'Intérieur qu'il conserva jusqu'au 26 octobre. On assure, et vu ses antécédents cela paraît vraisemblable, qu'il fut dans la confidence première du coup d'Etat. Il ne le désapprouva pas en principe, mais ses vues d'exécution n'ayant pas été suivies, il protesta avec éclat en repoussant comme une injure faite à son caractère sa nomination dans la commission consultative, élue après le 2 décembre 1851. En faveur de cette protestation, on oublia tout le passé de M. Léon Faucher. Il est mort en odeur libérale et une édition récente de ses œuvres a été accueillie avec la plus grande sympathie par la presse libérale.

tralisation et de ses effets (1), M. Jules Simon qui, s'il n'a pas pris une part bien directe aux événements de 1848, s'y est du moins trouvé mêlé de fort près (2), et qui était alors un des chefs du parti libéral, il est en voie aujourd'hui de devenir un des chefs du parti révolutionnaire, M. Jules Simon disait que ce livre venait fort à propos pour « marquer de plus « en plus la différence qui existe entre les libéraux et les ré- « volutionnaires. » M. Jules Simon expliquait ainsi sa pensée : « Aucune classification n'est inflexible ; mais on peut dire « en général que les libéraux veulent émanciper l'activité « humaine, et que les révolutionnaires, quand ils sont dans « l'opposition, songent à se substituer à ceux qui la diri- « gent, pour la diriger eux-mêmes d'une autre façon. *Il*

(1) Ce qu'il y a de curieux dans ce livre, c'est le désintéressement complet avec lequel l'auteur parle de la République de 1848 « qui « se borna, dit-il, à proclamer, pour la troisième ou quatrième « fois, les droits de l'homme, sans rien faire pour les garantir et « pour se garantir elle-même. » A qui la faute ? Il se félicite toutefois de la puissance de nos mœurs politiques « qui nous a permis « d'aborder la terrible épreuve de la révolution sociale, » et « nous « a préservés des derniers excès de l'anarchie. » — M. Odilon Barrot s'exprime ainsi sur la chute du gouvernement de Juillet : « Ce gouvernement est tombé le 24 février 1848, en pleine vita- « lité, comme une machine qui éclate au milieu même de son « action, parce qu'une soupape de sûreté n'a pas été soulevée à « temps. » Dans une lettre récemment adressée au *Progrès de l'Eure*, à propos des poursuites contre la souscription pour élever un monument au représentant Baudin tué sur les barricades le 3 décembre 1851, M. Odilon Barrot dit avec la sécurité d'un homme complétement désintéressé dans la question : « Les gouvernements « se succèdent, et bien que procédant d'origines diverses et affec- « tant au grand mépris les uns pour les autres, ils se ressemblent « par trop de points. »

(2) M. Jules Simon fut membre de l'Assemblée constituante : il ne prit aucune part active à ses délibérations et donna sa démission au commencement de 1849 pour entrer au Conseil d'Etat, où il participa à la fameuse délibération justificative de l'état de siége que nous avons citée.

« *s'agit pour les premiers de supprimer l'obstacle et pour
« les seconds de le déplacer.* »

Cette apologie des libéraux était au moins étrange à propos de M. Odilon Barrot. S'il est une politique qui ait consisté à *déplacer* l'obstacle au lieu de le *supprimer*, c'est assurément celle de M. Odilon Barrot, qui n'a fait que personnifier en lui la *résistance* personnifiée auparavant en MM. Guizot, Duchâtel et Hébert. Qu'a donc fait M. Odilon Barrot pour émanciper, ne fût-ce que lointainement, l'activité humaine? Ah! on ne peut pas dire que sa politique comme celle de M. Guizot se résume dans ces trois monosyllabes désespérants : *Rien, rien, rien.* M. Odilon Barrot a fait quelque chose : il a fait la loi contre les clubs et le droit de réunion, il a fait la loi contre la presse du 27 juillet 1849 et il a fait l'état de siége. On peut joindre à ces hauts faits l'expédition romaine pour le rétablissement du pouvoir temporel du pape. Voilà ce qu'a fait M. Odilon Barrot pour *émanciper l'activité humaine.*

Nous ne voulons pas dire que M. Jules Simon soit de mauvaise foi et qu'il veuille travestir l'histoire, mais il est bien certain qu'il la considère à travers un prisme qui ne la lui laisse pas voir sous ses véritables couleurs. C'est précisément pour rétablir, d'après les documents authentiques, le caractère des hommes et des choses de l'époque contemporaine que nous écrivons ce livre. Il s'adresse particulièrement à la jeunesse et au peuple, qui, nouvellement entrés dans la vie publique, ne connaissent pas très-bien toujours les événements du passé et n'ont pas sous la main les éléments utiles pour les apprécier par eux-mêmes. Il importe cependant de ne pas retomber trop lourdement dans les mêmes fautes, dans les mêmes piéges, dans les mêmes illusions, et de profiter d'une expérience chèrement achetée. Puisse ce livre contribuer à rendre ce service à ceux qui le liront!

Nous avons choisi pour objectif l'année 1848, parce que cette année est le point d'arrivée de ceux qui étaient entrés sous Louis-Philippe dans le mouvement de l'opposition libérale et révolutionnaire, et le point de départ de ceux qui sont entrés depuis dans ce mouvement. Tous nos hommes un peu importants ont tous plus ou moins pris part aux événements de cette époque, dans des conditions qui leur permettaient de manifester leur capacité et leur caractère. Ceux qui avaient attaqué le gouvernement de Louis-Philippe ont pu montrer à leur tour comment ils entendaient le pouvoir, et nous avons indiqué quelle bonne fortune inouïe cela avait été pour M. Odilon Barrot de pouvoir ainsi recommencer à son profit l'expérience de 1830. On sait maintenant comment il est sorti de cette épreuve, et ce serait un acte d'inqualifiable aveuglement que de songer désormais à confier une part quelconque dans la direction des affaires du pays à un homme qui, après avoir fait si orgueilleusement la leçon aux autres pendant dix-huit ans et après avoir professé si vivement les opinions les plus libérales, a donné l'exemple d'une telle incapacité et a démenti si outrageusement tous les engagements de son passé. Nous en allons voir défiler bien d'autres successivement, et cette revue nous apprendra ce qu'il faut penser de la distinction établie par M. Jules Simon entre les révolutionnaires et les libéraux. Nous ne voulons pas faire d'ailleurs un simple livre de personnalités, et nous nous efforcerons de dégager de ces exemples un enseignement élevé pour le présent et surtout pour l'avenir.

CHAPITRE II

M. DE LAMARTINE

I

La révolution commença par une manifestation d'étudiants qui, le 22 février, jour assigné pour le banquet, descendirent de la place du Panthéon, en une colonne compacte, aux cris : *Vive la Réforme! A bas les ministres! A bas Guizot!* La colonne se dirigea d'abord sur la Chambre des députés ; repoussée par les dragons, elle se porte vers la place de la Madeleine, d'où elle est refoulée par les municipaux dans les Champs-Elysées. Ce fut le signal. Le peuple y répondit en se levant en masse, et tandis que la Cour hésite et se consulte, il élève des barricades et s'empare de Paris, avant même qu'aucune mesure ait été prise pour la défense. Il répond à l'irrésolution par l'audace. Le soir, la ville fut occupée militairement ; mais les troupes arrivaient lentement, indécises, sans ordres. Le 23 février, la garde nationale organise à son tour sa manifestation : elle parcourt la ville aux cris de : *Vive la Réforme!* et ainsi prête son appui moral à l'insurrection, isole le pouvoir, achève de démoraliser ceux auxquels a été confiée la mission de la résistance. Sur divers points la garde nationale échange avec la ligne les cris de : *Vive la Réforme!* auxquels le peuple répond par les cris de : *Vive la ligne!* L'armée, laissée pendant vingt-quatre heures debout au milieu de la ville, circonvenue et entourée, sent fondre insensiblement au contact de la population la rigueur de la discipline. Des femmes du peuple embrassent les soldats, leur portent des vivres et leur disent : « Ne tirez pas sur nos « fils, nos pères et nos maris. »

Ces nouvelles apportées aux Tuileries, cette constatation que les baïonnettes sont devenues intelligentes, y jettent la consternation. Le ministère se décide enfin à donner sa démission, M. Guizot se laisse arracher la sienne par le roi. Le bruit se répand dans la ville que M. Molé est appelé à former un nouveau cabinet. La chute du ministère calme l'hostilité, mais non l'effervescence : des illuminations éclatent spontanément, et des manifestations triomphales parcourent les boulevards. Les conservateurs, qui éprouvaient déjà l'angoisse de la révolution, commencent à respirer. Mais un incident funeste et en quelque sorte fatal vient raviver toutes les colères populaires. Une colonne du peuple rencontre un bataillon de ligne sur le boulevard des Capucines en face du ministère des Affaires-Étrangères. Le bataillon croise la baïonnette, et veut leur interdire le passage : on parlemente, quand un coup de feu parti soudain devient le signal d'une fusillade qui jonche le sol de morts et de blessés. Vainement le commandant du bataillon, effrayé de ce qui vient de se passer et de la responsabilité épouvantable qui va retomber sur lui, veut donner des explications sur le malentendu : la foule ne veut rien entendre. Cette malheureuse fusillade est l'arrêt de mort de la royauté.

« C'était une monarchie tout entière qui devait être jetée au peuple, en expiation de l'erreur peut-être d'un sergent; le contre-coup du meurtre retentit bientôt dans Paris. Le cri : *Aux armes! nous sommes trahis! nous sommes assassinés!* s'élève autour du monceau de cadavres. Des hommes effarés, les habits déchirés, la tête nue, qui viennent d'échapper à la fusillade, sèment de tous côtés les détails de l'affreuse tragédie. Un frisson électrique court sur la population. Ce n'est plus ce flot calme du peuple, qui passait avec une attitude heureuse et confiante sous une triple rangée d'illuminations : c'est une foule inquiète, agitée, frémissante, qui regagne promptement ses quartiers. La terreur, la colère, la pitié sont sur les figures. Les portes se ferment, les lumières s'éteignent une à une; des hommes armés sortent de toutes parts de dessous les pavés.

« La colonne qui marchait tout à l'heure sur l'hôtel des Affaires-Étrangères, qui avait retrogradé devant la décharge, revient sur ses pas et amène un tombereau sur le champ de carnage. Elle y jette pêle-mêle une douzaine de cadavres, et se met en marche à la lueur des torches qui répandent une clarté lugubre sur cette scène d'horreur. Le convoi se rend au bureau du *National;* c'est le tison de la colère du peuple; il incendie d'abord ceux qui parlent au peuple (1). Du *National*, le cortége s'achemine par la rue Montmartre au bureau de la *Réforme;* il pousse par intervalles le cri sourd de vengeance, et traverse à pas lents la multitude qu'il enivre d'indignation. De temps à autre, un homme monté sur le tombereau dressait tout debout et secouait, aux regards de la multitude, le cadavre à moitié nu d'une femme qu'il laissait ensuite retomber au fond du tombereau.

« Cette scène fanatise la colère. Le peuple bouillonne et pousse des cris de mort. Le convoi passe toujours sombre et terrible, sous un reflet de torches, laissant derrière lui une foule exaspérée. Il s'enfonce dans les quartiers profonds où l'irritation du peuple n'est jamais descendue en vain..... Les barricades se relèvent, la fusillade recommence; des hommes courent de tous côtés frappant de porte en porte, et criant : *Aux armes!* Les cloches s'ébranlent, le tocsin sonne, et son glas lugubre, porté par les rafales, retentit jusqu'aux Tuileries (2). »

(1) C'est M. Garnier-Pagès, qui, au *National*, harangua le peuple, en l'absence de M. Marrast. Il prononça effectivement une harangue incendiaire qui contraste singulièrement avec la modération connue de son caractère.

(2) Eugène Pelletan, *Histoire des trois journées de février* 1848.

Pendant ce temps, sur le refus de M. Molé, qui n'avait pu parvenir à constituer un ministère, le roi passait le portefeuille à M. Thiers, et donnait le commandement général des troupes au maréchal Bugeaud. Mais M. Thiers refusait de laisser aller le maréchal contre les barricades, ne se sentant pas la force d'affronter l'impopularité d'une répétition des massacres de la rue Transnonain. Cependant le lendemain, 24 février, le peuple était debout en armes et, dès la première heure du matin, le siége était mis devant les Tuileries. Le roi parlemente toujours avec ceux qui l'entourent et avec lui-même, et ne parvient pas à prendre une résolution. Il se décide enfin à appeler M. Odilon Barrot au ministère. — *Il est trop tard!* s'écrie M. de Girardin, qui pénètre d'autorité aux Tuileries, et arrache de force au roi son abdication et la proclamation de la régence de la duchesse d'Orléans. Mais quand M. de Girardin va porter cette nouvelle au peuple qui livre l'assaut à la caserne du Château-d'Eau, au Palais-Royal, il reçoit à son tour cette même réponse : *Il est trop tard!*

Les courtisans avaient abandonné les Tuileries : la famille royale restait complétement isolée dans ces circonstances difficiles : c'est M. Crémieux, accouru comme M. de Girardin pour annoncer qu'on allait attaquer les Tuileries, qui protége la fuite du roi dans des voitures de place prises sur la place de la Concorde. Nul cortége pour le convoi royal. Dans la précipitation égoïste de cette heure où toute majesté a disparu, et à laquelle ne reste pas même la dignité de la défaite noblement supportée, on oublie la duchesse de Montpensier qui, égarée, éperdue, erre sur la place de la Concorde à la recherche d'une personne amie qui la protége et lui procure un asile. Le général Thierry la conduisit chez Mme de Lasteyrie.

La révolution était faite, les hommes politiques discutaient encore sur la régence conférée à la duchesse d'Orléans, au détriment des droits constitutionels du duc de Nemours. Mais déjà le peuple victorieux avait résolu la question, et partout éclataient dans la ville les cris de : *Vive la République !*

La duchesse d'Orléans tenant par la main le petit comte de Paris et le petit duc de Chartres, accompagné du duc de Nemours, se rend à pied au Palais-Bourbon, où siége la Chambre des députés. Le plus grand désarroi règne parmi les *satisfaits* de la veille, inquiets, remplis d'angoisse, se sentant au cœur les affres de la lâcheté qui précèdent la trahison. M. Sauzet, le président, est éperdu et ne sait sur quel sujet appeler les délibérations de la Chambre. Enfin on introduit la duchesse d'Orléans et le duc de Nemours qui prennent place au pied de la tribune. Une agitation anxieuse accompagnée d'un silence profond règne dans l'assemblée. M. Lacrosse se lève : « Je demande que la pa-
« role soit donnée à M. Dupin, qui vient d'amener le comte
« de Paris dans la Chambre. » — « Je ne l'ai pas deman-
« dée ! » se récrie M. Dupin. — « N'importe ! » répondent plusieurs voix, « parlez. » — M. Dupin annonce l'abdication de Louis-Philippe, qui a déclaré en même temps qu'il transmettait le pouvoir au comte de Paris avec la régence de la duchesse d'Orléans. De vives acclamations éclatent à ces paroles. Les autres font retentir les cris de : *Vive le roi ! Vive le comte de Paris ! Vive la régente !* « Je
« demande, reprend M. Dupin, que la Chambre fasse ins-
« crire au procès-verbal les acclamations qui ont salué dans
« cette enceinte le comte de Paris comme roi de France,
« et Mme la duchesse d'Orléans comme régente sous la
« garantie du vœu national. » M. Sauzet se lève : « Il me
« semble, messieurs, que la Chambre, par ses acclamations
« unanimes.... » De vives protestations l'interrompent. Au milieu du tumulte, et sur l'observation de M. de Lamartine, le président invite Mme la duchesse d'Orléans et le nouveau

roi à se retirer pour que la Chambre puisse délibérer. Mme la duchesse d'Orléans toujours accompagnée de ses deux fils et du duc de Nemours va s'asseoir aux derniers bancs du centre gauche. M. Marie monte à la tribune et demande qu'en présence de la loi qui nomme M. le duc de Nemours régent et de la proclamation de la régence de la duchesse d'Orléans, on constitue un gouvernement provisoire qui puisse aviser avec les deux Chambres à la nécessité de satisfaire aux vœux du pays. M. Crémieux appuie cette proposition :

« Ne faisons pas comme en 1830, dit-il, puisque ce qui
« fût fait alors, il a fallu le recommencer en 1848. Sachons
« profiter des événements, et ne laissons pas à nos fils le
« soin de renouveler cette révolution (1). » M. de Genoude s'écrie : « Tous vous ne ferez rien de stable sans le con-
« cours du peuple. En 1830, vous ne l'avez pas appelé. Voyez
« ce qui vous arrive. » M. Odilon Barrot dit qu'il faut

(1) On a quelquefois accusé M. Crémieux d'avoir appuyé la régence le 24 février. On peut juger si tel est le sens du discours qu'il prononça à la Chambre. Mais voici ce qui donna lieu à cette accusation. M. Crémieux, après son discours, monta près de la duchesse d'Orléans, et il écrivit quelques lignes qu'il l'engagea à prononcer. Ces lignes étaient ainsi conçues : « C'est de la volonté nationale
« que mon fils et moi nous voulons tenir nos pouvoirs. Nous atten-
« drons avec confiance, moi la veuve du duc d'Orléans, mon fils
« orphelin, la résolution qui sera prise. Ce qui est certain, c'est
« que j'élèverai mon fils dans les sentiments les plus vifs de
« l'amour de la patrie et de la liberté. » M. Crémieux, interpellé par M. Baze à ce sujet, dans la séance du 10 avril 1849, expliqua que le sens de cette démarche était d'engager la duchesse à laisser au peuple le droit de proclamer son gouvernement. « Repoussez le
« présent que la Chambre veut vous faire, lui aurait-il dit, dites
« que la volonté nationale seule doit prononcer. » Mme la duchesse d'Orléans consulta M. Dupin qui était derrière elle pour lui demander si elle pouvait prononcer cette déclaration sans inconvénients, mais la tournure prise aussitôt par les événements empêcha qu'aucune suite fût donnée à cet incident.

sauver le pays de la guerre civile, « La couronne de Juillet,
« s'écria-t-il repose sur la tête d'un enfant et d'une fem-
« me. » Vives acclamations au centre : la duchesse d'Orléans
salue. M. Odilon Barrot continue en parlant de *liberté politique, d'union, d'ordre.* M. de la Rochejacquelein l'interrompt. « Est-ce que par hasard, » lui réplique M. Odilon
« Barrot en lui lançant un regard courroucé, « on préten-
« drait remettre en question ce que nous avons décidé par
« la révolution de Juillet ? » M. de la Rochejacquelein monte
à la tribune pour reprendre et développer la thèse de M. de
Genoude que la Chambre n'est plus rien, qu'il faut convoquer la nation. M. Sauzet le rappelle à l'ordre. Mais à ce
moment la salle des séances est envahie par une foule armée.
Le président se couvre. Un orateur étranger à la Chambre,
M. Chevallier, ancien rédacteur de la *Bibliothèque historique*, escalade la tribune et demande que l'on proclame la
République. Le tumulte et le désordre sont à leur comble.
M. Ledru-Rollin parvient à obtenir un instant de silence : « Au
« nom du peuple, partout en armes, maître de Paris, quoi-
« qu'on fasse, s'écrie-t-il, je viens protester contre l'espèce
« de gouvernement qu'on est venu proposer à cette tri-
« bune. » Il faut qu'un appel soit fait à la nation pour
qu'une régence soit possible. M. Ledru-Rollin rappelle les
souvenirs historiques. — « Concluez, lui crie M. Berryer,
« nous connaissons l'histoire. » M. Ledru-Rollin conclut :
« Je demande un gouvernement provisoire non pas nommé
« par la Chambre, mais par le peuple ; un gouvernement pro-
« visoire et un appel immédiat à une convention qui régula-
« rise les droits du peuple. » A M. Ledru-Rollin succède M.
de Lamartine : « Messieurs, dit-il, je partage aussi profondé-
« ment que qui que ce soit parmi vous le double sentiment qui
« a agité tout à l'heure cette enceinte en voyant un des spec-
« tacles les plus touchants que puissent présenter les annales
« humaines, celui d'une princesse auguste se présentant avec

« son fils innocent et quittant un palais désert pour venir
« se placer sous la protection de la représentation du peu-
« ple. Mais si j'ai partagé ce respect pour une grande
« infortune, je n'ai pas partagé moins vivement la sollicitu-
« de, l'admiration que doit nous inspirer ce peuple glorieux
« qui combat depuis trois jours contre un gouvernement
« perfide, pour rétablir sur une base désormais inébranlable
« l'empire de l'ordre et l'empire de la liberté. »

M. de Lamartine, après quelques développements lyriques sur le caractère sublime de la situation, conclut, comme les orateurs précédents à la nomination d'un gouvernement provisoire. Un des hommes de la foule, un vieillard, se tenait debout en face de la tribune un sabre nu à la main, couvant l'orateur d'un œil à la fois interrogateur et menaçant. Quand M. de Lamartine commença à formuler sa conclusion à l'appui de la nomination d'un gouvernement provisoire, l'homme remit son sabre au fourreau avec un air de satisfaction. Le discours de M. de Lamartine fut interrompu par une irruption d'hommes armés qui ne sachant pas ce qui se passe dans l'Assemblée l'envahissent en vociférant : « A « bas la Chambre ! Pas de députés ! » Un homme dirige la crosse de son fusil vers le bureau. M. Sauzet qui, depuis longtemps était mal à son aise, se dérobe sous le bureau et disparaît. (1) Après quelque tumulte le vénérable M. Dupont (de l'Eure) monte au fauteuil. On improvise et on proclame

(1) La faiblesse du caractère de M. Sauzet n'avait pas attendu cette circonstance décisive pour se manifester. Le *Journal des Débats* écrivait à son sujet, le 30 décembre 1847 : « Quand la
« tempête éclate, personne n'est plus surpris et plus ému que lui. »
Et la *Presse* relevait ironiquement cette observation : « Ce sera
« demain le premier jour de l'an ; que M. Sauzet reçoive ici l'ex-
« pression de tous nos vœux : nous lui souhaitons une Chambre
« tranquille, qui ne mette pas à l'épreuve ses qualités, qui, si l'on
« en croit le *Journal des Débats*, le rendent peu propre à dominer
« l'orage. »

les noms des membres du gouvernement provisoire. C'est M. Ledru-Rollin qui donne lecture de la liste : Dupont (de l'Eure), Arago, Lamartine, Ledru-Rollin, Garnier-Pagès, Marie, Crémieux. Les acclamations de la foule ratifient ce choix. Seuls, le nom de M. Marie et celui de M. Garnier-Pagès soulèvent quelques réclamations : « Pas de Garnier-« Pagès! crie une voix dans la foule. Il est mort, le bon ! »

Pendant ce temps le peuple à l'hôtel-de-ville proclamait aussi la République et acclamait les noms d'un gouvernement provisoire, improvisé dans les bureaux de la *Réforme*. Cette liste fut publiée le soir même par M. Caussidière qui, en vertu du même mandat improvisé, prenait possession de la Préfecture de police, tandis que M. Etienne Arago prenait possession de l'hôtel des Postes. Elle était ainsi composée : F. Arago, Louis Blanc, Marie, Lamartine, Flocon, Ledru-Rollin, Recurt, Marrast, Albert, ouvrier mécanicien. Les deux gouvernements provisoires se trouvèrent en présence à l'hôtel-de-ville : ceux qui avaient été élus à la Chambre tentèrent d'abord d'évincer dédaigneusement les autres; puis consentirent à les admettre seulement au titre de secrétaires ; mais finalement ils durent céder, et le gouvernement provisoire resta ainsi constitué : MM. Dupont (de l'Eure), Lamartine, Crémieux, Arago, Ledru-Rollin, Garnier Pagès, Marie, Armand Marrast, Louis Blanc, Flocon et Albert. Mais les noms des élus de l'hôtel-de-ville furent écartés du nouveau ministère qui fut ainsi composé : MM. Dupont (de l'Eure), président du Conseil; de Lamartine, ministre des Affaires-Étrangères; Crémieux, ministre de la Justice; Ledru-Rollin, ministre de l'Intérieur; Goudchaux, ministre des Finances; Arago, ministre de la Marine; le général Bedeau (1), ministre de la Guerre; Carnot,

---

(1) M. le général Bedeau refusa et fut remplacé par le général Subervie.

ministre de l'Instruction publique et des Cultes ; Bethmont, ministre du Commerce ; Marie, ministre des Travaux publics ; le général Cavaignac, gouverneur général de l'Algérie ; Garnier-Pagès, maire de Paris ; Guinard (1) et Recurt, adjoints ; Flotard (2), secrétaire général ; le général de Courtais commandant général de la garde nationale. M. Etienne Arago conserva la direction générale des Postes et M. Caussidière fut maintenu ou plutôt se maintint à la Préfecture de police, placée sous la dépendance du maire de Paris. Les membres du gouvernement provisoire hésitèrent un moment à proclamer la République : aucun n'osa soutenir le parti de la régence, mais les uns par scrupule, comme M. Arago, d'autres peut-être par arrière-pensée croyaient qu'il était indispensable que le peuple fût consulté. La volonté du peuple, alors souveraine, et qui se tenait en permanence sur la place de l'hôtel-de-ville, imposa la proclamation immédiate de la République (3).

(1) M. Guinard refusa cette fonction et fut nommé chef d'état-major de la garde nationale.

(2) M. Flotard était attaché à l'Hôtel-de-Ville depuis 1830 et il en fit les honneurs au gouvernement provisoire. Il avait conspiré en 1815 et 1816 avec la Charbonnerie ; il voulut se présenter aux élections de Paris en juin 1848 et il invoqua l'ancienneté et la fermeté de ses sentiments républicains. Mais on lui joua le tour d'exhumer une ode composée par lui en 1828 en l'honneur de la duchesse de Berry et du comte de Chambord ; sa fortune politique ne se releva pas de ce coup.

(3) Les hésitations des membres du gouvernement étaient telles qu'il fut un instant question de revenir sur cette proclamation. A peine était-elle imprimée que l'on vit arriver au *Moniteur* M. Bixio, porteur d'un ordre de la retirer ainsi conçu : « M. Bixio est prié « de retirer de l'imprimerie royale la déclaration du gouverne- « ment provisoire. *Signé* Ad. Crémieux, Lamartine, Dupont de « l'Eure, Garnier-Pagès. » Mais l'incident n'eut pas de suite, personne n'osant finalement assumer la responsabilité d'une pareille initiative.

II

M. de Lamartine dit, dans son *Histoire de la Révolution de* 1848, que, le 24 février, il fut l'arbitre de la situation, et qu'il dépendait de lui, lorsqu'il monta à la tribune, de proclamer, comme il le fit, le gouvernement provisoire, c'est-à-dire la République, ou bien de persuader le peuple d'acclamer la régence de la duchesse d'Orléans. M. de Lamartine s'exagère certainement à lui-même son influence : il est bien vrai qu'en flattant l'enthousiasme populaire il devint tout-puissant et fut réellement pendant trois mois l'arbitre des destinées de la République ; mais sa popularité fut la conséquence de son attitude, et il n'est pas douteux que s'il eût voulu se mettre en travers du courant, le courant l'eût emporté avec la même facilité qu'il avait emporté tous les autres obstacles et des obstacles plus puissants que M. de Lamartine. On a souvent raconté que M. de Lamartine était venu à la Chambre et même était monté à la tribune, avec l'intention de soutenir la régence, mais qu'en présence des dispositions de la multitude, il fit un brusque revirement. Ce qui donne une forte apparence de vérité à cette version, c'est l'ambiguïté de la première phrase de son discours que nous avons citée : l'énonciation de la première partie de cette phrase provoqua de vives réclamations : M. de Lamartine la reprit et la modifia quelque peu sans doute. M. Sauzet, qui a voulu dire aussi son mot sur ces événements dans lesquels il joua un rôle si piteux, s'exprime ainsi à cet égard : « Un espoir restait : M. de Lamartine « avait demandé la parole. Personne ne doutait qu'il n'en « consacrât l'influence à sauver les derniers débris de la « monarchie. C'était la loi de tout son passé, la gloire de « tout son avenir. »

M. de Lamartine a relevé vivement cette appréciation

comme injurieuse pour lui. Il est certain que les traditions de son éducation faisaient de lui un monarchiste, et les tendances de son esprit étaient tout aristocratiques. Son attitude politique avait été ondoyante et prêtait par plus d'un côté le flanc à la critique : il ne s'était rallié que tardivement à l'opposition, et encore était-il toujours resté isolé des partis ; son discours au banquet de Mâcon, et surtout son mot sur la *révolution du mépris* avaient eu un immense retentissement ; on citait encore d'autres mots de lui qui caractérisaient la situation d'une façon non moins heureuse et non moins saisissante : « *La France s'ennuie,* » disait-il en 1839 ; et encore : « Dans votre système, il n'est « pas besoin d'un homme d'État, *il suffirait d'une borne,* » d'où était venu la dénomination de *conservateurs-bornes :* mais d'autre part, M. de Lamartine était intervenu spontanément pour blâmer en termes très-vifs les discours républicains et socialistes de Dijon et de Châlons, et il s'était abstenu de prendre aucune part active à la campagne des banquets. Son *Histoire des Girondins,* tout imprégnée de poésie révolutionnaire, avait eu un immense succès, et on la range même parmi les causes déterminantes de la révolution : ce fut certainement, dans tous les cas, une des causes de l'immense popularité, qui le plaça à la tête du mouvement inattendu de Février, en l'absence de tout homme de caractère et de conviction capable d'en prendre la direction.

Nous avons dit sa ferme persistance dans la résolution de résister jusqu'au bout à l'arbitraire ministériel qui voulait interdire le banquet du douzième arrondissement. Mais plus tard M. de Lamartine se reprocha amèrement cette initiative révolutionnaire. « C'est la seule faute qui pèse « sur sa conscience dans tout le cours de sa vie politique, » écrit-il dans son *Histoire de la Révolution de* 1848, où il s'applaudit d'ailleurs de n'avoir pas cédé à la tentation généreuse de soutenir la régence et d'avoir contribué dans toute la mesure de ses forces à l'établissement de la République.

Nous trouvons dans l'*Histoire de la Révolution de* 1848 par M. Charles Robin (1), cette appréciation sévère du caractère et de l'attitude politique de M. de Lamartine :

« M. de Lamartine est un poëte qui fut bien cher aux
« âmes délicates, un orateur qui a subjugué l'Europe, un
« historien qui a su donner aux idées dont il se faisait le
« préconisateur toutes les formes, toutes les harmonies.
« Il a tour à tour charmé et enflammé les cœurs par ses
« chants, par ses discours et par des pages qu'on avait
« le droit de croire inspirées par le plus pur patriotisme.
« Combien s'y trompèrent! Combien se laissèrent prendre
« à ces notes voilées, à ces plaintes de l'amour qui tom-
« baient de sa lyre! Sceptique au fond, il fit des poëmes
« métaphysiques et mystiques, moitié sacrés, moitié pro-
« fanes, qui excitèrent l'admiration de tous les catholiques.
« Royaliste de cœur, il se fit par spéculation l'historien
« enthousiaste des hommes de la Convention, et la démo-
« cratie battit des mains. De tous les vers que M. de La-
« martine a jetés en pâture aux âmes rêveuses, de toute la
« prose qu'il a confiée à ses imprimeurs, de toutes les pa-
« roles qu'il a prononcées devant ses divers auditoires, de
« tous les actes de sa vie enfin, il n'en est pas un qui ne
« soit la négation de l'autre. Il a écrit le *Chant du sacre* et
« les *Girondins*. Mais à quoi bon relever ces contradic-
« tions? Ne sait-on pas à quoi s'en tenir sur l'inconsis-

(1) L'*Histoire* de M. Charles Robin est la plus complète qui ait été écrite, et celle qui rend le mieux compte du véritable caractère des hommes et des choses. M. Robin, qui était mêlé dès cette époque à la vie politique active, n'a pas déserté la brèche. Il était dernièrement encore rédacteur en chef du *Courrier de Saint-Étienne*, qui a été tué sous les pénalités judiciaires et administratives.

« tance politique, sociale et religieuse de M. de Lamartine?
« Qui ignore qu'après avoir été légitimiste, il est devenu
« libéral, puis socialiste, puis conservateur, puis dynas-
« tique, puis républicain modéré et immodéré? Il a cons-
« piré avec et contre toutes les idées, il a planté sa tente
« dans tous les camps et n'est resté nulle part, il a parlé
« sur tous les drapeaux et n'a jamais arboré le sien.

« Toute la vie de M. de Lamartine n'est qu'une longue
« aberration, et qu'un entassement d'inconséquences de
« toute espèce. Sous la monarchie de Juillet, il attaquait
« les ministres à la tribune, et les soutenait de son vote ; il
« débitait de brillantes tirades sur le prolétariat, versait de
« poétiques larmes à propos de la misère des classes ou-
« vrières, et, après leur avoir fait payer les vingt-cinq mil-
« lions injustement réclamés par les États-Unis, il s'oppo-
« sait à la conversion des rentes servies par l'argent du
« peuple ; il flétrissait l'esclavage, et accordait de l'or et des
« gendarmes pour empêcher l'émancipation. Quoi encore?
« Il flétrit la loi de disjonction du nom de coup d'État lé-
« gislatif, et il vota pour ce coup d'État. Il donna aussi une
« preuve de ses tendances contre-révolutionnaires en re-
« poussant une proposition du général Bertrand en faveur
« des légionnaires du bataillon de l'île d'Elbe, par cette
« raison que, récompenser les braves qui avaient favorisé
« le retour de Napoléon, c'était reconnaître le principe de
« l'insurrection. En 1848, il fit partie d'un gouvernement
« révolutionnaire!

« Vit-on jamais perdre à ce point tout sentiment de di-
« gnité politique? L'homme qui pense n'est-il donc parfois,
« comme l'a dit J.-J. Rousseau, qu'un animal dépravé! Et
« quand on songe que M. de Lamartine fut presque un dieu
« pour les deux tiers de la France, on est tenté de croire
« que la nation fut en pleine anarchie ; car il ne fallait plus
« avoir ni raison, ni goût, ni vertu politique, pour se lais-

« ser émerveiller par le désordre d'imagination, par la pro-
« digalité d'épithètes ambitieuses d'un homme qui avait cé-
« lébré toutes les muses sur la même lyre, chanté toutes les
« souffrances sans en soulager aucune. Platon voulait que
« les poëtes fussent couronnés de fleurs, et poliment recon-
« duits aux frontières de la République. Platon avait deviné
« M. de Lamartine....

« L'engouement irréfléchi du peuple pour M. de Lamar-
« tine, dans les premières heures de la Révolution, ne fut
« qu'un éblouissement vertigineux. Le peuple, devenu tout
« à coup artiste, avait le sentiment de l'art inné en lui,
« mais il n'en possédait pas la science. Il se laissa charmer
« par des sons mélodieux, fasciner par une richesse de co-
« loris, par une pompe de langage qui ressemblaient de si
« près à des émanations d'un génie réel, complet, qu'il ne
« lui vint pas à l'idée qu'on peut prendre du strass pour du
« diamant, et que certains hommes font du sublime, du
« magnifique, comme d'autres font des calculs et du tech-
« nique. »

III

Le premier acte de M. de Lamartine, celui qui eut le plus de retentissement et qui a laissé aujourd'hui encore le plus profond souvenir, fut l'acte par lequel il s'opposa à ce que le drapeau rouge fût arboré. Pour beaucoup de gens, il semble que M. de Lamartine, ce jour-là, ait sauvé la France de la Terreur; il semble qu'il ait sauvé la famille et la propriété. C'est donner à un simple incident une importance disproportionnée. M. de Lamartine a reconnu lui-même, dans son compte rendu présenté le 6 mai, à l'Assemblée constituante, que le drapeau rouge n'était nullement « un symbole de menaces et de désordre, » mais un signe nouveau pour une institution nouvelle. En réalité le drapeau tricolore représente l'alliance du peuple et de la royauté, le drapeau rouge eût représenté l'abolition de la royauté, qui paraissait le résultat incontestable acquis par la révolution de Février, et l'unité de toutes les classes de la nation fondues dans le symbole de l'égalité (1). Quand la question se posa au gouvernement provisoire, on craignit surtout en faisant droit à la demande populaire de froisser l'armée et de donner aux orléanistes un signe de ralliement, c'est-à-dire que la question se trouve posée comme elle l'était réellement entre le maintien de l'ancien ordre de choses et l'établissement d'un ordre de choses

(1) Le drapeau tricolore fut inauguré en 1789, pour donner un emblème de la réconciliation solennellement opérée à l'Hôtel-de-Ville entre la bourgeoisie et la Cour, après le 11 octobre, lorsque le roi quitta Versailles pour se fixer à Paris : aux couleurs rouges et bleues qui étaient celles du tiers-état, on avait joint le blanc qui représentait la royauté. — « L'adoption d'un nouveau drapeau
« dans des circonstances aussi favorables, dit Mme Daniel Stern
« (*Histoire de la République de* 1848), n'aurait pas eu le caractère
« de menace qu'une formidable insurrection lui a donné plus tard.
« Le gouvernement provisoire, en recevant des mains du peuple
« victorieux le drapeau des barricades, pouvait à son gré en mar-
« quer le sens. Il ne s'engageait point dans les voies d'un terrorisme
« repoussé par la conscience universelle. Si l'appréciation de M. de
« Lamartine avait été juste, s'il y avait eu alors dans Paris soixante
« mille hommes avides de sang et de pillage, ils n'eussent point
« attendu pour se donner carrière le congé du gouvernement. Paris
« sans défense était à la merci des prolétaires. Ils n'avaient pas
« besoin de la permission de personne pour saccager et tuer tout
« à leur aise. »

« Quoi ! dit M. Robin dans son *Histoire*, on accusait d'obéir
« à une inspiration sauvage ce peuple qui amnistiait ses ennemis,
« qui faisait sentinelle à leur porte pour protéger leur opulence et
« garder leur sommeil ! On osait prêter des sentiments de haine à
« ces combattants qui saluaient de leurs acclamations le décret
« abolissant l'échafaud politique, et qui inscrivaient partout le mot
« libérateur de *fraternité* : c'était calomnier, gratuitement et par
« un reste d'habitude, ce peuple dont la magnanimité sans égale
« permit même qu'on dénaturât ses plus loyales intentions. »

nouveau. Ce fut le maintien de l'ancien ordre de choses qui l'emporta, malgré les vives instances de Louis Blanc. C'est en cela que l'incident a une réelle importance. La discussion sur l'adoption du mot République venait d'avoir lieu, il s'agissait maintenant de savoir si, après avoir concédé au peuple le mot, on lui accorderait la chose. On décida que la République devait être un simple simulacre destiné à recouvrir et à protéger les anciennes formes gouvernementales et sociales. M. de Lamartine exprime lui-même ce sentiment dans sa déposition à l'Enquête dite Quentin-Bauchart, du nom de son rapporteur, faite à la suite des événements de juin par l'Assemblée nationale, sous la présidence de M. Odilon Barrot, et qui fut une véritable inquisition sur les sentiments et les actes des hommes qui avaient proclamé la République : « La proclamation de la « République, dit M. de Lamartine, parut à certains « hommes devoir emporter plus qu'un trône, c'est-à-dire « la société tout entière (1). »

Pour lui, il n'y avait rien de changé en France, au lendemain du 24 février, si ce n'est qu'il y avait un roi de moins et la grandeur de M. de Lamartine de plus. Mais ce n'était pas là un argument qui pût être employé. M. Goudchaux, honnête homme, mais esprit étroit et tout rempli des préjugés les plus obstinés, fournit à M. de Lamartine le motif oratoire dont il avait besoin. M. Goudcheaux, répliquant avec violence à M. Louis Blanc, dit que le terrorisme frappait aux portes et n'attendait qu'un pre-

(1) Il faut reconnaître cependant que tout d'abord la portée sociale de la révolution de Février ne fut contestée par personne. M. Sénard, qui certes n'était pas un ultra, disait à l'Assemblée constituante, le 11 mai : « La révolution de Février, tout le monde « l'a dit hautement, n'a pas seulement apporté un changement « fondamental dans la forme du gouvernement, en substituant le « principe électif au principe héréditaire : la révolution de Février « est par-dessus tout une révolution sociale. »

mier triomphe pour imposer à la France sa dictature sanguinaire. M. de Lamartine descendit sur la place de l'Hôtel-de-Ville, et fit un magnifique discours par lequel il triompha de la volonté du peuple, en parant de son éloquence des arguments faux. Il rappela que le drapeau tricolore avait fait le tour du monde avec la République et l'Empire, avec nos libertés (les libertés de l'Empire !) et nos gloires, tandis que le drapeau rouge n'avait fait que le tour du champ de Mars, traîné dans le sang du peuple. Mais M. de Lamartine se garda bien d'ajouter que ce furent des mains royalistes qui traînèrent ainsi le drapeau rouge dans le sang.

Cet incident démesurément grossi dans les départements où les conservateurs effarés prirent au sérieux les hyperboles de M. de Lamartine, et crurent avoir échappé à un immense danger, contribua à jeter la terreur dans les esprits, à aliéner à la République et au peuple l'esprit de la bourgeoisie, qui dès lors songea à se jeter dans les bras d'un sauveur pour échapper à des dangers imaginaires. On crut un instant que M. de Lamartine était ce sauveur, et là fut le secret de son immense popularité. Le peuple, simple et naïf, ne comprit que plus tard cette perfidie, et enivré par l'éloquence de M. de Lamartine, il contribua, lui aussi, à son triomphe.

Un autre acte de M. de Lamartine, dont le caractère est beaucoup moins contestable mais dont la portée fut aussi démesurément grandie par lui, c'est l'abolition de la peine de mort en matière politique (1). Cette mesure fut rendue officielle par un décret, emphatique jusqu'au grotesque, dont les considérants mettaient la *grandeur d'âme*

---

(1) M. de Lamartine proposa le premier l'abolition de la peine de mort en matière politique. L'idée, momentanément écartée, fut remise sur le tapis par M. Louis Blanc, et définitivement adoptée le jour même.

à l'ordre du jour. M. de Lamartine le fit précéder d'une proclamation dans laquelle il disait : « *C'est le plus beau « décret* qui soit jamais sorti de la bouche d'un peuple le « lendemain de sa victoire. » M. Garnier-Pagès, dans son *Histoire de la Révolution de* 1848, célèbre avec enthousiasme ce souvenir : « Tout gouvernement nouveau marque « son avénement par un acte qui résume sa pensée et trace « son avenir... L'abolition de la peine de mort en matière « politique était l'acte éclatant qui résumait le nouveau « système pacifique de liberté, d'ordre, d'humanité et de « progrès. C'était le baptême qui sanctifiait la République « dans le présent, et qui lui ouvrait à tout jamais l'ave- « nir, etc. » En réalité, toutes ces pompeuses déclarations n'empêchèrent pas les hommes du gouvernement provisoire de relever plus tard, au moins indirectement, l'échafaud politique ou bien de le remplacer par un pire supplice, en déportant sans jugement, après les journées de juin, les vaincus de l'insurrection populaire. Toute cette magnanimité tant célébrée quand il s'agissait d'arracher au peuple la grâce de ceux qui n'avaient pas craint, dans leur coupable obstination, de faire couler son sang, on ne se soucia plus de s'en souvenir, quand le peuple se trouva vaincu à son tour. M. Garnier-Pagès fut alors un des partisans les plus acharnés d'une rigueur implacable, et M. de Lamartine n'éleva pas même la voix pour invoquer la clémence, sinon la grandeur d'âme (1).

Toute la valeur de cette mesure se borne donc à une ostentation pompeuse, mais au fond elle ne signifie rien

---

(1) La condamnation à mort des assassins du général Bréa, dont l'acte avait assurément un caractère tout politique, fut considérée par plusieurs journaux comme le rétablissement effectif de l'échafaud politique. Des poursuites furent dirigées contre les journaux qui firent cette protestation et notamment contre le *Peuple* et la *Révolution démocratique et sociale*, journal dirigé par M. Delescluze.

absolument, et malheureusement ce fut le caractère de la plupart des mesures du gouvernement provisoire. Ce fut le rôle de M. de Lamartine d'éblouir le peuple et le monde, et d'escamoter ainsi une révolution qui pouvait réaliser des résultats si importants pour l'établissement de la liberté et le développement du bien-être des travailleurs. M. de Lamartine grisa la France et se grisa lui-même de déclamations grandiloques : il couvrit des fleurs de sa rhétorique l'abîme qui se creusait sous les pas de la République, et, l'endormant dans l'imprévoyance, il fut l'agent le plus actif de sa perte. Cette influence funeste de M. de Lamartine doit le faire apprécier sévèrement : le gouvernement des peuples n'est pas une fantaisie de poëte, et il doit entraîner une rigoureuse responsabilité pour ceux dont l'ambition ne recule pas devant cette épreuve redoutable.

Le peuple avait consenti à renoncer au drapeau rouge, emblème de ses aspirations, mais il ne voulait pas sacrifier la réalité de ses revendications, et une manifestation imposante et impérieuse vint mettre le gouvernement provisoire en demeure de lui garantir le droit au travail et l'organisation du travail (1). Cette fois l'éloquence vide de M. de Lamartine essaya vainement tous ses procédés pour faire renoncer le peuple à sa volonté fermement exprimée, et le gouvernement provisoire dut rendre le décret suivant qui constatait hautement le caractère social de la révolution : « *Paris* 25 *février* 1848. — Le gouver-
« nement provisoire de la République française s'engage
« à garantir l'existence de l'ouvrier par le travail ; il s'en-
« gage à garantir du travail à tous les citoyens ; il recon-
« naît que les ouvriers doivent s'associer entre eux pour
« jouir du bénéfice légitime de leur travail. »

(1) C'est un ouvrier nommé Marche qui vint signifier au gouvernement la volonté populaire.

Le gouvernement provisoire ne songea jamais sérieusement à exécuter cet engagement qui lui avait été arraché par le peuple victorieux : M. de Lamartine avait déclaré lui-même ne rien comprendre à ce que pouvait signifier l'organisation du travail. En ce cas, il fallait s'abstenir ou se retirer. Cette promesse trompa le peuple, l'endormit dans une illusion trompeuse qui devait être suivie d'un terrible réveil (1). Le caractère de ce gouvernement qui débutait par une affirmation de la légitimité du socialisme allait être une réaction à outrance contre le socialisme. Si le peuple était égaré, la responsabilité de son erreur doit retomber tout entière sur ceux qui avaient mission de l'éclairer et qui ne surent que flatter son ignorance pour se tourner ensuite contre lui avec un acharnement implacable. C'est une tache indélébile qui restera dans l'histoire au front des membres du gouvernement provisoire, et qui attestera à tout le moins leur incapacité et leur faiblesse sans excuse.

En même temps qu'il consumait le temps et abusait le peuple par d'interminables discours adressés à toutes les députations qui, encouragées par cet accueil pompeux, se succédaient à l'Hôtel-de-Ville, M. de Lamartine, poursuivant son insatiable recherche de la popularité, cajolait MM. Barbès, Blanqui et Sobrier, et il put se flatter un instant d'avoir réuni dans ses mains tous les fils de l'agitation

---

(1) M. de Lamartine voulut expliquer plus tard, dans la discussion de la Constitution, que, par le droit au travail, il n'avait jamais entendu que le droit à l'assistance. Ce qui peut paraître donner raison à M. de Lamartine, c'est la disposition finale qui termine le décret cité ci-dessus, et qui fut ajouté, dit-on, par M. Ledru-Rollin : « Le gouvernement provisoire rend aux ouvriers auxquels il appar« tient, le million qui va échoir de la liste civile. » L'intention pouvait être généreuse, mais entre le sentiment qui l'avait suggéré et celui qui poussait le peuple à réclamer la reconnaissance du droit au travail il y avait un abîme.

populaire. Mais il n'était pas plus capable de comprendre ces hommes convaincus que de se les concilier habilement, et le résultat de cette politique fut de s'aliéner à la fois les chefs populaires qui se crurent joués, et les conservateurs qui l'accusèrent de conspirer avec leurs ennemis. Plus tard, M. de Lamartine essaya de se justifier par cette déclaration plus naïve encore que cynique, « qu'il avait « conspiré avec ces hommes, mais comme le paratonnerre « conspire avec la foudre, pour en dégager l'électricité et « en conjurer l'explosion (1). »

M. de Lamartine parvint ainsi à s'attacher M. Ledru-Rollin, qui avait été d'abord son antagoniste le plus sérieux dans le gouvernement provisoire, où il représentait la tendance radicale. M. de Lamartine lui persuada de combattre la manifestation du 15 avril qui l'effrayait fort — on sait que c'est M. Ledru-Rollin qui fit battre le rappel; — et à partir de ce moment ils marchèrent d'accord, à ce point que lorsqu'il s'agit de constituer la commission exécutive après la réunion de l'Assemblée constituante, M. de Lamartine imposa la candidature de M. Ledru-Rollin au risque de compromettre sa popularité; et en effet, il réunit dans cette occasion un nombre de voix moindre que celui recueilli par MM. Arago, Marie et Garnier-Pagès. En même temps il isolait M. Louis Blanc.

C'est ainsi que M. de Lamartine, par son influence dissolvante, énerva toutes les forces vives sur lesquelles devait compter le pays dans ces circonstances difficiles; et

(1) C'est à l'Assemblée, dans la séance du 12 juin que M. de Lamartine prononça ces paroles. Dans sa *Lettre aux dix départements*, il donne une explication plus politique et plus réfléchie de sa conduite : « Eh quoi! citoyens, vous voulez que je sorte du cra-« tère d'une révolution, et vous ne voulez pas que j'aie eu de con-« tact avec la lave! Et comment l'aurais-je dirigée si je n'y avais « pas touché? Mais ces hommes, c'était la révolution même! L'avez-« vous oublié? »

c'est sur lui qu'il faut faire retomber la responsabilité de l'inaction du gouvernement provisoire qui pouvait et devait fonder la République, et qui, sous prétexte de remettre ce soin à l'Assemblée constituante par un scrupule excessif, laissa le loisir aux ennemis de la forme républicaine de dresser leurs batteries en même temps qu'il décourageait et s'aliénait les républicains sincères.

Le gouvernement provisoire, qui avait tout à faire, ne sût rien faire. Il fallait proclamer sans hésiter toutes les libertés : on se contenta de donner la tolérance aux clubs et aux journaux, laissant suspendues sur ces derniers les gênes du timbre et du cautionnement si incompatibles avec le principe nouveau du suffrage universel.

M. de Girardin dans la *Presse* stimulait vivement cette inaction : — « Déjà le peuple s'impatiente et dit : Moins de
« proclamations et plus d'actes ! On lui répond : Mais le
« gouvernement provisoire, mais la République française
« ne datent que du 24 février ! A peine si huit jours se sont
« écoulés ! — Le peuple est bref et logique ; il va toujours
« au fait par le chemin le plus court. Il réplique : Mais sept
« jours ont suffi pour que le monde sortît du chaos, et pour
« avoir été fait vite, il n'en a pas été pour cela moins bien
« fait. Demandez au citoyen Arago ! Le peuple a raison,
« les bonnes et les grandes choses se font vite : il n'y a
« que les petites et les mauvaises choses qui se font lente-
« ment. » — « La République ne se mène pas comme la
« monarchie. La monarchie peut aller sans se presser ; il
« faut que la République aille vite et droit. Toute minute
« qu'elle perd est un danger qu'elle aggrave ; sa prudence
« doit se cacher sous l'audace, car à visage découvert la
« prudence serait prise pour de la peur. Si la République
« paraissait avoir peur, elle n'étonnerait plus. Si elle n'é-
« tonnait plus, ce serait une voix sans écho, un brasier
« sans chaleur. Toutes les sympathies se refroidiraient. »

« — « Vous avez la dictature, mais c'est pour en faire un
« noble usage, vous l'avez pour les grandes choses, ne vous
« en servez pas pour les petites. La dictature qui ne se lé-
« gitime pas par ses œuvres ne tarde pas à se faire con-
« damner par ses actes. Vous auriez dû, sans hésiter, pro-
« clamer la liberté sans exceptions, comme sans limites,
« et, comme introduction à toutes les libertés, l'instruction
« publique gratuite à tous les degrés ! »

Ces sages avertissements n'étaient pas écoutés : on aimait mieux les attribuer à une hostilité systématique, et un jour le peuple ameuté menaça de briser les presses du journal de M. de Girardin. Mieux que personne cependant, M. de Lamartine était capable d'apprécier la justesse de ces avis. Il cite lui-même dans son *Histoire de la Révolution de* 1848, ce reproche qu'il adressait à l'Assemblée constituante dans son *Histoire des Girondins* : « La Révolution périt non pas pour
« avoir trop voulu, mais pour n'avoir pas assez osé : tant
« il est vrai que les timidités des nations ne sont pas moins
« funestes que les faiblesses des rois, et qu'un peuple qui ne
« sait pas prendre et garder tout ce qui lui appartient,
« tente à la fois la tyrannie et l'anarchie, l'Assemblée osa
« tout excepté régner. » Cet argument ne peut-il pas être rétorqué avec une justesse saisissante, contre le gouvernement provisoire qui par sa timidité, lui aussi, perdit la révolution de 1848, comme l'Assemblée constituante avait perdu la révolution de 1789.

M. de Lamartine ne sut faire qu'une chose : tandis qu'il eut fallu licencier l'armée, il songea à organiser la garde mobile, véritable garde prétorienne, opposée à la garde nationale dont on se méfiait, et qui, dans le secret dessein de ses organisateurs, devait servir à comprimer les démonstrations inquiétantes du peuple (1). M. de Lamartine ré-

(1) « Le peuple debout dans Paris, qui secouait sans cesse set
« blouses autour du gouvernement provisoire, troublait du bruis

pondait le 17 mars à une manifestation populaire qui demandait l'éloignement des troupes de la capitale : « La « question n'existe pas. Il n'y a pas de troupes à Paris, si ce « n'est peut-être 1,500 ou 2,000 hommes dispersés pour les « postes extérieurs, pour la protection des postes et des « chemins de fer, *et il est faux que le gouvernement ait* « *songé à en rapprocher de Paris. Il faudrait qu'il fût in-* « *sensé*, après ce qui s'est passé, après que la royauté dé- « chue a vu se fondre 80,000 hommes de troupes contre le « peuple désarmé de Paris, pour songer à lui imposer, avec « quelques corps d'armée épars et animés du même répu- « blicanisme, des volontés contraires à vos volontés et à « votre indépendance! *Nous n'y avons pas songé, nous n'y* « *songeons pas, nous n'y songerons jamais !...* Voilà la vé-

« de ses armes et inquiétait vivement par son attitude les ennemis
« de son émancipation. Sans force, sans autorité pour appuyer
« leur résistance, ils allaient être débordés. Cette situation inspira
« à M. de Lamartine l'idée de faire, de la fraction pure, intrépide,
« inoccupée de la Révolution, une puissance compressive, une espèce
« de garde prétorienne. Le général Duvivier fut chargé d'orga-
« niser 24 bataillons de garde nationale mobile. Les enrôlements
« se firent dans toutes les mairies avec d'autant plus d'empresse-
« ment qu'une solde de 1 fr. 50 c. par jour (le soldat de ligne ne
« reçoit que 25 c.) fut allouée à chaque soldat dans le but de les
« attacher plus sûrement au pouvoir dont ils émanaient. » (CH.
ROBIN, *Histoire de la Révolution de* 1848.) — « Le peuple avait
« demandé l'éloignement des troupes. Un journaliste mieux avisé
« encore, M. Emile de Girardin, proposait de réduire immédiate-
« ment l'armée de 200,000 hommes. C'était marcher à la Révolu-
« tion cela, c'était aller à la liberté. Le gouvernement provisoire
« répondit au vœu du peuple, en même temps qu'à la proposition
« du journaliste : 1° en décrétant la création de 24 bataillons de
« garde mobile ; 2° en faisant peu de temps après un appel de
« 80,000 hommes ; 3° en invitant la jeunesse des écoles à s'enrôler
« dans les mairies ; sans compter que les troupes ne s'éloignèrent
« pas de Paris. » (P. J. PROUDHON, *Confessions d'un révolutionnaire.*)

« rité, rapportez-la au peuple. La République à l'intérieur
« ne veut pas d'autre défenseurs que le peuple armé. »

Si l'on veut savoir à quoi s'en tenir sur la sincérité de ces dispositions, on n'a qu'à se reporter à la déposition de M. Arago, devant la commission de l'enquête Quentin-Bauchart : « J'ai pris sur moi, étant ministre de la Guerre, « dit-il, de rappeler quelques troupes ; j'ai été obligé de re- « courir à un subterfuge pour avoir de l'artillerie... *Je n'ai* « *pas cédé aux menaces des clubs, qui regardaient comme* « *certain qu'on ne reverait plus de troupes à Paris.* » Mon Dieu, oui ! *les clubs* avaient eu la naïveté de se fier à la déclaration faite solennellement par M. de Lamartine (1) !

Dans le procès-verbal des actes du gouvernement provisoire, on lit, sous la date du 21 avril : « Le conseil dé- « cide : Le ministre de la Guerre est autorisé à faire rentrer « à Paris cinq régiments, trois d'infanterie et deux de ca- « valerie. *Le citoyen Albert a voté contre cette résolution,* « *et a demandé que le procès-verbal constatat son vote.* » Cette protestation est le seul acte politique auquel ait at-

(1) M. de Girardin réclama avec beaucoup d'insistance dans la *Presse* le licenciement de l'armée. « L'armée disait-il, n'a pas été « *vaincue*, le 24 février, comme armée, elle a été *condamnée* « comme institution. » Mais la plupart des hommes politiques de l'époque se montraient réfractaires à cette idée admirablement pressentie par le peuple. M. Ledru-Rollin fit tous ses efforts, au risque de compromettre sa popularité, pour combattre cette antipathie du peuple pour l'armée, et pour protester « contre des senti- « ments de méfiance indignes de la générosité française. » Il se rendit le 23 mars à une plantation d'arbre de la Liberté au champ de Mars, organisée par le colonel Allard pour provoquer une manifestation militaire, et il prit la parole pour appuyer cette manifestation : « Il n'est pas possible, dit-il, de scinder le peuple et « l'armée ! L'armée, c'est le peuple. Qu'est-ce que l'armée ? N'est- « ce pas la partie du peuple la plus généreuse ? etc. » M. Jules Favre, secrétaire général au ministère de l'Intérieur, harangue dans le même sens une députation d'ouvriers, et donne le signal des cris de : *Vive l'armée !*

taché son nom l'ouvrier Albert, appelé par le peuple, le 24 février, à faire partie du gouvernement provisoire, pour consacrer le caractère social de la Révolution, et jeté par ses collègues, après le 15 mai, dans les prisons d'Etat, que ces *républicains* intelligents et loyaux s'étaient empressés de rouvrir. Elle suffira pour recommander son nom à l'histoire (1).

(1) Nous trouvons, dans le *Moniteur* du 5 mai 1848, la notice suivante sur Albert :

« Parmi les bruits plus ou moins malveillants ou ridicules qui
« ont été répandus sur le Luxembourg, il en est un qui s'attache
« particulièrement au citoyen Albert. On a dit que le citoyen
« Albert n'était pas ouvrier; que c'était un industriel enrichi;
« mieux que cela encore, un millionnaire. Rien n'est plus absurde
« et plus faux. La plus grande gloire que le citoyen Albert, membre
« du gouvernement provisoire, revendique, c'est d'avoir été, c'est
« d'être encore un ouvrier prêt à prendre la lime et le marteau.
« Et pour que personne ne l'ignore et ne vienne lui contester à lui,
« homme du peuple, son origine et son nom, voici ce qu'il veut
« qu'on sache :

« Albert (Alexandre-Martin), né à Bury (Oise), en 1815, d'un père
« cultivateur, a commencé son apprentissage chez un de ses oncles,
« le citoyen Ribou, mécanicien, Rue Basse des Ursins, n° 21. Depuis
« il a parcouru successivement plusieurs ateliers, parmi lesquels il
« faut citer celui du citoyen Pecqueur, mécanicien près le marché
« de Popincourt, et celui du citoyen Maryx, rue Ménilmontant
« n° 21. Enfin la veille même du jour qui vit triompher la Répu-
« blique, le citoyen Albert travaillait comme mécanicien dans la
« fabrique de boutons du citoyen Bapterousse, rue de la Muette
« n° 16, où se trouvent encore aujourd'hui sa blouse et son pan-
« talon de travail. Ces explications simples et précises doivent mettre
« fin à des insinuations que le citoyen Albert avait dédaignées jus-
« qu'ici, mais dont il ne lui convient pas d'encourager par son
« silence la persistance maligne et impudente. »

Au 15 mai, Albert suivit Barbès à l'Hôtel-de-Ville et fut condamné avec lui à la déportation par la haute Cour de Bourges. Rendu à la liberté par l'amnistie, il vit à Paris ignoré, tenant ses moyens d'existence d'un modeste emploi. Mais si sa modestie l'a fait se tenir en dehors des manifestations bruyantes de parti, il n'en est pas moins resté très-ferme dans ses convictions politiques.

Enfin, le gouvernement provisoire organisa, le 20 avril, cette fameuse fête de la Fraternité, laquelle, sous prétexte de distribuer des nouveaux drapeaux à l'armée et à la garde nationale, n'eut pas d'autre objet que de faire une ovation à l'armée pour effacer dans l'esprit de ses chefs et des soldats le mauvais effet qu'avaient pu produire les défiances populaires et pour se concilier son appui dans l'éventualité d'événements que l'on commençait à redouter (1). « *La « fête de la Fraternité!* » écrivait M. de Girardin dans la *Presse* : « Tel est le nom officiel donné à cette journée qui, « de sept heures du matin à sept heures du soir, a vu dé- « filer, au bruit du canon, au son du tambour, aux chants « de la *Marseillaise,* aux cris de *Vive la ligne!* 400,000 « baïonnettes autour de l'arc de triomphe de l'Étoile, ce « monument posthume, élevé en l'honneur de la Guerre aux « frais de la Paix, inspiré par la Gloire, exécuté par la Li- « berté, conçu par Napoléon, achevé par Louis-Philippe, « gigantesque antithèse, sculptée dans la pierre, curieuse « alliance d'idées contraires, parfaite image du caractère « français. Ainsi nous sommes, c'est armés de fusils, d'ar- « mes destinées à donner la mort que nous nous appelons « frères !... » — « Que voulait donc faire le gouvernement « provisoire de tous ces soldats? » demande Proudhon dans ses *Confessions d'un révolutionnaire*. « Juin, juin, par deux « fois nous l'apprendra. » C'était une fraternité armée qui contenait en germe tous les éléments d'une guerre civile.

(1) Dans le compte rendu des actes du gouvernement provisoire présenté à l'Assemblée constituante, M. de Lamartine émet à ce sujet cette incroyable proposition : « Le peuple, désormais invinci- « ble, *ne tarda pas à redemander à grands cris ses frères de l'ar- « mée,* non comme une sûreté, mais comme une décoration de la « capitale. » Et voilà comment l'on écrit l'histoire!

IV

De toutes les proclamations nombreuses de M. de Lamartine pendant ses trois mois de pouvoir, la seule que l'on puisse louer à peu près sans réserve, c'est son Manifeste aux nations étrangères, dans lequel il atteste les dispositions pacifiques de la République, mais affirme en même temps avec une certaine fermeté ses sympathies pour les nationalités qui voudraient recouvrer leur indépendance : « Nous
« le disons hautement : si l'heure de la reconstruction de
« quelques nationalités opprimées en Europe ou ailleurs
« nous paraissait avoir sonné dans les décrets de la Pro-
« vidence ; si la Suisse, notre fidèle alliée depuis Fran-
« çois Ier, était contrainte ou menacée dans le mouvement
« de croissance qu'elle opère chez elle pour prêter une
« force de plus au faisceau des gouvernements démocra-
« tiques, si les États indépendants de l'Italie étaient enva-
« his ; si l'on imposait des limites ou des obstacles à leurs
« transformations intérieures ; si on leur contestait à main
« armée le droit de s'allier entre eux pour consolider une
« patrie italienne, la République française se croirait en
« droit d'armer elle-même pour protéger ces mouvements
« légitimes de croissance et de nationalité des peuples (1). »

(1) Les principes exposés dans ce Manifeste furent solennellement consacrés par l'Assemblée constituante, qui, après un brillant discours de M. de Lamartine, adopta à l'unanimité la résolution suivante destinée à servir de règle à sa politique extérieure :
« L'Assemblée nationale invite la commission exécutive à continuer
« de prendre pour règle de sa conduite les vœux unanimes de
« l'Assemblée, résumés par ces mots : Pacte fraternel avec l'Alle-
« magne, reconstitution de la Pologne indépendante et libre, *af-*
« *franchissement de l'Italie.* » Chose digne de remarque, cette résolution fut apportée à la tribune par M. Drouyn de Lhuys qui, plus tard devenu ministre des Affaires-Etrangères, devait, contrairement aux intentions de l'Assemblée, diriger les armes de la France contre la République romaine : ce qui provoqua de vives récri-

Mais en cette circonstance encore les actes ne furent pas en rapport avec les paroles, et la *Réforme* pouvait faire, au moment de la réunion de l'Assemblée constituante, cette critique parfaitement justifiée de la politique extérieure du gouvernement provisoire, dont la responsabilité appartient plus spécialement à M. de Lamartine, chargé du département des Affaires-Étrangères :

« Le gouvernement de la République est resté jusqu'ici
« dans l'ornière de la raison d'État; il y a plus, c'est sur
« les traces du système déchu qu'il se traîne, non par pusil-
« lanimité comme Louis-Philippe, mais par la fatigue des
« affaires, ou plutôt par ce que nous appellerions volontiers
« les illusions du sentimentalisme et l'ignorance du terrain.
« Et, en effet, partout à l'étranger la politique française se
« montre négative. La conséquence de cette politique né-
« gative de la France, c'est de sacrifier nos amis, et par
« conséquent nos intérêts au dehors. Un mot de la Répu-
« blique aurait suffi pour mettre fin à la guerre traînée en
« longueur par Charles-Albert et débarrasser la Péninsule
« de l'oppression étrangère : on s'est tu. L'Allemagne dé-
« mocratique, pour peu que nous l'eussions appuyée, aurait
« secoué le joug de ses despotes. On n'a même pas trouvé
« pour elle une parole d'encouragement. Il y a plus, on a
« livré la légion allemande sans armes, sans secours aux
« baïonnettes confédérées des princes du Rhin (1), sur les
« bords duquel ces mêmes princes concentrent des troupes
« aussi bien contre nous que contre les républicains du
« pays. On en a fait autant pour l'émigration polonaise. On

minations et finalement la protestation insurrectionnelle du 13 juin 1849.

(1) M. Walbourg, ministre de Bavière lut à la Chambre bavaroise une lettre de M. de Lamartine qui lui annonçait qu'un corps franc de 6,000 hommes allait en Allemagne pour y proclamer la République.

« l'a envoyée à la boucherie de Posen, au bombardement
« de Cracovie, et toujours en lui faisant entrevoir le réta-
« blissement de la Pologne. Mais comment rêve-t-on ce
« rétablissement? D'une façon mesquine, une Pologne sans
« le duché de Posen et sans la Gallicie, constituée monar-
« chiquement par Nicolas et avec une dynastie plus ou
« moins russe; de manière que si les Polonais venaient à
« accepter une pareille constitution, nous pourrions bien
« avoir un ennemi de plus sur le continent. Et cependant,
« le mouvement de l'indépendance slave, tout favorable à
« la France, s'étend sur tous les points en dépit des obsta-
« cles et de l'inertie de la politique française. Les Slaves de
« Bohême veulent se détacher des Allemands de l'empire ;
« la Serbie démocratique tend à se rapprocher de la Hon-
« grie, dont la population est en grande partie slave ; la
« Dalmatie et l'Illyrie sont impatientes de secouer le joug
« autrichien. En suivant une pareille politique, n'est-il pas à
« craindre que, fatigués de tourner en vain les yeux vers la
« France, les peuples, s'ils succombent dans leur lutte contre
« le despotisme, ne se prononcent de désespoir contre
« nous? »

C'est ainsi que le gouvernement provisoire compromit, avec une imprévoyance qui n'avait d'égale que sa parfaite satisfaction de lui-même, tous les intérêts graves qui lui avaient été confiés et l'avenir même de la République.

Nommé par l'Assemblée membre de la commission exécutive qui succéda au gouvernement provisoire, M. de Lamartine n'eut pas un instant conscience de la situation. Au moment où s'amoncelait l'orage épouvantable de juin, il en était à poursuivre le fantôme d'une conspiration bonapartiste, et à prendre tous les moyens pour transformer ce fantôme en réalité et pour procurer un commencement de popularité au prince Louis-Napoléon Bonaparte. Le 12 juin, il préparait un coup de théâtre pour obtenir de l'Assemblée un décret de proscription contre le prince élu représentant du peuple par les trois départements de la Charente-Inférieure, de la Seine et de l'Yonne, croyant sauver ainsi la République : ce n'est pas là qu'était le danger à cette heure (1).

(1) M. de Lamartine avait donné à sa proposition le prélude de considérations générales sur la gravité de la situation. Tout à coup il interrompt son discours, fait suspendre la séance, et remonte quelques instants après à la tribune où il s'écrie d'une voix émue : « Citoyens représentants, une circonstance fatale vient d'inter-« rompre le discours que j'avais l'honneur d'adresser à cette As-« semblée. Pendant que je parlais des conditions de la reconstitution « de l'ordre, un coup de feu, plusieurs coups de fusil, dit-on, « étaient tirés, l'un près le commandant de la garde nationale de « Paris, l'autre sur un des braves officiers de l'armée, un troisième « enfin, assure-t-on, sur la poitrine d'un officier de la garde na-« tionale. Ces coups de fusil étaient tirés aux cris de *Vive l'Em-*« *pereur !* Messieurs, c'est la première goutte de sang qui ait « taché la révolution éternellement pure et glorieuse du 24 février. « Gloire à la population, gloire aux différents partis de la Répu-« blique ! Du moins, ce sang n'a pas été versé par leurs mains ; il « a coulé, non pas au nom de la liberté, mais au nom du fanatisme « des souvenirs militaires et d'une opinion naturellement, quoique « involontairement peut-être, ennemie invétérée de toute répu-« blique. Citoyens, en déplorant avec vous le malheur qui vient « d'arriver, le gouvernement n'a pas eu le tort de ne s'être pas « armé autant qu'il était en lui contre ces éventualités. Ce matin « même, une heure avant la séance, nous avons signé d'une main « unanime une déclaration que nous nous proposions de vous lire « *à la fin de la séance,* et que cette circonstance me force à vous « lire à l'instant même, lorsque l'audace des factions est prise en « flagrant délit, la main dans le sang français, la *loi doit être ap-*« *pliquée d'acclamations.* Voici cette déclaration, etc. » Mais le décret ne fut pas voté d'acclamations : sur les vives protestations de M. Larabit, la discussion fut renvoyée à une séance suivante. Et dans l'intervalle on découvrit qu'il n'y avait rien de vrai du tout dans la mise en scène dramatique de M. de Lamartine. Il n'y avait pas eu de coups de fusil tirés aux cris de *Vive l'Empereur :* mais seulement un coup de feu parti par accident, qui avait atteint un garde national auprès de M. Clément Thomas, commandant de la

M. de Lamartine monta une dernière fois à la tribune, comme membre de la commission exécutive, le 23 juin, pour s'opposer à la proposition de M. Bonjean, tendant à déléguer des membres de l'Assemblée auprès des troupes et de la garde nationale qui combattaient l'insurrection.

M. de Lamartine essaya de rassurer les esprits en prononçant cette parole sublime de pathos ridicule : *Les périls s'éloignent mais ils grandissent,* et il engagea l'Assemblée à se fier aux mesures prises par le gouvernement : « Lais-
« sez au pouvoir exécutif le soin de faire son œuvre, et il
« la fait mieux qu'on ne dit ; la soirée de ce jour et la ma-
« tinée de demain vous en fourniront des preuves certai-
« nes ». On acquit la preuve au contraire que la commission exécutive, avec son imprévoyance caractéristique, avait laissé les périls s'accroître démesurément, et qu'elle n'avait pas su prendre davantage de mesures pour la répression qu'elle n'avait su en prendre pour la prévention. Elle dut se retirer le lendemain, devant le vote de l'Assemblée, qui

garde nationale. M. Clément Thomas lui-même vint rectifier les faits à la tribune. Le lendemain la discussion se rouvrit sur la question de l'admission du prince Louis-Napoléon à l'Assemblée : cette admission trouva un avocat très-ardent en M. Jules Favre, et elle fut adoptée après un débat très-vif. Un semblable débat et surtout la passion poussée jusqu'à la mauvaise foi déployée contre le prince par les membres même du gouvernement, tout cela était bien fait pour fonder et accroître sa popularité, et unir ses griefs aux griefs du peuple que le gouvernement s'obstinait à méconnaître. C'est ainsi que jusqu'au dernier moment on devait entasser faute sur faute, imprévoyance sur imprévoyance.

Devançant la décision de l'Assemblée, la commission exécutive avait envoyée à tous les préfets des ordres pour arrêter le prince Louis-Napoléon, s'il était signalé dans leur département. A cette occasion M. Marc Dufraisse, préfet à Châteauroux, fit afficher une proclamation dans laquelle il protestait énergiquement contre toute pensée d'un 18 brumaire et disait à ses administrés : « Si le
« fugitif tombait entre vos mains patriotes, livrez-le sans pitié à la
« justice de la Révolution. »

mettait Paris en état de siége et déléguait tous les pouvoirs exécutifs au général Cavaignac.

V

La chute de M. de Lamartine fut lourde, et il ne s'en releva pas. Il dit, dans une brochure publiée le 26 août, sous forme de *Lettre aux départements* qui l'avaient élu à l'Assemblée constituante : « La popularité qui m'avait entouré sans cause, s'est retirée de moi sans motifs ». Si les causes de la popularité de M. de Lamartine sont effectivement assez difficiles à préciser, il n'en est pas de même des motifs qui lui ont fait perdre cette popularité ; mais M. de Lamartine ne s'est jamais douté un instant qu'il ait pu commettre une faute, et il ne doute pas certainement qu'il n'ait été le plus grand homme politique des temps modernes. Ce qui peut paraître la plus grande excuse de M. de Lamartine, c'est précisément son incapacité absolue : il n'a pas soupçonné un seul des problèmes à résoudre, et on peut certainement lui accorder l'excuse d'une complète bonne foi. Ce qui est plus difficile à justifier, c'est que la France ait pu confier ses destinées, dans des circonstances aussi solennelles, c'est qu'elle ait pu remettre, au lendemain du 24 février, sa Révolution entre les mains d'un homme aussi foncièrement incapable, et qui n'avait même pas le savoir-faire politique le plus vulgaire, parce qu'il lui manquait une qualité essentielle : le bon sens. Cette aberration d'une nation dans son engouement pour un homme aussi peu fait pour les fonctions gouvernementales, sera certainement pour l'histoire une des énigmes les plus difficiles à déchiffrer.

Cette expérience était nécessaire sans doute pour démontrer qu'on peut être, non pas seulement un grand poëte, mais même un grand orateur politique, et n'avoir pas l'étoffe du plus médiocre homme d'État. M. de Lamartine s'apereut, dans tous les cas, qu'il avait été un homme d'État incompris, et il se vengea, par son indifférence, de son ingrate patrie. Après sa retraite du gouvernement, il ne prit guère que deux fois la parole dans l'Assemblée constituante, pour expliquer comment l'assistance devait être la vraie formule du Droit au travail, et *pour combattre la proposition Grévy*. Il se présenta à la Présidence, pour constater sans doute l'ingratitude de ses concitoyens; car, quelque merveilleuses que soient ses facultés d'illusion, il est difficile de penser qu'il ait pu songer un instant à faire échec au prince Louis-Napoléon, ni même au général Cavaignac ou à M. Ledru-Rollin.

Depuis cette époque, M. de Lamartine s'est tenu complètement en dehors des affaires publiques : membre de l'Assemblée législative, il n'a pris aucune part active à ses discussions. Son journal mensuel de 1849 à 1851, *le Conseiller du Peuple*, peut plutôt passer pour une spéculation de librairie que pour une publication politique. Même le coup d'État du 2 décembre 1851 ne parvint pas à réveiller en lui la conscience politique profondément engourdie. Jamais, dans les moments graves et difficiles que nous avons traversés depuis 1848, cet homme, qui a tenu les destinées de la France dans ses mains et qui aurait eu autorité pour parler au nom du peuple et pour tenir tête aux puissants, jamais cet homme n'a élevé une seule fois utilement la voix pour le droit ou pour les libertés publiques. Avec l'homme politique est mort en lui le poëte, le grand écrivain, l'homme de talent ; il s'est usé, épuisé depuis vingt ans, dans des spéculations de librairie et dans des appels déhontés à la générosité publique, où il a compromis aussi bien sa réputation d'écrivain que sa dignité d'homme : en même temps qu'on a découvert que le sens politique lui manquait, on s'est aperçu qu'il y avait pareillement chez lui une absence complète de sens moral et même de sens littéraire; jamais on n'a eu d'exemple d'une semblable décrépitude et d'une plus piteuse abdication. Si M. de Lamartine fût mort au lendemain du 24 février 1848, il eût été enseveli dans un linceul immortel de gloire; quelques années plus tard, sa mémoire eût encore été entourée, dans la postérité, du respect des générations : c'est à peine, aujourd'hui, si la pitié peut conjurer le mépris. O misère de l'orgueil humain qui n'est pas édifié sur un grand caractère !

CHAPITRE III

M. LOUIS BLANC

I

Le peuple, dans les révolutions, poursuit avant tout une amélioration de son sort. Les révolutions qui ont simplement pour résultat de faire passer le pouvoir en d'autres mains, peuvent bien lui donner une certaine satisfaction morale, mais elles ne profitent en réalité qu'à ceux qui remplacent les pouvoirs déchus. Et il arrive généralement que ces bénéficiaires des révolutions, se souvenant des moyens qui les ont fait arriver au pouvoir, appliquent toutes les ressources de leur expérience à prévenir plus efficacement le retour, à leurs dépens, d'un semblable accident, c'est-à-dire à mieux contenir le peuple, dont la souveraineté, souvent invoquée dans la logomachie politique, ne s'affirme effectivement en réalité que dans ces grands cataclysmes qui renversent les gouvernements. C'est ainsi que toutes les révolutions purement politiques, qui se sont succédé en France depuis moins d'un siècle, n'ont abouti qu'à restreindre toutes les libertés. Il n'en sera autrement que lorsque les révolutions seront faites avec un programme déterminé dont elles poursuivront l'exécution sans se laisser détourner, et ce programme, pour être sérieux, doit être social plus encore que politique. Car, suivant une observation profonde d'Armand Carrel, « toute question de forme politique a ses « données dans l'état de la société, nullement ailleurs ». La liberté est un mot vague, qui ne signifie rien par lui-même; et c'est précisément parce qu'il n'engage à rien ceux qui l'invoquent, que tous les partis l'inscrivent si facilement sur leur drapeau.

La liberté politique, d'après les définitions classiques du droit constitutionnel, est la faculté qu'a tout citoyen de concourir soit par lui-même, soit par ses représentants à la formation de la loi. Mais Mirabeau, dans son *Essai sur le Despotisme*, publié quelques années avant la révolution de 1789, disait avec raison que les lois positives sont les pires ennemies de la loi naturelle, qui est la vraie charte de la liberté humaine ; et il donnait à sa pensée cette formule saisissante : « Les hommes forgèrent leurs chaînes en éta- « blissant leurs législations ! » Ainsi donc ce qu'on appelle la *liberté*, c'est le droit de faire des lois, c'est-à-dire le droit d'enchaîner la liberté. Toutes les disputes sur la liberté, n'ont pas d'autre objet que de savoir à qui appartiendra le pouvoir, c'est-à-dire l'arbitraire (1), et tous les systèmes politiques ne se sont guère préoccupés jusqu'ici que de déplacer le siége de l'arbitraire gouvernemental. Il

(1) Cette remarque profonde est de Proudhon, dans son livre *Du principe fédératif* : « L'arbitraire est fils, savez-vous de qui ? « Son nom vous le dit : du *libre arbitre*, de la liberté. Chose ad- « mirable ! Le seul ennemi contre lequel la liberté ait à se tenir en « garde, ce n'est pas au fond l'autorité, que tous les hommes ado- « rent comme si elle était la justice : c'est la liberté même, liberté « du prince, liberté des grands, liberté des multitudes, déguisée « sous le masque de l'autorité. »

s'agit toujours pour le peuple de savoir à quelle sauce il sera mangé et c'est pour lui une médiocre consolation que celle que peut lui donner la faculté de choisir lui-même la cuisine ou le cuisinier.

Les révolutions qui se proposent une amélioration sociale sont les seules qui puissent profiter réellement au peuple, et n'être pas pour lui une duperie. La révolution de 1789, politique à son origine, car il importait avant tout d'écarter l'obstacle invincible qu'opposait le féodalisme nobiliaire et ecclésiastique, devint sociale par ses tendances. Et même les théoriciens de la première heure, ceux du moins qui avaient une vue profonde et désintéressée, en tête Mirabeau et Condorcet, l'avaient bien comprise ainsi (1). Mais la formule n'était pas trouvée, et pour avoir voulu chercher à la dégager prématurément, Babœuf expia son audace sur l'échafaud, où l'avaient précédé d'ailleurs Jacques Roux et les Hébertistes. L'Empire ajourna et étouffa jusque dans leurs racines tous ces graves problèmes; la Restauration vint ajouter toutes les menaces d'un retour de l'ancien régime à celles du despotisme impérial dont elle avait recueilli pieusement l'héritage. La lutte pour la liberté domina tous les autres intérêts, et la révolution de 1830 fut trop promptement escamotée pour laisser le temps de se reconnaître aux partisans des réformes sociales. Le peuple d'ailleurs n'était pas préparé, et bien que Saint-Simon et Fourrier eussent déjà publié leurs livres, il était complétement ignorant des théories socialistes. Mais il comprit bien qu'il avait à demander quelque chose de plus que ce qui lui avait été donné par le gouvernement de 1830, et les diverses écoles socialistes, saisissant l'occasion propice, firent

---

(1) « En dernière analyse, disait Mirabeau, le peuple ne jugera
« de la Révolution que par ce seul fait : Lui prendra-t-on plus ou
« moins d'argent dans sa poche? Vivra-t-il plus à son aise? Aura-
« t-il plus de travail? Le travail sera-t-il mieux payé? »

de nombreux prosélytes et acquirent une rapide popularité. Leur propagande fut secondée au début par les économistes qui allaient devenir leurs plus ardents adversaires. L'attention des économistes avait été attirée par la misère des classes laborieuses, qui apparaissait comme le résultat de la grande industrie. Quelques livres publiés par des hommes autorisés avaient produit une grande sensation, tels que le *Tableau de l'état physique et moral des Ouvriers*, par M. Villermé; la *Misère des classes laborieuses*, par M. Buret; et la question avait été résumée sous ses aspects les plus saisissants par M. Blanqui, l'économiste, dans un célèbre *Rapport à l'Académie des sciences morales et politiques*. Dans un premier mouvement de sincérité, M. Blanqui n'hésitait pas à consacrer les aspirations du socialisme comme étant la moralité nécessaire qui se dégageait de cette enquête sur la situation, et à proposer la solution du problème soulevé par les socialistes comme la conclusion véritable de la science économique : « L'économie politique doit à
« l'humanité des comptes, disait-il : il faut qu'elle fasse
« disparaître les inégalités sociales et les dernières traces
« du prolétariat. Il faut qu'elle ait les yeux toujours fixés
« sur cette grande loi de la répartition la plus équitable
« des profits du travail; tant qu'il y aura des milliers
« d'hommes qui seront privés des premières nécessités de
« la vie au milieu d'une société riche de tant de capitaux
« et de tant de machines, il restera quelque chose à faire
« et la science de l'économiste ne sera pas finie. »

Le socialisme, bientôt répudié par les économistes (1)

(1) « Hostiles par principe à toute intervention de l'Etat dans les
« transactions commerciales et dans la législation industrielle, tout
« en l'admettant par nécessité dans certains cas, les économistes
« ne proposaient aucun moyen efficace de remédier aux dangers
« d'une liberté illimitée, et semblaient ne pas croire qu'on put
« constituer une action sociale, indépendante du pouvoir politique
« exercée par tous au profit de tous, corrigeant la liberté par la

qui eurent le tort grave de donner à leur antagonisme scientifique les proportions d'un antagonisme social entre la bourgeoisie et le peuple, le socialisme, n'en fit pas moins de rapides progrès parmi les classes populaires qui se groupaient autour des diverses écoles, entraînées par l'instinct plus encore que par l'intelligence : la doctrine simple, mais peu scientifique du communisme, enseignée notamment par M. Cabet, ralliait surtout de nombreux adhérents. En 1847, toutes les tendances du peuple étaient socialistes. Le 19 janvier de cette année M. Delessert, préfet de police, dans un rapport au roi sur l'état des esprits signale « cette tendance
« *des partis anarchiques* à négliger les questions de politique
« proprement dite pour se jeter dans les idées de rénova-
« tion sociale, tendance plus vive que jamais et qui mérite
« de la part de l'autorité une attention sérieuse (1). »
Dans son article de la *Revue des Deux-Mondes* sur la situation publié le 1er janvier 1847, M. de Morny disait :
« Ne nous faisons pas illusion. Une révolution ne s'ac-

« solidarité, la rivalité par l'association et l'abus du droit par une
« justice supérieure. » Daniel Stern, *Histoire de la révolution de* 1848.

(1) M. Delessert énumère dans son rapport les principales publications socialistes : ce sont d'abord les journaux, *la Fraternité*, « organe du communisme athée et absolu ; » *le Populaire* « organe du communisme mitigé par M. Cabet, » *la Revue sociale* de « M. Pierre Leroux ; l'*Enquête sociale* de M. Dubouchage « qui prêche le retour aux anciennes corporations ; » l'*Atelier* « qui prêche l'association volontaire. » Outre la réimpression des brochures de M. Cabet « répandues avec une persévérance infatigable, » M. Delessert signale parmi les livres qui ont le plus d'influence sur le peuple et l'entretiennent dans les tendances socialistes : les *Évangiles* traduits et annotés par M. de Lamennais : le *Vrai christianisme d'après Jésus-Christ*, par M. Cabet ; *Organisation de la liberté et du bien-être universel*, par M. Dezamy ; les *Contradictions économiques* par M. Proudhon ; l'*Essai sur la liberté considérée comme principe et fin de l'activité humaine*, par Daniel Stern.

« complirait plus au profit d'une opinion, elle se ferait au
« profit du communisme. » M. de Morny faisait à ce propos
une charge à fond de train contre le socialisme, dénonçant
ceux qui demandent l'égalité sociale, comme *des insensés
ou des criminels*. Mais néanmoins il donnait au gouvernement et au parti conservateur ce sage avertissement, dont
les libéraux eussent pu aussi faire leur profit: « Nous avons,
« disait-il, de grands et sérieux devoirs à remplir. Nous
« devons nous appliquer à l'étude, non pas tant des ré-
« formes politiques qui ne constituent après tout qu'un
« besoin factice, mais des questions sociales et matérielles.
« Sachons entreprendre en industrie, en commerce, en
« finances, toutes les réformes qui doivent tendre au bien-
« être des masses, et améliorer le sort de la classe ou-
« vrière... Il faut prouver aux classes pauvres que la so-
« ciété s'occupe de leur venir en aide avec une constante
« sollicitude; perdre moins de temps en beaux discours,
« et étudier davantage leurs intérêts et leurs besoins ; s'a-
« charner moins aux questions de cabinet et prêter plus
« d'attention aux questions sociales. »

Tous les économistes sincères ont reconnu la légitimité
des revendications du socialisme, qu'il ne faut pas confondre
avec le communisme, et qui poursuit non pas du tout l'abolition de la propriété et de la famille, mais au contraire
l'accession de tous les hommes aux jouissances de la propriété et de la famille par la réalisation de l'égalité sociale.
Il faut que la société cesse d'être divisée en deux classes,
dont l'une est condamnée au travail et à la misère, tandis
que l'autre ne connaît que les gênes relatives de la vie et
s'en partage exclusivement les avantages. Le problème posé
par le socialisme, c'est le problème de l'organisation du
travail ou pour autrement dire, de la distribution des richesses qui est une des faces scientifiques de l'économie
politique ; les économistes routiniers partisans du *statu quo*

s'obstinent à ne vouloir considérer que la question de la production de la richesse. « Or, dit M. Stuart Mill, l'éminent économiste anglais, dont le nom fait autorité dans toute l'Europe savante, « c'est seulement dans les pays arriérés
« que l'accroissement de la production a quelque impor-
« tance : dans ceux qui sont plus avancés, on a bien plus
« besoin d'une distribution meilleure. Le but à poursuivre,
« dit M. Stuart Mill, c'est d'arriver à l'égalité des fortunes,
« autant que cela est possible, sans attenter à la liberté
« que chacun a de disposer des fruits de son travail. » Il fait cette déclaration très-nette : « Je ne reconnais ni comme
« juste, ni comme bon un état de société dans lequel il
« existe une classe qui ne travaille pas, où il y a des êtres
« humains qui sans être incapables de travailler et sans
« avoir acheté le repos par un travail antérieur, sont
« exempts de participer aux travaux qui incombent à l'es-
« pèce humaine. » Enfin il fait la critique suivante de la propriété, telle qu'elle est actuellement organisée : « Les
« lois de la propriété ne se sont jamais encore conformées
« aux principes sur lesquels repose la justification de la
« propriété privée. Elles ont fait une propriété de choses
« qui ne devraient jamais être considérées comme telles,
« et créé une propriété absolue là où il n'aurait dû exister
« qu'une propriété conditionnelle. Elles n'ont pas tenu la
« balance équitablement entre les créatures humaines,
« mais elles ont accumulé les obstacles pour quelques-uns,
« afin de donner des avantages au reste de la Société ; elles
« ont à dessein entretenu les inégalités et empêché que
« tous pussent s'élancer sans obstacle dans la carrière.....
« La propriété individuelle, toutes les fois qu'on entreprend
« sa défense, est supposée impliquer la garantie aux indi-
« vidus du fruit de leur propre travail et de leur propre
« abstinence. La garantie des fruits du travail et l'absti-
« nence des autres, qui leur est transmise sans aucun mé-

« rite ou effort de leur part, n'est pas l'essence même de
« l'institution, mais une conséquence purement passagère
« qui, arrivée à un certain point, ne favorise pas, mais
« combat les fins qui rendent légitime la propriété indivi-
« duelle. »

Cette digression était utile pour bien poser la question du socialisme, qui a exercé une influence considérable dans les péripéties de la Révolution de 1848, et pour dissiper des préjugés entretenus par l'ignorance ou la mauvaise foi. Mme Daniel Stern, dans son *Histoire de la Révolution de 1848*, exprime bien le sentiment qui inspirait les revendications socialistes du peuple : « Les temps étaient passés où
« le malheureux accablé de l'injustice du sort en appelait
« silencieusement, le front dans la poussière, à la miséri-
« corde divine et à la vie future. Debout et impatient, il al-
« lait désormais demander raison de sa souffrance à la so-
« ciété. Il voulait sa part ici-bas. Il ne l'implorait plus au
« nom de la pitié, il l'exigeait au nom de la justice. » Mais aussi le peuple ne demandait pas à retourner contre les autres la force dont on avait abusé contre lui, et ce sentiment profond de la justice était la meilleure garantie de la dignité et de la grandeur de ses réclamations en même temps que de leur légitimité (1).

(1) La *Revue des Deux-Mondes*, le plus important des organes conservateurs, dut reconnaître, sous la pression des événements, la légitimité des revendications socialistes. Voici en quel terme s'exprime ce recueil sur le décret du gouvernement provisoire du 25 février, proclamant le droit au travail : « Depuis que la
« pensée française a commencé, dans le dernier siècle, l'émancipa-
« tion politique du monde, personne n'a plus nié en principe le
« droit des individus et des masses au bien-être comme récompense
« de leur travail. Il y a eu même pour arriver à un résultat aussi
« légitime de sincères efforts honorablement tentés; mais, il faut
« en convenir, aucun gouvernement jusqu'ici ne s'est mis en mesure
« de marcher à un pareil but avec une énergie, avec une activité
« vraiment efficaces. *Une pareille négligence n'est pas une des*

II

Le caractère de la révolution de Février fut, dans l'esprit du peuple, social non moins que politique. Si le premier mouvement du peuple, le 24 février, fut d'exiger la proclamation de la république, nous avons dit comment, le 25 février, pour achever la manifestation de ses sentiments, il exigea la reconnaissance du droit au travail.

Le représentant le plus populaire du socialisme était M. Louis Blanc, qui avait eu la bonne fortune d'exprimer toutes les aspirations les plus vives du moment, dans le titre d'un de ses livres, l'*Organisation du travail*. Journaliste distingué, M. Louis Blanc avait l'avantage de représenter l'alliance étroite de la politique et du socialisme. Écrivain de premier ordre, il avait donné sa mesure dans l'*Histoire de Dix Ans* où l'âpreté du pamphlétaire s'unissait à l'élévation de l'historien, et il venait d'édifier le portique monumental de son *Histoire de la Révolution*. Il avait pris une part active à la campagne des banquets et avait prononcé un discours remarquable au banquet de Dijon. Nous avons dit que la *Réforme*, éprouvant la nécessité d'entrer plus nettement dans les voies socialistes, l'avait chargé de rédiger son nouveau programme. Avec l'ouvrier Albert il fut le représentant désigné du socialisme au sein du gouvernement provisoire, et les objections que ses collègues voulurent au premier abord élever contre lui dénotaient de leur

« *moindres causes de ces chutes profondes* qui, au premier abord
« confondent les imaginations. Assurément *il n'est pas à craindre*
« *que le régime qui sortira de la révolution de* 1848 *tombe dans*
« *la même faute;* mais il faut qu'à l'ardent amour de l'humanité
« et du peuple, qui fait battre aujourd'hui tant de cœurs, s'associe
« une science sociale, compréhensive et impartiale, qui aille au
« fond de tous les problèmes, tienne compte de tous les droits et
« sache établir entre toutes les classes de travailleurs des relations
« intimes et de sincères sympathies. »

7.

part une inintelligence bien grande de la réalité de la situation. M. Louis Blanc, lui-même, a écrit avec vérité (1) :
« Le peuple nous voulait à cette place : elle nous apparte-
« nait, nous la prîmes. »

Au 24 février, et pendant deux mois, jusqu'à la réunion de l'Assemblée constituante, M. Louis Blanc fut, on peut le dire, le maître véritable de la situation. En réalité, le sort du gouvernement provisoire était dans sa main, parce que c'était en lui que le peuple reposait toute sa confiance, et sur un geste de lui, ce peuple qui n'avait pas encore abdiqué et ne s'était pas encore laissé reprendre sa souveraineté, eût renversé le gouvernement provisoire avec la même facilité qu'il l'avait élevé.

Les collègues de M. Louis Blanc commencèrent à avoir conscience de cette situation le 28 février. Une manifestation populaire composée des divers corps d'état, avec leurs bannières portant pour devise : *Abolition de l'exploitation de l'homme par l'homme*, se rendit ce jour-là à l'Hôtel-de-Ville, pour demander la création d'un ministère du progrès, chargé de préparer l'organisation du travail promise et de réaliser les légitimes espérances du peuple. Le gouvernement provisoire, qui ne s'était laissé arracher qu'à regret la reconnaissance du droit au travail et qui ne s'attendait pas à se voir mis sitôt en demeure de réaliser ses promesses, fut épouvanté de cette démarche (2).

---

(1) *Pages d'histoire de la Révolution de février* 1848.
(2) Cela prouve combien ces hommes avaient peu le sentiment de la situation. Comme le faisait observer justement M. Louis Blanc dans son Compte-rendu à l'Assemblée constituante, — le peuple, en demandant l'organisation du travail et la formation d'un ministère du progrès, prouvait que sa grande préoccupation était celle de l'ordre. « Ce peuple sur le front et dans les yeux duquel rayon-
« nait encore la victoire récente, ce qu'il venait demander, c'était
« une paix fécondée par le travail ; ce peuple venait de faire une
« révolution, et ce qu'il venait demander, c'était la création d'un

MM. de Lamartine et Garnier-Pagès s'élevèrent avec une violence extrême contre ces exigences. MM. Louis Blanc et Albert soutinrent vivement de leur côté la pétition populaire, et déclarèrent qu'ils donneraient leur démission si le vœu du peuple n'était pas accueilli. Cette fermeté ne fit qu'accroître l'épouvante des autres ; ils comprenaient bien que cette démission collective des deux hommes qui représentaient en quelque sorte l'élément populaire au sein du gouvernement serait le signal d'une révolution nouvelle, dont le succès n'était pas douteux, car il n'existait aucune force publique pour la réprimer.

Il fallait donc employer la persuasion ou transiger. MM. Garnier-Pagès et Marrast proposèrent, au lieu d'un ministère, de créer une commission qui élaborerait les questions relatives au travail et à l'amélioration morale et matérielle du sort des ouvriers. La présidence de cette commission serait confiée à M. Louis Blanc ; il refusa d'abord : — « Que ferai-je ? disait-il, sans pouvoir, sans budget, sans aucun moyen de réaliser nos idées ? Que dirai-je
« à ce peuple qui m'aime s'il me reproche de l'avoir
« trompé ? On voudrait l'endormir par des paroles cap-
« tieuses. On me juge propre à mieux jouer qu'un autre ce
« rôle perfide. On me demande de faire devant des hommes
« affamés un cours sur la faim. Mon honneur s'y refuse
« autant que ma conscience. Si le peuple doit être trahi
« encore, que ce soit du moins par d'autres que par moi. »

Mais M. Louis Blanc se laissa vaincre par les instances de M. Arago, qui fit appel à d'anciens souvenirs tout-puissants sur son cœur, et qui offrit de l'assister lui-même et de partager avec lui la responsabilité de ce rôle dont il devait affronter les difficultés pour le salut de la Répu-

« ministère du progrès, c'est-à-dire une administration ayant pour
« mission de prévenir désormais la violence par l'étude, et de
« rendre à jamais les révolutions impossibles. »

blique (1). C'est ainsi que fut créée la Commission du gouvernement pour les travailleurs, et le Luxembourg fut désigné comme siége de cette commission dont M. Louis Blanc fut nommé président et M. Albert vice-président. La résolution fut annoncée immédiatement aux délégués du peuple, et le lendemain parut le décret suivant qui consacrait une seconde fois le caractère social de la Révolution :

« Considérant que la révolution faite par le peuple doit
« être faite pour lui ;

« Qu'il est temps de mettre un terme aux longues et iniques souffrances des travailleurs ;

« Que la question du travail est d'une importance suprême ;

« Qu'il n'en est pas de plus haute, de plus digne des
« préoccupations d'un gouvernement républicain ;

« Qu'il appartient surtout à la France d'étudier ardem-
« ment et de résoudre un problème posé aujourd'hui chez
« toutes les nations industrielles de l'Europe ;

« Qu'il faut aviser sans le moindre retard à garantir au
« peuple les fruits légitimes de son travail ;

« Le gouvernement provisoire de la République arrête :

« Une commission permanente, qui s'appellera *Commission
« du gouvernement pour les travailleurs*, va être nommée avec
« mission expresse et spéciale de s'occuper de leur sort.

« Pour montrer quelle importance le gouvernement pro-
« visoire de la République attache à la solution de ce grand
« problème, il nomme président de la *Commission du gouver-
« nement pour les travailleurs* un de ses membres M. Louis
« Blanc et pour vice-président un autre de ses membres
« M. Albert, ouvrier.

« Des ouvriers seront appelés à faire parti de la Commission.

---

(1) M. Arago, qui eut ainsi une si large part à la création de la Commission des travailleurs, ne pardonna pas pourtant à M. Louis Blanc cette concession faite à la nécessité des circonstances. Dans l'enquête Quentin Bauchart, il déclare que : *c'est le Luxembourg qui a été la cause de tout le mal.*

« Le siége de la Commission sera au palais du Luxem-
« bourg.

« ARMAND MARRAST, GARNIER-PAGÈS, ARAGO, ALBERT, MARIE, CRÉMIEUX, DUPONT (DE L'EURE), LOUIS BLANC, LE-DRU-ROLLIN, FLOCON, LAMARTINE. »

Depuis, M. Louis Blanc se plaignit amèrement de la position qui lui avait été faite par son isolement au Luxembourg : il dit qu'on lui avait donné, au lieu d'un ministère, la présidence d'une commission d'études, *sans ressources administratives et sans budget*, pour lui enlever tout moyen d'appliquer les idées qu'on se réservait de déclarer plus tard inapplicables. Il est vraisemblable que ses collègues du gouvernement provisoire avaient eu en effet l'intention de de lui tendre un piége (1). Mais en réalité ce qui faisait sa faiblesse apparente pouvait devenir sa force véritable. Il pouvait, dans cet isolement qui dégageait sa personnalité, étudier et arrêter, d'accord avec le peuple, un programme net et précis, dont il serait ensuite venu imposer l'exécution au gouvernement.

M. Louis Blanc n'était pas à la hauteur de cette tâche : il était le littérateur et le poëte du socialisme, mais il n'en possédait pas la science pratique, ni même la science théorique. Obligé de formuler son système au grand jour et d'en

(1) Voici ce que rapporte à ce sujet dans son *Histoire des ateliers nationaux*, M. Emile Thomas, qui avait été placé à la tête de ces ateliers par M. Marie : — « M. Marie me dit que l'intention
« bien arrêtée du gouvernement avait été de laisser s'accomplir
« cette expérience ; qu'en elle-même elle ne pourrait avoir que de bons
« résultats, parce qu'elle démontrerait aux ouvriers tout le vide et
« toute la fausseté de ces théories inapplicables, et leur ferait aper-
« cevoir les conséquences désastreuses qu'elles entraîneraient pour
« eux-mêmes ; qu'alors, désabusés pour l'avenir, leur idolâtrie
« pour M. Louis Blanc s'écroulerait toute seule, et que désormais
« il perdrait ainsi tout son prestige, toute sa force, et cesserait
« d'être jamais un danger. »

poursuivre la réalisation, il ne pouvait pas lui être possible d'en dissimuler la complète inanité. Son livre de l'*Organisation du travail* contient des déclamations éloquentes et des tableaux saisissants, mais il est absolument nul au point de vue scientifique. Il ne fait dans tous les cas qu'organiser le salaire : c'est une conception fantaisiste de l'atelier, mais qui respecte en réalité le *statu quo* qu'il importe de détruire ; il laisse subsister la hiérarchie des fonctions, il suppose toujours l'existence d'une classe d'hommes *plus intelligents et meilleurs*, *d'hommes élus*, destinés à conduire le peuple des travailleurs, qui reste confiné dans l'atelier. C'est là le grand inconvénient des systèmes communistes, qui sont tous plus ou moins autoritaires parce qu'ils supposent nécessairement des chefs de la communauté. La seule idée originale de M. Louis Blanc, c'est l'égalité des salaires ; mais cette idée est puérile et impraticable, et elle n'a pas résisté à la première expérience qui en a été faite (1).

M. Louis Blanc, il put le reconnaître, manque de toute vue d'ensemble : il n'y a pas trace dans son livre d'un plan positif de réorganisation sociale.

Or il ne sut rien dire de plus au Luxembourg, et

(1) M. Louis Blanc, pendant qu'il dirigeait les travaux du Luxembourg, fonda une association des tailleurs auxquels il fit donner pour atelier la prison pour dettes de Clichy, devenue vacante par l'abolition momentanée de la contrainte par corps. Après avoir essayé dix-huit mois le système de l'égalité des salaires, cette association dut y renoncer et adopter le travail aux pièces. Un des motifs qui ont fait abandonner ce système mérite d'être cité. « En outre des vices dont j'ai parlé, dit M. Feugueray
« (l'*Association ouvrière, industrielle et agricole*), « les tailleurs
« lui reprochaient d'engendrer sans cesse des discussions, des que-
« relles, à cause de l'intérêt que chacun avait de faire travailler
« ses voisins. La surveillance mutuelle de l'atelier dégénérait
« ainsi en un esclavage véritable, qui ne laissait à personne la li-
« berté de son temps et de ses actions. Ces discussions ont disparu
« par l'introduction du travail aux pièces. »

toutes les applications pratiques qu'il sut trouver se bornèrent à la réduction des heures de travail et à l'abolition du marchandage, mesures pour lesquelles le gouvernement ne lui refusa pas son concours, et qui furent aussitôt transformées en décret. Il ne restait plus qu'à décréter le taux des salaires. On ne pouvait faire preuve d'une ignorance plus grande, ni acte d'une plus complète impuissance. C'était s'attaquer à l'effet au lieu de remonter à la cause, introduire une perturbation arbitraire dans les conditions du travail, et légitimer par le fait l'économie générale de son organisation actuelle. Toujours dans ce même système, M. Louis Blanc fit office de prud'homme et s'entremit pour arranger des différents entre les ouvriers et les patrons : il a recueilli soigneusement pour la postérité les documents de ces arbitrages dans ses *Pages de l'Histoire de la Révolution de Février*. Mais nous nous demandons ce que M. Louis Blanc eût pu faire de plus, et surtout ce qu'il eût pu faire de plus décisif dans le sens de la réforme sociale, alors même qu'il eût eu un budget et des ressources administratives.

III

M. Louis Blanc, nous l'avons dit, eut réellement pendant deux mois la direction morale de la Révolution, et il ne tenait qu'à lui, s'il eût eu la capacité et la volonté de le faire, d'en prendre la direction effective, soit en imposant sa volonté à ses collègues, soit en se faisant substituer à eux par le peuple. Et le peuple ne demandait que cela. Impatient des obstacles qui s'opposaient au développement de la Révolution, obstacles dont il avait le pressentiment, le peuple prit spontanément, le 17 mars, l'initiative d'une manifestation ayant pour objet de solliciter le gouvernement à l'action et, en cas de refus, de modifier sa composition.

Mais M. Louis Blanc, qui partageait l'opinion du peuple

de Paris sur la nécessité impérieuse qu'il y avait pour le salut de la République que le gouvernement prît hardiment l'initiative des vastes réformes à accomplir (1), M. Louis Blanc s'effraya de l'idée de la manifestation elle-même : « J'avais de la peine à croire, dit-il (*Pages d'Histoire de la Révolution de Février*) « que plus de 150,000 ouvriers tra-
« versassent tout Paris sans y causer la moindre agitation,
« sans y donner lieu au moindre désordre... » — « Une fois
« arrivés au pouvoir, fait observer à ce propos Proudhon,
(*Confessions d'un révolutionnaire*), « les hommes se res-

---

(1) « A peine sorti de l'acclamation populaire, dit M. Louis
« Blanc (*Pages d'Histoire de la Révolution de Février*), le gouver-
« nement provisoire avait eu à se demander comment il se définirait
« lui-même. Se considérerait-il comme une autorité dictatoriale,
« consacrée par une révolution devenue nécessaire et n'ayant à
« rendre ses comptes au suffrage universel qu'après avoir fait
« tout le bien qui était à faire? Bornerait-il au contraire sa mis-
« sion à convoquer immédiatement l'Assemblée nationale, en se
« renfermant dans les mesures d'urgence, dans des actes d'admi-
« nistration d'une portée secondaire?

« Le Conseil se rangea à ce dernier avis. Pour moi, j'avais une
« opinion entièrement opposée à celle qui prévalut, et je regar-
« dais l'adoption de l'autre parti comme devant exercer la plus
« heureuse influence sur les destinées de la République nouvelle.
« Considérant donc l'état d'ignorance profonde et d'asservissement
« moral où les campagnes de France vivent plongées, l'immensité
« des ressources que ménage aux ennemis du progrès la posses-
« sion exclusive de tous les moyens d'influence et de toutes les
« avances de la richesse, tant de germes impurs déposés au fond
« de la société par un demi-siècle de corruption impériale ou mo-
« narchique, enfin la supériorité numérique du peuple ignorant
« des campagnes sur le peuple éclairé des villes, je pensais que
« nous aurions dû reculer le plus loin possible le moment des élec-
« tions ; qu'il nous était commandé de prendre dans l'intervalle,
« et cela hautement, hardiment, sauf à en répondre sur nos têtes,
« l'initiative des vastes réformes à accomplir, réserve faite pour
« l'Assemblée nationale du droit de raffermir ensuite ou de ren-
« verser notre œuvre d'une main souveraine. »

« semblent tous. C'est toujours le même zèle de l'autorité,
« la même méfiance du peuple, le même fanatisme de
« l'ordre. N'est-il pas plaisant de voir que, le 17 mars, les
« préoccupations qui agitaient M. Louis Blanc, fauteur se-
« cret de la manifestation, étaient précisément les mêmes
« que celles qui, trois semaines auparavant, avaient agité
« M. Guizot. »

M. Louis Blanc raconte comment il s'efforça *de prévenir
la manifestation annoncée*, en obtenant d'avance du gouvernement provisoire l'ajournement des élections, qui devait être l'objet de la pétition populaire.

Mais l'ajournement des élections, c'était la lettre : le but réel qu'on se proposait, c'était de vaincre l'inaction systématique du gouvernement et de le déterminer à prendre les mesures dictatoriales que comportait la situation. Pour cela, il paraissait indispensable de modifier sa composition. Mais cela surtout épouvantait M. Louis Blanc, et, par une inconséquence qui n'était sans doute au fond que la conscience de sa propre impuissance, il se décida, bien que ses invitations ne fussent pas écoutées par ses collègues, à faire respecter à tout prix *l'intégrité du gouvernement provisoire*. Cette résolution prise vis-à-vis de lui-même, il ne doutait pas qu'il pourrait « facilement déjouer les projets des agi-
« tateurs inconnus qui voudraient faire sortir quelque orage
« de la multitude mise en mouvement. » *Des agitateurs!* s'écrie-t-il ; M. Guizot disait : *des factieux!*

Cependant la première apparition de la manifestation ne laissa pas que de lui inspirer quelque inquiétude : « Il aper-
« çut parmi les assistants des figures inconnues dont l'expres-
« sion avait quelque chose de *sinistre*. » « Je compris aussi-
« tôt, poursuit-il, qu'il y avait là des hommes impatients
« de renverser au profit de l'opinion représentée par Ledru-
« Rollin, Flocon, Albert et moi, ceux des membres du
« gouvernement provisoire qui représentaient une opinion

« contraire. » Alors, héroïque dans sa résolution, et comprenant les devoirs que lui imposait sa position particulière, il prit le premier la parole pour détourner le coup et pour combattre l'impatience des orateurs du peuple. Il fut secondé dans cette œuvre d'apaisement par Sobrier, Cabet et Barbès (1), et malgré les efforts énergiques de Blanqui et d'Huber, le peuple se laissa persuader de se retirer comme il était venu. M. Louis Blanc raconte, que, sur les escaliers de l'Hôtel-de-Ville, un moment où la manifestation allait se retirer, au homme du peuple s'élança brusquement vers lui et lui saisissant le bras avec colère : *Tu es donc un traître, toi aussi* ! « En pensant à cette injustice des passions, dit-il, « je ne pus me défendre d'un sourire amer, et ce fut tout. »

Telle fut, reprit M. Louis Blanc avec une de ces hyperboles auxquelles nous a habittué M. de Lamartine, « cette « journée du 17 mars, *la plus grande peut-être de toutes* « *les journées historiques dans la mémoire des hommes* (2). »

(1) M. Garnier-Pagès dit dans son *Histoire de la Révolution de* 1848 : « Pour protéger le gouvernement provisoire contre un « coup de main de M. Blanqui et de ses partisans, le club Popin- « court (section des Droits de l'homme), sous la direction de « MM. Sobrier, Barbès, Etienne Arago, etc., avait entouré l'es- « trade sur laquelle devaient monter les membres du gouverne- « ment. »

(2) En réalité la journée du 17 mars fut remarquable par le calme admirable de la population qui conserva jusqu'au bout un ordre parfait. M. Louis Blanc put juger tout le premier combien ses appréhensions étaient peu fondées. Ce caractère est d'autant plus significatif que les sentiments qui animaient le peuple étaient graves et pénibles et qu'en réalité il n'obtint aucune satisfaction et put même concevoir de sombres pensées en songeant que ceux-là mêmes sur lesquels il comptait le plus, lui faisaient défaut, faibles sinon traîtres. Il ne faut pas oublier que la veille avait eu la manifestation réactionnaire de la garde nationale, dite *des bonnets à poils*, parce qu'elle avait pris pour prétexte de demander le maintien des grenadiers dans la garde nationale, où des cris de mort avaient été proférés contre les socialistes et contre

Comment faut-il juger cette attitude de M Louis Blanc et cette imperturbable satisfaction de lui-même qui a survécu à toutes les épreuves ? Car les pages auxquelles nous avons emprunté de nombreuses citations furent écrites, non le 17 mars au soir, mais longtemps après, en 1849, alors que M. Louis Blanc, victime lui-même de son imprévoyante générosité, avait dû demander un refuge à une terre étrangère

Ledru-Rollin. Au moment où les cris de *Mort à Ledru-Rollin !* se faisaient entendre, Arago arrivait sur la place de l'Hôtel-de-Ville avec celui-ci. Un des hommes de la manifestation s'avança vers leur voiture avec un geste menaçant : — « Malheureux ! lui dit Arago, « oubliez-vous donc qu'ici même, à cette place, périt Foulon ? »
Voici la proclamation qui fut affichée le matin de la manifestation du 17 mars : « Le peuple a été héroïque pendant le combat,
« généreux après la victoire, magnanime assez pour ne pas punir !
« Il est calme parce qu'il est fort et juste ! Que les mauvaises pas-
« sions, que les intérêts blessés se gardent de le provoquer ! Le
« peuple est appelé aujourd'hui à la haute direction morale et so-
« ciale ! Il est de son devoir de rappeler fraternellement à l'ordre
« ces hommes égarés qui tenteraient encore de se maintenir en
« corps privilégiés dans le sein de notre égalité. Il voit d'un œil
« sévère ces manifestations contre celui des ministres qui a donné
« tant de gages à la Révolution. Que le peuple se réunisse donc
« aujourd'hui à dix heures sur la place de la Révolution ! qu'il im-
« prime sa volonté. Nous avons versé notre sang pour la défense
« de la République, nous sommes prêts à le verser encore. Nous
« attendons avec confiance la réalisation des promesses du gouver-
« nement provisoire. Nous attendons... nous qui manquons sou-
« vent du nécessaire ! A cette heure, ceux qui marchent contre la
« Révolution ouvertement et sourdement commettent un crime
« de lèse-humanité ! A nous donc, citoyens ! Allons au gouverne-
« ment provisoire l'assurer de nouveau que nous sommes prêts à
« lui donner notre concours pour toutes les mesures d'ordre et de
« salut public. »
L'attitude du peuple, nous l'avons dit, fut en rapport avec ce langage digne et sévère. M. Garnier-Pagès, qui est loin d'être sympathique à l'idée de la manifestation pas plus qu'aux hommes qui la dirigeaient, rend cependant ce témoignage dans son *Histoire de la Révolution de* 1848 : « Cent-cinquante mille ouvriers,

et que la République n'était plus qu'une ombre chassée par l'aurore renaissante du soleil impérial. « M. Ledru-Rollin, « Crémieux et Lamartine ont eu le droit de dire que le « 17 mars fut une belle journée et d'en revendiquer l'hon- « neur, écrit Proudhon (*Confessions d'un révolutionnaire*). « Eux ne voulaient pas la dictature, et ce jour-là la France « fût peut-être sauvée des dictateurs. Mais Louis Blanc et

« maîtres absolus de Paris, se dégagent des influences dont on les
« a enveloppés, suivent leur propre impulsion, se maintiennent
« rassemblés ou épars, et nulle atteinte n'est portée à un droit, à
« un intérêt. Leurs chants patriotiques et leurs masses inquiètent
« quelques marchands, qui se disposent à fermer leurs magasins :
« Ne craignez rien, ne craignez rien ! leur disent-ils, nous vous
« ferons respecter ! Ne sommes-nous pas tous frères ? L'historien
« doit retracer sans hésitation et avec sévérité, les jours funestes
« où le peuple, égaré par de farouches passions, se livre à des
« actes insensés ou criminels ; mais son devoir est d'élever le
« peuple lorsqu'il s'élève, de le grandir lorsqu'il se grandit, de le
« glorifier lorsqu'il se glorifie. Ce sera un éternel honneur pour la
« nation française d'avoir, en juillet 1830 et en février 1848, fait
« deux révolutions pures de tout crime, de tout excès et de toute
« persécution. »
Le gouvernement provisoire publia le lendemain une proclamation pour *remercier* le peuple de la manifestation imposante dont il avait donné le magnifique spectacle : « Peuple de Paris, « dit cette proclamation, vous avez été aussi grand dans cette ma- « nifestation si régulière et si bien ordonnée que vous avez été « courageux dans vos barricades. » Ce n'est pas tout : le gouvernement provisoire se rendit en corps au Luxembourg, et M. Arago adressa ces paroles aux délégués du peuple qui avaient dirigé la manifestation : « Le gouvernement provisoire a désiré vous voir « réunis autour de lui pour vous remercier du fond de son cœur de « la magnifique, de l'imposante démonstration d'avant-hier. Vous « avez montré au monde entier que nous avons résolu dans notre « pays un problème qui semblait insoluble, que nous savons faire « marcher de front l'ordre et la liberté. » Ce qui n'empêcha pas, quelques mois plus tard, ces mêmes hommes, à commencer par M. Arago, de traiter cette manifestation de *factieuse* et *usurpatrice!*

« ceux qui, à son exemple demandaient l'ajournement indé-
« fini des élections, afin que le gouvernement, revêtu d'une
« autorité sans bornes, eût le temps de *faire le bien*, ceux-
« là doivent avouer que ce fut pour eux une pitoyable jour-
« née. Quoi ! voici un homme convaincu que la dictature
« est nécessaire pour faire le bien du peuple ; que les hom-
« mes du pouvoir, ses collègues, sont hostiles au progrès ;
« que la Révolution est en péril si on ne réussit à les rempla-
« cer : il sait que l'occasion est rare ; qu'une fois échappée
« elle ne revient plus ; qu'un seul instant lui est donné pour
« frapper un coup décisif, et quand arrive ce moment, il
« en profite juste pour refouler ceux qui lui apportent leurs
« dévouements et leurs bras ; il se détourne de leurs sinis-
« tres figures ! »

M. Louis Blanc a essayé de repousser ce reproche de
Proudhon : « Porter la main sur la majorité du Conseil
« pour l'abattre, c'eût été tout embraser, » dit-il. « Pla-
« çons-nous dans l'hypothèse la plus favorable ! admettons
« que le lendemain du renversement de la majorité, la
« bourgeoisie eût été contenue rien que par sa frayeur.
« Toujours est-il que le commerce aurait reçu le coup de
« grâce ; que les capitaux, déjà trop prompts à se cacher,
« auraient pris la fuite de toutes parts ; que les ateliers se
« seraient fermés de plus belle : qu'une perturbation géné-
« rale, profonde, incalculable dans ses résultats s'en se-
« rait suivie... Aurait-il donc fallu, pour dominer la crise,
« interner les capitaux par voie de décret, déclarer les
« frontières suspectes, faire fouiller les maisons, rétablir le
« *maximum*, porter la lampe au fond de chaque fortune,
« ressusciter la Terreur, et en cas de résistance trop vive
« relever l'échafaud que nous avions abattu ? Mais quoi !
« ce n'est rien encore. *Par quel gouvernement, au profit de*
« *quelles idées*, avec quelle chance raisonnable de succès
« tout cela se serait-il accompli ? » Certes, les adversaires

les plus acharnés de M. Louis Blanc n'eussent pas tracé un tableau plus effroyable des conséquences qu'eut pu entraîner son élévation au pouvoir. Mais qu'est-ce à dire? N'est-ce pas un éclatant aveu d'incapacité et d'impuissance? Du moment d'ailleurs que M. Louis Blanc ne craint pas de demander par quel gouvernement, et au profit de quelles idées il eût fallu remplacer ce qu'on aurait renversé, il n'y a rien à ajouter. Mais que deviennent alors ses déclamations contre le mauvais vouloir de ses collègues qui lui ont enlevé tout moyen d'appliquer ses idées? N'est-ce pas à notre tour de demander : *Quelles idées?*

La vérité est que l'incapacité de tous ces hommes était égale et qu'ils s'étayaient les uns les autres sur cette incapacité mutuelle comme sur leur sauvegarde. M. Louis Blanc le reconnaît sans le vouloir en nous donnant les motifs qui lui faisaient attacher tant de prix au maintien de l'intégrité du gouvernement provisoire : « Les dissidences qui, au « point de vue de l'unité d'action, auraient fait de ce « gouvernement un très-mauvais pouvoir, constituaient « son originalité comme gouvernement de passage destiné « à garder la place de la souveraineté. Oui, l'hétérogé- « néité même des éléments dont il se composait était de « nature à sauver la situation parce qu'elle tendait à *maintenir en équilibre les diverses forces de la société.* » On peut d'abord demander ce que signifie en face de cette déclaration l'opinion émise quelques lignes plus haut sur la nécessité d'une autorité dictatoriale pour prendre l'initiative des vastes réformes à accomplir. Oui, mais *quelles réformes?* Et c'est parce que M. Louis Blanc ne le sait pas qu'il préfère le maintien de l'équilibre des diverses forces de la société, c'est-à-dire du *statu quo?* Mais c'est ériger en théorie l'impuissance! A quoi bon une révolution dès lors? Est-ce que l'effet d'une révolution, qui poursuit un but réel et défini, ne doit pas être de rompre l'ancien équilibre pour rétablir un équilibre nouveau sur des bases nouvelles?

C'est précisément parce que les hommes qui eurent la direction du mouvement n'étaient préparés à rien de semblable, M. Louis Blanc pas plus que les autres, que la révolution de 1848 a fait un *fiasco* si complet. Nous ne plaignons pas M. Louis Blanc, ni ses collègues du gouvernement; mais quand on songe au peuple confiant et crédule qui après s'être fait tuer pour eux en février, allait être mitraillé par eux en juin (1), et soumis pendant des années à toutes les péripéties de la repression et de l'arbitraire, on se demande si les hommes qui consentent à jouer ce jeu terrible pour la satisfaction d'une ambition misérable et incapable même de soutenir le rôle auquel elle a prétendu, on se demande si ces hommes ne sont pas de grands coupables? Et il ne faut pas leur permettre dans tous les cas de se faire un piédestal glorieux de cette ambition et de cette incapacité si funeste à l'humanité!

IV

Le 16 avril, une nouvelle manifestation fut organisée pour rappeler au gouvernement que la recherche des moyens d'abolir le prolétariat devait tenir la première place dans ses préoccupations.

Mais le gouvernement provisoire, pris à l'improviste le 17 mars, avait eu le temps depuis de préparer ses forces. Le peuple avait demandé l'éloignement des troupes, on le lui avait promis solennellement. Mais on sentait plus que jamais au contraire le besoin d'une force armée pour comprimer la puissance du peuple : on pré-

(1) Précisément pour cette incapacité et pour cette inertie, M. Louis Blanc, comme les autres membres du gouvernement provisoire, a sa part dans la responsabilité des funestes journées de juin, bien qu'il en ait été lui-même une des victimes.

paraît en secret le rappel des troupes, M. Arago s'efforçait de faire rentrer subrepticement quelques régiments dans Paris. En tous cas, on prenait tous les moyens de suppléer aux troupes absentes. On s'était concilié l'appui de de la garde nationale, en flattant ses dispositions réactionnaires. C'avait été la besogne de M. Marrast (1). M. de Lamartine s'était chargé du soin d'organiser la garde mobile (2). M. Marie avait embrigadé les ateliers nationaux (3). En même temps, pour enlever au peuple son chef le plus résolu, on s'efforçait de perdre et de déconsidérer Blanqui : M. Taschereau publiait dans sa *Revue rétros-*

(1) « M. Marrast qui, en qualité de maire de Paris, était chargé
« de procéder à la reconnaissance des officiers de la garde natio-
« nale, en prit occasion de les rassembler fréquemment, de les
« haranguer, de s'ouvrir plus ou moins selon qu'il les trouvait dis-
« posés, sur les attaques projetées contre l'Hôtel-de-Ville et sur la
« nécessité d'une défense énergique de la société. Parlant, tantôt
« vaguement, tantôt d'une manière précise, du jour prochain où la
« lutte ne pouvait manquer de s'engager entre les communistes et
« les républicains modérés, défenseurs de la famille et de la pro-
« priété, il les animait, il les préparait au combat. » (Daniel Stern, *Histoire de la révolution de* 1848.)

(2) On entretenait la garde mobile dans les mêmes dispositions que la garde nationale, relativement à l'éventualité d'une lutte prochaine : on lui donnait des munitions, des gibernes pleines de cartouches ; on l'exerçait activement au maniement des armes.

(3) M. Marie s'était fait donner un crédit supplémentaire de cinq millions, il avait fait de nouveaux embrigadements considérables. Le 28 mars, MM. Marie et Marrast avaient passé une revue générale des ateliers nationaux, ils les avaient encouragés par leurs louanges et ils leur avaient accordé l'élection de leurs brigadiers. M. Marie fit inscrire 60,000 hommes des ateliers nationaux sur le rôle de la garde nationale. Il invitait M. Emile Thomas, placé par lui à la tête des ateliers nationaux, à fonder un club, pour les entretenir dans ces dispositions, et il lui disait : « Veillez à ce qu'ils
« soient armés ; ne ménagez pas l'argent. *Le jour n'est peut-être*
« *pas loin où il faudra les faire descendre dans la rue.* » C'est ainsi que l'on attisait le feu de la guerre civile.

pective une prétendue dénonciation que Blanqui aurait adressée autrefois au gouvernement contre la Société des Saisons. Cette publication émut peu le peuple qui la méprisa comme elle le méritait, mais elle fournit un aliment à l'antagonisme qui existait d'ancienne date entre Barbès et Blanqui, et cette division des deux chefs populaires devait neutraliser et compromettre par la suite tous les efforts qui seraient tentés.

D'autre part M. de Lamartine circonvenait M. Ledru-Rollin, et parvenait si bien à l'engluer que le 16 avril, il s'effraya, comme M. Louis Blanc s'était effrayé au 17 mars, d'une manifestation qui n'était certainement pas dirigée contre lui : il se crut engagé d'honneur à protéger ses collègues, et ce fut lui qui ordonna de faire battre le rappel, initiative que n'eût probablement osé prendre aucun autre des membres du gouvernement provisoire (1). Enfin M. le général Changarnier se trouva tout à point à l'Hôtel-de-Ville pour organiser la résistance (2).

(1) M. Ledru-Rollin était accouru, tout effaré, le matin, chez M. de Lamartine, en disant : « Nous sommes perdus : cent mille « hommes sont en marche sur l'Hôtel-de-Ville, les corporations du « Luxembourg sont maîtresses du mouvement ; Blanqui, au champ « de Mars, les excite et les dirige. Les factieux usurpent mon « nom, je les renie. »

(2) Le général Changarnier, dès les premiers jours de la République, avait écrit au gouvernement provisoire pour demander qu'on l'employât. Il voulait mettre au service de la République, disait-il, « sa volonté et son habitude de vaincre » et demandait qu'on l'envoyât « à la frontière la plus exposée. » M. Changarnier songeait alors à la possibilité d'une guerre extérieure ; mais ses services parurent meilleurs pour aider le gouvernement dans la guerre intérieure. On le retint à Paris : au 17 avril, on le chargea d'organiser la résistance à l'Hôtel-de-Ville : si les événements se fussent précipités et si le général Cavaignac n'eût pas eu le temps d'arriver d'Afrique, c'aurait été à lui qu'on aurait confié la dictature militaire. Plus tard, il devint l'épée dévouée de la réaction Odilon Barrot, Thiers, Dufaure, Faucher.

M. Louis Blanc d'ailleurs, fidèle à sa politique de transaction, avait promis de s'interposer entre les promoteurs de la manifestation et le gouvernement. Mais on n'eut pas besoin de son intervention, et quand les délégués du peuple, partis du champ de Mars où ils s'étaient réunis pour élire les quatre officiers d'état-major de la garde nationale laissés au choix du peuple, voulurent défiler devant le gouvernement provisoire auquel ils apportaient l'offrande d'une collecte patriotique, ils trouvèrent la place de l'Hôtel-de-Ville hérissée de baïonnettes, et furent accueillis par les cris de haine et de guerre de la contre-révolution. C'est au milieu d'une double rangée de baïonnettes que s'opéra le défilé des corporations et des clubs dont les cris sympathiques à quelques membres de la minorité du gouvernement furent étouffés par des vociférations : *A bas les communistes!*

Le soir, la garde nationale célébra son triomphe en parcourant Paris aux cris mille fois répétés de : *A bas les communistes! mort à Blanqui! mort à Cabet!* La maison de M. Cabet, heureusement absent, fut envahie par une troupe poussant des cris de mort (1). La nuit, la garde nationale

(1) A la nouvelle de la violation de son domicile, M. Cabet écrivit au gouvernement provisoire : « Si j'avais été assassiné, je « l'aurais été moins de deux mois après une révolution populaire, « au nom de la République, au nom des principes de liberté, d'é- « galité et de fraternité, sans qu'aucun pouvoir public eût dit un « mot pour détruire la calomnie, pour arrêter la menace, pour « protéger le domicile, la personne et la vie d'un citoyen si pu- « bliquement en péril. » Le rapprochement que l'on est tout naturellement porté à faire entre l'attitude du peuple au 17 mars, et celle de la garde nationale le 16 avril, n'est pas à l'avantage de cette dernière. Nous verrons le 15 mai provoquer les mêmes vociférations ; mais c'est surtout la comparaison de l'attitude du peuple après la victoire de février et de l'attitude de la bourgeoisie après la victoire de juin, qui est saisissante. — Dans cette perquisition violente et arbitraire faite au domicile de M. Cabet on

se rendit en corps au ministère de la Justice pour demander le rappel des troupes. M. Crémieux promit qu'on obtempérerait aux *vœux du peuple.* On se sépara aux cris de : *Vive l'armée!* et le gouvernement provisoire, qui avait enfin trouvé l'occasion qu'il attendait depuis longtemps, prépara en l'honneur de l'armée cette fameuse fête de la Fraternité, dont nous avons signalé plus haut le singulier caractère.

C'est ainsi que la Révolution fut jouée par MM. de Lamartine, Marrast, Garnier-Pagès et Marie, et leur trahison fut secondée par la faiblesse incurable de MM. Louis Blanc et Ledru-Rollin. Nous dirons dans le chapitre suivant la part prise à la réaction par ce dernier.

trouva chez lui quelques mauvais fusils, et plus tard, il fut condamné à un mois de prison pour ce fait, qualifié de détention illégale d'armes de guerre.

En réalité, il est probable que la manifestation du 16 avril, si on l'eût laissée se développer paisiblement, se fût terminée pacifiquement comme celle du 17 mars. Il eût fallu l'initiative de M. Louis Blanc ou de M. Ledru-Rollin, ce qui n'était pas à craindre, pour lui donner un caractère agressif contre le gouvernement. Les délégués des corporations rédigèrent le lendemain une déclaration dans laquelle ils protestaient contre les intentions mensongères qu'on leur prêtait, et pour affirmer qu'en se réunissant au Champ de Mars pour se rendre de là à l'Hôtel-de-Ville, leur but n'avait pas été autre que celui-ci : « 1° élire les quatre ouvriers devant
« faire partie de l'état-major de la garde nationale; 2° prouver
« que les idées d'organisation de travail et d'association sont les
« seules idées du peuple, et, que, suivant lui, la révolution de Fé-
« vrier serait avortée, si elle ne devait pas avoir pour effet de
« mettre un terme à l'exploitation de l'homme par l'homme;
« 3° enfin offrir au gouvernement provisoire, après lui avoir ex-
« primé nos vœux, l'appui de leur patriotisme contre les réac-
« teurs. » Cette protestation se termine en ces termes : « Il faut
« donc qu'on le sache bien, rien dans la journée d'hier n'était de
« nature à motiver les alarmes. Le peuple sait qu'il est fort ; il lui
« est permis de rester calme. Il est là pour défendre la Révolution
« telle qu'il la comprend; sous sa sauvegarde elle ne périra pas. »

Vainement voudraient-ils abriter leur conduite sous un faux masque de générosité. Le gouvernement, en temps de révolution surtout, ne comporte pas ces ménagements, parce qu'il a des intérêts plus graves à sauvegarder que la politesse vis-à-vis des personnes. Quand on accepte cette responsabilité redoutable de prendre en ses mains la direction des destinées de son pays, il faut avoir, ce sont les premières et les plus essentielles qualités, la sûreté du coup d'œil et l'audace de la décision : il faut avoir la confiance en soi-même et la force d'imposer sa volonté ; on n'a pas le droit de s'effacer par une fausse modestie, car en ce cas ce n'est pas soi-même que l'on sacrifie, on trahit l'idée que l'on représente ; l'abnégation personnelle n'est pas de mise dans une semblable situation. Personne n'est obligé d'accepter le gouvernement; quand on ne se sent pas la force d'intelligence et la force de caractère nécessaires pour ce rôle, on donne sa démission et on se retire. Mais quand une fois on a accepté cette responsabilité redoutable, on n'a plus le droit d'en décliner les charges.

V

C'est à partir du 16 avril que se déchaîna ouvertement la réaction contre le socialisme (1), et, derrière le socialisme, c'est la République elle-même qu'on voulait atteindre.

(1) « Après le 16 avril, le socialisme souleva contre lui toutes les
« colères : on l'avait vu, minorité imperceptible, toucher au gou-
« vernement. Ce qui fait que les partis se détestent, c'est bien
« moins la divergence de leurs idées que leur tendance à se do-
« miner l'un l'autre ; on se soucie peu des opinions ; on n'a d'in-
« quiétude que du côté du pouvoir. » (PROUDHON, *Confessions d'un révolutionnaire.*) Cette observation de Proudhon rappelle un mot profond de Béranger, prononcé vers la même époque. — « Eh
« bien ! cela ne va guère ? » disait-il à M. Marrast. — Que voulez-
« lez-vous ? la différence de nos opinions... — *Dites plutôt la res-*
« *semblance de vos ambitions.* »

Les dénonciations pleuvaient à la préfecture de Police en si grand nombre, qu'il semblait, a dit M. Caussidière, que la moitié de Paris voulût faire emprisonner l'autre. La haine contre les clubs se manifesta par tant de violence que le gouvernement dut intervenir par une proclamation rédigée par M. Crémieux et modifiée par M. Louis Blanc pour rappeler les citoyens au respect de la liberté (1)... Par une autre proclamation, le gouvernement « déclarait « désapprouver de la manière la plus formelle tout cri « provocateur, tout appel à la division entre les citoyens, « toute atteinte portée à l'indépendance des opinions pa- « cifiques. »

Mais le coup était porté : les élections eurent lieu sous cette impression, et quand l'Assemblée constituante se réunit le 4 mai, malgré ses protestations apparentes, la majorité avait déjà condamné au fond de son cœur non-seulement le socialisme, mais aussi la République. Ce fut M. Louis Blanc qui supporta le premier choc : on lui fit expier cruellement son imprévoyance, sa faiblesse, ou, s'il le veut, sa générosité intempestive.

Tous les membres du gouvernement provisoire vinrent successivement rendre compte à l'Assemblée de la gestion qui leur avait été plus spécialement confiée. De tous ces rapports, il n'y eut que celui de M. Louis Blanc qui fut froidement accueilli. Au lieu de lire comme tous ses collè-

---

(1) Voici les principaux passages de cette proclamation : « Ci-
« toyens, la République vit de liberté et de discussion. Les clubs
« sont pour la République un besoin, pour les citoyens un droit...
« Le gouvernement provisoire protège les clubs... Citoyens, le
« gouvernement provisoire, fidèle à son principe, veut la sécurité
« dans l'indépendance des opinions. Il a déjà pris des mesures
« propres à la protéger ; il ne peut vouloir que les armes soient
« mêlées aux délibérations. Notre République, c'est l'union, c'est
« la fraternité, et ces sentiments excluent toute pensée de vio-
« lence. La meilleure sauvegarde de la liberté, c'est la liberté. »

gues un travail préparé d'avance, M. Louis Blanc improvisa à la tribune. Cela parut une affectation malséante, et on ne se fit pas faute de le dire ; M. Louis Blanc prétend qu'il n'avait pas été prévenu et qu'il n'avait en conséquence pu se préparer. Ce serait là un petit procédé qui ferait peu d'honneur à ses collègues.

La première question qui se posa à l'Assemblée, fut celle de la constitution du pouvoir. Le maintien du gouvernement provisoire était à tout prendre la combinaison la plus simple et la plus satisfaisante. Mais elle fut écartée, « parce « que même au sein du parti républicain, on voulait se dé- « faire de certains hommes du gouvernement provisoire, « notamment de MM. Louis Blanc et Albert, qui représen- « taient plus particulièrement l'opinion socialiste(1). » Il fut décidé que le pouvoir serait confié à une commission de cinq membres. Naturellement M. Louis Blanc fut écarté. La commission du pouvoir exécutif fut composé de MM. Arago, Garnier-Pagès, Marie, de Lamartine et Ledru-Rollin. Des portefeuilles furent confiés à MM. Flocon, Crémieux, Carnot, Bethmont. En réalité MM. Louis Blanc et Albert seuls des anciens membres du gouvernement provisoire furent exclus du nouveau gouvernement. Ils donnèrent immédiatement leur démission de président et de vice-président de la commission du Luxembourg. M. Louis Blanc demanda à l'Assemblée de substituer à cette commission devenue sans objet un ministère de travail et de progrès (2). L'Assemblée

(1) BABAUD-LARIBIÈRE, *Histoire de l'Assemblée constituante.*
(2) M. Louis Blanc terminait son discours par cette avertissement, auquel l'insurrection de juin, quelques semaines plus tard, venait tristement donner raison : « Oui, je crains que la société, « si on la laisse descendre la pente qu'elle descend, ne marche à « un abîme, et je ne crois pas que pour cesser de marcher à un « abîme, il suffise de choisir la nuit pour y marcher ; il faut que « la lumière descende sur la situation. C'est à vous à la faire des- « cendre, et par là vous aurez conquis des droits immenses, je ne

accueillit dédaigneusement cette proposition, feignant d'y voir un intérêt personnel, bien que M. Louis Blanc eut formellement déclaré son intention de rester étranger au pouvoir jusqu'au vote de la Constitution. Mais tout en se montrant hostile à M. Louis Blanc (1), l'Assemblée affectait une très-grande sympathie pour les idées sociales. Seulement disait M. Freslon, exprimant la pensée de ses collègues, « il ne faut pas personnifier la question sociale dans « un système. » Et il faisait cette déclaration significative, qui ne devait laisser aucun doute sur sa sincérité : « L'As-

« ais pas seulement à la reconnaissance du peuple, mais à la re-
« connaissance de la postérité ; et vous aurez conjuré des périls
« dont souvent on ne comprend bien la portée que lorsqu'on les
« touche de la main. On disait avant la révolution de Février :
« Prenez garde à la révolution du mépris! Eh bien! c'est à nous
« à rendre impossible, et cela se peut, la révolution de la faim. »
(1) Malheureusement M. Louis Blanc prêtait avec trop de facilité le flanc aux attaques. Il y avait dans ses paroles une personnalité excessive et presque maladive. Il se montrait sensible au delà de toute mesure aux mécomptes qu'on lui avait fait subir, et il se posait sans cesse en victime, en martyr de son dévouement à la cause populaire : « Beaucoup d'amertume est entrée dans mon cœur,
« c'est vrai, disait-il, mais je m'attendais à tout ce qui s'est fait; je
« savais que l'on n'attaque pas impunément la force; je savais que
« ce n'est pas impunément qu'on émet des idées nouvelles devant
« des hommes pénétrés de la nécessité des idées anciennes. Je
« savais que je me ferais beaucoup d'ennemis, que je souffrirais
« pour le peuple! » Ces paroles faisaient éclater de vives réclamations. — *Vous ne parlez que de vous!* disait-on. *Attendez donc la postérité!* Et les quolibets pleuvaient qui, quelque temps plus tard, devaient dégénérer en insultes. — M. Peupin, soi-disant ouvrier horloger, impatient de se concilier les sympathies de la majorité et qui ne tarda pas à devenir l'enfant chéri de la réaction, M. Peupin adressait à M. Louis Blanc cette parole d'autant plus cruelle qu'elle était juste en réalité : « Je ne dirai pas que la
« commission du Luxembourg a été coupable, et cela par une
« bonne raison, c'est que l'on n'est pas coupable quand on n'a
« rien fait. »

« semblée nationale qui est ici, posera nécessairement toutes
« les grandes bases de l'organisation du travail. *Si elle ne
« le faisait pas, elle serait maudite par la postérité !* LA
« FRANCE LA MÉPRISERAIT. » M. Sénard donnait en termes
non moins explicites la réplique à M. Freslon : « *La Révo-
« lution de février est par-dessus tout une Révolution sociale*,
« tout le monde l'a dit hautement, tout le monde l'a senti.
« Nous avons avant tout, à faire une série d'institutions so-
« ciales qui substituent partout, dans les faits comme dans
« les mots, la liberté à l'oppression, l'égalité au privilège,
« la fraternité à l'égoïsme. » M. Démosthènes Ollivier venait confirmer ces dispositions : « Les discussions sur la
« Constitution me paraissent prématurées. Il y a une né-
« cessité pressante, un besoin urgent, brûlant, dirai-je,
« c'est celui de nous occuper immédiatement et avant toute
« discussion, avant toute délibération, du sort des travail-
« leurs (1). » L'Assemblée décida, séance tenante, la nomination d'une commission des travailleurs. Mais on ne devait
pas tarder à voir combien étaient peu sincères toutes ces
démonstrations !

La journée du 15 mai vint dispenser la majorité de tous
les ménagements qu'elle avait cru devoir garder d'abord,
et la République se trouva jetée promptement en pleine
réaction. En cette occasion M. Louis Blanc éprouva cruellement les inconvénients d'une popularité sans autorité. Il
s'efforça vainement de persuader au peuple de se retirer :
on applaudit sa personne, sans tenir aucun compte de ses

(1) M. Buchez disait dans le discours inaugurant sa présidence de l'Assemblée : « Nous nous sommes engagés, nous qui
« sommes les élus de tous, à nous occuper de tous, et particuliè-
« rement de cette classe, de cette portion pauvre, malheureuse de
« la population, dont jamais personne ne s'était occupé. Nous ne
« ferons pas comme le pouvoir déchu, nous ne fermerons pas les
« yeux, nous n'ajournerons pas les questions. Toutes ces ques-
« tions peuvent être résolues. »

paroles; on l'associa malgré lui à la manifestation en le portant en triomphe (1). M. Louis Blanc fût ainsi livré par le peuple aux soufflets de ses ennemis. Et quand il revint prendre son poste à l'Assemblée, des gardes nationaux se précipitèrent sur lui, en proie à un incroyable accès de rage. Il fallut que plusieurs de ses collègues vinssent le protéger contre ces furieux qui criaient : *Il n'est pas besoin de le mettre en accusation, il faut le tuer, ce sera plus tôt fait*. Il entra dans l'Assemblée ses vêtements en lambeaux ; mais au lieu trouver auprès de ses collègues les égards que commandait le seul sentiment de l'humanité, il ne rencontra que des dispositions hostiles. Ayant voulu monter à la tribune, il fut interrompu par des murmures violents, auxquels se mêlèrent les insultes les plus grossières, et il dut renoncer à dominer les bruyantes exclamations que chacune de ses paroles soulevèrent. Le lendemain il invita les auteurs des injures qui lui avaient été adressées à se faire connaître ; mais sa lettre, publiée dans les journaux, resta sans réponse.

Ces violences et ces avanies ne suffisaient pas encore aux ennemis acharnés de M. Louis Blanc, qui essayaient contre lui toute l'ardeur rancuneuse qu'ils allaient déployer bientôt contre la Révolution. Bien que le rôle réel de

(1) Voici comment s'exprime à ce sujet M. Louis Blanc lui-même dans une note justificative distribuée à ses collègues : « J'eus « beau me débattre violemment, j'eus beau répondre à diverses « reprises aux acclamations passionnées qui retentissaient autour « de moi, que le seul cri vraiment digne du peuple était : *Vive la* « *République*. Je m'épuisai en efforts inutiles. Dix fois je tombai « dans la foule qui m'entraînait, dix fois des bras robustes me « soulevèrent. Il y en avait qui se précipitaient sur moi pour « m'embrasser; d'autres criaient : *Prenez garde de l'étouffer !...* « C'est ainsi que, malgré moi, je fus porté dans l'Assemblée à « travers la masse compacte des envahisseurs. Ceux qui ont assisté « à cette scène ont pu juger à mon attitude si je n'ai pas tout fait « pour empêcher ce funeste éclat. »

M. Louis Blanc, au 15 mai, ne fût douteux pour personne, on songea à le mêler aux poursuites dirigées contre ceux qui avaient envahi l'Assemblée. Il était notoire au contraire que tous ses efforts avaient tendu à persuader aux envahisseurs de se retirer, et il n'avait consenti à intervenir auprès de la foule que sur les instances de plusieurs de ses collègues, et après en avoir obtenu l'autorisation officielle du président M. Buchez qui, à la vérité, avait complétement perdu la tête, et ne fut guère en état plus tard de rendre compte de ce qu'il avait fait et de ce qu'il n'avait pas fait. Dans un rapport plein de restrictions flatteuses, plein de fiel, chef-d'œuvre de perfidie savante et qui fut spirituellement comparé par Ribeyrolles, dans *la Réforme*, à une jatte de lait empoisonnée, M. Jules Favre conclut à l'autorisation des poursuites. La trame avait été artificieusement ourdie, on avait répandu sourdement, parmi les représentants, le bruit que M. Louis Blanc était, le 15 mai, à l'Hôtel-de-Ville. M. Marrast avait dit *confidentiellement* à quelques personnes qu'il l'y avait vu, que lui-même avait protégé son évasion. C'était un odieux mensonge. Interpellé publiquement à l'Assemblée, M. Marrast dut le désavouer (1). Dès

---

(1) Il fallut pousser en quelque sorte à la tribune M. Marrast par les provocations les plus directes, pour lui arracher ce désaveu. Les termes mêmes qui consacrent ce souvenir si peu honorable méritent d'être rapportés : « Je n'aurais vu aucun inconvénient, dit-il,
« à répondre plus tôt à l'interpellation qui m'a été adressée, si
« elle m'avait été faite dans les termes qu'a employé le dernier
« orateur (M. Raynal); mais je n'aime pas les sommations et je n'ai
« pas l'habitude d'y répondre; et toutes les fois qu'on manquera
« vis-à-vis de moi aux choses de convenance, j'y répondrai par le
« silence le plus absolu. Quant au fait dont il s'agit, j'ai cru, je
« dois le dire, le premier jour seulement, que le citoyen Louis
« Blanc était venu à l'Hôtel-de-Ville. Voici les raisons qui m'ont
« porté à le croire. Pendant le temps que la foule était sur la
« place de l'Hôtel-de-Ville, je l'ai entendu très-souvent crier à
« plusieurs reprises : *Vive Louis Blanc! Vive Albert! Vive*

lors tout l'échafaudage sur lequel reposaient les calculs des ennemis de M. Louis Blanc s'écroula, et malgré le mauvais vouloir de l'Assemblée, la demande en autorisation de poursuites fut rejetée (1). Mais ils devaient ressaisir la proie qui leur échappait, et après les événements de juin, à la suite de l'enquête Quentin Bauchart dans laquelle on avait vainement essayé de compromettre M. Louis Blanc avec l'insurrection, l'Assemblée se déjugeant, donna le 25 août l'autorisation de poursuite pour les événements du 15 mai, qu'elle avait refusée le 3 juin (2).

« *Barbès!* Au moment où je suis sorti de l'Hôtel-de-Ville, un
« citoyen qui était à mes côtés m'a affirmé que le citoyen Louis
« Blanc avait été à l'Hôtel-de-Ville, et qu'il avait favorisé son
« évasion en le faisant sortir par une petite porte donnant sur la
« rue Lobau. J'ai fait immédiatement toutes les recherches, d'une
« part, pour retrouver ce citoyen, et d'un autre côté pour m'as-
« surer si ces renseignements étaient exacts ; je dois dire avec la
« même sincérité, qu'après m'être assuré des citoyens qui étaient
« placés dans l'escalier, par lequel Louis Blanc aurait pu sortir, et
« des dispositions qui avaient été prises dans l'intérieur, après
« avoir interrogé ceux qui étaient entrés dans les différentes salles
« qu'on avait parcourues, il m'est resté la conviction la plus com-
« plète que jamais Louis Blanc n'avait mis les pieds à l'Hôtel-de-
« Ville dans la journée du 15 mai. » (*Séance du 3 juin.*)

(1) Voir au chapitre VIII consacré à M. Jules Favre, les circonstances qui accompagnèrent ce rejet.

(2) Le 25 juin, M. Armand Marrast vota pour la demande en autorisation de poursuites, ainsi que M. le général Cavaignac. Or, M. de Girardin affirma que le général Cavaignac lui avait dit, dans la *Presse:* « Quant à M. Louis Blanc, ma conviction profonde est « qu'il n'est pas plus coupable que moi. » M. Jules Favre eut la convenance de s'abstenir. — Du 9 juin au 25 avril, M. Louis Blanc ne prit que peu de part aux discussions de l'Assemblée : Cependant il vota contre le bannissement de la famille de Louis-Philippe, tandis que M. Duvergier de Hauranne votait pour, et que M. Odilon Barrot, n'ayant ni le courage de la fidélité, ni celui de la défection s'abstenait. Il prit la parole pour s'opposer à l'exclusion du prince Louis-Napoléon, et enfin il parla contre le cautionnement des journaux.

IV

M. Louis Blanc quitta la France pour échapper à la détention préventive et alla se réfugier à Londres, où il habite encore aujourd'hui. Pendant trois ans de 1849 à 1851, il prit une part active à la polémique révolutionnaire. Il ne négligea aucune occasion de protester contre les calomnies auxquelles il était en butte, et surtout contre l'accusation d'avoir fondé les ateliers nationaux, organisés par M. Marie, comme on sait, et dans l'intention précisément de combattre l'influence du Luxembourg et de M. Louis Blanc. Ses protestations sont contenues dans une brochure intitulée : *Appel aux honnêtes gens*. Dans les *Pages d'histoire de la révolution de février* 1848, il rétablit le caractère du rôle politique qu'il avait joué dans le gouvernement provisoire. Enfin il fit un journal mensuel de polémique socialiste sous ce titre : le *Nouveau-Monde*, dont le premier numéro parut le 16 juillet 1849 et dont la publication fut continuée jusqu'à la fin de l'année 1851. En somme, M. Louis Blanc fut de tous les hommes qui passèrent au pouvoir en 1848, celui qui fut le plus maltraité par la réaction. C'est qu'aussi aucun ne donna autant de prise à ses ennemis. Il fut un instant, comme nous l'avons dit, le maître de la situation ; les destinées de la République furent dans ses mains ; il disposait d'un pouvoir immense, il ne sut pas s'en servir : il appliqua tous ses efforts à neutraliser sa propre influence, à se confondre dans une solidarité complète avec ses collègues, dont les dispositions hostiles et anti-révolutionnaires n'étaient un mystère pour personne, en un mot, à maintenir en équilibre les diverses forces de la société, suivant sa propre expression, ce qui était conserver le champ libre pour la réaction, provoquée ainsi à profiter des facilités qu'on lui offrait. Mais alors M. Louis Blanc, objectif désigné des attaques révolutionnaires, ne se montra pas à la hauteur de la situation : au lieu de stimuler la force révolutionnaire qui pouvait encore se grouper à sa voix, et d'engager franchement et courageusement la lutte, il se drapa dans son manteau d'homme d'État incompris, épuisa ses efforts à se défendre, à se justifier, en se livrant lui-même à ses ennemis ; et ainsi il en arriva à compromettre complétement sa propre dignité et jusqu'à celle du parti qu'il représentait. Si les destinées du socialisme eussent vraiment reposées sur sa tête, comme il put le croire un instant et comme il ne cessa d'en être persuadé, c'en était fait du socialisme, qui fût tombé avec lui sous l'impuissance et sous le ridicule. Et même, de l'exil, tout entier à la préoccupation de sa propre personnalité, il ne sut faire entendre que des récriminations et des justifications fatigantes et stériles.

Depuis, M. Louis Blanc a renoncé à ses études socialistes ; il a abandonné le rôle d'homme d'État qui convenait peu à son caractère ; il eût put rester le poëte et le littérateur du socialisme ; mais il s'est retiré de la presse démocratique, et il est devenu un des écrivains les plus distingués et les plus autorisés de la presse libérale et conservatrice (1). Le *Temps*, de Paris, et *l'Etoile belge*, de Bruxelles, publient chaque semaine depuis plusieurs années ses *Lettres de Londres* toujours intéressantes et souvent remarquables.

Il a achevé son *Histoire de la Révolution*. Si M. Louis Blanc fût un pauvre homme d'État, c'est incontestablement un très-grand écrivain, et il a su se faire une position dans l'opinion publique. Il jouit aujourd'hui d'une égale popularité auprès du peuple qui a conservé la légende de son passé socialiste et auprès des classes conservatrices qui, en admirant l'écrivain et en applaudissant à la modération de

(1) Dans un journal fondé récemment, la *Démocratie*, on a publié un programme socialiste de M. Louis Blanc qui a pu donner

ses idées, ont oublié l'adversaire contre lequel elles firent gronder autrefois tant de haines implacables.

CHAPITRE IV

M. LEDRU-ROLLIN

I

Sous la monarchie, à la Chambre des députés, M. Ledru-Rollin représentait la République, comme M. Berryer y représentait la légitimité. Tour à tour avocat au barreau de Paris et à la Cour de cassation, il avait constamment mis son éloquence au service de la liberté et de la cause populaire ; il avait aussi défendu avec sa plume les victimes de la rue Transnonain, et il avait retracé, dans un *Mémoire* qui avait produit une grande sensation, les tristes scènes de cet horrible épisode de la guerre civile. M. Ledru-Rollin fut appelé en 1841 par les électeurs du Mans à remplacer Garnier-Pagès aîné. Dans sa profession de foi, il demandait la

à penser qu'il songeait à rentrer dans la vie politique active par la voie où il a débuté. Mais cet article est une simple réédition du programme du *Nouveau-Monde* de 1849. Deux légères corrections qui y ont été introduites par l'auteur indiquent, l'une surtout, que si ses idées se sont modifiées, ce n'est pas pour se rapprocher du mouvement socialiste contemporain, sur lequel du reste M. Louis Blanc a toujours gardé un prudent ou dédaigneux silence. En 1849, il affirmait le crédit gratuit : en 1868, réconcilié avec le capital, il écarte sans discussion cet article que les travailleurs continuent cependant à mettre sur leurs programmes. Enfin, par une concession à ses amis libéraux, M. Louis Blanc a remplacé : « l'ÉTAT qui doit « guider le peuple en marche vers la lumière et le bonheur, » par cette périphrase : « *les plus intelligents et les meilleurs.* »

forme républicaine et le suffrage universel, non comme but, mais comme moyen d'amener la solution des problèmes sociaux : « Que serait le suffrage universel, disait-il, s'il
« n'aboutissait qu'à une transformation du régime repré-
« sentatif? un vain mot, un changement de gouvernants et
« d'état-major ! Le pays exige davantage. De redoutables
« questions ont été posées et veulent être résolues ; de
« grandes souffrances se sont révélées et demandent satis-
« faction... Pour nous, le peuple c'est tout ; il ne suffit pas
« de lui accorder des droits de suffrage ; ce qu'il faut, c'est
« faire disparaître de notre société les misères qui la
« rongent, les inégalités qui la déshonorent... Et les ten-
« dances qui distinguent le parti démocratique des autres
« partis, c'est qu'il veut passer par la question politique
« pour arriver aux transformations sociales (1)... » Après

(1) Bien qu'il ne soit pas, à proprement parler, socialiste et qu'il se soit même plus d'une fois élevé de facheux malentendus entre lui et les socialistes, cependant il n'a cessé de professer des sentiments analogues. Dans le compte rendu de ses actes comme membre du gouvernement provisoire, présenté le 6 mai 1848 à l'Assemblée constituante, il disait : « Bien imprudent et bien coupable celui
« qui voudrait arrêter la Révolution à la stérile conquête de formes
« politiques. Les formes ne sont qu'un instrument de liberté mis
« aux mains de la nation, appelée désormais à se régir elle-même.
« Mais pour elle la voie est tracée, le but indiqué. C'est à réaliser
« dans l'ordre social le dogme de l'égalité et de la fraternité que
« doivent tendre tous ses efforts. » Et, au banquet du Chalet, pour fêter l'anniversaire de la proclamation de la République en 1792 le 22 septembre 1848, il porte un toast : *A la République consolidée par les institutions sociales!* Il développe ainsi sa pensée : « Citoyens, je dis : à la République consolidée par les ins-
« titutions sociales ; car, nous qui sommes ici, nous sentons que si
« le législateur ne la fait pas pénétrer profondément dans les lois,
« dans les mœurs, nous n'aurons encore que le mot sans la
« chose. »... On dit : c'est du socialisme. Le socialisme ! Quand
« pour rendre à l'homme le noble exercice de toutes ses facultés,
« nos pères ont eu la pensée d'abolir les vœux monastiques, était-

son élection, le 24 juillet 1841, il prononça, devant le collége qui l'avait nommé, un discours chaleureux qu'il terminait par ces paroles prophétiques : « Le peuple est *l'Ecce homo*
« des temps modernes... mais soyez sûrs que sa résurrection
« est proche! Il descendra aussi de sa croix pour demander
« compte de leurs œuvres à ceux qui l'auront trop long-
« temps méconnu. »

M. Ledru-Rollin fonda et entretint avec sa fortune personnelle *la Réforme*, qui voulait réunir dans un seul et grand faisceau les questions politiques et les questions sociales. Il s'attacha à donner à la campagne des banquets, entreprise par M. Odilon Barrot au nom de l'opposition constitutionnelle, une signification radicale qui devait puissamment contribuer à faire aboutir cette campagne, comme elle aboutit effectivement, au renversement de la monarchie. Nous avons cité son toast du banquet de Châlons, dans lequel il avait revendiqué la date de 1793, au nom de la France, *sauvée du joug des rois*. Il faisait cette protestation au banquet de Dijon : « Nous sommes des
« ultra-radicaux, si vous entendez par ce mot le parti qui
« veut faire entrer, dans les réalités de la vie, le grand

« ce du socialisme ou de la politique ? Quand, mettant la loi d'ac-
« cord avec la nature, ils ont uniformisé la situation de tous les
« enfants en faisant passer le niveau de la loi sur l'inégalité des
« successions, était-ce du socialisme ou de la politique ? Quand,
« malgré les déchaînements du clergé et de la noblesse, ils établis-
« saient l'égalité de l'impôt, et Dieu sait au milieu de quels obs-
« tacles! faisaient-ils du socialisme ou de la politique ? Quand ils
« ont fait cesser l'asservissement de l'industrie, en brisant les liens
« des vieilles maîtrises, était-ce du socialisme ou de la politique?
« Quand ils ont divisé à l'infini la propriété cléricale, communale,
« nobiliaire, pour faire de toutes ces parcelles, sous les pieds de
« l'homme, autant d'instruments de liberté, était-ce encore du so-
« cialisme ? C'était de la République! Quel est donc le législateur
« assez insensé pour poser un principe politique auquel il ne donne
« point une assise profonde dans les institutions sociales? »

« symbole de la liberté, de l'égalité et de la fraternité, sans
« se laisser annuler par les vieillis et les corrompus : oh !
« oui, nous qui sommes ici, nous sommes des ultra-radi-
« caux. Les mots n'effrayent que les enfants. D'autres ont
« glorifié le nom de *gueux* en le conduisant à la victoire ;
« peu nous importe celui qui nous y conduira. Et comme les
« vengeurs de la liberté batave, d'un outrage, faisons un
« drapeau (1). »

On a vu la part qu'avait eue M. Ledru-Rollin dans la proclamation de la République, qu'il avait plus que personne contribué à préparer. La position parlementaire de M. Ledru-Rollin lui donna dès le principe, dans le gouvernement provisoire, cette grande autorité que ne put jamais parvenir à obtenir M. Louis-Blanc. Il avait réclamé le département politique le plus important, le ministère de l'Intérieur, et on le lui avait cédé, parce qu'il était le seul homme qui représentât d'une manière absolue au sein du gouvernement provisoire le principe triomphant. M. Ledru-Rollin confia à M. Flocon, le rédacteur en chef de la *Réforme*

(1) Il y avait dans ce passage une réminiscence de Mirabeau, engageant les députés des communes à prendre le titre de *Représentants du peuple* et répondant à ceux qui disaient que le mot *peuple* avait une signification basse : « Oui, messieurs, s'écriait-il,
« c'est parce que le nom de *peuple* n'est pas assez respecté en
« France, parce qu'il est obscurci, couvert de la rouille du préjugé ;
« parce qu'il vous présente une idée dont l'orgueil s'alarme, et
« dont la vanité se révolte; parce qu'il est prononcé avec mépris
« dans les Chambres des aristocrates, c'est pour cela même que
« nous devons nous imposer, non-seulement de le relever, mais
« de l'annoblir, de le rendre désormais respectable aux ministres,
« et cher à tous les cœurs... Les amis de la liberté choisissent le
« nom qui les sert le mieux, et non celui qui les flatte le plus; ils
« s'appelleront les *remontrants* en Amérique, les *pâtres* en Suisse,
« les *gueux* dans les Pays-Bas. Ils se pareront des injures de leurs
« ennemis, ils leur ôteront le pouvoir de les humilier avec des ex-
« pressions dont ils auront su s'honorer. »

pendant la lutte contre la monarchie, le poste de sous-secrétaire d'État pour le suppléer au besoin. Pour M. Flocon, membre du gouvernement provisoire, c'était déchoir ; mais il était d'une haute importance de ne pas laisser tomber dans des mains ennemies ou faibles une position d'où on pouvait exercer une action si puissante sur les destinées de la République. Malheureusement, les fatigues du combat, des jours sans repos, des nuits sans sommeil, déterminèrent chez M. Flocon, dès le 1er mars, une maladie grave qui le retint au lit pendant six semaines et annula son action dans des moments où son concours eût été si utile. Le pouvoir qu'il avait voulu sauvegarder échut à M. Jules Favre, auquel M. Ledru-Rollin donna le titre de secrétaire-général. M. Jules Favre était un avocat distingué, mais il avait une personnalité ombrageuse, rancunière et jalouse, qu'il devait toujours faire passer avant les véritables intérêts de la République et il manquait complétement d'esprit politique. Nous verrons avec quelle fidélité et avec quelle sagesse il s'acquitta de ces graves fonctions.

Le premier acte de M. Ledru-Rollin fut l'envoi des commissaires dans les départements pour proclamer et organiser la République. Le choix de ces fonctionnaires, fait à la hâte et parmi les solliciteurs les plus pressants qui n'étaient pas toujours les hommes du plus grand mérite, pouvait prêter à de nombreuses critiques, d'autant plus que la mission à remplir était des plus délicates. Au lieu d'envoyer des gens de Paris, qui avaient l'inconvénient d'être complétement étrangers au pays dont il fallait se concilier les sympathies, peut-être eût-il mieux valu faire choix de citoyens de la localité dévoués de longue date aux idées républicaines ; mais M. Ledru-Rollin, en agissant comme il le faisait, agissait en conformité avec l'idée centralisatrice de la démocratie autoritaire, à laquelle il appartenait. M. Ledru-Rollin, s'était beaucoup inspiré de l'histoire de notre première révolution : c'était un conventionnel transporté dans l'époque contemporaine, bien plus qu'un homme imprégné des idées nouvelles. Ce vieux ferment de jacobinisme nous donne la clef de toutes ses fautes et aussi de la stérilité de ses aspirations sociales, qu'il ne sut jamais concilier avec le grand courant socialiste qui eût fait sa véritable force : mais elle nous explique aussi cette élévation, cette dignité constante des paroles et des actes qui font de M. Ledru-Rollin une si grande et si honorable personnalité révolutionnaire.

C'est à ces commissaires que M. Ledru-Rollin adressa les fameuses circulaires, qui provoquèrent un si grand déchaînement des partis hostiles, et qui sont encore invoquées aujourd'hui comme un épouvantail révolutionnaire. Ces documents appartiennent à l'histoire, et il importe avant tout examen de les faire passer sous les yeux des lecteurs qui les ont plus souvent entendu dénoncer que citer.

Voici la première circulaire qui porte la date du 8 mars :

« Citoyen commisaire, la République que nous avons inau-
« gurée n'est pas le résultat fortuit d'un mouvement pas-
« sionné ; elle n'est pas davantage le fruit d'une sainte et lé-
« gitime colère, sortie toute frémissante du combat inégal
« engagé entre tout un peuple et une poignée d'insensés,
« elle s'était constituée lentement par les progrès de la raison
« populaire. A mesure que la faction placée à la tête du
« pouvoir devenait plus violente et plus oppressive, la nation
« se fortifiait dans le sentiment de son droit et dans la réso-
« lution d'en proclamer, à la première grande occasion, l'ir-
« résistible souveraineté.

« Voilà pourquoi il ne s'est manifesté ni hésitation, ni dis-
« sentiment. La France entière n'a eu qu'une seule voix, parce
« qu'elle n'avait qu'une seule âme. Tous nous nous sentions
« humiliés, abaissés aux yeux de l'Europe par une monarchie
« avilie et contre-révolutionnaire ; tous nous avons fièrement
« relevé la tête le jour où, tombée sous la réprobation du

« mépris, cette monarchie a fait place à un gouvernement
« républicain.

« Cette union de vues dans une même pensée est le gage
« le plus certain de la République. Elle doit aussi être la
« source de la modération après la victoire. Votre premier
« soin aura donc été de faire comprendre que la République
« est exempte de toute idée de vengeance et de réaction.

« Toutefois, que cette générosité ne dégénère pas en fai-
« blesse. En vous abstenant de toutes recherches contre les
« opinions et les actes politiques antérieurs, prenez comme
« règle que les fonctions politiques, à quelque degré de la
« hiérarchie que ce soit, ne peuvent être confiées qu'à des
« républicains éprouvés. Le pouvoir méprisable que le souffle
« populaire a fait disparaître avait infecté de sa corruption
« tous les rouages de l'administration. Ceux qui ont obéi à
« ses instructions ne peuvent servir le peuple. Au moment
« solennel où recouvrant la plénitude de sa puissance il va
« descendre dans ses comices pour y désigner ses élus, il faut
« que ses magistrats soient profondément pénétrés de son es-
« prit et dévoués de cœur à sa cause. Le salut de la patrie
« est à ce prix. Si nous marchons avec fermeté dans la voie
« de la Révolution, aucune limite ne peut être assignée à sa
« grandeur et à sa prospérité ; si nous nous attiédissons, tout
« est à craindre. A la tête de chaque arrondissement, de
« chaque municipalité, placez donc des hommes sympathiques
« et résolus. Ne leur ménagez pas les instructions, animez
« leur zèle. Par les élections qui vont s'accomplir, ils tiennent
« dans leurs mains les destinées de la France ; qu'ils nous don-
« nent une assemblée nationale capable de comprendre et
« d'achever l'œuvre du peuple. En un mot, *tous hommes de*
« *la veille et pas du lendemain.*

« Moins de rigueur à l'égard des fonctionnaires dont le rôle
« est purement administratif. Vous devrez maintenir ceux qui,
« étrangers à toute action politique, ont conquis leur position
« par des services utiles.

« Cherchant ainsi à demeurer ferme et juste vis-à-vis des
« agents placés sous vos ordres, vous en exigerez un concours

« actif et dévoué. Ce concours doit tendre à rassurer les es-
« prits timides, à calmer les impatients. Les uns s'épouvantent
« de vains fantômes, les autres voudraient précipiter les évé-
« nements au gré de leurs ardentes espérances. Vous direz
« aux premiers que la société actuelle est à l'abri des com-
« motions terribles qui ont agité l'existence de nos pères;
« aux autres vous direz qu'on n'administre pas comme on se
« bat. Le sol est déblayé, le moment est venu de réédifier.....

« La France est prête à donner au monde le beau spec-
« tacle d'une nation assez forte pour faire appel à toutes les
« libertés, assez sage pour en user pacifiquement. Dans ce
« vaste mouvement des esprits si énergiquement entraînés
« vers l'application des principes de fraternité et d'union, où
« est le danger pour qui que ce soit? où rencontre-t-on le
« prétexte d'une crainte?

« Ceux qui se montrent inquiets pour la propriété ou la
« famille sont peu sincères ou fort ignorants. Dépouillée de
« son caractère de personnalité égoïste, garantie et limitée
« par l'intérêt et le droit de tous, la propriété devient le fruit
« exclusif du travail? Qui oserait dès lors contester son in-
« violabilité. De même, régénérée par une éducation com-
« mune à tous les jeunes citoyens, chaque famille est un
« foyer ardent d'où s'échappent autant de rayons de patrio-
« tisme. Sa destinée est liée à celle de la société, dont elle
« est à la fois l'image et le modèle.....

« Autour de vous s'élèveront des réclamations nombreuses
« et de toute nature; recueillez-les avec soin. Il est temps
« que le peuple fasse librement entendre sa voix; le gouver-
« nement ne peut demeurer indifférent à aucun vœu. Si
« quelquefois l'expression en est ardente, ne vous effrayez
« pas. Il serait dangereux d'exciter les passions même légi-
« times; il le serait plus encore de s'alarmer de quelques
« exagérations inévitables et de quelques doctrines erronées.
« C'est la compression qui altère et corrompt la pensée pu-
« blique; la liberté l'épure et l'aggrandit.....

« Vous avez dû vous entourer à votre arrivée des patriotes
« les plus influents: leurs conseils auront toujours un grand

« poids près de vous ; mais n'oubliez pas que le meilleur
« moyen de les conquérir, et avec eux toute la population,
« c'est d'imprimer à tous les services de l'administration une
« infatigable activité. Nous sommes les serviteurs du peuple,
« et par notre application et notre zèle nous lui prouverons
« que nous sommes dignes de sa confiance. Donnez donc par-
« tout l'exemple de la vigilance et du travail ; que par vos
« soins aucun intérêt ne souffre de la perturbation momen-
« tanée occasionnée par la chute d'un pouvoir détesté, et
« vous aurez utilement rempli votre mandat.....

« Attachez-vous enfin à résumer avec précision et clarté
« tout ce qui touche le sort des travailleurs de votre départe-
« ment. C'est par eux et pour eux que s'est fondée la Répu-
« blique dont la mission est de faire cesser leurs souffrances
« et de consacrer leurs droits. Si des nécessités urgentes vous
« paraissent commander des mesures extraordinaires, référez
« m'en sur-le-champ. Mais ici encore appliquez-vous à mé-
« nager les transitions. N'inquiétez pas des intérêts respec-
« tables, dont le trouble pourrait nuire même à ceux que
« vous voudriez protéger.

« Donner au monde l'exemple du calme, après une écla-
« tante victoire, en appeler à la puissance des idées et de la
« raison, accepter courageusement les rudes épreuves du
« présent, s'unir pour les traverser et les vaincre, c'est là
« vraiment ce qui caractérise, ce qui doit immortaliser une
« grande nation. Tel est le but de nos communs efforts.
« Pour que les miens aient quelque efficacité, j'ai besoin de
« votre concours, citoyen commissaire, et votre patriotisme
« me permet d'y compter sans réserve.

« Salut et fraternité.

« LEDRU-ROLLIN. »

La seconde circulaire, en date du 11 mars, qui contenait
des instructions plus précises et qui était destinée à rester
secrète, mais qui fut aussitôt publiée par les soins des ennemis de la République, fit éclater toutes les protestations

qui avaient été éveillées déjà par la première circulaire. Nous continuons à citer : nous examinerons ensuite :

« Dans plusieurs départements on m'a demandé quels
« étaient vos pouvoirs. Le citoyen ministre de la Guerre s'en
« est inquiété en ce qui touche vos rapports avec les chefs
« militaires. Plusieurs d'entre vous veulent être fixés sur la
« ligne de conduite à suivre vis-à-vis de la magistrature ;
« enfin la garde nationale et les élections, les élections sur-
« tout, doivent être l'objet de votre constante préoccupation.

« § 1er. *Quels sont vos pouvoirs ?* — Ils sont illimités. Agent
« d'une autorité révolutionnaire, vous êtes révolutionnaire
« aussi. La victoire du peuple vous a imposé le mandat
« de faire proclamer, de consolider son œuvre. Pour l'ac-
« complissement de cette tâche, vous êtes investi de sa sou-
« veraineté, vous ne relevez que de votre conscience, vous
« devez faire ce que les circonstances exigent pour le salut
« public.

« Grâce à nos mœurs, cette mission n'a rien de terrible.
« Jusqu'ici vous n'avez eu à briser aucune résistance sérieuse
« et vous avez pu demeurer calmes dans votre force ; il ne
« faut cependant pas vous faire illusion sur l'état du pays ;
« les sentiments républicains y doivent être vivement excités,
« et pour cela il faut confier toutes les fonctions politiques
« à des hommes sûrs et sympathiques. Partout les préfets
« et sous-préfets doivent être changés. Dans quelques loca-
« lités on réclame leur maintien. C'est à vous à faire com-
« prendre aux populations qu'on ne peut conserver ceux qui
« ont servi un pouvoir dont chaque acte était une corrup-
« tion...

« Vous pourvoirez aussi au remplacement des maires et
« des adjoints. Si les conseils municipaux sont hostiles, vous
« les dissoudrez, et de concert avec les maires, vous consti-
« tuerez une municipalité provisoire ; mais vous n'aurez re-
« cours à cette mesure que dans un cas de rigoureuse né-
« cessité. Je crois que la grande majorité des conseils muni-
« cipaux peut être conservée, en mettant à leur tête des
« chefs nouveaux.

« § 2. *Vos rapports avec les chefs militaires.* — Vous exercez
« les pouvoirs de l'autorité exécutive; la force armée est
« donc sous vos ordres. Vous la requérez, vous la mettez en
« mouvement; vous pouvez même, dans les cas graves, sus-
« pendre un chef de corps en m'en référant immédiatement;
« mais vous devez apporter de grands ménagements dans
« cette partie de vos fonctions. Tout ce qui, de votre part,
« blesserait la juste susceptibilité des chefs de corps ou du
« soldat, serait une faute inexcusable.

« L'armée a montré dans ces derniers événements une vive
« sympathie à la cause républicaine, il faut se la rattacher
« de plus en plus. Elle est peuple comme nous, elle est la
« première barrière qui s'opposerait à une invasion. Elle va
« entrer pour la première fois en possession de droits poli-
« tiques. Honorez-la donc, et conciliez-vous les bons senti-
« ments de ceux qui la commandent...

« § 3. *Vos rapports avec la magistrature.* — La magistrature
« ne relève de l'autorité exécutive que dans le cercle précis
« tracé par les lois. Vous exigerez des parquets un concours
« dévoué : partout où vous ne le rencontrerez pas, vous
« m'en avertirez, en m'indiquant le nom de ceux que re-
« commandent leur droiture et leur fermeté; j'en ferai im-
« médiatement part au ministre de la Justice. Quant à la
« magistrature inamovible, vous la surveillerez, et si quel-
« qu'un de ses membres se montrait publiquement hostile,
« vous pourriez user du droit de suspension que vous offre
« votre autorité souveraine...

« § 4. *Les élections.* — Les élections sont votre grande
« œuvre; elles doivent être le salut du pays. C'est de la com-
« position de l'Assemblée que dépendent nos destinées. Il
« faut qu'elle soit animée de l'esprit révolutionnaire, sinon
« nous marchons à la guerre civile et à l'anarchie. A ce sujet
« mettez-vous en garde contre les intrigues des hommes à
« double visage qui, après avoir servi la royauté, se disent
« les serviteurs du peuple. Ceux-là vous trompent, et vous
« devez leur refuser votre appui. Sachez bien que pour bri-
« guer l'honneur de siéger à l'Assemblée nationale, il faut

« être pur des traditions du passé. Que votre mot d'ordre
« soit partout : Des hommes nouveaux, et autant que possible
« sortant du peuple.

« Les travailleurs, qui sont la force vive de la nation, doi-
« vent choisir parmi eux ceux que recommandent leur intelli-
« gence, leur moralité, leur dévouement : réunis à l'élite des
« penseurs, ils apporteront à la discussion de toutes les
« grandes questions qui vont s'agiter l'autorité de leur expé-
« rience pratique. Ils continueront la Révolution et la con-
« tiendront dans les limites du possible et de la raison ; sans
« eux elle s'égarerait en vaines utopies, ou serait étouffée
« sous l'effort d'une faction rétrograde.

« Eclairez les électeurs, et répétez-leur sans cesse que le
« règne des hommes de la monarchie est fini.

« Vous comprenez combien ici votre tâche est grande.
« L'éducation du pays n'est pas faite, c'est à vous de le gui-
« der. Provoquez sur tous les points de votre département la
« réunion de comités électoraux, examinez sévèrement les
« titres des candidats. Arrêtez-vous à ceux-là seulement qui
« paraissent présenter le plus de garantie à l'opinion répu-
« blicaine, le plus de chances de succès. Pas de transactions,
« pas de complaisances. Que le jour de l'élection soit le
« triomphe de la Révolution. »

Dans une dernière circulaire, en date du 8 avril, M. Ledru-Rollin traite plus spécialement la question délicate de
l'attitude des commissaires du gouvernement aux élections :

« Nous touchons aux élections : encore quelques jours et le
« peuple français tout entier, usant de sa souveraineté si
« glorieusement reconquise, va proclamer les noms de ses
« mandataires. A la veille de ce grand acte de sa toute-puis-
« sance, il est utile que le gouvernement de la Révolution,
« chargé de conserver intacte et pure la victoire populaire,
« expose une dernière fois sa pensée à ceux qui le représen-
« tent et le défendent sur toute la surface de la République.

« Déjà je vous l'ai dit : des élections dépend l'avenir du
« pays. Sincèrement républicaines, elles lui ouvrent une ère

« d'avenir et de paix ; réactionnaires ou mêmes douteuses,
« elles le condamnent à de terribles déchirements. Votre
« constant effort a donc été, doit être encore d'envoyer à
« l'Assemblée nationale des hommes honnêtes, courageux et
« dévoués jusqu'à la mort à la cause du peuple.

« Mais ici se présente une question que les partis ont
« dénaturée, et sur laquelle il convient de s'expliquer sans
« faiblesse et sans réticence. Le temps des ruses et des
« fictions est passé : nous sommes assez forts pour être vrais.

« Le gouvernement doit-il agir sur les élections ou se
« borner à en surveiller la régularité?

« Je n'hésite pas à répondre que sous peine d'abdiquer ou
« même de trahir, le gouvernement ne peut se réduire à
« enregistrer des procès-verbaux et à compter des voix ; il
« doit éclairer la France et travailler ouvertement à déjouer
« les intrigues de la contre-révolution, si, par impossible, elle
« ose relever la tête.

« Est-ce à dire que nous imitions les fautes de ceux que
« nous avons combattus et renversés? Loin de là : ils domi-
« naient pas la corruption et le mensonge, nous voulons
« faire triompher la vérité ; ils caressaient l'égoïsme, nous
« faisons appel aux sentiments généreux ; ils étouffaient l'in-
« dépendance, nous lui rendons un libre essor ; ils ache-
« taient les consciences, nous les affranchissons. Qu'y a-t-il
« de commun entre eux et nous?

« Mais c'est précisément parce que leurs odieuses prati-
« ques ont profondément altéré les mœurs des classes offi-
« cielles, qu'il est nécessaire de parler haut et ferme, et de
« détruire les semences d'erreur et de calomnie répandues
« par eux si longtemps.

« Quoi ! nous sommes libres d'hier ; il y a quelques semaines
« encore nous subissions une loi qui nous ordonnait avec
« amende et prison de n'adorer, de ne servir, de ne nommer
« que la monarchie ; la République était partout représentée
« comme un symbole de spoliation, de pillage, de meurtres,
« et nous n'aurions pas le droit d'avertir la nation qu'on l'a-
« vait égarée ! nous n'aurions pas le droit de nous mettre

« perpétuellememt en communication avec elle pour lui
« ouvrir les yeux ! Hommes publics, sans prévoyance et sans
« foi politique, nous laisserions insulter notre drapeau ! nous
« nous exposerions à l'ensanglanter dans une guerre civile
« pour n'avoir pas osé le déployer librement !

« Non, nous ne méconnaîtrons pas à ce point notre devoir.
« Apôtres de la Révolution, nous la défendrons par nos actes,
« nos paroles, nos enseignements. Vigilants et résolus contre
« ses ennemis, nous lui conquerrons des partisans en la fai-
« sant connaître à ceux-là seuls qui ne la comprenant pas
« peuvent la redouter.

« Ces principes, citoyen commissaire, tracent la ligne de
« votre conduite. S'il vous était possible de vous multiplier,
« d'être partout à la fois, de mettre à chaque heure votre
« pensée en contact avec la pensée publique, vous ne feriez
« rien de trop. Digne missionnaire des idées nouvelles aux-
« quelles le monde appartient, vous prépareriez leur pacifique
« avénement. Ce qu'il y a de pratique dans cette laborieuse
« tâche doit être accompli par vous, par vos amis, par vos
« écrits, par vos discours. Répandez la lumière à flots.
« Qu'à tous les yeux brille dans son éclat majestueux la
« grande et noble figure de la République régénérant l'hu-
« manité par sa puissance morale, effaçant les distinctions
« de classe, appelant tous les citoyens à la réalisation poli-
« tique du dogme de la fraternité, dégageant le travail et
« l'intelligence des entraves qui l'étouffent, faisant enfin de
« notre admirable France la plus libre, la plus heureuse, la
« plus forte des nations !

« Ainsi s'exercera votre influence. L'intimidation et la vio-
« lence provoquent les révoltes ; la corruption dégrade et
« ruine le pouvoir ; l'enseignement viril est la seule arme
« dont puissent se servir les chefs révolutionnaires du peuple ;
« elle leur suffit pour triompher de toutes les résistances.

« Mais afin que cet enseignement soit fécond, puisez vos
« inspirations aux sources vraiment populaires ; que partout
« des réunions soient organisées ; que chacun, même le plus
« humble, soit mis en demeure d'y produire sa pensée. Dieu,

« qui seul a connu si longtemps les misères du peuple, seul
« aussi connaît les trésors de bon sens et de moralité que re-
« cèlent les masses ; brisez la couche épaisse qui les enfouit
« encore.

« Ainsi profondément et pacifiquement remué, le pays,
« malgré le peu de temps qui lui a été laissé pour se recueillir
« et se reconnaître, pourra distinguer ceux qui méritent
« l'insigne honneur de le représenter. Dans toutes les occa-
« sions où vous serez appelé à le guider, pénétrez-vous de
« cette vérité que nous marchons vers l'anarchie, si les portes
« de l'Assemblée sont ouvertes à des hommes d'une moralité
« et d'un républicanisme équivoques.

« Ceux qui ont accepté l'ancienne dynastie et ses trahi-
« sons, ceux qui limitaient leurs espérances à d'insignifiantes
« réformes électorales, ceux qui prétendaient venger les
« mânes des héros de Février en courbant le front glorieux
« de la France sous la main d'un enfant, ceux-là peuvent-ils
« être les élus du peuple victorieux et souverain, les instru-
« ments de la Révolution ?

« Votre conscience a répondu : Quelle confiance peuvent-
« ils mériter ceux dont le cœur ne s'est point ouvert aux
« souffrances du peuple, et dont l'esprit a si longtemps mé-
« connus ses droits et ses besoins ? Ne regarderaient-ils pas
« eux-mêmes comme un défi à la Révolution, que des hommes
« qui ont attaqué, calomnié la Révolution, devinssent aujour-
« d'hui les organisateurs de la constitution républicaine ?

« Eh bien ! puisque le choc impétueux des événements
« leur a subitement dessillé les yeux, soit ! qu'ils entrent
« dans nos rangs, mais qu'ils n'aspirent ni à nous commander,
« ni à nous conduire ; qu'ils marchent à l'ombre du drapeau
« du peuple, mais qu'ils ne songent pas à le porter. A la
« moindre secousse, leur âme se troublerait, et, revenant
« malgré eux aux engagements de leur vie entière, ils affai-
« bliraient la représentation nationale de toutes les incerti-
« tudes, de toutes les transactions familières aux opinions
« chancelantes et aux dévouements d'apparat. Que le peuple
« s'en défie donc et les repousse. Mieux vaudrait des adver-
« saires déclarés que ces amis douteux !

« Citoyen commissaire, ce qui fait la grandeur du mandat
« de représentant, c'est qu'il investit celui qui en est revêtu
« du pouvoir souverain d'interpréter et de traduire l'intérêt
« et la volonté de tous. Or, celui-là seul en usera dignement
« qui ne reculera devant aucune des conséquences du triple
« dogme de la liberté, de l'égalité, de la fraternité.

« La liberté, c'est l'exercice de toutes les facultés que nous
« tenons de la nature, gouvernées par notre raison. L'égalité,
« c'est la participation de tous les citoyens aux avantages so-
« ciaux, sans autre distinction que celle de la vertu ou du
« talent. La fraternité, c'est la loi d'amour unissant les
« hommes, et de tous faisant les membres d'une même fa-
« mille.

« De là découlent : l'abolition de tout privilége, la répar-
« tition de l'impôt en raison de la fortune, un droit propor-
« tionnel et progressif sur les successions, une magistrature
« librement élue, et le plus complet développement de l'ins-
« titution du jury, le service militaire pesant également sur
« tous, une éducation gratuite et égale pour tous, l'instru-
« ment du travail assuré à tous, la reconstitution démocra-
« tique de l'industrie et du crédit, l'association volontaire
« partout substituée aux impulsions désordonnées de l'é-
« goïsme.

« Quiconque n'est pas décidé à sacrifier son repos, son
« avenir, sa vie au triomphe de ces idées; quiconque ne sent
« pas que la société ancienne a péri et qu'il faut en édifier
« une nouvelle, ne serait qu'un député tiède et dangereux.
« Son influence compromettrait la paix de la France.

« J'ose croire, citoyen commissaire, que ces pensées sont
« les vôtres, et qu'elles trouveront en vous un interprète sûr
« et dévoué. Laissez-moi vous dire que vous ajouterez à l'au-
« torité morale des résolutions qu'elles vous inspireront en
« donnant l'exemple de l'abnégation personnelle et de la ré-
« serve dans la recherche des suffrages. Ce serait bien mal
« comprendre, ce serait abaisser votre mission que de la
« consacrer à faire réussir votre candidature. Votre dignité
« en souffrirait autant que le pouvoir de la République.

« vos concitoyens viennent à vous, acceptez leur mandat
« comme la plus noble récompense de vos travaux ; mais
« gardez-vous de solliciter ce qui cesserait d'avoir un prix le
« jour où on pourrait soupçonner que le commissaire a fait
« le député. Le gouvernement vous tiendra compte du soin
« avec lequel vous vous conformerez à cette partie de nos ins-
« tructions. N'oubliez pas que nous nous devons tous au pays
« qui attend de nous de grandes choses, et que l'heure est
« venue d'élever notre âme au-dessus de toutes les préoccu-
« pations de l'intérêt privé. »

Quand on relit ces circulaires sans parti pris, on ne peut s'empêcher de rendre hommage à l'élévation du sentiment qui les a inspirées. Rarement les gouvernements ont parlé un langage aussi digne et se sont montrés aussi profondément pénétrés du respect sincère de la liberté de tous. Il y a là des indications admirables que feraient bien de méditer les fonctionnaires de tous les régimes : « Autour de
« vous s'élèveront des réclamations nombreuses et de toutes
« natures : recueillez-les avec soin. *Il serait dangereux de*
« *s'alarmer de quelques exagérations inévitables et de quel-*
« *ques doctrines erronées.* C'EST LA COMPRESSION QUI ALTÈRE
« ET CORROMPT LA PENSÉE PUBLIQUE ; LA LIBERTÉ L'ÉPURE
« ET L'AGGRANDIT. » Et encore : « *On n'administre pas*
« *comme on se bat.* » Sans doute le caractère révolutionnaire de la situation exige un grand zèle ; mais ce zèle comment doit-il se manifester ? par les efforts faits pour persuader et convaincre, en s'adressant à la raison seule, non à la force, en s'attachant surtout à repousser d'infâmes calomnies. Les commissaires de la République doivent être *les missionnaires des idées nouvelles.* « Ainsi s'exercera
« votre influence, dit M. Ledru-Rollin ; l'intimidation et la
« violence provoquent les révoltes ; la corruption dégrade
« et ruine le pouvoir ; *l'enseignement viril est la seule*
« arme dont puissent se servir les chefs révolutionnaires du

« *peuple ;* elle leur suffit pour triompher de toutes les résis-
« tances. » Certes on ne peut mieux dire, et il faut être bien
égaré par l'esprit de parti pour prétendre que l'homme qui
parle un tel langage à ceux qui sont chargés d'exercer
le pouvoir ait voulu les engager dans les voies de l'intimidation révolutionnaire.

M. Ledru-Rollin recommande de choisir les fonctionnaires
de la République parmi les hommes dévoués à la République ; mais c'est élémentaire ! Il dit qu'il faut se méfier
des « hommes à double visage qui, après avoir servi la
« royauté se disent les serviteurs du peuple. » Hélas ! le
plus grand tort de la République fut de ne pas suivre assez
fidèlement cette recommandation. M. Ledru-Rollin avait
assurément raison aussi quand il recommandait de choisir
aux élections des représentants « capables de comprendre
« et d'achever l'œuvre du peuple. » C'était une nécessité
de la situation qui était comprise par tous les hommes de
bonne foi. Un grand nombre d'anciens députés, de personnes influentes dans le parti conservateur ou libéral,
renoncèrent aux candidatures qui leur étaient offertes par ce
sentiment de convenance politique. M. Paillard-Ducléré,
beau-père de M. de Montalivet, proclamait tout haut l'intention d'appuyer l'élection de M. Ledru-Rollin. Le maréchal Bugeaud déclinait la candidature. M. Vivien, dans une
lettre publiée par le journal *La Somme*, disait : « Envoyez-
« nous des républicains ; plus vous nous en enverrez, plus
« les membres de l'Assemblée nationale seront fermes et
« décidés dans leurs principes, plus vous aurez de chance
« de préserver l'avenir de toute commotion nouvelle ! C'est
« par des républicains que la République doit être consti-
« tuée ; c'est par eux seulement qu'elle peut être sauvée. »
Un ancien député des Côtes-du-Nord et du Morbihan,
M. Bernard, conseiller à la Cour de cassation, s'exprimait
ainsi dans une lettre à ses concitoyens : « Est-ce bien aux

« députés qui ont soutenu depuis huit ans la monarchie
« constitutionnelle, qu'il faut demander l'établissement de
« la République? Quelque sincère que fût leur concours,
« la défiance inspirée par leur nom ne les frapperait-elle
« pas d'impuissance? Il importe, à mon avis, que l'Assem-
« blée nationale, sauf un certain nombre d'orateurs et d'é-
« crivains éminents de nos deux anciennes chambres, soit
« composée d'hommes nouveaux. » M. Odilon Barrot lui-
même, dans un premier mouvement de loyauté écrivait à
M. Garnier-Pagès : « Je ne vois trop quelle espèce de con-
« cours, *moi qui suis en dehors de la solution adoptée*, je
« peux vous apporter. Mais il faut que les bons citoyens
« vous viennent en aide. »

M. Ledru-Rollin indiquait très-bien quelle devait être
l'attitude des membres des anciens partis disposés à adhérer sincèrement à la forme républicaine : « Qu'ils entrent
« dans nos rangs, mais qu'ils n'aspirent ni à nous com-
« mander ni à nous conduire. » D'ailleurs, il était le premier à faciliter l'entrée de l'Assemblée à ces hommes éminents auxquels faisait allusion M. Bernard. Voici ce que le
secrétaire général du ministère de l'Intérieur, M. Jules
Favre, écrivait le 18 mars à M. Emile Ollivier, commissaire de la République à Marseille : « Je partage votre opi-
« nion que vous ne devez apporter aucun obstacle à la
« réélection du citoyen Berryer, qui, légitimiste seulement
« dans la forme, est au fond un patriote sincère, et dont
« l'éloquence, comme vous le dites avec raison, est une
« des gloires du pays (1). »

(1) M. Berryer, qui sous la monarchie, pour faire opposition au gouvernement de Juillet, avait souvent professé des sentiments démocratiques, alors que ces protestations n'engageaient à rien, ne prit que peu de part aux discussions de l'Assemblée constituante : il se sentait mal à l'aise dans l'élément révolutionnaire de cette Assemblée. Mais il soutint constamment de son vote toutes les propositions contre-révolutionnaires et toutes les lois de répression

M. de Girardin, qui n'est pas suspect, publiait le 18 mars dans la *Presse* un fort remarquable article sur les élections pour engager les conservateurs à laisser la voie large ouverte aux candidatures populaires. « Il est juste, disait-il,
« que ceux qui ont été longtemps exclus aient leur tour,
« il ne serait pas juste de leur obstruer le passage. C'est
« le peuple qui a fait la révolution du 24 février ; c'est à
« lui de terminer ce qu'il a commencé ; c'est lui qui a jeté
« le trône par terre, c'est à lui à élever le fauteuil de la
« présidence. L'œuvre sera rude : elle aura moins besoin
« de mains délicates que de bras robustes. Ce qui manquera
« au peuple en savoir, il y suppléera en bon sens...... Une
« Assemblée des représentants du peuple tirée des rangs
« les plus épais du peuple ne nous apparaît donc pas
« comme le danger de la situation. Où nous verrions un
« danger, ce serait dans des élections qui partageraient
« l'Assemblée en deux classes : la classe autrefois *exclue* et
« la classe présentement *déchue;* où nous verrions un péril,
« ce serait dans le chimérique espoir et l'impuissante ten-
« tative de changer le caractère de la révolution du 24 fé-

contre le droit de réunion et contre la liberté de la presse. Il vota une seule fois avec la gauche pour s'opposer au rétablissement du cautionnement. Il vota contre l'amendement Grévy, contre la réduction de l'impôt du sel, contre l'amnistie des transportés, et il persista dans son vote jusqu'au 26 mai, où la proposition d'amnistie fut rejetée par quatre voix seulement. A la Législative il se sentit plus à l'aise, et prit une part active à l'expédition de Rome, à la loi du 31 mai, à la discussion sur la révision de la Constitution : il prononça dans cette discussion un magnifique et éloquent discours contre la Révolution et contre la République qui souleva à diverses reprises les applaudissements enthousiastes de la droite. Les exagérations de ces affirmations ayant provoqué quelques réclamations : — « N'interrompez donc pas, dit le président Dupin, « ceux qui parlent bien et dont les paroles nous honorent. » — Pour tout dire en un mot, M. Berryer fut l'âme du Comité de la rue de Poitiers.

« vrier, — si d'une révolution sociale on croyait pouvoir
« en faire seulement une révolution politique ; *ce qui est à
« craindre, ce n'est pas le radicalisme, c'est l'antagonisme.* »

Ces prévisions étaient remarquablement justes. On sait où l'antagonisme conduisit la République de 1848. Et le fameux 16ᵉ *Bulletin de la République*, tant reproché à M. Ledru-Rollin, et qui fut désavoué par tout le monde (1), ne faisait qu'exprimer après tout cette idée si profondément juste, que, pour l'avoir méconnue, la République périt, et

(1) Le *Bulletin de la République,* feuille officielle destinée à être affichée sur les murs, à Paris et dans les trente-six mille communes de France, était rédigé par Mᵐᵉ Georges Sand, ce qui était une collaboration assez singulière, et placé sous la direction de M. Jules Favre. Le 16ᵉ bulletin fut désavoué par M. Ledru-Rollin et voici comment MM. Carteret et Jules Favre secrétaires du ministère de l'Intérieur, expliquèrent le malentendu, dans leur déposition à l'enquête Quentin Bauchart. « Georges Sand avait envoyé trois bulletins à
« choisir. Le chef du cabinet prit *par mégarde* le plus ardent et
« le fit publier. Le lendemain, on a cru que c'était un faux bul-
« letin. Je l'ai cru le premier, dit M. Carteret, mais après vérifi-
« cations j'ai bientôt reconnu qu'il était officiel. Je m'en expliquai
« avec M. Ledru-Rollin qui montra une grande indignation contre
« ce bulletin. Ordre fut donné de l'arrêter à la poste, mais il était
« trop tard. » — « *Une foule de choses se faisaient ainsi* », ajoute M. Carteret. C'est édifiant! Quand à M. Jules Favre sur qui retombe la véritable responsabilité de cet incroyable désordre, il qualifie sans hésiter le bulletin d'*Infâme.* Il est vrai que M. Jules Favre n'était pas éloigné de donner la même qualification aux circulaires qu'il avouait toutefois avoir lui-même rédigées. Mais c'est là un compte que nous règlerons en détail, au chapitre particulier que mérite M. Jules Favre et que nous lui avons, comme de droit, réservé. — M. Garnier-Pagès explique dans son *Histoire de la révolution de* 1848, comment ce bulletin avait échappé à la surveillance ministérielle et avait été envoyé sans révision à l'imprimerie. M. Elias Regnault, qui était chargé de la surveillance et du contrôle, ce jour-là, au moment où l'article lui parvenait, recevait en même temps la triste nouvelle que sa mère allait succomber à la maladie et à la vieillesse.

la France, de mai et de juin 1848 à décembre 1851, fut exposée aux plus épouvantables catastrophes. Ce bulletin est encore un de ces documents importants que nous avons le devoir de restituer à l'histoire, afin de réduire à leur juste valeur, par la publication des pièces authentiques, tous ces épouvantails avec lesquels on voudrait nous rendre odieux le souvenir de la République de 1848 :

« Citoyens, nous n'avons pu passer du régime de la cor-
« ruption au régime du droit dans un jour, dans une heure.
« Une heure d'inspiration et d'héroïsme a suffi au peuple
« pour consacrer le principe de la vérité. Mais dix-huit ans
« de mensonge opposent au régime de la vérité des obstacles
« qu'un souffle ne renverse pas. Les élections, si elles ne font
« pas triompher la vérité sociale, si elles sont l'expression
« des intérêts d'une caste, arrachée à la confiante loyauté
« du peuple, les élections, qui devraient être le salut de la
« République, seront sa perte, il n'en faut pas douter. Il n'y
« aurait alors qu'une voie de salut pour le peuple qui a fait
« les barricades : ce serait de manifester une seconde fois sa
« volonté, et d'ajourner les décisions d'une fausse représen-
« tation nationale.

« Ce remède extrême, déplorable, la France voudrait-elle
« forcer Paris à y recourir? A Dieu ne plaise! non, la France
« a confié à Paris une grande mission, le peuple français ne
« voudra pas rendre cette mission incompatible avec l'ordre
« et le calme nécessaires aux délibérations du corps consti-
« tuant. Paris se regarde avec raison comme le mandataire
« de toute la population du territoire national; Paris est le
« poste avancé de l'armée qui combat pour l'idée républi-
« caine; Paris est le rendez-vous, à certaines heures, de
« toutes les volontés généreuses, de toutes les forces mo-
« rales de la France; Paris ne séparera pas sa cause de la
« cause du peuple, qui souffre, attend, et réclame d'une
« extrémité à l'autre du pays!

« Si l'anarchie travaille au loin, si les influences sociales
« pervertissent le jugement ou trahissent le vœu des masses

« dispersées et trompées par l'éloignement, le peuple de Paris
« se croit et se déclare solidaire des intérêts de toute la na-
« tion.

« Sur quelques points, on abuse, on égare les populations ;
« sur quelques points la richesse réclame ses priviléges à
« main armée. Ceux qui agissent ainsi commettent un
« grand crime, et nous menacent de la douleur de vaincre
« quand nous aurions voulu seulement persuader.

« Citoyens, il ne faut pas que vous en veniez a être forcés
« de violer vous-mêmes le principe de votre souveraineté !
« Entre le danger de perdre cette conquête par le fait d'une
« Assemblée incapable, ou par celui d'un mouvement d'in-
« dignation populaire, le gouvernement provisoire ne peut
« que vous avertir et vous montrer le péril qui vous me-
« nace. Il n'a pas le droit de violenter les esprits et de porter
« atteinte au principe du droit public. Elu par vous, il ne
« peut ni empêcher le mal que produirait l'exercice mal
« compris d'un droit sacré, ni arrêter votre élan, le jour où,
« vous apercevant vous-mêmes de vos méprises, vous voudriez
« changer dans sa forme l'exercice de ce droit.

« Mais ce qu'il peut, ce qu'il doit faire, c'est de vous
« éclairer sur les conséquences de vos actes. Jadis les repré-
« sentants du peuple sauvèrent la patrie en proclamant le
« danger de la patrie... Eh bien! si la patrie n'est plus en
« danger comme aux jours de notre première République, si
« l'ennemi n'est plus à nos portes, si la lutte matérielle
« n'est plus établie dans vos propres rangs, il y a une lutte
« intellectuelle, un danger moral, qu'un grand courage moral
« et une grande foi dans les idées peuvent seuls conjurer.
« Citoyens, ayons ce courage... Sauvons à tout prix la Ré-
« publique. Il dépend encore de nous de la sauver sans con-
« vulsions et sans déchirements. »

M. Ledru Rollin dans ses circulaires tenait le vrai langage révolutionnaire : s'il y a un reproche à lui faire,
c'est qu'il n'ait pas suffisamment conformé les actes aux paroles. C'est là précisément le reproche que lui adressait

M. de Girardin, dans la *Presse :* « Le tort de M. Ledru-
« Rollin n'est point à nos yeux d'avoir des idées trop dé-
« mocratiques, trop radicales, mais de trop se maintenir
« dans les nuages. Il ne suffit pas de dire : Je veux la Ré-
« publique, — il faut ajouter comment on la désire, com-
« ment on la comprend. »

Il y avait des changements radicaux à introduire non-
seulement dans le personnel administratif, mais encore dans
le mécanisme des institutions : ce devait être la première
chose à faire, et il fallait l'accomplir sans hésitation. Sinon
on tombait dans une inconséquence qui justifiait précisément les reproches d'arbitraire provoqués par des paroles
qui choquaient des usages et des préjugés dont on consacrait en quelque sorte la légitimité, en respectant scrupu
leusement leur existence. C'est ainsi que l'expression des
circulaires qui produisit le plus malheureux effet, ce fut
l'invitation à *surveiller les magistrats.* Il y avait effectivement dans une semblable indication quelque chose qui choquait profondément le sentiment de la justice, en tant que
les magistrats existant alors pouvaient paraître la représenter, et qui menaçait réellement l'indépendance et la
dignité de la magistrature (1). Il eût fallu réformer immé-

(1) Plusieurs magistrats donnèrent leur démission en protestant
avec éclat. Une des plus vives protestations fut celle de M. Madier
de Montjau père, qui rappelait qu'il s'était élevé déjà en 1820
contre la tyrannie de la Restauration, et qui qualifiant la circulaire
de « drapeau rouge imprimé, » adressait à M. Ledru-Rollin cette
provocation : « Pour que vous ne demeuriez pas un imitateur débile
« de la Terreur, sachez donner à vos dictateurs provinciaux un
« exemple du triste courage auquel vous les exhortez. Faites donc
« saisir parmi les magistrats que semble protéger encore un fan-
« tôme d'inamovibilité, faites saisir un vétéran de la liberté qui
« a jeté sans hésitation l'anathème contre votre incendiaire procla-
« mation. » Il faut mentionner aussi la protestation de M. de Kératry qui donna sa démission de conseiller d'État. Elu à l'Assemblée
législative, M. de Kératry, qui était un ancien libéral de la Res-

diatement cette magistrature dont l'institution avait été viciée par l'intervention du pouvoir royal et par les intrigues auxquels elle s'était prêtée. Il fallait revenir au principe de 1789, qui avait proclamé l'élection libre des juges, et effacer cette loi de l'Empire qui avait souillé le sanctuaire de la justice en livrant ses représentants à l'influence du pouvoir exécutif. Ce fut là la grande faute de M. Crémieux, le ministre de la Justice (1), qui tout en déclarant (dans son compte rendu à l'Assemblée constituante) que « l'impiété du gouvernement déchu avait violé le sanc-

tauration et du gouvernement de Juillet, nuance Odilon Barrot, présida les premières séances comme doyen d'âge. Il débuta en rappelant à l'ordre un représentant qui avait dit : *Vive la République sociale*. La gauche protesta en se levant tout entière aux cris de : *Vive la République démocratique et sociale*. Le représentant rappelé à l'ordre, qui avait donné ce signal, était le citoyen Pierre Bonaparte. Un autre incident plus grave, survenu le lendemain, obligea M. de Kératry à se démettre de sa présidence provisoire. Il interrompit à diverses reprises M. Ledru-Rollin et lui dit, faisant allusion au 15 mai, que *lui et ses amis avaient violé l'Assemblée*. M. Ledru-Rollin releva comme il le devait cette inconvenance ; mais M. de Kératry maintint et réitéra son attaque en criant : « Oui, vous et vos commissaires. » M. Ledru-Rollin déclara alors qu'il ne reprendrait pas la parole tant que M. de Kératry occuperait la présidence, parce que la tribune n'était pas libre. La gauche entière s'associa à cette protestation ; l'inconvenance parlementaire était telle que la droite dut intervenir auprès du président, qui consentit enfin à retirer ses paroles. Il fut remplacé dans ses fonctions par M. Dupin.

(1) Voici en quels termes le *National* s'exprimait à ce sujet :
« Il n'est sans doute entré dans la pensée de personne que la
« magistrature telle que nous l'ont faite MM. Martin du Nord et
« Hébert dût survivre à la monarchie. Associés à toutes les pas-
« sions et à tous les complots du gouvernement royal contre les
« libertés du pays, elle avait perdu toute autorité morale sur la
« conscience publique ; l'inamovibilité des juges avait donc péri
« sur les barricades le même jour que l'inviolabilité du roi, dont
« ils avaient été les courtisans et les complices. »

« tuaire de la justice ; que la politique avait absorbé la jus-
« tice ; qu'une alliance adultère s'était formée entre la
« justice et la politique, et que les plus hautes places de la
« magistrature étaient devenues la récompense des plus
« serviles dévouements, des plus révoltantes apostasies. »
M. Crémieux se faisait gloire, en même temps, d'avoir respecté religieusement l'intégrité de la magistrature et de
« n'avoir pas révoqué un seul magistrat assis. » Plus tard,
dans l'enquête Quentin Bauchart, M. Crémieux disait :
« qu'il avait veillé sur la magistrature dont il se regardait
« avec orgueil dans ces temps difficiles comme le protec-
« teur nécessaire. » C'est ainsi que les anciens juges qui
condamnaient autrefois les républicains au nom de la monarchie, allaient être appelés à condamner les monarchistes
au nom de la république (1), et il n'y avait rien d'étonnant
que, gardant leurs secrètes prédilections pour leurs amis

(1) La note suivante de l'*Indépendant de l'Ouest* donne un
exemple frappant de cette situation : « Ce fut au mois d'oc-
« tobre 1845 que nous comparûmes devant la Cour d'assises de la
« Mayenne, pour notre *premier* procès, sous le règne de Louis-
« Philippe. C'est au mois d'octobre 1848 que nous devons compa-
« raître devant la Cour d'assises de la Mayenne pour notre *premier*
« procès, sous la République. En 1845, nous avons été poursuivi à
« la requête de M. Grosbois, procureur du *roi.* En 1848 nous sommes
« poursuivis à la requête de M. Grosbois, procureur de *la Répu-
« blique.* En octobre 1845, la Cour d'assises de la Mayenne était
« présidée par M. Régnier, conseiller à la Cour *royale* d'Angers.
« En octobre 1848, la Cour d'assises de la Mayenne sera présidée
« par M. Régnier, conseiller à la Cour d'*appel* d'Angers. En 1845
« nous étions poursuivis pour délit d'excitation à la haine et au
« mépris du gouvernement *du roi*, délit d'offense envers la *Chambre
« des pairs*, etc., etc. En 1848 nous sommes poursuivis pour délit
« d'excitation à la haine et au mépris du gouvernement de *la Ré-
« publique*, délit d'offense envers l'*Assemblée nationale*, etc., etc.
« Avec tout le respect que nous devons à la magistrature, nous
« nous permettrons de dire que le procès qui nous est fait aujour-
« d'hui a tout l'air d'une mauvaise plaisanterie. »

de la veille, ils prissent une sorte de plaisir raffiné à faire tomber sur les républicains eux-mêmes les foudres qu'ils avaient laissées dans leurs mains et à leur faire expier leur insolente victoire. Et l'imprévoyance du gouvernement provisoire à cet égard fut si grande, que des troubles ayant éclaté à Rouen à l'occasion des élections, on confia l'instruction de cette affaire délicate, provoquée peut-être par l'hostilité d'une partie de la population contre l'idée républicaine, à M. Franck-Carré, un des procureurs généraux de Louis-Philippe les plus décriés par son animosité contre les républicains !

Ce qui arriva à M. Delescluze, commissaire à Lille, nous montre bien les inconvénients de cette fausse situation. Le président du tribunal de Lille, M. Dubois, très-peu sympathique au nouveau gouvernement, saisit une occasion qui pouvait dans une certaine mesure déconsidérer et compromettre quelques-uns des hommes qui le touchaient de plus près. C'était à la suite de la fameuse affaire de *Risquons tout*, dont on connaît les circonstances. Une colonne insurrectionnelle recrutée dans les faubourgs de Paris avait été dirigée sur la Belgique pour proclamer la république à Bruxelles ; puis au dernier moment, ceux qui avaient pris l'initiative de ce mouvement, effrayés de la responsabilité qu'ils encourraient, avaient retiré leur concours à l'expédition qui était venue aboutir à une échauffourée grotesque, dont le théâtre, par une coïncidence singulière, fut un village nommé *Risquons tout*. Or, M. Dubois, président du tribunal de Lille, imagina d'ouvrir une instruction contre les auteurs de ces faits qui tombaient sous le coup des articles 84 et 85 du Code pénal, punissant tout individu qui, par des actions hostiles non approuvées par le gouvernement, aurait exposé l'État à une déclaration de guerre. Ce procès n'était pas possible : M. Delescluze n'ayant pu vaincre par la persuasion l'obstination de M. Dubois, mit

d'autorité les prévenus en liberté ; protestations très-vives de M. Dubois contre cet abus de pouvoir ; M. Delescluze destitue M. Dubois. Cette fois le scandale n'a pas de bornes, et l'*Écho du Nord*, qui n'était pas cependant un journal réactionnaire, dénonce la conduite de M. Delescluze à l'indignation publique : « Il n'y a dans l'histoire de la jus-
« tice, depuis cinquante ans, disait ce journal, qu'un seul
« fait semblable, et dont les contemporains de l'Empire se
« souviennent encore, tant l'impression fut douloureuse et
« profonde. »

M. Dubois n'accepta pas la décision arbitraire de M. le commissaire du gouvernement et continua à siéger dans ses fonctions. Le ministre de la Justice dut donner raison au président, et à quelques jours de là, pour apaiser l'émotion soulevée par cet incident, paraissait au *Moniteur* une note déclarant « qu'aucune suspension ne serait prononcée di-
« rectement à l'avenir contre la magistrature assise, par les
« commissaires du gouvernement, et que les commissaires
« n'avaient pas d'ailleurs reçu le pouvoir de révoquer les
« magistrats. »

Certes, ce ne fut pas M. Delescluze qui eut le beau rôle dans cette circonstance (1) ; et cependant on ne peut pas

(1) Il résulta de cet acte une telle impopularité pour M. Delescluze, qu'ayant voulu se présenter aux élections pour l'Assemblée constituante, malgré l'avis de M. Ledru-Rollin qui engageait les commissaires à s'abstenir de poser leurs candidatures, il n'obtint qu'un nombre de voix dérisoire. Cet échec fut très-pénible à M. Delescluze : il voulut donner sa démission, et M. Ledru-Rollin dut lui écrire pour le déterminer à rester. Plusieurs commissaires, mieux inspirés que M. Delescluze, refusèrent la candidature qui leur était offerte spontanément par leurs concitoyens. Nous mentionnerons, G. Bordillon, d'Angers, sur la vie duquel on peut consulter une notice très-intéressante par M. Elie Sorin : *la Vie politique en province*, et M. Pereira, d'Orléans qui exprima ce vœu :
« Le nom d'aucun ouvrier ne figure sur la liste de vos candidats,
« saisissez l'occasion de ma retraite pour réparer cette injuste

dire non plus qu'il ait eu absolument tort. La faute était tout entière à la fausseté de la situation. Et il appartenait à M. Ledru-Rollin de provoquer et d'exiger, au besoin, les mesures radicales que nécessitait cette situation. On peut en temps de révolution changer le principe d'une institution ; mais si on veut, en maintenant cette institution, transiger avec son principe, on s'expose à encourir la juste réprobation que provoque l'arbitraire.

Ces fautes, le gouvernement provisoire les multiplia, et M. Ledru-Rollin a une grande part dans leur responsabilité. C'est ainsi que l'on ne sut pas couper court dès le principe aux sollicitations basses et avides des hommes éhontés qui vinrent encombrer dès le premier jour les antichambres des ministres de la République, comme ils encombraient la veille les antichambres des ministres de la monarchie (1).

« omission. » L'invitation faite par M. Ledru-Rollin aux commissaires de s'abstenir de poser leurs candidatures leur avait été adressée à la suite d'une résolution du gouvernement provisoire ainsi formulée : « Sur la proposition du citoyen Louis Blanc, approuvée par le mi-
« nistre de l'Intérieur, le Conseil décide qu'une circulaire sera
« adressée par le ministre de l'Intérieur aux commissaires du gou-
« vernement dans les départements, pour leur recommander de ne
« point user, dans l'intérêt de leur élection, d'une influence qui ne
« doit servir qu'à la consolidation de la République, et d'attendre
« sans le provoquer, le vœu des populations. Les ministres du gou-
« vernement provisoire s'étant abstenus de toute intervention in-
« téressée dans les élections, ils ont le droit d'attendre la même
« réserve des agents investis de leur confiance. »

(1) M. E. Teulon, commissaire à Nimes, prit un arrêté pour dire qu'il ne serait donné aucune suite aux demandes d'emploi : « Con-
« vaincu, disait M. Teulon, qu'un peuple de solliciteurs ne saurait
« être un peuple vraiment républicain ; que les hommes les plus
« capables de bien remplir les places sont ceux qui ne les deman-
« dent pas. »

La lettre suivante adressée à un receveur particulier du Morbihan peut donner une idée de l'impudence de ces solliciteurs :

« *Paris* 22 *avril* 1848. Monsieur, depuis l'établissement de la

Le gouvernement tomba même dans le travers de désigner à des fonctions fort peu républicaines de leur nature les républicains qu'il voulait distinguer. C'est ainsi que M. Barbès fut nommé gouverneur du château du Luxembourg, M. Félicien Mallefille, gouverneur du château de Versailles, M. A. Luchet, gouverneur du château de Fon-

« République, vous avez demandé deux fois de l'avancement. Dans
« vos réclamations, vous faites valoir la constance de vos opi-
« nions politiques, l'aversion que vous inspirait un *gouvernement*
« *de fraude et de déception*, et enfin l'oubli délibéré où vous avez
« été laissé par le gouvernement déchu, à cause de vos antécédents,
« de vos relations et de votre inaltérable patriotisme. Vous ajoutez :
« Je ne viens pas ici, monsieur le ministre, en imposer à votre
« bonne foi, en faisant étalage de mon patriotisme! Mon dossier
« fixera à cet égard votre opinion sur mon compte. Conformé-
« ment à vos désirs, monsieur, je me suis fait représenter votre
« dossier, et voici ce que j'y trouve : Nommé en 1830 à la recette
« particulière de Bressuire, qui vaut 9,000 fr. vous avez été en-
« voyé en 1837 à Falaise, avec avancement. En 1840, vous avez
« été appelé à la recette de Péronne qui rapporte 16,000 fr.
« En 1844, vous avez demandé *pour votre convenance particulière*,
« la recette de... quoique d'un produit moindre, et vous avez ob-
« tenu cette faveur. En 1840, vous avez été nommé membre de la
« Légion d'honneur. Enfin, monsieur, vous n'avez cessé de solli-
« citer de tous les ministres une meilleure position. Ce n'est pas
« tout encore. Dans une lettre que vous avez adressée, *le 30 no-*
« *vembre dernier*, à M. Martin, alors directeur du personnel, je lis :
« Pénétré comme je suis, monsieur, de trouver en vous l'homme
« toujours juste, je viens en appeler à cet intérêt que vous m'avez
« tant promis, et vous dire que vous pouvez en ce moment réaliser
« toutes les espérances d'un père, chargé d'une nombreuse famille,
« qui s'est compromis dans les élections dernières par dévouement
« pour le gouvernement qu'il sert et dont les efforts hélas! trop
« avérés et sans réussite ont jeté sur lui une déconsidération que
« je ne puis supporter plus longtemps. »
« Le rapprochement de tous ces faits, monsieur, m'impose un
« devoir; je l'ai rempli : — Par un arrêté en date de ce jour j'ai
« prononcé votre destitution. »

Signé Duclerc.

tainebleau. M. Audry de Puyraveau, un des vétérans du parti républicain, que l'on avait voulu affubler du titre de gouverneur du château de Compiègne, refusa avec dignité en répondant « qu'il avait pris depuis longtemps la résolu-
« tion de n'exercer de fonctions que celles qui lui seraient
« déléguées par l'élection du peuple. » Ainsi, le gouvernement provisoire, qui pouvait réaliser d'importantes économies sur le budget en supprimant les fonctions inutiles, était tout disposé au contraire à en instituer de nouvelles pour pourvoir ses amis et surtout les intrigants qui ne se rapprochaient de la République que pour mieux la déconsidérer et la trahir (1). C'eût été au ministre de l'Intérieur à prendre l'initiative de toutes ces réformes ; mais M. Ledru-Rollin, circonvenu par des parasites d'un patriotisme douteux et d'une intelligence insuffisante et cédant d'ailleurs à ses préjugés de gouvernementalisme, donna plus que tout autre prise à ses adversaires sur ces menus détails.

II

Ses amis ne tardèrent pas à avoir des reproches plus graves à lui adresser. Tous les collègues de M. Ledru-Rollin, avaient désavoué à l'envi ses circulaires, saisissant avec empressement cette occasion de le compromettre (2). Cela

(1) « L'hôtel-de-Ville et les ministères étaient encombrés de
« solliciteurs ; les plus implacables serviteurs de la monarchie
« remplissaient les colonnes du *Moniteur* du scandale de leurs
« adhésions à la République. Cependant les détenus politiques, ré-
« cemment mis en liberté par le peuple, se tenaient éloignés de
« cette curée de places. Au lieu de s'entourer de ces hommes éner-
« giques qui, comme réparation de leur long martyre, auraient
« accepté avec joie le droit de se dévouer à l'organisation de la
« République, le gouvernement les laissa dans l'ombre et dans
« l'oubli. Quelques-uns reçurent seulement des gouvernements de
« châteaux et de parcs et autres sinécures destinées à annuler leur
« influence. » L. MÉNARD, *Prologue d'une révolution.*

(2) En répondant le 15 mars à une députation du club de la garde

eût dû lui ouvrir les yeux. En s'entendant avec M. Louis-
Blanc et en s'appuyant sur le peuple dont nous avons indi-
nationale, M. de Lamartine avait fait pressentir que le gouvernement méditait de désavouer la circulaire de M. Ledru-Rollin.
« Citoyens, avait dit M. de Lamartine, le gouvernement de la Répu-
« blique éprouve le besoin de rassurer deux fois la conscience
« publique, une fois dans ce dialogue que nous avons ensemble,
« et bientôt par une proclamation à tous les citoyens de la France. »
Cette proclamation fut publiée le 17 mars. M. Garnier-Pagès l'appelle un chef-d'œuvre, et ne tarit pas d'éloges. C'est un verbiage
brillant, comme M. de Lamartine sait écrire. En voici les principaux
passages :

« Le gouvernement provisoire, lui, n'imitera pas les gouverne-
« ments corrupteurs de la souveraineté du peuple, qui corrompaient
« les électeurs et qui achetaient à prix immoral la conscience du
« pays. A quoi bon succéder à ces gouvernements si c'est pour
« leur ressembler? A quoi bon avoir créé et adoré la République,
« si la République doit entrer dès le premier jour dans les ornières
« de la royauté abolie? Il considère comme un de ses devoirs de
« répandre sur les opérations électorales cette lumière qui éclaire
« les consciences sans peser sur elles. Il se borne à neutraliser
« l'influence hostile de l'administration ancienne qui a perverti et
« dénaturé l'élection. Le gouvernement provisoire veut que la cons-
« cience politique règne ! Il ne s'inquiète pas des vieux partis ; les
« vieux partis ont vieilli d'un siècle en trois jours !... La République
« les convaincra si elle est sûre et juste pour eux. La nécessité est
« un grand maître. La République, sachez-le bien, a le bonheur
« d'être un gouvernement de nécessité. La réflexion est pour nous.
« On ne peut pas remonter aux royautés impossibles. On ne veut
« pas descendre aux monarchies inconnues. On sera républicain
« par raison. Donnez seulement sûreté, liberté, respect à tous.
« Assurez aux autres l'indépendance des suffrages que vous voulez
« pour vous. Ne regardez pas quel nom ceux que vous croyez vos
« ennemis écrivent sur leur bulletin, et soyez sûrs d'avance qu'ils
« écrivent le seul nom qui peut les sauver, c'est-à-dire d'un répu-
« blicain capable et probe. Sûreté, liberté, respect aux consciences
« de tous les citoyens électeurs : voilà l'intention du gouvernement
« républicain, voilà son devoir, voilà le vôtre ! voilà le salut du
« peuple ! Ayez confiance dans le bon sens du pays, il aura con-
« fiance en vous ; donnez-lui la liberté, et il vous renverra la Répu-
« blique. »

qué les sentiments chaleureusement manifestés, M. Ledru-Rollin eût pu diriger la République. Mais par une abdication inconcevable, au lieu d'affirmer son caractère, il s'attacha au contraire à l'effacer et à s'immoler lui-même. Tandis qu'on lui reprochait de vouloir exercer une intimidation révolutionnaire sur les élections, il laissait MM. Marrast, Buchez et les autres ourdir sous son couvert des machinations qui devaient écarter les républicains sincères de l'Assemblée et compromettre les destinées de la République (1). Il livrait lui-même ses amis par son inconce-

---

(1) M. Marrast d'accord avec M. Marie, et aidé par MM. Buchez et Recurt employa les mêmes manœuvres pour fausser les élections que nous l'avons vu employer pour préparer la guerre civile. On devait passer le 21 avril une grande revue des ateliers nationaux. Mais M. Buchez se ravise et écrit à M. Emile Thomas : « Mon cher « Emile, la nuit porte conseil, j'ai pensé qu'une revue des ateliers « nationaux ressemblerait trop à une manœuvre électorale. J'ai « communiqué cette crainte à Marrast et à Recurt : ils ont pensé « comme moi... »M. Emile Thomas insiste en disant que : « peu « importe l'impression produite, lorsqu'en définitive le but sera « atteint au profit de la modération et de la sagesse. » MM. Buchez et Marrast goûtèrent ces raisons. Néanmoins la revue n'eut pas lieu. Mais M. Marrast fit imprimer aux frais de la mairie de Paris pour les distribuer à profusion, surtout dans les ateliers nationaux, des bulletins où se trouvaient écartés les noms de Ledru-Rollin, Flocon, Albert et Louis Blanc. Le rapport de M. Ducos à l'Assemblée constituante sur les comptes du gouvernement provisoire constate que M. Marrast entretenait des agents électoraux à cinq francs par jour, aux frais de l'Etat, pour combattre les candidatures républicaines et notamment celles de ses collègues. — Dans les listes du Comité central formé sous l'inspiration du *National*, toutes les candidatures socialistes furent soigneusement écartées. Pierre Leroux, dans une lettre écrite à Cabet, raconte qu'il a voulu poser sa candidature à Limoges et qu'il a dû s'en désister parce que les représentants officiels du gouvernement républicain l'ont repoussé comme socialiste. « Il nous est venu à Limoges, comme commis- « saire central, dit Pierre Leroux, un de mes plus anciens amis « politiques, Trélat. Pouvais-je croire que celui-là n'appuierait

vable attitude, le 16 avril (1). Et feignant de prendre au sérieux les insinuations sous lesquelles les réactionnaires, pour se venger de la manifestation du 17 mars, s'efforçaient de déconsidérer le peuple, M. Ledru-Rollin faisait écrire dans le *Bulletin de la République* : « La population de Pa-
« ris tout entière ne laisse échapper aucune occasion de
« protester énergiquement de son dévouement à la Révolu-
« tion. A la moindre agitation, au moindre soupçon de dan-
« ger, elle entoure le gouvernement et se montre prêt à
« frapper les *ennemis de la liberté.* » Ainsi donc, pour M. Ledru-Rollin, les auteurs de la manifestation du 16 avril qui croyaient utile de protester contre les efforts de la réaction et de rappeler au gouvernement provisoire que le peuple voulait la République sociale et l'organisation du travail, ces hommes étaient des *ennemis de la liberté* (2).

« pas ma candidature ? qu'il ne me donnerait pas même une
« marque d'estime et de sympathie que je puisse opposer aux
« grossières calomnies répandues contre moi dans toutes les com-
« munes du département ? Eh bien ! ce que je n'aurais jamais
« soupçonné est arrivé. J'ai trouvé dans Trélat un ennemi poli-
« tique aveugle, intraitable. » — « On regarde le socialisme sous
« toutes ses nuances comme un poison pour la République, ajoute,
« Pierre Leroux. Les socialistes à leur tour se demandent comment
« il est possible de faire une république sans idée sociale... Oh !
« que l'avenir est menaçant, puisqu'il y a dès aujourd'hui deux
« républiques en présence ! »

(1) « Comment aurais-je pu prévoir que, par un malentendu à
« jamais déplorable, l'ordre de battre le rappel contre un second
« 17 mars partirait du ministère de l'Intérieur ? » LOUIS BLANC, *Pages d'histoire de la révolution de* 1848.

(2) M. Ledru-Rollin persistait dans ces sentiments lorsqu'il présenta à l'Assemblée nationale le compte rendu de son administration. Voici comment il s'exprime :

« Je me suis surtout inquiété de sauver la Révolution et l'ordre.
« J'ai voulu conserver à la victoire populaire sa grandeur, sa pureté,
« sa portée sociale ; j'ai voulu aussi, en la défendant contre les
« piéges et les attaques de la réaction, la mettre à l'abri contre
« les violences d'ambitions ou d'impatiences dangereuses. Ainsi,

Pour rendre le trait encore plus direct, le *Bulletin de la République* faisait écho à toutes les attaques contre les socialisme, dans lesquelles on avait si souvent confondu M. Ledru-Rollin lui-même: « Quant aux *communistes*, contre les-
« quels se sont fait entendre des cris de réprobation et de
« colère, ils ne valaient pas la peine d'une démonstration :
« qu'un petit nombre de sectaires prêchent le chimérique
« établissement d'une égalité de fortune impossible, il ne
« faut ni s'en étonner, ni s'en effrayer. A toutes les épo-
« ques, des esprits égarés ont poursuivi sans l'atteindre la
« réalisation de ce rêve... »

Ainsi M. Ledru-Rollin, isolait M. Louis Blanc et prêtait à la réaction l'appui le plus complet et le moins dissimulé (1). Cette erreur ne devait pas durer qu'un jour :

« lorsque, répondant à une démarche imprudente, la population de
« Paris tout entière est venue sans armes, presser le gouverne-
« ment provisoire de ses flots pacifiques, je me suis associé sans
« réserve à cette solennelle démonstration ; mais le jour où quel-
« ques hommes ont essayé de pervertir le sens et le résultat d'une
« manifestation pareille, je n'ai point hésité à les combattre
« de front. *C'est par mon ordre que le rappel a été battu*, et
« que la garde nationale, qui maintenant est le pays, s'est levée
« pour se confondre avec les citoyens qui n'étaient point armés et
« protester contre toute tentative violente. »

(1) Le *Constitutionnel* appréciait ainsi la journée du 16 avril :
« Cette journée est une leçon donnée aux menaçants amis du com-
« munisme, et nous disons du communisme sous toutes ses formes,
« conséquent et inconséquent. » Le *Journal des Débats*, l'*Assemblée nationale*, l'*Union*, tous les journaux de la réaction, célèbrent cette journée comme une victoire. D'autre part le *Représentant du peuple* engage MM. Ledru-Rollin et Louis Blanc a donner leur démission : « Rester plus longtemps les complices de la mauvaise
« volonté ou de l'impuissance absolue de la fraction négative du
« gouvernement provisoire, *ce serait s'exposer à une responsabilité*
« *terrible...* » M. Garnier-Pagès lui-même fait cet aveu : « Depuis
« lors, les mots *socialisme*, *sociale*, convenables à toute doctrine
« économique et politique, et celui de *socialiste*, épithète si natu-
« relle, applicable à tout penseur qui veut creuser le mystère de

elle se prolongea trop longtemps pour la République et pour M. Ledru-Rollin, égaré par son préjugé gouvernemental, non moins que par la faiblesse de son caractère. C'est ainsi que nous l'avons vu faire tous ses efforts pour dissiper les méfiances du peuple contre l'armée; et se laissant aller comme cela lui arrivait souvent aux réminiscences de l'histoire révolutionnaire, il disait : « Qui donc dans ces temps « de corruption et de honte que nous subissions naguère, « conservait encore les traditions de l'honneur? L'armée, « l'armée seule ! N'est-ce pas elle qui représentait la vieille « gloire de la France dans les plaines, dans les montagnes « de l'Afrique ? Sans elle on aurait pu croire que la France « était dégénérée? Donc, gloire à l'armée ! »

On devait donc s'attendre à le voir s'associer à cette fête de la Fraternité qui fut le second acte du triomphe de la réaction. Il n'y manqua pas et il la célébra avec enthousiasme comme un triomphe personnel : « La journée du « 20 avril, lit-on dans le *Bulletin de la République*, de- « meurera dans l'histoire de notre glorieuse révolution « l'une des plus belles, des plus pures, des plus fécondes. » — (O hyperbole ! tous ces hommes énivrés de leur pouvoir d'un jour que leur incapacité allait laisser échapper de leurs

---

« l'organisation des sociétés, prirent la signification de *commu-* « *nisme* et de *communiste* dans les imaginations terrifiées. Revêtus « des formes les plus abstraites et les plus terribles, ils apparurent « comme des spectres ; symboles de monstrueuses chimères, bien « éloignées des idées de ceux à qui on les prêtait, ils suscitèrent « des peurs et des prétextes : peurs véritables chez les timides, « prétextes exploités par les habiles contre la République. » Et pourtant M. Garnier-Pagès justifiant lui-même ces manœuvres ajoute quelques lignes plus loin : « Les républicains les plus « avancés (comme M. Garnier-Pagès) s'indignaient qu'on les sup- « posât égarés dans de misérables rêveries. Le peuple condamnait « et écrasait ces erreurs sous un immense cri : *A bas les com-* « *munistes* et il rendait à la civilisation, à la liberté, au progrès, « leur véritable expression : *Vive la République.* »

mains, sans qu'ils en eussent fait un seul instant usage utilement, tous ces hommes devaient successivement sacrifier sur ton autel!) « Elle a scellé le pacte de la fraternité
« entre tous les éléments du peuple, le peuple et l'armée...
« Cette voix de la multitude, cette voix du peuple, qu'on a
« toujours appelée la voix de Dieu, a prononcé son oracle :
« *fraternité, indivisibilité.* Le peuple ne veut pas qu'on le
« désunisse... » Non, cette erreur n'était pas l'erreur du peuple. Le sentiment du peuple, le 20 avril et pendant les orgies militaires qui suivirent (1), le sentiment du peuple

(1) Chaque jour la garde nationale offrait des banquets à l'armée, et aux mobiles. Voici comment M. Robin dans son *Histoire de la révolution de* 1848 retrace l'impression de ces scènes : « Dans
« aucun pays et dans aucun temps, la population armée d'une
« seule ville n'avait présentée un spectacle comparable à celui
« qu'offrait le 20 avril la garde nationale de Paris.

« Au bout des baïonnettes, on voyait des rubans, des rameaux,
« des fleurs; les musiques jouaient des airs patriotiques; les soldats
« étaient salués partout sur leur passage par de chaleureuses accla
« mations. Des femmes élégantes de l'aristocratie et de la haute
« bourgeoisie agitaient leurs mouchoirs aux fenêtres. Vingt-cinq
« ans plus tôt leurs mères ne s'étaient-elles pas jetées dans les
« bras des cosaques!... Les patriciennes modernes battaient des
« mains au passage de la garde mobile, qui marchait déjà avec
« l'aplomb des vieilles phalanges. Le soir les plus riches quartiers
« de Paris furent illuminés, et la capitale offrait un aspect féerique.
« Les fenêtres garnies de verres de couleurs étaient pavoisées et
« on ne rencontrait que banderolles flottantes; la garde nationale
« fraternisait avec les représentants de l'armée et ne cessait de
« leur donner des marques de la plus vive sympathie, on ne voyait
« partout que gardes nationaux attablés dans les cafés ou restau
« rants avec les soldats. Ne fallait-il pas se concilier les troupes
« pour les amener un jour à la Saint-Barthélemy des prolétaires
« que l'on rêvait? On préludait par la fraternité à un drame san
« glant. C'était une fraternité armée qui contenait en germe tous
« les éléments d'une guerre civile violente... Cette fraternité tant
« prônée se signalait par un redoublement de fureur contre les
« communistes. Une sorte de terreur régnait dans Paris. Tous les

était avec Blanqui, qui prédit que le fruit de cette fraternité de la bourgeoisie et de l'armée serait le massacre du peuple. Et Juin ne tarda pas à donner raison à cette prédiction. M. Ledru-Rollin ouvrit alors les yeux, mais trop tard, et le châtiment pour lui fut complet, car son nom restera associé dans l'histoire à celui des auteurs de l'implacable répression de juin.

III

On rapporte que, le 24 février, dans le trajet de la Chambre des députés à l'Hôtel-de-Ville où le gouvernement provisoire allait prendre possession de son nouveau pouvoir, M. Ledru-Rollin dit à M. de Lamartine : *Nous marchons au Calvaire*. M. Ledru-Rollin pressentait sans doute les épreuves qui attendaient la République dont il allait porter la croix dans le parcours des stations les plus douloureuses. Mais il ne pensait pas peut-être que l'allusion pour lui serait juste à ce point, que la Passion devait suivre le Calvaire, et que si comme saint Pierre il ne reniait pas sa foi, il épuiserait cependant toutes les angoisses de l'apostasie jointes à toutes celles du martyre. Cette coupe d'amertume, M. Ledru-Rollin l'épuisa jusqu'à la lie dans les fatales journées de juin, où il se trouva poussé par la fatalité de sa position fausse dans cette affreuse situation de se voir reprocher par le peuple le sang versé et accuser d'autre part de trahison par la garde nationale. Et il dut rester sous ce coup pendant plu-

« citoyens qui se hasardaient à parler de socialisme ou d'organisation
« du travail étaient traités en ennemi. Chaque garde national per-
« sistait à faire de la police et à arrêter tout ce qui lui paraissait
« suspect. L'industrialisme, si hideux en France, exploita la fièvre
« du moment. Un inventeur d'une nouvelle espèce de balais éco-
« nomiques commença une réclame par ces mots à la mode : *Mort
« aux communistes !* écrits en lettres formidables. » M. Louis Blanc
dit : « N'oublions pas que ces terribles journées de juin, le 16 avril
« les porta dans ses flancs. »

sieurs mois : ce fût le châtiment. Nous raconterons dans tous ses détails ce drame terrible de juin. Nous voulons ici nous occuper seulement du rôle qu'y joua M. Ledru-Rollin. Mis en cause avec MM. Louis Blanc et Caussidière dans l'enquête Quentin-Bauchart, il allait peut-être soulager son cœur du poids qui l'oppressait ; mais le général Cavaignac, qui savait bien que M. Ledru-Rollin d'accusé pouvait devenir accusateur à son tour, obtint qu'on le ménagerait, et le couvrant lui-même, il lui donna en pleine Assemblée cette fameuse poignée de main que M. Ledru-Rollin dut recevoir comme Jésus reçut le baiser de Judas, mais dont il dût dévorer en silence l'affront.

Ce n'est que plus tard, le 25 novembre, lors de l'accusation de MM. Barthélemy-Saint-Hilaire et Garnier-Pagès à la suite de laquelle M. le général Cavaignac fut acclamé comme le sauveur de la patrie ; triomphe qui eut pour lendemain l'élection du 10 décembre, afin de rappeler une fois de plus à ceux qui s'enivrent d'une popularité éphémère combien la roche Tarpeïenne est près du Capitole : c'est en cette circonstance seulement que M. Ledru-Rollin put justifier sa conduite dans la journée de deuil du 24 juin et raconter comment, laissé seul à l'Hôtel-de-Ville par le général Cavaignac qui lui avait dit : « Je reviens dans une demi-« heure, » il resta depuis trois heures et demie du soir jusqu'à neuf heures, livré aux angoisses les plus cruelles, recevant d'instants en instants des officiers d'ordonnance qui venaient lui dire : « On égorge nos hommes, vous nous tra-« hissez ! je vous en conjure, un seul bataillon ! » Et se trouvant dans l'impossibilité la plus complète de rien faire et de donner aucun ordre. « Or, à mesure que ces demandes « venaient, que fallait-il répondre ? Il fallait répondre : Le « général Cavaignac est absent. A quoi on disait : Vous « trahissez. » Et ceci se renouvelle. Le général Cavaignac revient à huit heures et demie, M. Ledru-Rollin lui donne une longue liste des ordres qu'on a demandés. Le général, sans prendre aucune mesure, repart à neuf heures et ne revient qu'à deux heures du matin. Et de neuf heures à deux heures du matin, M. Ledru-Rollin se trouve encore dans la même affreuse situation !

Du moins, M. Ledru-Rollin, lorsqu'il eut échappé à l'engrenage gouvernemental dans lequel il s'était laissé saisir, répara noblement ses fautes par son attitude. Il ne se drapa pas dans une fausse dignité, comme M. de Lamartine, il ne s'épuisa pas en récriminations stériles comme M. Louis Blanc ; il avoua noblement son erreur, et, sans s'occuper davantage de sa personnalité, il ne mit que plus d'ardeur à défendre la cause de la liberté et de la démocratie. Seul de tous les membres de la Commission exécutive, il ne cessa de réclamer l'amnistie qui était la moindre réparation due aux victimes d'une fausse politique. « Je ne veux pas me « poser en victime, ni en martyr, » dit-il simplement en terminant son discours du 27 novembre. « Pour en finir « avec toutes ces questions de personnes, pour nous élever « à une considération plus haute, voulez-vous me per- « mettre de laisser parler un instant mon cœur ? De tout « ceci, il résulte que, de part et d'autre, on a pu mal ap- « précier les choses, qu'on a pu, avec la meilleure inten- « tion, se tromper. Il y a aussi un fait certain, c'est que le « peuple avait faim, c'est que l'ouvrier sans ouvrage a pu « se laisser facilement entraîner..... Eh bien ! si, comme « nous le croyons, des hommes ont pu être égarés, si on a « pu abuser de leur misère pour les conduire à la barri- « cade, est-ce qu'il ne serait pas temps de penser à des « paroles de clémence ? Est-ce qu'il ne serait pas temps « de donner satisfaction à tant d'orphelins, à tant d'é- « pouses, à tant de mères, à tant de familles qui souffrent? « On a eu raison : La République n'a rien à gagner à des « luttes personnelles ; mais elle a tout à gagner à des sen-

« timents de fraternité, de réparation ; oui, rendons des défenseurs à la République, en proclamant l'amnistie! »

Ce noble appel ne fut pas entendu. Il fut accueilli par des rumeurs et seulement quelques voix à l'extrême gauche l'appuyèrent. On vivait alors dans un triste temps. Mais M. Ledru-Rollin sans se laisser décourager persista dans sa noble et ferme attitude : il ne cessa pas un instant à l'Assemblée législative comme à l'Assemblée constituante de se tenir sur la brèche pour défendre les libertés publiques, attaquées tous les jours par des hommes qui avaient pris autrefois l'engagement le plus solennel de les défendre. Le 13 juin 1849, il paya courageusement de sa personne en protestant contre la violation de la Constitution. Vaincu, il alla se réfugier à Londres, où, fidèle à ses habitudes d'abnégation et de générosité, il songea toujours davantage à ses idées et à son parti qu'à lui-même. Il est aujourd'hui encore le représentant le plus respectable et le plus imposant de la République vaincue, mais non abattue.

CHAPITRE V

M. GARNIER-PAGÈS

I

M. Garnier-Pagès, au nom duquel le souvenir de son frère, qui avait été un des chefs les plus éminents du parti républicain, attachait quelque notoriété, était, en 1847, le commensal politique de M. Odilon Barrot. Dans son *Histoire de la révolution de 1848*, récemment publiée, où il travestit complaisamment les faits pour les besoins du rôle qu'il lui convient de prendre aujourd'hui, M. Garnier-Pagès, qui ne peut nier ses rapports de chaque instant avec M. Odilon Barrot, nous dit qu'il couvrait celui-ci de sa popularité, et il vante l'influence exercée par lui dès cette époque sur la multitude « qui obéissait à sa voix populaire. » Cette popularité nous paraît cependant plus que problématique, ne fissions-nous que nous reporter au *Moniteur* du 24 février qui constate les murmures par lesquels fut accueillie la proclamation de son nom au gouvernement provisoire; et cette réflexion naïve : *Il est mort, le bon!* nous indique bien que si quelque popularité s'attachait au nom de Garnier-Pagès, elle ne s'égarait pas cependant sur celui qui en exploitait la survivance.

M. Garnier-Pagès s'associa à toutes ces tergiversations, si vigoureusement flétries par M. de Lamartine, de M. Odilon Barrot qui, après avoir provoqué le peuple à la résistance, fit une si honteuse défection. M. Robin raconte que, dans la réunion des députés de la gauche qui eut lieu chez M. Perrée, le 21 février au soir, un délégué des écoles, M. P. Vernet, étudiant en droit, — lequel, si nous ne nous trompons, est devenu professeur à l'Ecole de droit de Paris — indigné des lâchetés dont il était témoin, adressa à M. Garnier-Pagès une de ces épithètes outrageantes qui exigent une réponse. M. Garnier-Pagès se tut. M. Garnier-Pagès arrange cette scène à sa façon et il renvoie à M. Duvergier de Hauranne l'injure de M. P. Vernet (1). Quand à lui, s'il faut l'en

---

(1) « Après avoir convoqué tous leurs camarades pour le lende-
« main, propagé l'agitation dans les cours publics, organisé le cor-
« tége dans tout le quartier Latin, les commissaires des écoles ne
« pouvaient se faire à l'idée d'une reculade publique. Le point
« d'honneur vibrait dans ces jeunes âmes avec une force irrésis-
« tible. M. Vernet, l'un d'eux, éclata le premier. Il apostropha
« M. Duvergier de Hauranne avec des paroles enflammées : — Les
« députés n'étaient pas coupables de faiblesse, mais de trahison!
« Après avoir pris l'engagement public à la tribune d'assister
« quand même au banquet, ils désertaient lâchement, à la veille
« du combat! — Et le reste sur le même ton... » GARNIER-PAGÈS, *Histoire de la révolution de* 1848.

croire, il contenait mal son impatience : — « Que dites-vous
« des dispositions de la réunion et des reproches que l'on
« vous adresse? demandait au milieu d'un groupe, un offi-
« cier de la garde nationale à M. Garnier-Pagès. — On ne
« nous en adresse pas assez, répondit celui-ci, il fallait que
« les députés fussent déposés par l'opinion publique, ils le
« sont! » Il ne paraît pas cependant qu'il se soit associé à
la déclaration de M. de Lamartine qu'il assisterait au banquet, dût-il y aller seul.

Il resta avec M. Odilon Barrot. Pendant que les membres du parti radical, auquel il prétend appartenir, se réu-
nissaient dans les bureaux de la *Réforme* pour préparer la
République et pendant que la fraction modérée de l'opposition se réunissait dans les bureaux du *National* pour préparer le gouvernement provisoire, M. Garnier-Pagès recevait des mains de M. Odilon Barrot le portefeuille des
Finances et il était envoyé par lui à l'Hôtel-de-Ville avec
MM. de Malleville et Gustave de Beaumont pour proclamer
la régence. Le peuple avait devancé ces messieurs qui ar-
rivèrent pour assister à la proclamation de la République.
M. Garnier-Pagès, qui ne peut nier ce fait, essaye d'en es-
quiver les conséquences en disant qu'il avait été chargé par
M. Odilon Barrot de reconnaître exactement la situation,
et il se garde bien de reproduire le bulletin qu'il envoyait
à son patron et qui est de nature cependant à édifier la
postérité sur les sentiments que nourrissait alors M. Garnier-Pagès : « *Les fous que vous savez* viennent de proclamer
« la République. Empêchez la duchesse d'Orléans de se
« montrer. Le moment n'est pas propice. »

MM. de Malleville et de Beaumont retournèrent loyalement auprès de M. Odilon Barrot, mais M. Garnier-Pagès
resta au voyage, et il profita de l'enthousiasme du peuple
pour se faire proclamer maire de Paris. On avait bien
failli nommer quelques instants auparavant M. de Laroche-

jacquelein, membre du gouvernement provisoire (1). M. Garnier-Pagès voulut associer à sa nouvelle fortune M. de Malleville et il lui offrit d'être son adjoint, mais celui-ci refusa dignement (2).

Avec la même générosité, M. Garnier-Pagès offrit à M. Odilon Barrot une place dans le gouvernement provisoire. MM. Carnot et Marie s'associèrent à cette singulière démarche. On se demande ce qui serait advenu si M. Odi-

(1) Madame Daniel Stern, dans son *Histoire de la révolution de 1848* raconte que M. de Larochejacquelein, à force de haranguer le peuple et de flatter les rancunes populaires par la violence de ses diatribes contre la dynastie d'Orléans, allait peut-être se faire nommer membre du gouvernement provisoire, lorsque M. Dussart tira le peuple de son erreur en lui nommant le député légitimiste.

(2) Dans son récit embarrassé, malgré toutes ses précautions et toutes ses dissimulations, M. Garnier-Pagès laisse cependant percer la vérité. « M. Garnier-Pagès dit à M. de Malleville : — Eh
« bien! vous le voyez, le peuple veut la République! Il faut pré-
« venir Barrot de ce qui se passe. Du reste, je vais lui écrire. —
« Et en effet il trace rapidement sur le papier ces deux lignes : Le
« peuple est maître de l'Hôtel-de-Ville. *La présence de la duchesse*
« *d'Orléans n'est plus possible*. Elle y courrait les plus grands
« périls. — Cet avis était vrai et loyal. M. Garnier-Pagès le devait
« à M. O. Barrot. *Jusque-là ils avaient marché ensemble ;* mais le
« moment prévu dès l'origine de la campagne des banquets était
« arrivé. Les radicaux, n'ayant jamais rien abandonné de leurs
« principes, étaient toujours libres de les proclamer. M. Garnier-
« Pagès voyait enfin devant lui le but de toutes les pensées, de
« tous les vœux de son âme; il crut pouvoir l'atteindre ; *il s'y*
« *élança*. — Citoyens, dit-il d'une voix qui fit taire le tumulte,
« le peuple est souverain. Il est le maître de ses destinées. Il sortira
« victorieux de la lutte, la République est le rêve de toute ma
« vie. *J'aurais accepté un gouvernement de conciliation ;* mais
« puisque la République est possible, il faut procéder régulière-
« ment : *il faut organiser le pouvoir*. » Et c'est ainsi que M. Garnier-Pagès échangea ses fonctions de ministre des Finances de la Régence contre celle de maire de Paris de la République !

lon Barrot eût accepté, et de quel œil le peuple eût vu le sans-gêne avec lequel on disposait de sa souveraineté (1). Mais M. Odilon Barrot eut la prudence et le bon goût de refuser, en confiant toutefois à M. Garnier-Pagès sa pensée secrète, qui était « d'empêcher que la Révolution ne devienne, « de politique, révolution sociale. » M. Garnier-Pagès se conforma religieusement à ce mot d'ordre.

Tous les contemporains s'accordent à dire qu'il fut un des membres du gouvernement provisoire qui combattirent le plus vivement la proclamation immédiate de la République. Dans le Conseil, s'il fallait en croire les récentes allégations de M. Garnier-Pagès, il aurait insisté plus vivement que personne, au contraire, pour cette proclamation immédiate : « Sa résolution à cet égard est tellement « forte, aurait-il déclaré, que *si la République n'est pas*

(1) Voici comment s'exprime M. Garnier-Pagès dans la lettre « qu'il adressa à cette occasion à M. O. Barrot : « Les événements « ont dépassé *vos* (ou *nos*) prévisions. Une nouvelle révolution est « sortie de la lutte. Plusieurs de nos honorables collègues et moi « nous avons cru devoir accepter du peuple la pénible mission de « *former un gouvernement provisoire.* » C'était donner une interprétation un peu élastique au mandat populaire : mais M. Garnier-Pagès se laissait entraîner par les usages parlementaires. Il pensait que le peuple l'avait chargé de *former un gouvernement provisoire*, comme le roi eût pu le charger la veille de former un ministère. — Voici comment M. Carnot, dans son *Mémorial de 1848*, rapporte sa propre démarche auprès de M. Barrot : « Pénétré « d'estime pour le chef de la gauche, j'insistai vivement auprès « de lui pour le rattacher à la cause qui venait de triompher. Il « parut touché de ma démarche; mais sa réponse fut celle-ci : Ce « qui se fait dépasse tous mes vœux, toutes mes prévisions. Je ne « puis pas vous suivre : je ne serais pour vous qu'un obstacle. « Laissez-moi rentrer dans l'obscurité, du moins pour quelque « temps. *Mais si la France a besoin d'un soldat, vous me trou-* « *verez toujours prêt à combattre à vos côtés.* » La conduite postérieure de M. Barrot montre comment il l'entendait : on sait quelle ardeur il mit à combattre la Révolution. Et c'est lui que l'on eût voulu appeler à la tête de cette révolution !

« *immédiatement proclamée par le gouvernement provisoire*
« *il se retirera.* »

M. Garnier-Pagès, nous l'avons dit, s'est appliqué à travestir complaisamment l'histoire pour faire un piédestal républicain à ses nouvelles ambitions. Mais si l'on veut savoir quel fut son rôle véritable au gouvernement provisoire, il faut se reporter à un document contemporain dont M. Garnier-Pagès pourrait moins que personne suspecter la parfaite sincérité ; il faut se reporter à sa propre déposition dans l'enquête Quentin-Bauchart, faite en juillet 1848, sous l'impression même des événements, et alors que, ses ambitions étant conformes à son attitude, il n'avait aucun intérêt à en altérer en rien le caractère. Or voici comment s'exprime M. Garnier-Pagès dans ce document authentique :

« Le gouvernement provisoire s'est trouvé entouré par
« le peuple qui venait de se battre et qui demandait satis-
« faction pour ses intérêts matériels. Il la demandait en ar-
« mes et traduisait tout par ces mots : la Révolution s'est
« faite par le peuple, il faut qu'elle soit faite pour le peuple
« et dirigée dans son intérêt exclusif. *Dès ce moment le*
« *gouvernement provisoire dut lutter contre cette tendance,*
« et lutter sans forces, sans armes, avec sa seule influence
« morale.

« Outre cette immense difficulté, se trouvaient dans le
« sein du gouvernement provisoire des éléments divers :
« l'élément socialiste, représenté par Louis Blanc et Albert,
« et l'élément républicain plus avancé que nous, représenté
« par Ledru-Rollin et Flocon ; *en sorte que, depuis le*
« *24 février jusqu'au 24 juin, nous avons été en lutte per-*
« *pétuelle.* »

Oui, depuis le premier jour la lutte s'engagea entre le parti de la Révolution et le parti de la réaction (1), et l'in-

(1) « Dans le sein du gouvernement provisoire la conspiration

surrection de juin fut le dénouement sanglant de cette lutte. M. Goudchaux, non moins sincère que M. Garnier-Pagès, dit, loyalement dans l'enquête Quentin Bauchart, qu'il avait prévu l'effusion du sang et l'avait toujours regardée comme inévitable. Il valait mieux, selon lui, qu'elle arrivât promptement : « Si on s'était battu en mars ou en avril, on n'eût eu « qu'une escarmouche. » Que deviennent, en présence de ces aveux, les éloges que se décernent complaisamment les membres du gouvernement provisoire d'avoir pacifié les esprits et résolu toutes les difficultés imminentes de la situation ? Tout au plus faudrait-il leur savoir gré d'avoir ajourné la lutte! Et quel gré ? Quand cet ajournement n'a fait que la rendre plus cruelle, que rendre ses conséquences plus terribles pour tous les intérêts, et plus épouvantables pour le peuple, joué et trompé pendant quatre mois par des promesses illusoires! Les massacres de juin! voilà donc la conséquence et le fruit de quatre mois de misère mis généreusement au service de la République!

De tous ceux qui ont plus ou moins trempé dans la responsabilité de ces événements, M. Garnier-Pagès avec M. Marie sont les deux hommes dont le rôle fut le plus odieux. Tandis que les autres furent entraînés par les circonstances et dupes de leurs illusions ou de leur imprévoyance, M. Garnier-Pagès, — nous ferons plus loin la part de M. Marie, — M. Garnier-Pagès, qui, dès le premier instant averti par M. Odilon Barrot, eut conscience de la

« avait commencé dès le 27 février. Dans cette dictature qui ne « fut ni décrétée par le peuple, ni conquise par ceux qui s'y glis-« sèrent, les membres les plus contestés donnèrent le branle. Les « conservateurs méditèrent les premiers sur les moyens de se dé-« barrasser de leurs collègues d'opinion plus avancée. Le but de « ces conspirateurs du parti de l'ordre était de former une Répu-« blique conservatrice à l'image du gouvernement de Louis-Phi-« lippe. » (H. CASTILLE, *Histoire de la seconde République française*.)

lutte et s'y engagea résolûment, poursuivit avec une préméditation implacable et avec un acharnement féroce la défaite de cette Révolution et de ce peuple qu'il flatte aujourd'hui.

Le 15 mai, il vint exalter toutes les craintes exagérées et toutes les dispositions réactionnaires de la majorité en annonçant les mesures vigoureuses et énergiques prises par le gouvernement, et il provoqua ses acclamations chaleureuses en inaugurant l'opposition de *la République ferme, honnête et modérée* à la République démocratique, opposition heureusement inventée à l'abri de laquelle la réaction plaça depuis toutes ses manœuvres. Il faut citer, d'après le *Moniteur*, ce petit morceau que M. Garnier-Pagès s'est bien gardé comme de juste de reproduire dans son *Histoire de la révolution de* 1848 et qu'il eût dû cependant placer en tête de son ouvrage comme épigraphe pour illustrer le rôle qu'il a joué dans ces événements :

« *Le citoyen Garnier-Pagès*.—Les clubs qui ont conspiré
« sont fermés (*marques d'assentiments*). Nous respecterons
« le droit de réunion, car c'est au droit de réunion
« qu'est due la glorieuse révolution du 24 février ; mais
« les clubs qui se réunissent en armes, qui se réu-
« nissent menaçants, qui menacent sans cesse d'envahir
« l'Assemblée nationale, ceux-là nous les dissiperons.
« (*Très-bien*) ! Nous les poursuivrons. (*Applaudisse-*
« *ments.*) Nous sommes décidés à donner de l'énergie au
« pouvoir (*Très-bien!*) ou nous donnerons notre démis-
« sion.(*Plusieurs voix*:Vous ne la donnerez pas.)Nous avons
« agi avec énergie, nous continuerons d'agir avec la même
« énergie ; oui, nous voulons tous une République ferme,
« honnête et modérée. (*Bravo! bravo!*) C'est la République
que la France veut, elle n'en veut pas d'autre. (Toute
« l'Assemblée se lève en poussant un cri unanime de *Vive*
« *la République!* Tous les membres se tournent ensuite

« vers les tribunes qui sont remplies de gardes nationaux,
« et crient: *Vive la garde nationale!* Ceux-ci leur répon-
« dent avec beaucoup d'énergie : *Vive l'Assemblée natio-
« nale!*) »

Le lendemain 16 mai, M. Garnier-Pagès complète ce bulletin belliqueux, en annonçant la dissolution des Montagnards, l'arrestation de Barbès, Blanqui, Albert et plusieurs autres qui vont être immédiatement transportés à Vincennes, et le rappel définitif de l'armée : « Notre brave et glo-
« rieuse armée, qui était déjà appelée à Paris par le vœu,
« le vœu unanime du peuple et de l'Assemblée nationale,
« (*Très-bien!*) cette brave armée, avec laquelle nous avons
« tous fraternisé, car elle est du même sang que nous, elle
« est composée de nos frères ; notre brave armée a été ap-
« pelée ici ; on a donné à tous les régiments qui entourent
« Paris l'ordre de se rendre à Paris. (*Très-bien! très-
« bien!*) »

Le 23 juin fût le grand jour de M. Garnier-Pagès ; il déploya, ce jour-là, en paroles toute cette exaltation féroce de la résistance, avec laquelle se grisent en face du danger les gens faibles et peureux qui veulent paraître énergiques et courageux. « *Il faut en finir,* » s'écriait-il aux *bravos* de l'Assemblée affolée comme lui par le double aveuglement de la peur et de la réaction, « il faut en finir avec les agi-
« tateurs! Des mesures vigoureuses ont été prises; mais
« il faut se hâter et des mesures plus vigoureuses encore
« vont être prises. » *Plusieurs membres* : « Lesquelles?
« lesquelles! Dites-les ! *M. Garnier-Pagès* : « *Ces mesu-
« res, c'est le canon.* Demain, poursuivit-il avec jactance,
« *nous irons avec force mettre un terme* à cette insurrection
« que l'on ne peut comprendre, qui prend tous les dra-
« peaux, qui n'en avoue aucun, qui est un parti payé, un
« parti soudoyé et qui renferme des principes d'anarchie de
« tout genre.... Demain, *nous sommes sûrs* de terminer ces

« fatales journées... Nous venons vous dire que nous allons
« marcher là où l'on fait les barricades, *pour les détruire*
« *nous-mêmes, à l'instant.* » C'est grotesque autant que
c'est atroce !

M. Garnier-Pagès glissa dans ce sang ! Ces paroles et ces
bravades ne suffisaient pas : il fallait des actes et l'Assemblée écarta ce déclamateur sanguinaire pour remettre la
dictature aux mains du général Cavaignac qui, lui, exécuta
sans phrases l'horrible besogne !

M. Garnier-Pagès ne pardonna pas au général Cavaignac.
Après lui avoir fait pendant longtemps une opposition
sourde, il éclata lorsqu'il jugea le moment favorable, et ce
furent ses accusations appuyées par MM. Barthélemy-Saint-
Hilaire, Duclerc et Pagnerre qui valurent au général Cavaignac la fameuse apothéose parlementaire du 25 novembre. Ces attaques, dictées par une basse rancune mise
au service d'une intrigue misérable, étaient surtout déplacées
dans la bouche de M. Garnier-Pagès : l'homme qui pendant quatre mois avait attisé le feu de la guerre civile voulait en rejeter, sur le général Cavaignac seul, toute la responsabilité ! Mais du reste, il se gardait bien d'appuyer la
demande d'amnistie, proposée avec tant d'à-propos et de
générosité par M. Ledru-Rollin, comme la véritable moralité
et la meilleure conclusion de ce débat ! M. Garnier-Pagès enviait le rôle de M. Cavaignac ; ce n'était pas l'horreur du sang
versé qui dictait ses récriminations, c'était le regret du
pouvoir perdu, c'était le regret de n'avoir pas recueilli le
fruit de ses provocations.

Malgré le service important qu'il avait rendu à la candidature du prince Napoléon par ses attaques contre le général
Cavaignac et malgré l'avénement au pouvoir de son ancien
patron M. Barrot, M. Garnier-Pagès ne put pas trouver,
sous la présidence, l'emploi de ses services. Par son attitude
constante à l'Assemblée constituante, — il ne vota jamais une

seule fois avec la gauche, — il mérita d'obtenir le patronnage du comité de la rue de Poitiers pour les élections à l'Assemblée législative, mais, malgré cet appui, il ne fut pas élu.

II

Nous venons de tracer le caractère de l'homme : voyons maintenant ce que fut son administration des finances de la République.

La monarchie de Juillet avait laissé les finances dans un état relativement alarmant, rendu difficile surtout par la crise du 24 février. Il fallait prendre des mesures immédiates pour rétablir le crédit. En se plaçant au point de vue des intérêts conservateurs, la première chose à faire et la plus décisive était de donner confiance dans l'avenir de la République; mais l'indécision du gouvernement provisoire et ce caractère provisoire même qu'il donnait avec affectation à toutes ses mesures n'étaient pas faits pour calmer les inquiétudes. On pouvait encore rétablir l'ordre dans les finances en prenant quelques mesures révolutionnaires que comportait et qu'appelait la situation : le changement de l'assiette des impôts, la réduction du budget par la diminution des emplois inutiles, par la simplification des rouages centralisateurs, par la réduction ou ce qui eut été mieux encore par la transformation de l'armée, par la suppression du budget des Cultes. Mais le gouvernement provisoire n'avait garde d'entrer dans cette voie radicale. Il repoussa également avec une fermeté qui lui fait honneur les moyens violents qui lui furent proposés par de grands financiers, qui étaient et qui restèrent les appuis les plus ardents de la conservation et de l'ordre : l'emprunt forcé sur les riches et la banqueroute (1).

(1) Un incident, dans la séance de l'Assemblée constituante du

Le gouvernement provisoire n'avait donc rien de ce qu'il fallait pour parer aux nécessités réelles de la situation : l'inexpérience des hommes qui le composaient et l'exagération qui leur était habituelle allaient au contraire les grossir imaginairement au delà de toute mesure.

Le portefeuille des Finances fut d'abord confié à M. Goudchaux, financier estimé, mais sans connaissances administratives, caractère honnête, mais esprit étroit, imbu de tous les préjugés réactionnaires, et républicain de circonstance. M. Goudchaux, déjà fort ému de la lourde responsabilité qui pesait sur lui, fut complétement terrorisé par l'agitation révolutionnaire qui était un des embarras de la situation, mais qui pouvait aussi en devenir l'auxiliaire utile, qui était dans tous les cas un de ses éléments nécessaires. Il ne voulait d'abord consentir à aucun prix à entrer dans un gouvernement dont feraient partie MM. Louis Blanc, Ledru-Rollin et Flocon ; ce fut lui qui fit l'opposition la plus épou-

11 avril 1849, amena M. Goudchaux à déclarer formellement à la tribune que M. Fould était venu lui proposer de suspendre les payements des rentes échues le 22 mars et le 22 septembre, ce qui eût équivalu à la banqueroute. M. Fould nia le fait et dit qu'il avait seulement blâmé l'anticipation du payement. Mais l'affirmation de M. Goudchaux fut confirmée par MM. Ledru-Rollin, Armand Marrast, Crémieux et Bethmont. M. Ledru-Rollin révéla en outre que M. Delamarre, le banquier propriétaire de la *Patrie*, était venu lui proposer de faire souscrire un emprunt forcé de 30 millions par les plus riches capitalistes de Paris qu'il se chargeait de désigner. « Il faudrait, lui aurait dit M. Delamarre, faire « appeler ici, au ministère de l'Intérieur, ces capitalistes, leur « faire souscrire un engagement et ne les laisser sortir qu'après « l'engagement souscrit. » Ces propositions furent repoussées avec indignation par les membres du gouvernement provisoire. Et l'on peut rappeler à ce propos une lettre de M. Louis Blanc publiée le 1er mars par tous les journaux, dans laquelle il proteste vivement contre l'idée que quelques personnes lui ont prêtée d'obliger la maison Rostchild à mettre, à la disposition de la République, les capitaux dont elle aura besoin.

vantée à la prétention populaire d'arborer le drapeau rouge ; il avait horreur du socialisme et regardait la création de la commission du Luxembourg comme l'abomination de la désolation : il ne voulait consentir à la réduction d'aucun impôt, s'opposa de toutes ses forces à l'abolition de l'impôt du timbre sur les journaux et de l'impôt sur le sel, et se retira le 6 mars, outré de l'abolition de ces impôts, arrachée au gouvernement provisoire par les exigences impérieuses de la situation. Toutes les sollicitations furent impuissantes à déterminer M. Goudchaux à retirer sa démission, dont la nouvelle pouvait produire la plus fâcheuse impression. M. Goudchaux toutefois, avant de déposer son portefeuille, cherche à rassurer les créanciers de l'État, en arrêtant que le semestre des rentes échu le 22 mars serait payé le 6. Ce payement anticipé produisit au contraire un très-mauvais effet.

M. Garnier-Pagès, dont la profonde incapacité n'avait d'égale que son extrême suffisance, accepta sans hésiter l'héritage difficile de M. Goudchaux. Le premier acte de M. Garnier-Pagès fut d'exercer une retenue sur les déposants des caisses d'épargnes, qui étaient plus intéressants cependant que les rentiers de l'État, vis-à-vis desquels on venait de se montrer si libéral. Cent francs en espèce fut le maximum du remboursement accordé à tous les déposants : pour ceux qui demanderaient un remboursement supérieur, le gouvernement offrait dérisoirement des bons du Trésor qui subissaient une perte considérable, ou de la rente 5 p. 100 *au pair*, quand cette rente était coté à la Bourse 77 et allait tomber à 55 francs. Ainsi on faisait tomber tout le poids de la crise sur les travailleurs qui se trouvaient depuis le 24 février et pour longtemps encore sans ressources et sans travail, et on favorisait les rentiers de l'État auxquels leur position permettait de supporter facilement une gêne d'argent momentanée !

M. Garnier-Pagès, qui ne doutait de rien, émit sous le titre d'Emprunt national un emprunt de 100 millions en rente de 5 p. 100 *au pair* comme complément de l'emprunt de 360 millions du 10 novembre 1847. M. Garnier-Pagès eut la naïveté de croire que les capitalistes payeraient *cent francs* à l'État, par désintéressement patriotique, une valeur qu'ils pouvaient se procurer pour *soixante-dix-sept francs!* et pour *cinquante-et-un francs* quelques jours plus tard (1) !... « Considérant, disait le décret, qu'un grand
« nombre de citoyens a offert au gouvernement provisoire
« de la République le don volontaire et gratuit de sommes
« et valeurs considérables, considérant que la situation fi-
« nancière de la République *est trop rassurante* pour que le
« gouvernement puisse équitablement accepter ce témoi-
« gnage d'une patriotique abnégation ; considérant néan-
« moins qu'il importe d'accueillir, autant que faire se peut,
« ces nobles manifestations de dévouement à la patrie ; dé-
« crète, etc. » Les *sommes et valeurs considérables* dont parlait le décret consistaient en quelques centaines de mille francs en *dons patriotiques* adressés à la Commission installée à l'Élysée-National sous la présidence et vice-présidence de MM. Béranger et Lamennais qui, malgré des appels réitérés au patriotisme de tous les citoyens, purent à peine réaliser un million. Les capitalistes faisaient la sourde oreille ; mais les rares ouvriers occupés faisaient des prélèvement sur leur salaire, d'autres envoyaient le montant de leurs modiques épargnes ; des femmes du peuple sacrifiaient leurs cadeaux de noces, des jeunes filles leurs bijoux.

---

(1) « L'emprunt national n'est pas une opération financière, » lisons-nous dans l'exposé des motifs, « c'est une mesure politique. « Au moment où la rente est au-dessous du pair, le gouverne-
« ment de la République vient demander aux capitalistes grands et
« petits de montrer par un éclatant témoignage qu'ils regardent
« le crédit de l'État comme au niveau du pair.

C'était le peuple qui comme toujours donnait l'exemple de l'enthousiasme généreux et du désintéressement héroïque.

L'Emprunt national ne produisit que 400,000 francs. C'est alors que M. Garnier-Pagès engagea le gouvernement provisoire dans cette série de mesures incohérentes autant qu'impolitiques, qui toutes portent l'empreinte des dispositions réactionnaires non moins que de l'incapacité de leur auteur (1). La première en date et la plus fameuse est l'impôt des *quarante-cinq centimes*.

Le 29 février le gouvernement provisoire avait publié la proclamation suivante :

Le Gouvernement provisoire déclare :

Que tout système nouveau de politique doit se résumer dans un nouveau système de crédit et d'impôt ;

Que le système de taxe de la République française doit avoir pour objet une répartition plus équitable des contributions publiques ;

Que cette justice aura naturellement pour résultat d'améliorer la condition du peuple, et de diminuer les charges qui pèsent sur le travail ;

Qu'il existe aujourd'hui des impôts dont la suppression est très-légitimement réclamée ;

Qu'une des premières lois présentées à l'Assemblée nationale sera un nouveau budget, où le gouvernement provisoire donnera satisfaction à des vœux qu'il partage, et notamment en ce qui touche les impôts directs, l'octroi, le timbre de la presse périodique, et toutes les autres taxes qui frappent les subsistances du peuple et l'expression de la pensée.

Le gouvernement provisoire est résolu à proposer sincèrement à l'Assemblée nationale un budget sur les principes qui précèdent.

Mais il croit de son devoir le plus rigoureux de rappeler

(1) Ce qui fait dire à M. Charles Robin dans son *Histoire de la révolution de* 1848 : « La situation du Trésor n'était pas absolu-
« ment désespérée ; c'était la capacité financière de M. Garnier-
« Pagès qui était désespérante. »

aux citoyens que tout système d'impôt ne saurait été décidé par un gouvernement provisoire ; qu'il appartient aux délégués de la nation tout entière de juger souverainement à cet égard ; que toute autre conduite impliquerait de sa part la plus téméraire usurpation.

Il rappelle encore que la République française, bien qu'elle soit héritière d'un gouvernement de prodigalité et de corruption, accepte et veut fermement tenir tous les engagements, rester fidèle à tous les contrats ;

Qu'au milieu des difficultés passagères inséparables de toute grande commotion, il serait de la plus haute imprudence de diminuer les ressources du Trésor ;

Qu'on risquerait ainsi de suspendre ou de compromettre les services importants, qu'on pourrait encore moins songer à faire face aux événements dont la France et l'Europe peuvent être les témoins.

Par ces motifs, le gouvernement provisoire arrête :

Art. 1er. Tous les impôts sans exception continueront à être perçus comme par le passé ;

Art. 2. Les bons citoyens sont engagés, au nom du patriotisme, à ne mettre aucun retard dans le paiement de leurs taxes ;

Art. 3. Le gouvernement provisoire s'engage à présenter à l'Assemblée nationale un budget dans lequel seront supprimées les taxes sur le timbre de la presse périodique, l'octroi, le sel, et une loi qui modifiera profondément le système des contributions indirectes (1).

Il semblait que le gouvernement provisoire dût conformer toutes ses mesures à ce programme, un peu vague, mais dont les affirmations de principes étaient excellentes. S'il y avait à créer de nouveaux impôts, il fallait du moins éviter dans leur institution ce vice de répartition so-

(1) Le timbre fut aboli le 5 mars, sur les instances d'une députation des journalistes parisiens, et le gouvernement provisoire abolit aussi successivement l'impôt du sel et les droits d'entrée sur les boissons et sur les viandes de boucherie.

lennellement condamné. L'impôt sur les revenus, par exemple, eût été de toute justice. M. Garnier-Pagès prétendit que les formalités préalables de l'exécution entraîneraient de trop grandes lenteurs (1). Il suffisait cependant de décréter que tout contribuable serait tenu de déclarer les rentes qu'il possédait et d'acquitter la taxe correspondante à son revenu, en rendant passible d'un quadruple droit toute fixation sensiblement inférieure. L'enregistrement n'agit pas autrement pour les droits de succession. M. Garnier-Pagès préféra frapper un supplément d'impôt foncier de 45 centimes sur toutes les contributions directes.

Sans doute, à considérer cet impôt en lui-même, il est facilement justifiable, et nous avons eu depuis bien d'autres surtaxes extraordinaires à supporter, sans qu'elles aient provoqué toutes les réclamations qui s'élevèrent contre les 45 centimes de la République. Mais, dans la circonstance,

(1) Voici en quels termes s'exprime M. Garnier-Pagès dans l'Exposé des motifs du décret des 45 centimes : « J'aurais voulu « soumettre à votre approbation le plan d'un impôt sur le revenu. « Juste en principe, et plus juste que tous les autres, pour des « raisons qui sont aujourd'hui connues de tout le monde, l'impôt « du revenu, l'*income-tax* offre en outre le mérite d'une percep- « tion facile. Mais les formalités préalables de l'exécution entraî- « neraient de trop grandes lenteurs, trois ou quatre mois tout au « moins seraient indispensables pour la confection des rôles. En « vous proposant d'en consacrer dès aujourd'hui le principe et de « le substituer dans l'avenir à l'impôt actuel, je pense qu'il faut y « renoncer pour le moment. » Ces paroles contenaient du moins un engagement. Comment fût-il tenu ? — Dans la discussion qui s'engagea, à propos de la Constitution, entre les partisans de l'impôt proportionnel et ceux de l'impôt progressif, où l'impôt progressif fut repoussé, M. Garnier-Pagès s'abstint soigneusement et jamais il ne prit une seule fois la parole à l'Assemblée constituante pour défendre les principes démocratiques en matière d'impôt qu'il avait largement proclamés, mais en se gardant bien de les appliquer.

aucune mesure plus maladroite et même plus vexatoire ne pouvait être prise. C'était une arme que l'on mettait de gaîté de cœur entre les mains des partis hostiles et dont ils ne devaient pas manquer de se servir. Dans l'application, M. Garnier-Pagès ne tint aucun compte des justes observations qui lui furent faites sur les tempéraments qui eussent pu prévenir les inconvénients les plus graves de la mesure ; ce fut seulement lorsque les premières manifestations du mécontentement des habitants des campagnes se furent produites, que, sur les instances de M. Ledru-Rollin, on prit une décision dégrevant par une équitable mesure les contribuables qui seraient hors d'état de supporter cette contribution extraordinaire.

Une des choses qui excitèrent le plus de mécontentement, parce qu'en réalité elle était souverainement injuste, c'est que l'impôt des 45 centimes fut assis, non sur la base de l'impôt ordinaire, mais sur la totalité des emprunts extraordinaires que beaucoup de localités s'étaient imposées pour des travaux, si bien que les pays les plus grevés étaient encore surchargés. Le caractère de cette mesure de M. Garnier-Pagès est très-bien apprécié par Mme Daniel Stern dans son *Histoire de la révolution de* 1848 :

« Le ministre républicain qui croyait à la justice de l'im-
« pôt progressif et de l'expropriation pour cause d'utilité
« publique, sans toutefois mettre à exécution ni l'une ni
« l'autre de ces mesures, préféra recourir à des moyens
« opposés à l'esprit même des institutions démocratiques.
« Cette révolution que l'on déclarait faite par le peuple
« et *pour le peuple*, on la fit peser directement sur les
» masses. Cette République qui se donnait officiellement
« pour but l'*amélioration du sort de la classe la plus nom-*
« *breuse et la plus pauvre*, n'osa pas imposer aux classes
« aisées un sacrifice dont elle aurait exempté les nécessi-
« teux. Le gouvernement provisoire crut pouvoir faire im-

« punément dans une société démocratique ce qu'il voyait
« se pratiquer dans les États monarchiques et aristocrati-
« ques ; il augmenta l'impôt territorial, et cela au moment
« même où il remettait par le suffrage universel aux habi-
« tants des campagnes un moyen puissant de manifester
« leur mécontentement. Sa méprise fut chèrement expiée.
« De toutes les fautes qu'il commit, il n'en est point dont
« le contre-coup fût plus prompt, plus direct, plus mani-
« feste (1). »

Nous avons dit que les mesures financières de M. Garnier-Pagès portaient l'empreinte de ses dispositions réactionnaires non moins que de son incapacité. Outre les objections signalées par Mme D. Stern contre l'impôt des 45 centimes, il ne faut pas oublier que l'objet avoué de cette mesure fut l'entretien de l'armée, dont l'opinion révolutionnaire demandait, sinon le licenciement, du moins une transformation radicale dans le sens démocratique. « Les grandes nécessités
« de la situation, » dit M. Garnier-Pagès, dans sa proclamation, « sont le travail (lisez : *les ateliers nationaux*)
« et l'armée..... L'armée mérite d'occuper votre plus sé-
« rieuse attention. Avec un égal nombre de troupes, la Ré-
« publique est plus forte que le gouvernement déchu.
« Gardé par la nation tout entière, le gouvernement pro-
« visoire n'a pas besoin d'être entouré d'un cercle de
« baïonnettes, et, si des circonstances venaient à l'exiger,
« il peut porter en ligne au dehors ces bataillons qui, au-
« paravant, ne servaient qu'à couvrir la royauté. Mais, je
« puis le dire, car nous avons la certitude d'y remédier
« avec une suffisante rapidité, de même que les finances,
« l'armée a subi les atteintes de cette désorganisation que
« l'on introduisait systématiquement dans tous les ser-

(1) Cela n'empêcha pas M. Garnier-Pagès de dire dans son *Histoire* que cet impôt fut accueilli par *une approbation générale* et qu'il SAUVA LA FRANCE.

« vices. Il est urgent de lui donner ce qui lui manque. Plus
« cette organisation sera prompte, plus elle sera dispen-
« dieuse..... »

Nous en avons dit assez pour que nos lecteurs sachent
ce que signifiait ce langage dans la pensée de ceux qui le
tenaient : quand au prétexte ostensiblement allégué, il est
faux, et M. Garnier-Pagès serait bien en peine de nous dire
en quoi devait consister et surtout en quoi consista cette
réorganisation *dispendieuse*, inventée pour donner le change
aux méfiances du peuple.

Une subvention de 60 millions devait être, en outre, prise
sur le recouvrement des 45 centimes pour être allouée au
Comptoir d'escompte, créé par M. Garnier-Pagès, pour favoriser la négociation des effets de commerce à Paris et dans
les départements. « L'argent manque, dit Proudhon, le
« gouvernement fait des caisses pour le recevoir, des bu-
« reaux pour le compter. » L'organisation du Comptoir
d'escompte, qui répondait à une idée juste, ne fut pas
exempte des critiques qui s'attachent à tous les actes de
M. Garnier-Pagès et ne rendit pas immédiatement dans
tous les cas les services qu'on pouvait en attendre. Ce fut
cependant l'inspiration la plus heureuse de son administration, et c'est la seule des institutions établies par lui qui
ait subsisté.

Une autre mesure, prise par M. Garnier-Pagès dans ce
désarroi, fut l'établissement d'un impôt de 1 p. 0/0 sur les
créances hypothécaires : c'était le couronnement de cette
incapacité dont on avait déjà donné tant de preuves. La
mesure était absurde et impraticable ; car pour qu'elle de-
vînt efficace, il fallait que les débiteurs dénonçassent leurs
créanciers. Il y avait déjà là une invitation à la délation, qui
répugne profondément à nos mœurs. Mais, en outre, les débiteurs n'y avaient aucun intérêt. Que leur importait qu'une
partie des intérêts qu'ils payaient, au lieu d'aller dans la

12

poche de leurs créanciers, allât dans les caisses de l'Etat? Le moins qui pût leur arriver était de s'aliéner leurs créanciers qu'ils avaient intérêt à se maintenir bienveillants. Enfin, en faisant savoir que leurs biens étaient hypothéqués, ils perdraient leur crédit. Publierait-on le registre des hypothèques? C'eût été une révélation terrible et impopulaire. La conséquence inévitable, dans tous les cas, de cette mesure qui choquait toutes les notions les plus élémentaires de la morale politique et de l'administration financière, devait être la hausse de l'intérêt. C'est toujours finalement le débiteur qui paiera les impôts mis sur les créances, comme c'est toujours le consommateur qui paie les impôts sur la production.

Il fallait prendre des mesures radicales et décisives et l'on ne savait que recourir à des expédients pitoyables. Le jugement le plus modéré que l'on puisse porter sur l'administration de M. Garnier-Pagès est celui émis par M. Ledru-Rollin, dans sa déposition à l'enquête Quentin Bauchart : « Au gouvernement provisoire, Garnier-Pagès « a été un obstacle : il a cru qu'il fallait administrer les « finances de la République comme en temps ordinaire. »

L'exposé des motifs du décret établissant la contribution sur les créances hypothécaires contenait un nouvel engagement formel en faveur de l'impôt progressif : « Avant la « Révolution l'impôt était proportionnel. Donc, il était in- « juste. Pour être réellement équitable, l'impôt doit être « progressif. *Vous avez reconnu et proclamé ce principe. Il* « *sera mis en action dans le prochain budget de la Répu-* « *blique.* » Il en fut de cette promesse comme de tant d'autres, et dans la discussion qui eut lieu à l'Assemblée constituante contre l'impôt proportionnel et l'impôt progressif, où M. Garnier-Pagès s'abstint prudemment, MM. de Lamartine, Marie, Crémieux, votèrent pour l'impôt progressif contre l'impôt proportionnel. C'est ainsi que l'impôt sur les boissons, l'impôt sur le sel, l'impôt sur les viandes de boucherie, momentanément abolis par le gouvernement provisoire furent rétablis ensuite sans que ses membres aient fait le moindre effort pour s'y opposer ; heureux encore quand ils ne consacraient pas cette réaction par leur vote. M. Marie vota pour le rétablissement de l'impôt sur les boissons et M. de Lamartine vota même contre la réduction de l'impôt du sel, qui prévalut pourtant dans l'Assemblée constituante.

Nous avons dit comment la déconsidération publique avait clos le rôle politique de M. Garnier-Pagès en 1849. Il se tint coi pendant les années 1850 et 1851 : il ne saisit même pas, pour rentrer dans l'arène politique, l'occasion du coup d'État qui fournit à plus d'un des apostats de la République une brillante réhabilitation. A la faveur de l'oubli qui, sous l'oppression de la défaite de la liberté, a enveloppé les souvenirs d'un passé qui paraît déjà si loin de nous, M. Garnier-Pagès s'est refait dans ces dernières années une inconcevable popularité, et il prétend représenter la tradition sincère de la république de 1848. Il en a écrit l'histoire pour mieux dissimuler son rôle et pour enlever aux ignorants et aux curieux la tentation de se reporter aux documents historiques (1). Mais si cette tactique, favorisée par la complaisance de ceux qui, bien que plus respectables que lui, n'avaient guère le droit, à la vérité, d'être sévères, a pu en imposer aux gens de bonne foi, nous espérons que la présente publication sera pour lui le commencement de la justice sereine mais implacable, à laquelle doit toujours rester le dernier mot.

(1) C'est ainsi que M. Garnier-Pagès, qui, le 28 juillet, vota la loi contre les clubs, consacre tout un chapitre de son *Histoire* à faire l'apologie des clubs, « dont la création fut la conséquence forcée de la révolution de Février, » et à célébrer « *les nobles idées, les « dévouements, les grands éclats* des clubs. »

CHAPITRE VI

M. CARNOT

I

Un des premiers hommes, au concours desquels le gouvernement provisoire fit appel, fut M. Carnot, le fils du célèbre ministre de la République. Ce choix était heureux, et le nom de Carnot était de nature à apporter une grande force morale au gouvernement. M. Carnot raconte, dans son *Mémorial de* 1848, que, pendant que l'on hésitait au sujet du portefeuille de la Guerre, M. de Lamartine « que ses
« dernières études avaient profondément pénétré du sen-
« timent révolutionnaire » s'approcha de lui, et lui dit :
« Prenez ce ministère, votre nom y fera des merveilles. » On confia à M. Carnot un ministère qui, au point de vue révolutionnaire, et dans le courant des idées modernes, a une importance beaucoup plus grande que le ministère de la Guerre : celui de l'Instruction publique. Mme Daniel Stern, après avoir établi fort justement que le caractère de la Révolution de 1848, c'était « la transformation ascen-
« dante de la vie morale et matérielle du peuple, » ajoute :
« Le gouvernement provisoire et l'Assemblée constituante
« ont eu en leur puissance tous les moyens imaginables de
« hâter cette transformation par l'organisation de l'éduca-
« tion nationale, et par l'administration de la richesse pu-
« blique, réformées selon les principes de l'égalité démo-
« cratique. »

Nous avons vu à quel point M. Garnier-Pagès, chargé de l'administration des Finances, a manqué à ce rôle. M. Carnot y resta pareillement inférieur. Il fallait prendre sans hésiter une de ces mesures radicales qui peuvent, aux époques de révolution, décider de l'avenir d'un peuple et qui restent dans tous les cas l'éternel honneur du gouvernement qui a su en prendre la grande initiative. « Vous « auriez dû sans hésiter, » disait M. de Girardin, s'adressant dans la *Presse* aux membres du gouvernement provisoire, « proclamer la liberté sans exceptions comme sans « limites ; et, comme introduction à toutes ces libertés, « l'instruction gratuite à tous les degrés. » Le suffrage universel devait avoir pour corollaire l'instruction universelle. M. Carnot, assisté de MM. Jean Reynaud et Ed. Chartin, ne sut prendre aucune mesure décisive : il mit tous ses soins à ménager l'université et le clergé, tandis qu'il fallait réformer l'organisation et la méthode de l'enseignement, pour les mettre en rapport avec les nécessités démocratiques et les idées nouvelles du monde moderne. Il s'est contenté d'affirmer ses bonnes intentions dans quelques circulaires aux recteurs d'Académie et aux instituteurs, et de *mettre à l'étude* un projet de loi sur l'enseignement primaire, comme eût pu le faire un ministre de la monarchie. On peut lui appliquer le mot que nous avons cité de M. Ledru-Rollin sur M. Garnier-Pagès : il a cru qu'il fallait administrer l'Instruction publique de la République comme en temps ordinaire.

M. Carnot d'ailleurs, subissant complétement les préjugés universitaires, se préoccupait beaucoup plus de l'enseignement supérieur que de l'enseignement primaire, tandis qu'il eût fallu faire disparaître cette distinction, symbole de la distinction des classes, pour établir l'enseignement intégral et professionnel qui convient à une démocratie. Les mesures prises par M. Carnot relativement à l'enseignement supérieur ne furent d'ailleurs guère plus heureuses dans leur genre que les mesures financières de M. Garnier-Pagès. Il supprima la chaire d'économie politique au collège de France quand il eût fallu, au contraire, développer et étendre les études sociales ; il la réduisit à la statistique, dont il s'appliqua encore à rendre l'étude stérile en en morcelant les éléments (Statistique de la population, Statistique de l'agriculture, Statistique des mines, usines, arts et manufactures, Statistique des travaux publics, Statistique des finances et du commerce). Il eut l'idée de nommer plusieurs membres du gouvernement provisoire, MM. de Lamartine, Ledru-Rollin, Garnier-Pagès et Marrast, titulaires de chaires du collège de France, entretenant ainsi le misérable système du cumul, des émargements et des suppléants comme aux beaux temps de MM. Guizot et Cousin (1). Il fonda une école d'administration pour le recrutement des fonctionnaires, ce qui était bien la plus malencontreuse de toutes les inventions. Dans un pays démocratique et même en général dans un pays libre, les fonctions ne constituent pas un métier : elles sont un service public auquel la confiance de leurs concitoyens doit appeler les hommes qui ont donné dans leur carrière antérieure des gages de leur capacité et de leur patriotisme. La plaie du surnumérariat et du fonctionnarisme qui met en quelque sorte une armée civile au service de tous les gouvernements, est précisément un des grands maux de notre pays et constitue le principal obstacle au développement de nos mœurs publiques. Or, l'école d'administration de

(1) M. de Lamartine était chargé de professer le *Droit international et l'Histoire des Traités ;* M. Marrast, le *Droit privé (individuel et social) ;* M. Ledru-Rollin : l'*Histoire des institutions administratives françaises et étrangères,* M. Garnier-Pagès : l'*Economie générale et la Statistique des finances et du commerce.* M. Carnot raconte qu'il avait d'abord désigné M. Drouyn de Lhuys pour l'enseignement de Droit international. Pour le dédommager, il le nomma, par un arrêté spécial, membre de la haute Commission des études. Il dit à ce propos : « Ce qu'il (M. Drouyn de Lhuys) « désire surtout, je pense, c'est un baptême républicain. » Si M. Drouyn de Lhuys a demandé le baptême à la République, on sait que c'est à l'Empire qu'il a demandé la confirmation.

M. Carnot n'eût fait que développer et sanctionner cette plaie : du moment que les fonctions publiques sont un métier, et sont obtenues au concours, il ne peut plus être question de convenances ou de convictions personnelles de la part de ceux qui les occupent : c'est une carrière comme une autre, qui ne dispense pas plus qu'une autre sans doute de l'honnêteté privée, mais dans laquelle tous les scrupules politiques seraient hors de saison. Les fonctionnaires sont des instruments dociles et passifs dans la main des gouvernements qui se succèdent ; non-seulement ils doivent se rallier à tous les gouvernements, mais les gouvernements eux-mêmes ne pourraient pas se priver de leurs services sans porter atteinte à des droits acquis. Voilà la grande institution à laquelle M. Carnot ambitionnait d'attacher son nom (1).

Il faut encore mentionner l'institution du cours sur la condition des femmes, « qui devait contribuer à préparer « l'avenir, » confié à M. Legouvé. « Considérant, » dit le décret qui institue ce cours, « qu'il est convenable d'éclai-« rer l'opinion publique par des études et des discussions « sérieuses sur une matière aussi importante et aussi agi-« tée... » — « Il est impossible, » dit M. Carnot, dans son *Mémorial de* 1848, « de ne pas prévoir que le plus pro-« chain mouvement social aura pour résultat de modifier « la position des femmes et de les relever de l'état de mi-« norité où elles sont maintenant. » D'autre part, M. Carnot autorisait M. Ortolan, professeur à l'École de droit, à « faire aux jeunes gens un enseignement spécial sur les

---

(1) M. Carnot qui parle avec orgueil de « la grande École d'ad-« ministration, sœur de l'École polytechnique, » dont il rêvait de doter la France, nous apprend qu'il n'obtint pas sans peine du gouvernement provisoire, « le principe de cette création nouvelle. » « Deux de ses membres ont seuls paru en comprendre l'importance. « C'est Marrast et Louis Blanc. »

« principes du gouvernement républicain moderne. » Ces leçons furent accueillies avec enthousiasme, dit-il, mais il en est resté ce qui reste de l'enthousiasme, et c'est le tort impardonnable de M. Carnot, de n'avoir su signaler son passage au pouvoir par aucune mesure sérieuse et efficace dans le sens de l'enseignement populaire.

M. Babaud-Laribière, dans son *Histoire de l'Assemblée constituante*, écrit à propos des funestes journées de juin :
« La cause première de la guerre civile était dans la misère
« du peuple, exalté par des enseignements funestes et des
« promesses irréalisables. Aussi se place naturellement ici
« un reproche grave qui pèsera toujours sur le gouverne-
« ment provisoire et sur l'Assemblée. Comment, en pré-
« sence de l'ignorance populaire et de tant de prédications
« insensées, leur premier soin ne fut-il pas d'organiser
« l'éducation publique? Chaque jour de perdu nous réserve
« peut-être de nouveaux malheurs, et peut-on comprendre
« une société où l'exercice de la souveraineté est remis à
« des hommes qui n'ont pas reçu le bienfait d'une éducation
« commune, et qui ignorent peut-être l'étendue de leurs
« droits et la gravité de leurs devoirs? La souveraineté du
« peuple est inaliénable et imprescriptible. Le gouverne-
« ment provisoire ne pouvait méconnaître ce principe ; il
« eut raison de le proclamer et d'en faire la base de sa
« politique. Mais son commentaire indispensable, sa con-
« séquence nécessaire étaient une loi d'éducation publique,
« gratuite, obligatoire et commune pour tous les citoyens.
« Comment n'eut-il pas la force ou la volonté de la donner
« à la France, au moment même où il appelait le peuple à
« l'exercice du suffrage universel? Cette institution serait
« maintenant en vigueur, et qui sait si, dans quelques an-
« nées, ses bienfaits ne préviendraient pas bien des mal-
« heurs? »

M. Babaud-Laribière rend bien hommage aux bonnes

intentions de M. Carnot ; mais les gouvernements comme l'enfer sont pavés de bonnes intentions : cela ne suffit pas, M. Carnot qui fut ministre de l'Instruction publique, sous le gouvernement provisoire et sous la commission exécutive et qui ne rencontra alors aucun obstacle de la part de ses collègues ni de personne, ne devait pas se contenter de mettre la question à l'étude, il devait réunir par devers lui les éléments de la solution et profiter du premier moment qui était si favorable pour prendre une mesure décisive. Mais M. Carnot n'avait ni l'intelligence, ni le caractère révolutionnaires.

Le principal acte de son ministère fut une circulaire adressée le 6 mars aux recteurs d'Académie. Dans cette circulaire il les invite à travailler à la formation des enfants comme citoyens et à faire appel au corps des instituteurs primaires pour cette œuvre patriotique : « Que nos trente-
« mille instituteurs primaires, s'écrie-t-il, se lèvent à mon
« appel pour se faire immédiatement les réparateurs de
« l'instruction publique devant la population des campa-
« gnes. Je les prie de contribuer pour leur part à fonder la
« République ! Il ne s'agit pas, comme au temps de nos
« pères, de la défendre contre le danger de la frontière ; il
« faut la défendre contre l'ignorance et le mensonge ; et
« c'est à eux qu'appartient cette tâche. »

Le ministre appelle ensuite l'attention des recteurs d'Académie sur les élections, et il dit : « La plus grande erreur
« contre laquelle il faille prémunir les populations de nos
« campagnes, c'est que, pour être représentant, il soit né-
« cessaire d'avoir de l'éducation ou de la fortune. Quant à
« l'éducation, il est manifeste qu'un brave paysan, avec du
« bon sens et de l'expérience, représentera infiniment
« mieux à l'Assemblée les intérêts de sa condition qu'un
« citoyen riche et lettré, étranger à la vie des champs ou
« aveuglé par des intérêts différents de ceux de la masse

« des paysans. Quant à la fortune, l'indemnité qui sera
« allouée à tous les membres de l'Assemblée suffira aux plus
« pauvres. Il ne faut pas oublier que, dans une grande
« assemblée comme celle qui va se réunir, la majeure partie
« des membres remplit le rôle de jurés. Elle juge, par oui
« ou par non, si ce que l'élite des membres propose est
« bon ou mauvais. Elle n'a besoin que d'honnêteté et de
« bon sens; elle n'invente pas. Voilà le principe fonda-
« mental du droit républicain en ce qui concerne l'Assem-
« blée nationale... »

Cette circulaire fut vivement attaquée par les partis réactionnaires; on l'assimila aux fameuses circulaires de M. Ledru-Rollin; on accusa le ministre de l'Instruction publique d'avoir des idées subversives de tout ordre social, de faire l'apologie de l'ignorance et de recommander l'élection des *ignorants* de préférence aux gens instruits. M. Carnot repoussa très-vivement ces accusations et se défendit surtout de tout rapprochement avec M. Ledru-Rollin :

« La circulaire du 6 mars, » dit-il, dans une brochure sur son administration, « a été présentée comme un complément
« de celles qui émanaient du ministre de l'Intérieur; on l'a
« présentée comme issue de la même pensée. Je ne m'en
« doutais guère lorsque j'exprimais si franchement mon
« déplaisir au sujet des publications de mon collègue.

« Il faut bien que je m'explique à cet égard, comme je
« l'ai déjà fait chaque fois que l'occasion s'en est offerte.
« Tous les membres du gouvernement provisoire étaient
« également dévoués aux intérêts démocratiques; mais il
« régnait entre eux deux manières diverses d'envisager la
« situation, et par conséquent de diriger la politique. Ces
« deux tendances se personnifiaient, aux yeux du public
« surtout, dans MM. de Lamartine et Ledru-Rollin. *Je n'ai
« pas besoin de dire que depuis longtemps mes sympathies
« appartenaient au premier.* »

Cette explication indique nettement l'attitude politique de M. Carnot. En réalité, ses recommandations étaient dictées par le désir de contrebalancer l'influence des ouvriers des villes, que les républicains modérés redoutaient comme acquis aux idées radicales et socialistes. Et l'idée exprimée que l'instruction primaire suffisait à la masse des citoyens, mais qu'il fallait à la République une *élite d'hommes* pour la diriger, était une idée toute aristocratique et de nature à provoquer les justes susceptibilités des démocrates.

Malgré les antipathies avouées de M. Carnot pour les hommes de la Révolution, les ultramontains, les légitimistes et les orléanistes de la Chambre ne purent consentir à transiger avec lui, et ils se coalisèrent pour déterminer sa retraite. Il avait été maintenu au ministère de l'Instruction publique par le général Cavaignac ; mais les hostilités s'ouvrirent contre lui dans la séance du 5 juillet. M. Boujean donna le signal, en rappelant la circulaire du 6 mars et en dénonçant un *Manuel républicain de l'homme et du citoyen, publié sous les auspices du ministre provisoire de l'Instruction publique*, par M. Charles Renouvier, dans lequel se trouvaient des maximes socialistes *détestables*. M. Carnot n'hésita pas à reconnaître que les doctrines de M. Renouvier étaient contestables, et que lui-même contesterait plusieurs de celles émises dans le livre signalé ; mais il fit observer que ces manuels « avaient été composés au milieu
« de l'orage des passions, alors qu'il eût été difficile d'exer-
« cer une censure sévère ; » qu'en tous cas, ils n'avaient pas été publiés *sous l'approbation* du ministre, mais *avec son autorisation*. Il s'efforça d'élever le débat au-dessus de l'incident, en faisant l'apologie de son ministère ; il dit qu'il était tout dévoué à la cause de l'enseignement populaire, mais il protesta en même temps de ses sentiments religieux et conservateurs : « *Le ministre de la religion*, le maître

« d'école, dit-il, sont à mes yeux les deux colonnes sur les-
« quelles doit s'appuyer l'édifice républicain. » Mais
M. Carnot était condamné d'avance, et il dut se retirer
devant les sentiments de défiance de l'Assemblée, constatés
par un vote (1). C'est ainsi que M. Carnot, comme beaucoup
d'autres, en fut pour ses avances au parti modéré, qui représente généralement aux époques révolutionnaires le
parti de la réaction, et il s'aliéna les sympathies des révolutionnaires sans aucun profit personnel et sans aucun profit pour la cause de la République, compromise au contraire
par une faiblesse équivalente d'une trahison. « L'histoire
« hait les dupes, » a dit excellemment M. Quinet dans *Marnix
de Ste-Aldegonde ;* « elle les met presque au niveau des cou-
« pables, et ce n'est qu'une demi-injustice. Être abusé,
« c'est presque toujours le signe d'une situation fausse. Un
« degré de plus d'intégrité de votre part, et vous n'eussiez
« pas été trompé. »

II

La phrase de M. Carnot, dans le discours apologétique de
son administration, citée ci-dessus, nous rappelle qu'il était
ministre des Cultes en même temps que de l'Instruction
publique. C'est sur lui principalement que retombe la responsabilité de cette faiblesse incroyable, par laquelle le
gouvernement provisoire, prenant au sérieux les protestations perfides du clergé, livra la République à ses plus redoutables ennemis.

Le premier acte du ministre des Cultes fut d'appeler la
bénédiction du clergé sur la République :

« Le gouvernement provisoire, fermement résolu à main-
« tenir le libre exercice de tous les cultes, et voulant asso·

(1) M. Jules Favre vota avec la droite, pour l'amendement Bonjean contre M. Carnot.

« cier la consécration du sentiment religieux au grand acte
« de la liberté reconquise, invite les ministres de tous les
« cultes qui existent sur le territoire de la République à
« appeler la bénédiction divine sur l'œuvre du peuple, à
« invoquer sur lui l'esprit de fermeté et de règle qui fonde
« les institutions.

« En conséquence, le gouvernement provisoire engage
« M. l'archevêque de Paris et tous les évêques de la Répu-
« blique à substituer à l'ancienne formule de prières les
« mots : *Domine, salvam fac Rempublicam.* »

« Que signifiait, demande M. Edgard Quinet dans son livre remarquable sur l'*Éducation du Peuple*, « ce baptême
« qu'allait chercher la révolution de 1848 ? Le voici : En
« France, toute révolution qui reconnaît qu'elle n'a pas en
« soi une force morale assez grande pour soutenir et sauver
« la société, est une révolution qui se livre. Déclarer qu'elle
« a besoin d'une autre puissance que la sienne, c'est tomber
« sous la dépendance de cette puissance étrangère. Rien,
« en un mot, ne peut corriger ce premier manque de foi.
« Quelle est la différence de la révolution de 1789 et de
« celle de 1848 ? La première a cru qu'elle pouvait sauver
« le monde par sa propre énergie spirituelle ; elle a enfanté
« les grandes choses et les grands hommes que l'on con-
« naît. La seconde a cru qu'elle ne pouvait sauver le monde
« si elle n'avait l'appui du prêtre. Elle est allé nécessaire-
« ment aboutir à l'expédition romaine. »

On se rappelle cette comédie aux représentations mul-
tiples, qui fit le tour de la France : la bénédiction des ar-
bres de la liberté. M. Quinet raconte ainsi une de ces scènes
qui eussent pu inspirer à un nouveau Boileau un digne
pendant du *Lutrin :*

« Le lendemain du jour d'émancipation, d'ardents amis
« me pressent d'accourir au pied de la montagne Sainte-
« Geneviève. Il s'agissait pour nous d'inaugurer de nos

« mains la victoire de la philosophie. J'arrive : la place
« était déjà remplie d'un peuple frémissant d'enthousiasme.
« Je m'arrête au bord de la fosse où l'arbre allait être en-
« raciné. Sur l'autre bord était notre maire, le sculpteur
« David (d'Angers) qui n'a point, j'imagine, perdu le sou-
« venir de ce moment. Un murmure solennel s'échappe de
« cette foule attendrie. Elle se découvre, il se fait un mo-
« ment de silence sacré. Du fond de la terre surgit, porté
« par l'enthousiasme, un homme en surplis. Il ouvre ses
« lèvres auxquelles étaient suspendus des milliers d'hom-
« mes, et voici les paroles qui tombent dans la fosse :
« *Messieurs, cet arbre de la liberté nous est donné par les*
« *dames du Sacré-Cœur.* Mille voix répondirent ; l'accent
« en monta jusqu'aux nues. O sublime ironie de la Bible,
« je te savourai en ce moment dans toute ta grandeur ! »

Il faut lire, dans l'*Histoire* de M. Garnier-Pagès, le récit
sérieux de ces momeries qui remplissent encore d'enthousiasme, à vingt ans de distance et après les graves
enseignements qui ont suivi, l'ancien collègue de M. Carnot. « Les chefs provisoires de l'État, les chefs de clubs,
« dit M. Garnier-Pagès, s'associent aux chefs du clergé
« dans ce mouvement de l'opinion publique. *N'est-ce pas*
« *l'un des faits les plus remarquables de la révolution*
« *de 1848* (1) ? »

---

(1) « Caussidière lui-même, le terrible Caussidière, dit Proudhon
(*Confessions d'un Révolutionnaire*), « faisait rendre au service du
« culte l'église de l'Assomption, dont les patriotes avaient fait un
« club. Et vous êtes surpris que le Pape soit à présent plus
« maître à Paris qu'à Rome ! » M. Carnot, dans le Compte rendu
des actes de son ministère, qu'il présenta le 6 mai à l'Assemblée
constituante, explique comment il s'est associé, sans réserve à
cet entraînement populaire : « A l'égard du clergé, notre con-
« duite, nous eût été tracée, au besoin, par la conduite même du
« peuple, à qui appartient toujours l'initiative des inspirations gé-
« néreuses. Le respect qu'il a constamment témoigné, dans ces

M. Carnot nous raconte lui-même (*Mémorial* de 1848) comment tout imbu des anciennes idées de la Constitution civile du Clergé, il ne songeait qu'à associer plus étroitement l'Église à l'État et comment il combattit de toutes ses forces l'idée nouvelle de la séparation de l'Église et de l'État, que M. de Lamartine notamment défendait auprès du gouvernement provisoire : « Napoléon, dans ses idées
« monarchiques, tâchait de gagner les évêques pour do-
« miner par eux le clergé. Nous devons suivre la marche
« inverse, et émanciper le clergé inférieur, dont une portion
« nombreuse, imbue des principes démocratiques, travail-

« circonstances solennelles, aux ministres de la religion, eût suffi
« pour commander le nôtre, si nous ne l'avions trouvé profondément
« imprimé dans notre conscience et dans la conviction intime que
« la foi en Dieu est le principe même de toute foi sérieuse en la
« grandeur de la destinée humaine. » M. Garnier-Pagès célèbre la sincérité des manifestations du clergé : « La bonne foi du clergé
« apparaît évidente : elle est constatée par tous les documents
« sans exception. » A l'appui, il cite un mandement de l'évêque de Langres, M. Parisis, qui fait l'apologie de la République avec des arguments tels que ceux-ci : « Une république peut être inof-
« fensive, car on a dit longtemps la République des lettres, pour
« signifier la littérature. Une république peut-être même très-
« sainte, car on a toujours dit, non pas la monarchie, mais la
« république chrétienne, pour signifier l'Eglise. Or quoi de plus
« inoffensif en soi que la littérature, et quoi de plus saint que
« l'Eglise de Dieu? » M. Garnier-Pagès cite encore avec la même naïve admiration cette péroraison d'un discours de M. Beuzelin, curé de la Madeleine, à la bénédiction d'un arbre de la liberté sur la place de la Révolution : « Pour nous, en échange des bénédictions
« que vous nous demandez, nous ne réclamons d'autre privilége
« *que d'être toujours les pères de nos frères.* » Enfin il cite sérieusement et avec candeur une lettre finement ironique de l'abbé de la Trappe de Mortagne (Orne) au journal *la République française*, dans laquelle il réclame en faveur des associations religieuses :

« Las de gémir avec vous sous le joug d'un despotisme d'autant
« plus révoltant qu'il prenait le masque de la légalité, nous vous
« avons quitté pour venir au désert respirer l'air pur de la vraie

« lerait avec zèle à consolider l'établissement républicain.
« Mais le joug de la crainte et les habitudes de l'obéissance
« absolue pèsent lourdement sur ces hommes : ils n'osent
« parler tout haut; nous ne connaissons leurs sentiments
« que par des confidences. Un décret qui proclamerait l'i-
« namovibilité des desservants serait accueilli comme une
« parole de délivrance. Cela ne suffirait pas cependant. Le
« principe de l'élection doit pénétrer au sein du clergé, qui
« deviendrait alors par son institution, et bientôt par son
« esprit, véritablement national. Une négociation ouverte
« sur ces bases avec la cour de Rome aurait un facile
« succès en ce moment, et le principe établi par cette voie

« liberté, qui n'est autre chose que le droit de faire ce qui ne nuit
« point à autrui. Depuis l'heureux jour de notre entrée à la Trappe,
« nous avons vécu sous des lois votées par nous; nous avons obéi
« à un homme choisi par nous, et qui ne trouve dans sa charge
« d'autre privilége que celui de la responsabilité. Faire la loi et lui
« obéir volontairement, remarquez-le bien, messieurs, c'est la plus
« haute expression de la liberté. Quant à l'égalité, elle n'existe
« que parmi nous, où, pour faire le niveau, le riche se rend pauvre
« et le maître, serviteur de ses anciens domestiques. L'abolition
« des titres de noblesse ne date à Paris que du mois de février
« dernier. Mais notre législateur l'avait prononcée dès le seizième
« siècle, et il ne nous a laissé d'autre nom que celui de Frères. Saint
« Benoît n'a pas écrit la fraternité sur notre bannière, mais il l'a
« gravée dans nos cœurs. Nous avons trouvé ici une république
« beaucoup plus avancée que celle que vous voulez fonder en
« France, puisqu'elle est toute faite. Nous n'avons pas besoin de
« nous livrer à de nouvelles études sur la meilleure forme de gou-
« vernement à adopter, ni sur l'organisation du travail, ni sur
« l'association des travailleurs, ni sur l'économie domestique,
« parce que ces questions sont depuis longtemps réduites ici en
« pratique, tandis que chez vous elles n'apparaissent que comme
« des théories et des systèmes. » Le *Représentant du peuple* était
mieux avisé lorsque dans son n° du 29 février il disait sous cette
rubrique, *Nouvelles démenties* : « Il n'est pas vrai que le citoyen
« archevêque de Paris et tout le clergé de France soient devenus
« tout d'un coup républicains. »

« régulière ne donnerait lieu à aucun schisme. Cette
« affaire eût été conduite à bien, plus aisément encore, il y
« a un mois, quand j'en ai parlé pour la première fois (1).
« La suppression du casuel, ou du moins sa transformation
« est encore chose possible et désirable. Soit qu'on le fasse
« percevoir par les agents financiers, pour le répartir équi-
« tablement entre tous les curés; soit qu'on le remplace par
« une convenable augmentation du traitement fixe. On mé-
« contentera sans doute le clergé de quelques départements,
« mais on établira dans son sein l'égalité évangélique. J'ai
« vainement, à plusieurs reprises, essayé d'entretenir de
« ces objets le gouvernement provisoire, je ne parviens pas
« à lui faire ouvrir les oreilles. Je rencontre un obstacle
« invincible dans l'indifférence ou le voltairianisme de
« quelques-uns de ses membres et dans le parti pris de La-
« martine sur la séparation complète de l'Église et de l'État.
« Nous arriverons à l'Assemblée nationale, j'en ai grand
« peur, sans avoir rien fait. »

Si le gouvernement provisoire n'a pas commis quelques fautes de plus ou ne s'est pas donné quelques ridicules de plus par une immixtion arbitraire et inconsidérée dans l'administration intérieure du clergé, on voit que ce ne fut pas la faute de M. Carnot : la Constitution civile du Clergé, qui froissait tous les sentiments des catholiques, fut la grande faute de la Constituante de 1789 et provoqua la redoutable insurrection de la Vendée. C'est une prétention intolérable et ridicule que de vouloir *établir l'égalité dans le sein du clergé,* en intervenant dans des rapports qui ne relèvent que de la foi religieuse, comme par exemple la soumission des prêtres à l'autorité du pape. La religion n'est pas une institution civile : elle relève de la conscience privée. L'alliance de l'Église et de l'État choque à la fois les croyants

(1) Ceci est écrit dans le courant d'avril 1848.

et les libres-penseurs ; la véritable garantie de la liberté et de la dignité pour les uns et pour les autres est dans la séparation. Vous n'avez pas le droit de m'obliger à payer les frais d'un culte que je ne reconnais pas. Mais aussi vous n'avez pas le droit de me troubler dans mes pratiques religieuses, sous prétexte de garantir une liberté et une égalité, dont ma foi me recommande précisément l'abnégation ! Si M. Carnot eût eu le véritable sentiment révolutionnaire, il se fût préoccupé de séparer l'Église de l'État et l'École de l'Eglise, mais il était imbu de préjugés surannés ; il ne parvint ainsi qu'à choquer également toutes les opinions et à compromettre la République.

Il faut cependant lui tenir compte d'un acte vraiment intelligent et libéral qu'il accomplit dans ces fonctions délicates de ministre des Cultes. L'évêque de Châlons publia une lettre furibonde contre les commissaires du gouvernement, à propos de la destitution de deux curés prononcée par l'un de ces fonctionnaires :

« De tels hommes chargés du pouvoir font à la Républi« que le plus grand tort, disait l'évêque. *Leur présence* « *dans un pays y est un fléau, et je ne m'étonne pas qu'ils en* « *soient ensuite honteusement chassés*, comme on l'a vu en « quelques contrées. Je m'unis à tous les évêques pour « protester de toutes mes forces contre de tels abus de « pouvoir, qui jusqu'ici étaient sans exemple. Celui-ci est « le comble de l'extravagance et de l'impiété ; on y a « dépassé toutes les bornes, et tout mon diocèse demande « que justice soit rendue. »

Pour toute peine, M. Carnot fit publier cette lettre au *Moniteur :* « Il n'y a d'autre mesure à prendre à l'égard de « cette lettre que de lui donner une publicité plus grande « encore que celle qu'elle a reçue, afin de laisser à la rai« son publique le soin d'apprécier la convenance des atta« ques qu'elle contient. »

III

M. Carnot faisait partie de la Chambre des députés sous le gouvernement de Juillet. Il s'était d'abord placé dans les rangs de l'opposition républicaine. Mais ensuite il se rallia au parti constitutionnel, et expliqua cette attitude dans une brochure intitulée *les Radicaux et la Charte*, publiée en 1840. Dans cette brochure, il exprime son désir de se conformer à la volonté nationale attachée aux institutions de Juillet, et montre que la réforme n'est pas incompatible avec la Charte. « Insensé, dit-il, quiconque deman-
« derait aux révolutions ce qu'il peut obtenir du simple
« vœu des électeurs. »

Il avoue lui-même que la révolution de 1848 le surprit, et qu'il l'accueillit avec plus de regrets que d'enthousiasme :
« Je ne prévoyais pas une révolution imminente ; peut-être
« même eussé-je préféré une réforme assez profonde pour
« affermir le sol sous nos pieds et servir de point d'appui
« à un progrès ultérieur. Jusqu'aux dernières journées, j'ai
« cru cette solution possible. » Nous avons dit ses démarches auprès de M. Odilon Barrot, et le soin qu'il apporta toujours à se séparer de M. Ledru-Rollin et des républicains radicaux.

Nous avons vu, dans ces derniers temps, M. Carnot qui, en 1857, avait refusé de prêter serment à l'Empire, prêter en 1863 le serment préalable et se rallier à l'opposition dynastique.

Dans sa profession de foi adressée en 1839 aux électeurs de la Seine, M. Carnot disait : « Dans l'admiration pro-
« fonde que m'inspire la vie de mon père, je me suis habi-
« tué à en faire ma boussole morale et politique. Jamais
« je ne me suis trouvé en présence d'une circonstance
« grave sans me demander comment il aurait agi, pour
« tâcher de l'imiter ; et j'ai puisé dans cette règle de con-

« duite des satisfactions de conscience qui m'enlèvent la
« pensée d'en jamais changer. »

Quelques personnes ont pensé que M. Carnot, en se ralliant à la monarchie de Juillet, puis à l'Empire, avait manqué à cet engagement pris vis-à-vis de la mémoire de son père. Mais il résulte des *Mémoires* qu'il a publiés récemment sur son père, que l'ancien ministre Jacobin n'avait point du tout le caractère austère et inflexible que le préjugé populaire lui attribue généralement. Le principe de sa conduite était au contraire « que la volonté nationale « doit toujours prédominer sur toute volonté particulière, » et en conséquence que les bons citoyens doivent toujours se rattacher au gouvernement consacré par la volonté nationale. C'est pour cela que Carnot se résigna successivement à prêter son concours aux divers gouvernements républicains, à l'Empire et à la Restauration elle-même, et il eut pareillement adhéré sans aucun doute, comme l'a fait son fils, à la monarchie de Juillet et au second Empire. « La résignation d'ailleurs lui est moins difficile qu'à bien « d'autres, dit M. Carnot, car il croit que des institutions « incomplètes, pourvu qu'elles soient loyalement interpré-« tées selon le sentiment public, peuvent suffire longtemps « au gouvernement des peuples. »

La mise en action de cette théorie dans la vie de Carnot est curieuse, et peut fournir à cette époque de dissolution des caractères plus d'une consolation à bien des gens. C'est ainsi que M. Carnot se félicite que son père ait été absent de la Convention, retenu aux armées par les soins de la défense nationale, lors de la proscription des Girondins, parce qu'il eût pu se laisser entraîner à prendre leur défense, et que cela eût pu avoir des conséquences fâcheuses pour lui. A son retour à Paris, Carnot s'associe à tous les actes du Comité de salut public, et donne *sans lire* sa signature à tous les ordres d'arrestation, à ce point qu'il lui arrive de livrer ses amis les plus chers, et jusqu'à l'hôtesse chez laquelle il demeurait. Mais après le 9 thermidor, il lance une proclamation furieuse contre Robespierre, qu'il qualifie d'*infâme tyran*, et il flétrit sans hésiter le gouvernement auquel il avait pris une part si importante : « Les traîtres « ont reçu le prix de leurs forfaits ; la représentation nationale a délivré la France de ses modernes Catilinas : « Robespierre et ses complices ne sont plus. L'oppression « a disparu, tous les cœurs s'ouvrent aux plus doux épan- « chements et l'allégresse a pris la place de la consterna- « tion dans Paris. »

Carnot ne fit point à l'Empire la résistance énergique que l'on croit. Il est vrai qu'il vota contre le consulat à vie comme membre du Tribunat ; mais ses collègues lui ayant demandé d'effacer sa protestation du registre de leurs délibérations, Carnot, « peu jaloux de faire parade de son « opposition, » les autorisa à supprimer du registre tout ce qui pourrait donner matière à inquiétude. On songea alors que la rature ne manquerait pas d'attirer l'attention et la colère du terrible consul, et Lucien Bonaparte eut la belle inspiration de détruire le registre et d'en faire un nouveau. « *Carnot se prêta à ce qu'on désirait.* » On ne peut être plus accommodant. Il fit un discours pour protester contre le rétablissement de l'Empire, mais en déclarant formellement son intention de se soumettre à la loi lorsqu'elle serait votée, et il continua à siéger au Tribunat. On dit même que Napoléon ne fût pas fâché de cet acte unique d'opposition, qui faisait d'autant mieux ressortir l'entraînement universel de la France vers lui.

L'empereur conserva pour lui une sympathie très-vive ; il lui fit une pension, et *pour que la délicatesse ombrageuse de Carnot fût pleinement satisfaite*, il lui demanda en échange un *Traité de la défense des places fortes* pour l'école de Metz, où d'ailleurs pas un exemplaire ne fut envoyé. M. Car-

not nous dit qu'il s'en fallût de peu que son père fut appelé au Sénat. On sait comment, en 1814, il offrit spontanément ses services à l'Empereur, et se chargea de la célèbre défense d'Anvers. On connaît moins la proclamation adressée aux habitants de cette ville, après la chute de l'Empire, par laquelle il se rallie spontanément, sans hésitation, à Louis XVIII, et traite Napoléon tombé avec aussi peu de ménagement qu'il avait traité Robespierre au lendemain du 9 thermidor : « Soldats, nous sommes restés fidèles à
« l'Empereur Napoléon jusqu'à ce qu'il nous ait lui-même
« abandonnés. Il vient de renoncer à un pouvoir *dont il*
« *avait si longtemps abusé;* il vient d'abdiquer un empire
« dont il ne pouvait plus tenir les rênes ; nous sommes à
« son égard déliés du serment de fidélité. Quant au nou-
« veau souverain qui va être proclamé, on ne peut raison-
« nablement douter que ce ne soit Louis XVIII. *L'ancienne*
« *dynastie va reprendre* SES DROITS : *les descendants de*
« *Henri IV vont remonter sur le trône de leurs pères.* »

M. Carnot nous rapporte que son père, aussitôt de retour d'Anvers, alla aux Tuileries offrir ses services à la Restauration : « *Pour ne laissser aucun doute sur ses senti-*
« *ments*, il reprit la croix de Saint-Louis, dont il avait été
« décoré avant la Révolution. » Mais Louis XVIII le reçut avec un dédain humiliant et affecta de détourner de lui son regard. Cet accueil scandalise fort encore aujourd'hui M. Carnot fils. On comprend que Carnot père en ait conçu un dépit profond ; mais il faut bien reconnaître que ce ne fut pas Louis XVIII qui, en cette circonstance, manqua de dignité.

Aux Cent-Jours, il s'empressa de porter ses services à Napoléon. La nouvelle Restaution l'exila ; il eût dû prendre les devant et s'expatrier volontairement.

Voilà ce que fut Carnot (1). Son fils a réglé fidèlement sa

(1) Après le vote du 5 juillet, M. Carnot publia une brochure

conduite sur cet exemple. L'étude de l'histoire est utile pour apprendre à bien connaître les hommes; et c'est toujours pour s'être confié inconsidérément aux hommes que le peuple en France a compromis le résultat de toutes ses révolutions.

CHAPITRE VII

M. ARMAND MARRAST.

M. Marrast, rédacteur en chef successivement de la *Tribune* et du *National*, était un des journalistes les plus distingués de la presse républicaine; arrêté lors des affaires d'avril, plusieurs fois poursuivi et condamné, il n'avait jamais faibli un instant dans ses convictions. Mais il lui restait à subir une dernière et redoutable épreuve : celle du pouvoir. A celle-là son caractère ne résista pas. C'est à lui que Béranger, qui, avec sa connaissance profonde des hommes, l'avait deviné, disait : « Ce qui m'inquiète, ce « n'est pas la différence de vos convictions, c'est la res- « semblance de vos ambitions. »

sur son ministère, dans laquelle il se présenta comme une victime de la réaction des partis cléricaux et dynastiques coalisés. Cette brochure lui attira une réplique de MM. Bonjean, Baze, Besnard, de Falloux, Vesin et Desèze qui avaient pris l'initiative du vote contre lui. Nous relevons dans cette réplique le passage suivant, cruellement piquant, dont l'épigramme est d'autant plus sanglante qu'elle porte juste : « Enfin, monsieur et honorable collègue, nous
« n'avons pas davantage songé à poursuivre en vous la mémoire il-
« lustre de monsieur votre père. Comment donc pourrait se justifier
« une telle hostilité? Il a servi la France avec le même éclat, soit
« sous la forme républicaine, soit sous la forme monarchique, et
« l'un ou l'autre des partis qui voudrait se l'approprier ou l'exclure
« serait inconséquent. »

M. Marrast, quatre jours après le 24 février, recevant une députation des directeurs de journaux dans une des salles de l'Hôtel-de-Ville, leur faisait cette déclaration qui était tout un programme de gouvernement : « La liberté de « la presse, on ne peut pas gouverner avec elle (1). »

Nous avons déjà indiqué quelle avait été l'attitude de M. Marrast, provoquant les gardes nationaux à la guerre civile, et passant en revue avec M. Marie les ouvriers des ateliers nationaux ; nous avons raconté sa petite manœuvre perfide contre M. Louis Blanc et comment il avait fallu le mettre au pied du mur pour l'obliger à désavouer la calomnie qu'il avait si habilement propagée. M. Armand Marrast fut, au gouvernement provisoire, un des partisans les plus ardents de la réaction, et il faisait de la réaction pour la réaction, avec une sorte de raffinement et en même temps de désintéressement d'artiste. La mairie de Paris devint le foyer de la conspiration modérée. M. Marrast avait organisé une police particulière au moyen de laquelle il surveillait ses collègues, MM. Louis Blanc et Ledru-Rollin ; et tandis qu'il préparait d'un côté la résistance, il tendait de l'autre côté le piége de ses provocations. Il n'avait pas songé à faire du pouvoir un autre usage que de pratiquer à son tour ces mêmes machinations odieuses et honteuses qu'il avait reprochées d'une façon si sanglante à la monarchie.

Il faut lire dans le Rapport fait par M. Théodore Ducos, au nom de la commission de l'Assemblée constituante, chargée de l'examen des dépenses du gouvernement provisoire, les détails sur cette police de la mairie de

---

(1) Ces paroles, rapportées par M. de Girardin, ont été confirmées par MM. Xavier Durrieu, Coste et Boniface. Il suffit d'en rapprocher d'ailleurs les paroles authentiques de M. Marrast dans sa déposition à l'enquête Quentin Bauchart : « Rien ne saurait « exprimer tout le mal fait par les clubs et les petits journaux. »

Paris, d'après les indications de M. Marrast lui-même :

« M. Armand Marrast, qui appartenait à la fraction mo-
« dérée du gouvernement provisoire, fut chargé, en sa
« qualité de maire de Paris, de faire une police particulière.
« D'après la déclaration de M. Marrast, d'après les témoi-
« gnages nombreux que nous avons recueillis, cette police
« n'eut rien d'officiel ; elle ne fut pas même le résultat d'une
« décision régulière et formelle, mais elle n'en fut pas
« moins très-active et très-puissante. On peut dire qu'elle
« fut convenue entre les membres modérés du gouverne-
« ment provisoire, à demi-mots et par accord mutuel, tout
« le monde, suivant l'expresssion d'un de ses membres,
« comprenant à cette époque la nécessité de faire une po-
« lice personnelle (1).

« Mais, pour une police, il faut de l'argent. On ne pou-
« vait pas en prendre sur le budget de la ville de Paris ; on
« ne pouvait pas en demander à l'État, car c'eût été avouer
« officiellement qu'on se surveillait les uns les autres, et qu'on
« avait des motifs sérieux de le faire. Le journal le *National*
« fournit quelques premières avances, qui furent bientôt
« insuffisantes ; plus tard le traitement du maire de Paris,
« imputable sur le budget public, fut complétement absorbé.
« M. de Lamartine compta 10,000 francs sur les fonds se-
« crets de son ministère. Cependant les besoins devenaient
« croissants. On obtenait des rapports très-circonstanciés
« de ce qui se passait dans les clubs, dans les sociétés se-

---

(1) M. Ducos cite, parmi les partisans chaleureux de la police de M. Marrast, M. Garnier-Pagès : « La nécessité de la police ef-
« fectuée par le maire de Paris était si grande, disait M. Garnier-
« Pagès, qu'il ne comprenait pas pourquoi M. Marrast a négligé
« de faire régulariser ses comptes à l'époque où cela lui eût été
« facile. » C'est ainsi que l'on trouve la main de M. Garnier-
Pagès dans toutes les intrigues réactionnaires. Il s'est bien
gardé naturellement de rappeler ces souvenirs édifiants dans son
Histoire.

« crètes, *à la Préfecture de police, au ministère de l'Inté-
« rieur*. Ces rapports, *émanés d'hommes considérables, qui
« étaient à l'abri de tout soupçon*, avaient une grande valeur
« *et se payaient cher*. Nous pourrions citer tel d'entre eux
« qu'on n'a obtenu qu'à l'aide d'une subvention indirecte
« qui ne s'est pas élevée à moins de 2,000 francs. On dis-
« tribuait une multitude de sommes de diverses importances
« qui, sous le nom de secours, procuraient des dévoue-
« ments et provoquaient un zèle sur lesquels on n'aurait
« pas dû compter, s'il se fût agi de les rémunérer officielle-
« ment avec l'argent de la police. On a obtenu souvent de
« l'emploi de ces sommes des fruits inespérés et d'un prix
« inestimable.

« M. Buchez était chargé à l'Hôtel-de-Ville de la grosse
« police. Il a reçu des mains de M. Marrast les 10,000 fr.,
« que celui-ci tenait de M. de Lamartine, et les a dépensés
« lui-même suivant les avis de M. le maire de Paris. Le pre-
« mier fonds fut en grande partie distribué aux anciens
« détenus politiques, dont on gagna ainsi le dévouement,
« et qui rendaient tous les jours de véritables services.
« Quelques-uns de ces détenus assistaient aux clubs, et on
« savait par eux les résolutions importantes qui étaient
« prises dans ces foyers d'agitation. La police devait avoir
« l'œil constamment ouvert. M. Marrast ne savait comment
« pourvoir à ces besoins; M. de Lamartine avança une
« seconde somme de 5,000 fr., que M. Buchez employa,
« avec l'assentiment de M. le maire de Paris, à enrégimen-
« ter, à habiller une foule d'hommes sans ressources, qui sta-
« tionnaient incessamment sur la place de l'Hôtel-de-Ville,
« et qui menaçaient à chaque instant de grossir le désordre.
« Grâce à ces 5,000 fr., et à une autre petite somme de
« 1,000 *fr., qu'on trouva le moyen d'obtenir indirectement
« de M. le ministre de l'Intérieur*, on parvint, sinon à avoir
« des auxiliaires bien actifs, du moins à s'attacher des

« hommes qui pouvaient devenir extrêmement dange-
« reux.

« M. le maire de Paris recevait les personnages les plus
« haut placés, et obtenait d'eux des rapports très-précieux
« sur ce qui se passait à la Préfecture de police et au mi-
« nistère de l'Intérieur. Le chef de division du ministère
« de l'intérieur, placé à la tête de la direction de la police
« (M. Carteret) restait fidèle à la politique modérée de
« l'Hôtel-de-Ville ; mais, pour servir cette politique, il fut
« obligé de distribuer un certain nombre de petites places
« momentanées, au traitement desquelles le maire de Paris
« était en quelque sorte tenu à pourvoir. C'est aussi à l'aide
« de quelques sommes d'argent délivrées par le maire,
« qu'on parvint à se rendre favorable un bataillon, dit
« *bataillon lyonnais*, qui avait été formé par M. Caussi-
« dière, et qui paraissait auparavant animé de coupables
« desseins. »

La corruption était-elle assez habilement organisée ?
Que pensez-vous de *ces hommes considérables, à l'abri de
tout soupçon*, qui faisaient payer très-cher leurs délations ?
Et ce tour, par lequel on obtenait 1,000 fr. du ministre de
l'Intérieur, ne vous émerveille-t-il pas ? est-il assez bien joué ?
M. Marrast est-il assez bon dans son rôle de Scapin républicain ? Mais tout cela est, hélas ! profondément écœurant et
triste, et on ne peut que s'associer aux réflexions du rapporteur de l'Assemblée constituante : « Nous n'hésitons pas à le
« dire, un sentiment pénible a dominé toute cette partie de
« notre laborieuse tâche. Nous avons vu les deniers de
« l'État dépensés par des membres du gouvernement pro-
« visoire pour surveiller les actes de quelques-uns de leurs
« collègues, et, de l'aveu même du ministre de l'Intérieur,
« nous avons constaté, en procédant à la vérification de
« ses comptes, que M. Ledru-Rollin avait à son tour affecté
« une partie de ses fonds secrets à une destination identi-

« que, c'est-à-dire à faire surveiller ceux de ses collègues
« qui le faisaient surveiller lui-même. Avons-nous besoin
« de nous étendre sur ces pénibles révélations? Le simple
« exposé des faits n'en dit-il pas assez?... Voilà des hommes
« qui reçoivent la mission en quelque sorte providentielle
« de conduire les destinées de la Révolution et de fonder un
« nouveau gouvernement, et qui en sont réduits à se sur-
« veiller les uns les autres. Quand l'anarchie règne à ce point
« dans les régions élevées du pouvoir, doit-on s'étonner du
« désordre et du déchirement de la société tout entière ! »

Ce qui achève de rendre odieux le rôle de M. Armand Marrast, c'est que tout ce déploiement de police n'avait même pas pour motif de prévenir les excès qui eussent pu compromettre le sort de la République, mais il les provoquait plutôt, afin de justifier la résistance violente qu'il avait préparée d'autre part, et d'écarter, dans la réaction du premier moment, les membres du gouvernement provisoire qui lui faisaient ombrage. C'est ainsi que le 14 mai, dans une réunion de représentants du peuple tenue rue des Pyramides, M. Armand Marrast se prononça chaleureusement pour la guerre immédiate en faveur de l'Italie et de la Pologne, c'est-à-dire dans le sens des aspirations populaires les plus ardentes, dont l'expression allait devenir un crime le lendemain. Interrogé sur cette manifestation déjà annoncée, et qui était la grande préoccupation du moment, M. Marrast répondit qu'elle n'aurait rien de sérieux et d'hostile, qu'elle serait très-pacifique, et qu'il ne fallait pas la redouter. Cependant, en sortant, M. Joly disait à deux de ses collègues : « Ne vous y fiez pas ; j'ai déjeuné ce
« matin à l'Hôtel-de-Ville avec Marrast, et il m'a montré
« un rapport de police annonçant que la manifestation se-
« rait formidable et hostile à l'Assemblée (1). »

(1) Babaud-Laribière, *Histoire de l'Assemblée nationale constituante.*

Mais M. Marrast savait bien mieux conduire une intrigue qu'en tirer parti, n'ayant ni le caractère ni le tempérament nécessaires à l'homme d'État en temps de révolution. Il perdit la tête, le 15 mai, quand il vit l'Hôtel-de-Ville un instant envahi par le peuple soulevé ; et, dans sa terreur, il détruisit sur-le-champ tous les documents relatifs à son administration : de là l'impossibilité de justifier des dépenses, qui nous a valu la petite enquête dont M. Ducos nous a fait connaître les résultats édifiants.

Les sommes ainsi absorbées par M. Marrast furent considérables. Voici l'énumération des diverses sommes touchées par lui du 9 mars au 15 juillet :

17,333	pour son traitement comme maire de Paris.
11,500	à titre de membre du gouvernement provisoire.
10,000	sur les fonds secrets du ministère des Affaires étrangères.
5,000	sur les fonds secrets du ministère de l'Intérieur.
1,825	à titre de représentant du peuple.
5,840	pour frais de table.

51,498 fr.

Un arrêté du gouvernement provisoire ayant prescrit une retenue proportionnelle sur les traitements de tous les fonctionnaires publics, M. le maire de Paris n'avait pas le droit de toucher, comme il l'avait fait, l'intégralité du traitement qui était précédemment alloué par le budget au préfet de la Seine, qu'il remplaçait, et il eût dû subir de ce chef une retenue de 4,500 fr. L'Assemblée nationale avait à la vérité voté un crédit de 200,000 francs pour être réparti entre les membres du gouvernement provisoire à titre d'indemnité pendant la durée de leurs fonctions, mais il était entendu que cette indemnité ne pouvait être cumulée avec aucune espèce de traitement, et M. Marrast, qui avait accepté le traitement de sa fonction, n'eût pas dû participer à cette indemnité. Il n'eût pas dû toucher non plus les 1,825 fr. reçus à titre de représentant du peuple, l'Assemblée ayant décidé que l'indemnité des représentants ne pouvait être cumulée avec aucun autre traitement. Les 15,000 fr. provenant des fonds secrets des ministères des Affaires étrangères et de l'Intérieur pouvaient donner lieu aux plus étranges interprétations. Enfin il était étonnant qu'en présence des crédits ouverts à M. le maire de Paris, on vît figurer sur les comptes de la Ville 5,840 fr. pour frais de table, surtout lorsqu'on savait que ce fonctionnaire avait obtenu en outre qu'une voiture provenant de la liste civile fût mise à sa disposition pendant toute la durée de ses fonctions. Il était d'autant plus difficile de se rendre compte de tous ces prélèvements, que M. Marrast avait cru devoir publier dans les journaux une lettre dans laquelle il déclarait n'avoir reçu aucune espèce d'allocation personnelle sur les fonds de l'État !

Un journal ayant contesté cette impudente allégation (l'épithète est dure, mais juste), et ayant voulu donner avant M. Ducos, dont le Rapport ne fut publié que le 14 avril 1849, quelques détails sur les finances de l'Hôtel-de-Ville, M. Armand Marrast ne craignit pas de faire un procès en diffamation, et il s'attira cette apostrophe écrasante de Mᵉ Chaix d'Est-Ange, avocat du journal poursuivi : « Je m'étonne de l'audace qui a été révélée à cette
« audience. Comment ! comment ! voilà un homme qui pen-
« dant dix-huit ans a donné chaque jour à son pays le triste
« spectacle de la diffamation et de la calomnie ; un homme
« qui s'est attaché avec bonheur à attaquer tous les hommes
« que leurs talents, leur vertu, leur caractère semblaient de-
« voir protéger contre tous ; un homme qui chaque matin
« a distillé en termes amers le fiel d'une détestable ambi-
« tion ; un homme qui a osé appeler Casimir Périer un
« voleur ; un homme qui a cherché à souiller le maréchal

« Soult, ce grand capitaine dont le sang a si souvent coulé
» pour la gloire de la France, qui le dernier a défendu son
« pays contre l'ennemi.... C'est cet homme, M. Armand
« Marrast, M. Marrast, l'insulteur public, qui ose un jour
« venir se plaindre d'un écrit où on s'est livré à la discus-
« sion de son administration, en laissant de côté sa per-
« sonne ! »

Cette leçon ne profita pas à M. Marrast : toujours dominé par ses goûts d'intrigue et de luxe, quand, après sa retraite de l'Hôtel-de-Ville, il fut nommé président de l'Assemblée, il ne craignit pas de demander que le traitement attaché à cette fonction, fixé à la somme de 4,000 francs, fût porté, comme sous la monarchie, à 10,000 francs. Pendant que les malheureuses victimes de juin gémissaient sur les pontons, pendant qu'on mutilait la liberté de la presse et la liberté de réunion, M. Marrast ne songeait qu'à donner des fêtes brillantes à l'hôtel de la présidence, dans lesquelles il se plaisait à déployer une morgue patricienne qui était comme une insulte aux idées démocratiques. M. Gouache, ancien gérant de la *Réforme*, publia à cette occasion une brochure piquante et sanglante sous ce titre : *les Violons de M. Marrast*. Mais M. Marrast n'avait qu'une préoccupation : jouir. Pas une seule fois il n'éleva la voix pour défendre la cause de la liberté. Président de l'Assemblée, il dirigea toujours les débats au gré de la réaction qui était au pouvoir, prenant souvent part au vote, au mépris des convenances parlementaires, pour mieux assurer la défaite des motions libérales. Par sa complaisance et sa faiblesse, il favorisa le vote de la proposition Rateau qui fut le suicide moral de l'Assemblée constituante.

Nommé rapporteur de la commission de constitution, il eût pu exercer une influence utile sur l'acte essentiel de la fondation du gouvernement républicain, mais il abdiqua en quelque sorte sa mission entre les mains de M. Dufaure, auquel il laissa le soin de défendre l'œuvre de la commission. Or, si M. Marrast pouvait encore dans une certaine mesure, malgré ses dispositions réactionnaires, représenter l'idée républicaine, M. Dufaure qui soutenait le ministère Guizot dans la discussion de la dernière Adresse, représentait en plein la réaction monarchique. Ainsi, M. Marrast trahissait de la façon la plus flagrante toutes les espérances qu'avaient pu reposer sur lui les membres républicains de la commission qui l'avaient nommé rapporteur.

M. Marrast qui, sous le prestige de sa réputation de journaliste, avait été envoyé à l'Assemblée constituante par quatre départements, ne fut pas réélu à l'Assemblée législative, et ce fut justice. Son exemple prouve une fois de plus qu'on peut être un brillant publiciste sans avoir même l'étoffe d'un médiocre homme d'État. M. Marrast est mort obscur et... pauvre. Aussitôt quelques amis de s'écrier que cette pauvreté le vengeait des *calomnies* dirigées contre lui. On n'a pas reproché à M. Marrast d'avoir détourné les fonds de l'État pour les mettre dans sa poche, mais on lui a reproché avec raison de les avoir gaspillés, et cela, non pas seulement pour satisfaire ses goûts de prodigalité et de luxe, mais encore, ce qui est plus grave, pour conspirer contre le peuple, en compromettant la République dans des intrigues basses et déshonnêtes.

C'est ainsi que le gouvernement provisoire, composé de médiocrités impuissantes et jalouses, s'épuisa dans des luttes stériles et méconnut complétement les devoirs que lui imposait la redoutable mission qu'il avait acceptée. Ces hommes, pervertis par l'opposition parlementaire qu'ils avaient pratiquée toute leur vie, ne songeaient plus, une fois arrivés au pouvoir, qu'à se faire opposition mutuellement. Ils n'avaient d'ailleurs aucune idée quelconque, ils étaient absolument incapables de concevoir ou de prendre aucune des mesures que nécessitait la crise, à plus forte raison aucune de ces grandes initiatives qui conviennent aux révolutions et qui dirigent les peuples dans la voie du progrès politique et social. Toutes leurs préoccupations, nous l'avons vu, étaient de réagir contre la révolution d'où ils étaient issus, et ils préparaient ainsi activement toutes les catastrophes douloureuses qui allaient suivre. Ils ne comprenaient pas davantage la liberté que le socialisme, et se méfiaient autant de l'une que de l'autre. Ils n'avaient que le désir de se maintenir au pouvoir et d'y rester seuls, à l'exclusion des collègues qui leur faisaient ombrage, sans avoir d'ailleurs aucune de ces grandes pensées qui peuvent justifier les grandes ambitions, ni même cette capacité vulgaire qui permet du moins à l'ambition de trouver sa satisfaction.

Nous avons vu comment M. de Lamartine, M. Garnier-Pagès, M. Marie, M. Marrast, M. Carnot, s'étaient engagés dès le premier jour dans la voie d'une réaction aveugle, et par quelle faiblesse M. Ledru-Rollin et M. Louis Blanc lui-même en étaient arrivés à prêter les mains à une résistance dirigée contre leurs personnes plus encore que contre leurs idées. Il y avait encore au gouvernement provisoire deux hommes, auquel leur âge et leur réputation donnaient une grande autorité, et qui eussent pu exercer une influence considérable pour sauver la Révolution entraînée ainsi à sa perte. Mais ces deux vieillards, Dupont (de l'Eure) et François Arago, étaient eux-mêmes plus effrayés que personne du déchaînement révolutionnaire qu'ils avaient passé toute leur vie à provoquer, et ils apportaient à lui résister un entêtement sénile plus funeste encore que le mauvais vouloir calculé des autres.

« M. Dupont (de l'Eure), » dit M. Louis Blanc (*Pages d'Histoire de la révolution de Février*), « un de ces hommes « qu'on respecte et qu'on aime, alliés ou adversaires,

« avait contre la Révolution et contre son propre cœur sa
« vieillesse manifestement effrayée. » — « L'action dissol-
« vante de M. Arago, » écrit d'autre part M. Charles
Robin dans sa très-remarquable *Histoire*, « sa faiblesse et
« son opiniâtre résistance de vieillard à toutes les mesures
« qui s'écartaient d'un libéralisme suranné, prouvent que
« les révolutions faites par des idées nouvelles doivent être
« dirigées par des hommes jeunes, par des intelligences
« encore douées de cette séve fécondante, de cette énergie,
« de cette activité audacieuse, sans lesquelles de grandes
« choses ne peuvent s'accomplir. »

La résistance de M. Arago ne fut pas simplement passive, et nul plus que lui ne contribua à stimuler la timidité de ses amis et à provoquer une explosion violente et sanglante. Il supportait avec impatience l'impuissance du gouvernement provisoire et appelait de tous ses vœux des circonstances qui eussent justifié une répression énergique. Il faut lire sa déposition à la commission d'enquête, dans dans laquelle il exhale tous ses ressentiments : « J'aimerais
« mieux les plus mauvais théâtres, dit-il, que les clubs.
« Nous les avons chassés des édifices appartenant à l'État,
« *mais nous étions forcés de respecter le droit de réunion.*
« Sous le gouvernement provisoire la position était diffi-
« cile. On nous dit : Pourquoi ne mordiez-vous pas? Nous
« pourrions répondre : Parce que nous n'avions pas de
« dents. » Et il dit à propos de la discussion qui s'engagea au sein du gouvernement provisoire sur le drapeau rouge : « Quand la querelle devint plus vive, je disais : Ap-
« pelez vos adhérents, je ferai battre le rappel, et nous
« déciderons la question à coups de fusil. » Voilà dans quelles dispositions était M. Arago.

Le 25 juin, M. Arago essaya de parlementer avec l'insurrection sur la place du Panthéon. — « On nous a déjà
« tant promis, disaient les ouvriers, et on nous a si mal

« tenu parole que nous ne nous payons plus de mots; il
« nous faut des actes. » M. Arago, à bout d'arguments,
finit par dire qu'il n'a pas à répondre à des hommes qui
sont sur les barricades. — « Nous en élevions ensemble, lui
« répondit-on. Vous ne vous souvenez donc plus du cloître
« Saint-Merry? » M. Arago s'écrie alors qu'il ne veut pas
parlementer avec des gens qui l'insultent, et il fait avancer
des canons, cette *ultima ratio* des républicains comme des
rois. Il dirigea lui-même la mitraille contre les barricades ;
ce fut le premier emploi qui fut fait du canon dans ces funestes journées. Ce trait peint l'homme.

Mais avec de tels hommes à sa tête, faut-il s'étonner du
misérable avortement de la République de 1848? « Le gou-
« vernement n'avait qu'à *savoir, vouloir* et *oser*, » écrivait
le *Représentant du Peuple*. « La France était sauvée... Le
« gouvernement n'a pas *su*, n'a pas *voulu*, n'a pas *osé*. Il a
« gaspillé près de deux mois de dictature révolutionnaire,
« d'un pouvoir sans exemple, sans précédents, sans frein,
« sans limite pour le bien qu'il pouvait faire. Ni le travail,
« ni le capital, ni la propriété ne sont satisfaits. Tout lan-
« guit, tout s'arrête, tout meurt. » — « Jamais position ne
« fut plus facile que la vôtre, » disait de son côté Raspail
dans l'*Ami du peuple*. « Concours sympathique partout.
« Résistance nulle part. Ne vous targuez pas des embarras
« de la situation ; ils n'ont existé que parce que vous leur
« avez donné lieu de naître. La patrie ne vous en tiendra
« aucun compte, nous désirons qu'elle ne vous en demande
« pas raison. »

Le gouvernement provisoire remit à l'Assemblée constituante la situation grosse de tous les orages qu'il eût pu
dissiper et qu'il avait laissé s'amasser par son imprévoyance
et ses fautes grossières : l'enthousiasme de la première
heure dissipé, le peuple découragé, sans travail et sans
pain, tous les intérêts inquiets, tous les services désorga-

nisés, le terrain préparé comme à plaisir pour la réaction (1).

(1) Dans les premières séances de l'Assemblée, tous les membres du gouvernement provisoire défilèrent successivement à la tribune pour y prononcer leur apologie. A propos du Compte rendu général de la situation, présenté par M. de Lamartine, M. de Girardin présentait dans la *Presse* les observations suivantes qui n'étaient que trop justes :

« Dans ce récit, pas un fait qui ne soit dénaturé, pas une af-
« firmation qui ne soit contredite par l'évidence. Cela a-t-il em-
« pêché qu'il ne fût applaudi ? Non. Pourquoi ? C'est que la vérité
« de convention est celle que nous préférons.

« Exemple, les citations qui suivent :

» *Il fallait élever et enrichir les uns sans abaisser et sans dé-*
« *grader les autres.*

« C'est pourquoi on a ruiné tout le monde, le pauvre qui tra-
« vaillait et le riche qui faisait travailler ; c'est pourquoi on a si
« bien fait que l'actif national a subi en quarante jours une dé-
« préciation de plus de vingt-milliards, un demi-milliard par jour !

« *Nous avons fondé la République.*

« C'est pourquoi elle est déjà moins solide aujourd'hui qu'elle
« ne l'était le 25 février. En doutez-vous ? Interrogez au hasard
« cent ouvriers.

« *Nous avons universalisé le droit de citoyen en universalisant*
« *l'élection.*

« L'invention n'était pas neuve, et la difficulté ne gît pas là ;
« où gît la difficulté c'est de faire sortir du suffrage universel une
« assemblée et un gouvernement qui sachent trouver et appliquer
« les lois durables de la démocratie au sein d'une vieille société.

« *Il n'y a plus de faction possible dans une République où il n'y*
« *a plus de division entre les citoyens armés et les citoyens dé-*
« *sarmés ; tout le monde a son droit, tout le monde a son arme.*
« (*Bravos, applaudissements.*)

« Pourquoi tout le monde a-t-il son arme, puisque tout le
« monde a son droit, puisqu'il n'y a plus de faction possible ? Pour-
« quoi s'armer quand il n'y a rien à craindre ? Pourquoi gaspiller
« le temps du travailleur et l'argent du contribuable ? Oh ! incon-
« séquence du gouvernement qui tient ce langage ! Oh ! inconsé-
« quence de l'Assemblée qui l'applaudit ! Oh ! suprême empire
« de la phrase ! Oh ! défaite humiliante de l'idée ! Pauvre bon sens !

« *La présentation même d'un plan de gouvernement ou d'un*

CHAPITRE VIII

M. JULES FAVRE

I

L'Assemblée se réunit le 4 mai. Son premier acte fut d'acclamer la République dans un élan d'enthousiasme unanime. Sur l'invitation du général Courtais, les représentants du peuple, précédés du gouvernement provisoire, se rendirent sur le péristyle du Palais-National, et là, à la face du soleil et de l'héroïque population parisienne, ils proclamèrent leur attachement inviolable à la République.

Chez un grand nombre de membres de l'Assemblée cet enthousiasme n'était rien moins que sincère (1). Mais personne alors n'eût osé prendre l'initiative d'une protestation,

« *projet de constitution eût été de notre part une prolongation té-*
« *méraire du pouvoir ou un empiètement sur votre souveraineté.*

« C'est après que vous avez tout désorganisé, brisé tous les res-
« sorts, aggravé toutes les charges, affaibli toutes les ressources,
« touché à tout, réglementé même la forme des gilets que devront
« porter les représentants du peuple, etc., etc., que vous vient cet
« étrange et tardif scrupule ? scrupule qui serait risible si les cir-
« constances étaient moins graves !

« *Amnistiez notre dictature involontaire!*

« Non, mille fois non, l'Assemblée nationale ne doit pas l'am-
« nistier.

« Ces deux termes s'excluent.

« Ou c'était un *dépôt*, et alors vous deviez le garder fidèlement ;
« ou c'était une *dictature,* et il fallait l'élever à la hauteur du
« mot.

« Vous ne l'avez pas fait. Vous avez déconsidéré *la dictature;*
« vous n'avez pas respecté *le dépôt.* »

(1) M. Robin fait cette fine remarque : « C'est que les monar-
« chiens auxquels on faisait crier *Vive la République!* n'auraient
« jamais fait crier *Vive le roi!* aux républicains. »

ni même manifester une froide attitude. Tous ces hommes s'inclinaient devant la souveraineté redoutable du peuple avec un respect plus grand que celui des courtisans devant les plus puissants potentats (1). Mais au fond de leurs cœurs

(1) M. Cauchois-Lemaire, un ancien journaliste qui avait assisté dans sa vie à bien des palinodies, voulait que l'on exigeât le dépôt aux Archives de toutes les professions de foi publiées à l'occasion des élections à l'Assemblée constituante. Cela eût formé une collection curieuse et utile. La plupart des candidats de la réaction ne durent leur élection qu'à des déclarations qui eussent dû leur rester au front comme des stigmates de honte pendant tout le cours de leur carrière politique. Mais on est singulièrement oublieux ou singulièrement complaisant dans notre pays pour ces apostasies. M. Denjoy, qui allait devenir un des plus ardents réactionnaires et qui fut un des cinq souteneurs de M. Léon Faucher, (lequel faisait alors aussi une profession de foi socialiste, — nous l'avons citée) — M. Denjoy acclamait la République « qui depuis longtemps « lui était apparue aux extrémités de l'horizon. » Les partis n'existent plus, disait-il : « il n'y a plus que deux partis : *Ceux* « *qui veulent vivre en travaillant et ceux qui veulent vivre du fruit* « *des labeurs des autres.* Hommes de travail de toute condition, « *seuls honnêtes gens que je reconnaisse,* soyez toujours au poste, « les premiers partout, à la garde nationale, *au club*, à l'élection... « Je veux *le travail, la rétribution, la retraite assurée à tous par* « *l'Etat,* et devenant un dogme que suive immédiatement l'appli- « cation... » M. de Ségur-d'Aguesseau, le sénateur réactionnaire, qui ressuscitait, il y a quelque temps, l'épithète méprisante de *vile multitude*, s'écriait avec un enthousiasme délirant : « Ce n'est « pas un roi, ce n'est pas une dynastie seulement qui ont été em- « portés par la *prodigieuse* révolution de Février; *c'est la royauté* « *même qui a péri!* La forme monarchique a fini son temps; « elle est désormais convaincue d'impuissance pour satisfaire *aux* « *nécessités sociales de la démocratie triomphante... Plus de Bo-* « *napartisme,* plus de légitimisme, plus de régence. Vive la Répu- « blique !... Comptez sur ma fidélité aux intérêts de la nation « et *sur mon inaltérable dévouement à la République*. Mon passé « vous répond de mon avenir. » M. Troplong proclamait pareillement la chute irrémissible de la monarchie, sous ses diverses manifestations : la royauté de la tradition, la royauté de l'élection et la royauté de la gloire : — « L'Empire, égaré par l'ambition, perdu,

couvait une rancune qui n'attendait que l'occasion de se satisfaire.

Le choix du président fut déjà un indice de ces dispositions et une première manifestation de la coalition qui allait se former entre les représentants des anciens partis les plus hostiles à la République, et les républicains modé-

« non pour avoir subi la défaite des armées, mais *pour avoir usurpé*
« *les droits des citoyens.* » M. Billault : « Mon avenir sera net
« comme mon passé. Si j'entre à l'Assemblée nationale, ce sera
« pour y travailler résolûment, efficacement, à la fondation régu-
« lière et définitive en France du gouvernement républicain. »
M. Baroche se vantait d'avoir *devancé la justice du peuple* en mettant en accusation « un ministère odieux et coupable » et il
disait : « Je suis républicain par raison, par sentiment, par con-
« viction. Ce n'est pas comme un pis-aller ou comme un provisoire
« que j'accepte la République, mais comme la seule forme de gou-
« vernement qui puisse désormais assurer la grandeur et la pros-
« périté de la France. » M. Rouher proclamait que la Révolution
était à la fois politique et sociale. Il demandait la liberté de
réunion *pleine et entière* : il jugeait les clubs *indispensables;* il
voulait le travail organisé, l'impôt progressif, *tout enfin pour et
par le peuple.* M. Fialin de Persigny disait qu'il avait cru jusqu'a-
lors qu'une transition napoléonienne était nécessaire pour préparer la France « à la forme républicaine, but naturel de tous les
« perfectionnements politiques. »-« Mais après les grands événe-
« ments qui viennent de s'accomplir, je déclare que la république
« pourra compter sur mon dévouement le plus absolu. Ce n'est
« pas une révolution politique qui finit, c'est une révolution so-
« ciale qui commence. » Et il *jurait* d'employer toutes ses forces
à l'affranchissement de la seule servitude qui pèse encore sur le
peuple : la servitude de la misère. « M. Piétri se déclarait
« franchement, radicalement démocrate et républicain, par rai-
« son, par sentiment et par instinct. » M. Lucien Murat : « Banni
« par les ennemis de la France, je vous apporte des Etats-Unis
« vingt-deux ans d'expérience républicaine. Si vous me confiez
« vos intérêts, je saurai les défendre ; si vous me chargez de
« vos droits, je saurai les faire valoir. La cause du peuple me
« sera sacrée, et si je ne puis vaincre, je saurai mourir. » —Dans
cette grande mascarade, le plaisant se joint au grave et le ridicule

rés de la coterie du *National*, auxquels les républicains radicaux et socialistes faisaient ombrage. On nomma M. Buchez, ex-carbonaro, converti à un néo-catholicisme mystique et réactionnaire, que nous avons vu l'agent dévoué de toutes les intrigues policières et électorales de M. Marrast. M. Buchez était arrivé à la Chambre, avec un petit groupe de soi-disants ouvriers, rédacteurs de l'*Atelier*, à la tête desquels se trouvaient MM. Corbon et Peupin, soutenus par les partis conservateurs et cléricaux en opposition aux candidatures socialistes et aux candidatures ouvrières du Luxembourg (1).

à l'odieux. La *Réforme* nous fait connaître les débuts de MM. Pereire dans la carrière politique. « Nous avons sous les yeux un imprimé
« intitulé : *Bulletin de vote*, semblable pour la forme et la dimen-
« sion à ceux qu'on délivre aux mairies. Vingt-sept compartiments
« sont laissés en blanc ; mais l'ingénieux inventeur de la pièce a
« épargné aux électeurs le soin de remplir les sept autres, au
« milieu desquels brillent de tout leur éclat les noms de MM. Pereire
« (Isaac) et Pereire (Emile). A cela près, ces messieurs nous lais-
« sent parfaitement libres, et peu leur importe à qui on les acco-
« lera. Habitués aux affaires, ils se sont dit probablement qu'il se
« rencontrerait peut-être dans tous les partis des citoyens disposés
« à profiter de la commodité du bulletin, et que les frais seraient
« amplement récupérés par les bénéfices, si la députation s'en sui-
« vait. »

(1) Tel était le désarroi des réactionnaires, obligés de se placer sur le terrain des révolutionnaires pour les combattre efficacement, qu'à la faveur d'une confusion inouïe, un certain Schmitt se disant *ouvrier* parvint à se faire nommer sur cette recommandation : mais on découvrit plus tard que c'était un ancien maître de requête, et il fallut annuler son élection. M. Portalis, procureur général, signala le premier la méprise par une lettre adressée au *National* :
« Citoyen rédacteur, permettez-moi d'user de la voie de votre
« journal pour demander quel est ce M. Schmitt qui est annoncé
« le 24ᵉ représentant de Paris, *et pour lequel je déclare avoir*
« *voté*, le supposant un honnête et laborieux ouvrier, unissant la
« théorie à la pratique et la morale au travail. On m'assure que
« c'est un ancien chef de division du ministère Barthe, Persil et

Les membres du gouvernement provisoire vinrent prononcer successivement leur apologie à la tribune. Puis l'Assemblée vota que le gouvernement provisoire *avait bien mérité de la patrie.* Une seule voix, celle de Barbès, s'éleva pour protester au nom du peuple. M. Barbès accusa avec véhémence le gouvernement sorti d'une révolution de n'avoir rien fait pour la Pologne, pour l'Italie, et il lui demanda compte des *massacres* commis à Rouen. Il demanda qu'une enquête fût faite, mais « non par les Franck-Carré « et autres individus qui ont été les agents des persécutions « de la monarchie contre les républicains. »

La lutte à Rouen s'était engagée, à la suite des élections, entre la garde nationale et le peuple. L'armée avait prêté main forte à la garde nationale et on n'avait pas craint de diriger le canon contre une population sans armes, mêlée d'enfants et de femmes. Le gouvernement provisoire avait concouru à ces actes, qui répondaient aux secrets sentiments de plusieurs de ses membres (1). Il avait donné la

« Martin (du Nord), ancien maître des requêtes, ancien officier de « la Légion d'honneur. Est-il possible qu'une telle confusion ait « eu lieu? » — A qui la faute? à vous, monsieur, qui dans le déguisement démocratique de votre fureur réactionnaire, votiez pour un candidat que vous ne connaissiez pas. Si vous aviez vraiment voulu voter pour un ouvrier honnête, laborieux et républicain, eussiez-vous donc été si embarrassé de le faire ? Allez! cette confusion fait votre confusion!

(1) Voici comment Mme Daniel Stern, dont l'Histoire est écrite au point de vue des opinions républicaines modérées, raconte les événements de Rouen :

« Le 27 avril, les ouvriers de Rouen, irrités par l'échec de leur
« liste et par des provocations imprudentes de la garde nationale
« qui, depuis la journée du 16 avril, se montrait animée d'un mau-
« vais esprit de réaction, coururent aux armes. Le combat s'en-
« gagea; il dura deux jours ; si toutefois on peut appeler combat
« la lutte inégale d'une masse populaire, à peu près dépourvue
« d'armes et de munitions, mêlée de femmes, de vieillards et d'en-

mesure de ses dispositions en confiant l'enquête à M. Franck-Carré, fameux sous la monarchie par ses réquisitoires contre les républicains, qui avait donné sa démission depuis deux jours et la retira lorsqu'il vit une occasion de poursuivre encore la démocratie.

« fants, sans chef militaire, contre les troupes les mieux disci-
« plinées agissant de concert avec la garde nationale; la dispropor-
« tion entre le chiffre des morts et des blessés, chiffre considé-
« rable dans les rangs du prolétariat, et si peu élevé dans les rangs
« de la troupe qu'on a pu dire que ni un soldat ni un garde na-
« tional n'avaient péri, témoigne assez de cette inégalité. Cepen-
« dant le général Gérard, qui commandait à Rouen, fit un rapport
« dont le langage sévère et sans aucun retour de pitié, blessa
« ceux-là même d'entre les membres du Conseil qui souhaitaient
« le plus une répression énergique des soulèvements populaires.
« MM. Ledru-Rollin et Louis Blanc protestèrent contre ce rap-
« port et demandèrent que le général Gérard parût devant un
« conseil de guerre; mais leur demande fut écartée. On chargea
« M. Frank-Carré, ancien procureur-général dans la Seine-Infé-
« rieure, de dresser une enquête. M. Deschamps fut remplacé par
« M. Dussard, nommé commissaire général dans la Seine-Infé-
« rieure. Les prisons se remplirent; la plus grande rigueur des
« lois fut appliquée contre une sédition coupable sans doute, mais
« où les fautes de l'administration, les provocations de la bour-
« geoisie et surtout la fatalité des circonstances avaient eu tant
« de part qu'une indulgence entière pour les vaincus n'eût été
« peut-être qu'une stricte justice. »

M. Deschamps, le commissaire du gouvernement à Rouen, était un des amis particuliers de M. Ledru-Rollin. On avait voulu le rappeler quelque temps auparavant, mais M. Ledru-Rollin s'y était opposé formellement : « Je suis prêt à céder pour le choix des
« commissaires aux observations de mes collègues, avait-il dit,
« mais il en est quelques-uns, deux surtout, MM. Delescluze et
« Deschamps, avec lesquels je suis lié depuis plusieurs années
« d'une manière absolue; je ne puis, je ne dois pas m'en séparer.
« Si le gouvernement ne les acceptait pas, je serais contraint de
« me retirer moi-même. » M. Delescluze, rudement éprouvé par la proscription, est resté ferme sur la brèche démocratique. Quant à M. Deschamps, il s'est rallié au gouvernement du second empire, et il était question récemment d'opposer sa *candidature officielle*

Aucun des membres du gouvernement cependant n'osa répondre à Barbès. M. Senart, qui avait dirigé la répression avec M. Franck-Carré, se chargea de cette besogne, il essaya de donner le change sur le caractère des événements et d'en dissimuler la gravité. Mais l'incident fut étouffé par le parti pris de l'Assemblée, dont la majorité pensait sans doute que la garde nationale de Rouen avait mieux mérité de la patrie que le gouvernement provisoire (1) ; les autres, suivant un vieux système qui a encore de nombreux partisans, pensaient qu'il valait mieux, dans l'intérêt même de la République, éviter une discussion irritante et estimaient que le silence était du patriotisme.

Après une courte discussion, l'Assemblée décida de confier le pouvoir exécutif à une commission de cinq membres (2). On voulait exclure du gouvernement les démocrates et les socialistes, M. Ledru-Rollin et M. Louis

à celle de M. Pouyer-Quertier, devenu suspect par son attitude indépendante sur les questions économiques et financières.

(1) Dans le procès du 15 mai, devant la Haute-Cour de Bourges, le président reprochait à un témoin, M. Yautier, colonel de la garde nationale (9e légion), de n'avoir pas opposé plus de résistance : « Je n'avais pas d'ordre, répondit M. Yautier, et l'on y re-
« garde à deux fois quand il s'agit de tirer sur le peuple. D'ail-
« leurs nous avons vu avec le général Courtais de bien plus for-
« midables épreuves, le 17 mars et le 16 avril. Eh bien ! c'était
« avec du calme, avec de la patience, avec le raisonnement qu'on
« était parvenu à les calmer. » — « Nous ne pouvons pas laisser
« passer les principes que vous professez, dit sévèrement le prési-
« dent, ils deviendraient subversifs de tout ordre établi. » Cette opinion était certainement celle de la majorité de l'Assemblée nationale : elle le montra bien au 15 mai et surtout au 24 juin.

(2) Dans la discussion qui eut lieu sur l'organisation du pouvoir exécutif, il faut mentionner l'opinion émise par M. J. Favre : « *Le*
« *pouvoir doit être fort*, dit-il. Il faut qu'il ait une action qui
« puisse incessamment s'exercer *sur les classes inférieures*, avec
« la maturité de la délibération, sans doute, mais aussi avec la ra-
« pidité et avec le secret de l'action. »

Blanc; nous avons dit comment M. de Lamartine mit à son acceptation la condition impérative de l'adjonction de M. Ledru-Rollin et comment de ce jour data la décadence de son immense popularité bourgeoise. Sur 794 votants, M. Arago obtint au scrutin secret 725 voix; M. Garnier-Pagès, 715; M. Marie, 702; M. de Lamartine, 645, et M. Ledru-Rollin, 458. M. Recurt fut nommé ministre de l'Intérieur; M. Bastide, ministre des Affaires-Étrangères; M. Duclerc, ministre des Finances; M. Crémieux, ministre de la Justice; M. Flocon, ministre du Commerce; M. Trélat, ministre des Travaux-Publics; le général Cavaignac, ministre de la Guerre. On maintint M. Carnot au ministère de l'Instruction publique, M. Caussidière à la Préfecture de police et M. Marrast à la Mairie de Paris.

La situation était tendue : le peuple commençait à s'apercevoir qu'on l'avait joué, et la réaction impatiente n'attendait que l'occasion d'éclater. Déjà dans un article du *Représentant du Peuple* du 28 avril, M. Proudhon indiquait avec la netteté brutale qui lui était habituelle, les dangers de la situation :

« On l'a dit avec raison, les farces rétrospectives du
« gouvernement provisoire nous ont plus fait perdre en deux
« mois que les deux invasions de 1814 et 1815.

« Que sera-ce donc quand de la farce nous en serons
« venus à la tragédie ? La bourgeoisie va devenir irritée,
« résolue d'en finir avec le socialisme. La masse prolétaire
« est prête à marcher, la garde nationale, aidée de l'armée,
« à faire résistance.

« L'idée vague d'une nouvelle et inévitable terreur cir-
« cule dans l'air et agite les âmes; les ouvriers se disent
« que la Révolution est à recommencer; et qui peut pré-
« voir comment la Révolution recommencée finira? Le
« gouvernement provisoire, par ses lois de finance, qui
« démolissent la propriété sans aucun avantage pour le

« prolétariat, que l'Assemblée nationale ne pourra pas
« laisser subsister sans danger pour le pays, et qu'elle ne
« pourra pas abolir sans provoquer une insurrection, le
« gouvernement provisoire semble s'attacher à rendre la
« terreur inévitable.

« La Terreur, en 93, n'avait pour cause que la résistance
« d'une minorité aristocratique imperceptible. L'existence
« de la société, d'ailleurs garantie par les conquêtes de
« la Révolution, et par l'insolidarité générale des exis-
« tences n'avait rien à redouter de la Terreur. En 1848, la
« terreur aurait pour cause l'antagonisme des deux classes
« de citoyens, l'une plus forte par le nombre, plus redou-
« table par la pauvreté; l'autre supérieure par la richesse
« et l'intelligence ; toutes deux ne subsistant que par la
« circulation des produits et la mutualité des rapports, il
« est infaillible que dans un pareil conflit la société
« périsse.

« Que les premiers actes de l'Assemblée nationale ré-
« vèlent des desseins de réaction ; qu'un vote imprudent
« allume la colère du peuple ; qu'une prise d'armes ait
« lieu ; que la représentation nationale soit violée ; et puis
« que sous la pression d'une autre dictature le mouvement
« cesse tout à fait, la France sera comme une ruche en-
« veloppée de flammes, où les abeilles étouffées, brûlées,
« s'entretuent de leurs aiguillons.

« Alors quand le gouvernement sera sans ressources ;
« Quand la nation aura dévoré son revenu ;
« Quand le pays sera sans production et sans commerce ;
« Quand les ouvriers, démoralisés par la politique des
« clubs et des ateliers nationaux, se feront soldats pour vivre ;
« Quand un million de prolétaires sera croisé contre la
« propriété ;
« . . . .
« Quand la première gerbe aura été pillée, la première

« maison forcée, la première église profanée, la première
« torche allumée, la première femme violée ;

« Quand le premier sang aura été répandu ; quand la
« première tête sera tombée ;

« Quand l'abomination de la désolation sera par toute
« la France ;

« Oh ! alors vous saurez ce que c'est qu'une révolution
« provoquée par des avocats, accomplie par des artistes,
« conduite par des romanciers et des poëtes : »

Proudhon prédisait ainsi le prélude du 15 mai, la lutte sanglante du 24 juin, les horreurs de l'état de siége, et cette longue période d'anarchie et de réaction qui, en 1849, 1850 et 1851, épuisa toutes les forces vives de la société, amena et favorisa le coup d'État du 2 décembre, réduisit la France à une prostration morale dont elle n'est pas encore remise depuis vingt ans!

Mais aucun de ceux qui tenaient alors dans leurs mains les destinées de la France ou qui eussent pu exercer une influence efficace, n'étaient capables de comprendre la situation : tous étaient préoccupés de mesquines ambitions ou de mesquines rancunes, et ils sacrifiaient la prospérité et la grandeur de leur pays à leurs personnalités misérables.

Cette réflexion ne s'applique à aucun homme d'une façon plus saisissante qu'à M. Jules Favre.

Dans les événements du 15 mai (1) il ne vit qu'une occasion de satisfaire une ancienne rancune contre M. Louis Blanc (2). La mise en accusation de M. Louis Blanc fut machinée, entre M. Jules Favre et MM. Portalis, pro-

---

(1) Voir à la fin de ce chapitre la note sur les événements du 15 mai.

(2) Au procès d'avril, les défenseurs parmi lesquels se trouvaient toutes les notabilités du parti républicain, Armand Carrel, Michel (de Bourges), Godefroy Cavaignac, Barbès, Flocon, Raspail, Lamennais, d'Argenson, etc., avaient résolu d'un accord commun

cureur général, et Landrin, procureur de la République. On apprit plus tard que ces trois personnages avaient pris part à des conciliabules où ils s'étaient montrés eux-mêmes les plus ardents promoteurs du renversement de l'Assemblée nationale (1) !

Quant à M. Louis Blanc, son attitude défiait toute accusation. Il avait parlé à la foule, il est vrai, mais, sur l'invitation de plusieurs de ses collègues, avec l'autorisation du président, M. Buchez, et pour l'engager à se retirer ; on avait voulu le porter en triomphe, il s'était refusé de toutes ses forces à cette ovation ; épuisé, sans voix, il prenait une plume pour adjurer une dernière fois le peuple de ne pas persister dans une tentative aussi folle qu'imprudente. Toute l'accusation se fondait sur la calomnie de M. Marrast et sur quelques paroles travesties, ou qui lui étaient prêtées à tort, ayant été prononcées par d'autres (2).

de décliner la compétence de la Cour des pairs. M. Jules Favre qui défendait les accusés de Lyon s'était séparé d'eux et avait ainsi rompu le faisceau de la défense, ce qui incontestablement mit à l'aise la Cour des pairs. M. Jules Favre fut accusé d'avoir sacrifié la solidarité démocratique et l'intérêt même de ses clients pour ne pas manquer l'occasion de plaider une cause importante, sur laquelle il comptait pour fonder sa réputation. M. Louis Blanc dans son *Histoire de dix ans* avait mis en lumière et enregistré pour l'histoire cette conduite de M. Jules Favre. De là la rancune de celui-ci.

(1) M. F. Arago déposa à l'enquête Quentin Bauchard « que M. Ledru-Rollin lui avait dit que ce n'étaient pas les clubistes qui étaient les plus actifs pour le renversement d'une partie du gouvernement et le licenciement de l'Assemblée, mais MM. Jules Favre, Portalis et Landrin. Dans des conciliabules tenus au ministère de l'Intérieur, ils disaient que la Révolution déviait et qu'il fallait la ramener à sa source. » — C'est-à-dire que ces messieurs eurent voulu prendre la direction du gouvernement. Mais ils ne voulaient la céder à personne autre ; et de là leur acharnement contre ceux qui les avaient devancés.

(2) M. Barbès, du donjon de Vincennes, écrivit à l'Assemblée

« Dans un rapport plein de restrictions flatteuses, plein
« de fiel, chef-d'œuvre de perfidie savante et qui fut spiri-
« tuellement comparé par M. Ribeyrolles à une jatte de lait
« empoisonnée, M. Jules Favre conclut à l'autorisation des
« poursuites. » C'est M. Louis Blanc lui-même qui caractérise ainsi ce morceau oratoire.

M. Laurent (de l'Ardèche), qui se leva un des premiers
pour y répondre, analyse bien l'impression qu'il produisit :

« Citoyens représentants, l'honorable M. Jules Favre
« nous a dit à la séance d'hier que les haines et les pas-
« sions politiques, que l'esprit de parti avaient été com-
« plétement étrangers à la demande qui vous est soumise.
« Personne ici n'a songé à caresser des exigences réaction-
« naires, à donner satisfaction à des rancunes politiques.

« Loin de là : on n'a voulu que fournir à un représentant
« du peuple, à un historien distingué, à un publiciste re-
« marquable, malgré ses erreurs économiques, à un ci-
« toyen qui a bien mérité de la patrie, qui a dû prendre du
« moins sa part dans la déclaration de l'Assemblée en fa-
« veur du gouvernement provisoire, on a voulu fournir
« seulement à ce citoyen, à cet historien, à ce publiciste,
« l'occasion de laver sa vaste réputation, sa grande renom-
« mée, du soupçon qu'on était parvenu à faire planer sur
« elle.

« Ainsi le citoyen Louis Blanc, loin d'avoir à se plaindre
« du réquisitoire qui a été formulé contre lui, doit s'en féli-

---

pour prendre la responsabilité de ces quelques mots prêtés à tort
à M. Louis Blanc et qu'il avait lui-même prononcés : « Je vous
« félicite d'avoir reconquis le droit d'apporter vos pétitions à la
« Chambre; désormais on ne pourra plus vous le contester. » On
accusait encore M. Louis Blanc d'avoir dit : « La manifestation
« d'aujourd'hui n'est pas de celles qui ébranlent, mais de celles
« qui renversent. » Il avait dit, parlant de la révolution de Février :« Cette révolution n'est pas de celles qui ébranlent les trônes,
« mais de celles qui les renversent. »

« citer, puisque ce réquisitoire lui a valu une manifestation
« de sollicitude bien vive pour la pureté de sa réputation,
« un témoignage éclatant rendu par une bouche éloquente
« à ses qualités scientifiques, à ses titres littéraires.

« Pour moi, citoyens, je félicite mon pays, je le félicite
« sincèrement du progrès qu'il a fait de colorer les sujets les
« plus sombres et d'adoucir les mesures les plus acerbes.
« L'inculpé du 31 mai 1848 a été bien autrement traité
« que les inculpés du 31 mai 1793. Ceux-ci perdirent leur
« inviolabilité au milieu des plus sanglants et des plus
« grossiers outrages, et l'un d'entre eux, l'illustre père
« d'un de nos collègues, Lanjuinais, en fit un reproche
« en rappelant que les anciens, au lieu d'insulter à leurs
« victimes, les ornaient de fleurs et de bandelettes.

« Eh bien! le citoyen Louis Blanc a été plus heureux
« que les accusés du 31 mai 1793 : il a été, lui, orné de
« fleurs et de bandelettes. Il a pu jouir de l'avantage des
« anciens, et de sa place il s'est vu pousser doucereuse-
« ment vers le banc des plus grands criminels avec toutes
« les formes de bienveillance et d'exquise urbanité que la
« civilisation comporte. »

M. Jules Favre soutint avec insistance les conclusions de son rapport, en invoquant cette thèse fallacieuse que l'autorisation de poursuites demandée n'était pas un jugement, ni une mise en accusation, que l'Assemblée n'avait même pas à examiner les faits, ni à les connaître; mais que c'était simplement un hommage rendu à la justice du pays, et dans l'intérêt même de l'accusé. Que devenait l'inviolabilité des représentants du peuple avec une semblable théorie?

Dans ses instances insinuantes M. Jules Favre allait beaucoup plus loin: « A bien plus forte raison, disait-il, *ce*
« *n'est pas une mise en arrestation*, et il me semble que la
« Commission s'est exprimée dans son rapport en des termes

« tels qu'à ce point de vue la conscience tout entière de l'As-
« semblée doit être rassurée. » C'était le comble de la perfidie : il est certain que si l'Assemblée eût autorisé les
poursuites, M. Louis Blanc eût été arrêté immédiatement
comme il allait l'être plus tard, s'il ne se fût soustrait à la
prison par la fuite.

Mais l'Assemblée eut un bon mouvement de pudeur ou
d'équité. L'autorisation des poursuites fut repoussée par
369 voix contre 337. M. Jules Favre était secrétaire général au ministère des Affaires-Etrangères. Cette qualité
officielle donnait beaucoup d'autorité à sa parole; on pensait, en face de son insistance, que le gouvernement était
d'accord pour poursuivre M. Louis Blanc. Mais la stupéfaction fut grande lorsque l'on vit la plupart des membres
du gouvernement, et le ministre de la Justice lui-même,
M. Crémieux, se lever contre les conclusions du rapport de
M. Jules Favre. Le lendemain M. Payer interpella le
ministre de la Justice sur ce désaveu infligé au procureur
général et au procureur de la République. M. Crémieux
répondit fort dignement, qu'il entendait laisser aux procureurs généraux une indépendance complète et qu'il ne
se reconnaissait pas plus le droit d'entraver leur action
que de la provoquer. Cette intervention de la politique
dans la justice était précisément un des plus graves reproches adressés à la monarchie. D'autre part, dans un cas
aussi grave, quand il s'agissait d'un de ses collègues,
M. Crémieux n'avait pas cru devoir faire à ses fonctions
de ministre le sacrifice de ses fonctions de représentant.
Voilà pourquoi il ne s'était pas abstenu et il avait cru devoir
voter selon sa conscience.

MM. Landrin et Portalis voulurent prétendre que
M. Crémieux avait été au contraire le premier inspirateur
des poursuites. Mais personne ne mit en doute le démenti
formel que leur infligea M. Crémieux avec une grande

émotion, et leur attitude fut pleinement révélée par la lecture du procès-verbal de la séance de la Commission exécutive dans laquelle avait été agitée cette question. Ce procès-verbal constatait que, sur les observations qui avaient été faites au procureur général et au procureur de la République, ces deux fonctionnaires avaient déclaré qu'ils agissaient sous l'empire d'un sentiment si impérieux, qu'ils se verraient dans la nécessité d'offrir leur démission si la Commission croyait devoir adopter une opinion contraire. Sur cette déclaration, la Commission, après en avoir délibéré, avait décidé « qu'il ne lui appartenait pas d'en-
« traver le cours de la justice. »

M. Jules Favre, alors monte à la tribune pour défendre encore son perfide rapport; mais cette fois ce n'est plus sur M. Louis Blanc seul qu'il s'acharne, il attaque le gouvernement auquel il veut à toute force faire partager la solidarité de son réquisitoire, et dont il n'a plus voulu, dit-il, faire partie « après la faiblesse de samedi. » Il soutient qu'il a été surpris de voir le gouverment, après avoir autorisé le réquisitoire, désavouer le rapport et le rapporteur de la Commission qui avait conclu à l'autorisation des poursuites, croyant agir avec l'assentiment du gouvernement et de la Commission exécutive. Il ose s'écrier qu'il *rougit*, pour le pouvoir, de sa conduite, de son irrésolution, de ses divisions intestines; car il a fait preuve d'une impardonnable, d'une inexcusable *faiblesse* dans tout ceci.

M. Flocon, cédant à une légitime indignation, réplique à M. Jules Favre : « On voulait nous engager, dit-il, eh bien!
« nous nous dégageons, et nous n'avons qu'un tort, c'est de
« ne l'avoir pas fait plutôt. Mais la trame avait été ourdie si
« habilement que nous ne nous y sommes pas reconnus d'a-
« bord. — Ah! citoyens, on avait bien raison de dire tout à
« l'heure que la séance de samedi avait été pour toute
« l'Assemblée un sujet de surprise profonde et douloureuse.

« Elle l'a été pour moi aussi, car lorsque j'ai vu monter le
« rapporteur à la tribune, j'avoue, et je ne suis pas le seul,
« que les conclusions n'étaient pas celles que sa présence
« m'avait fait présager. Un membre du gouvernement
« n'était pas obligé d'accepter les fonctions de rapporteur.
« — *Le citoyen Étienne Arago* : C'a été l'impression géné-
« rale. »

A la suite de cet incident, M. Crémieux donna sa démission de ministre de la Justice (1). MM. Portalis, Landrin

(1) M. Crémieux fut au gouvernement provisoire un des hommes les plus honnêtes et les plus sincères, manquant de la fermeté de caractère qu'eussent exigé ses fonctions, mais vraiment loyal, vraiment dévoué à la cause de la liberté et accessible à toutes les idées républicaines et démocratiques. « Esprit généreusement « agité, dit M. Louis Blanc, intelligence mobile comme le progrès, « âme susceptible d'enthousiasme, M. Crémieux avait pris ré- « solûment son parti de la République ; et de tous les membres « de la majorité (du gouvernement) c'était le seul qui penchât à « faire pacte avec la Révolution. » Nous avons dit que sa grande faute fut sa faiblesse à l'égard de la magistrature, compromise par la monarchie et solidaire de ses iniquités, qui eût exigé une réforme radicale. Mais il signala son passage au ministère de la Justice par l'abolition de l'exposition publique, la suppression de la contrainte par corps, la proposition de l'établissement du divorce. L'Assemblée constituante ne tarda pas à rétablir la contrainte par corps et M. Marie retira le projet de décret sur le divorce. — M. Crémieux est presque le seul des membres du gouvernement provisoire qui, ni pendant son passage au pouvoir, ni après, ne prêta jamais la main à aucune mesure répressive ; et son attitude au moment où le gouvernement s'engageait avec l'appui de l'Assemblée dans cette voie de proscription et de réaction qui devait perdre la République, lui fait le plus grand honneur. Ce fut lui qui fut rapporteur de la Commission chargée d'examiner le projet de loi présenté par M. Odilon Barrot interdisant les clubs. M. Crémieux déclara au nom de la majorité de la Commission que ce projet, étant une violation manifeste du droit de réunion et d'association, la majorité de la Commission, qui ne voulait pas servir d'instrument à la violation du droit, cessait de prendre une part quelconque à la discussion. Malgré cette énergique protestation, la mesure fut

et Jules Favre donnèrent également leurs démissions (1), mais ce ne furent pas eux qui eurent le beau rôle : ce

adoptée par 404 voix contre 303. — M. Crémieux eut une illusion mémorable qui prouve que chez lui le cœur a toujours mieux valu que la tête. Il se rallia publiquement à la candidature du prince Louis-Napoléon Bonaparte à la présidence de la République. Le *Journal d'Indre-et-Loire* — M. Crémieux était représentant de ce département — exprima son étonnement, en disant qu'il avait toujours considéré M. Crémieux comme le meilleur républicain du département. M. Crémieux répondit au journal qu'il pensait bien mériter toujours ce titre. Il crut un instant, sans doute, que Louis-Napoléon était *la meilleure des républiques* comme Lafayette l'avait cru de Louis-Philippe.

(1) Dans une biographie apologétique de M. Jules Favre, publiée dernièrement, à la fois dans la *Revue contemporaine* et dans le *Nain jaune*, et rédigée par un de ses amis les plus dévoués, M. Léon Bigot, avoué à la Cour de Paris, M. Bigot dit que M. Jules Favre, nommé député, donna sa démission de secrétaire général au ministère de l'Intérieur, *par une lettre qu'il faut lire*. Dans cette lettre, M. Jules Favre dit : « Les devoirs que m'impose « mon mandat de député suffisent et au delà à remplir ma vie ; je « veux leur consacrer tout ce que j'ai de force et d'indépendance. » — « On voudrait rencontrer parmi les secrétaires ou directeurs « généraux d'aujourd'hui, ajoute M. Bigot, une pareille dignité de « conduite unie à une pareille simplicité de langage. » — M. Bigot *aurait dû dire* qu'en dépit de ces *dignes* et *simples* protestations, M. Jules Favre avait accepté au ministère des Affaires-Étrangères le même poste qu'il occupait auparavant au ministère de l'Intérieur. Et les journaux du temps ne manquèrent pas de relever la contradiction qui existait entre la lettre de M. Jules Favre et cette rentrée en fonctions. Cela, à vrai dire, est de nature à modifier quelque peu notre opinion sur la *dignité de conduite* de M. Jules Favre en cette occasion. Mais alors M. Bigot eût dû pratiquer à ce propos cette loi du silence qu'il s'est imposée avec tact sur toutes les circonstances les plus délicates de la vie publique de son héros : ce qui n'empêche pas que cette biographie lui ait attiré des répliques très-vives et parfaitement justifiées de MM. Louis Blanc et Blanqui. C'est qu'il est des hommes, et M. Jules Favre est de ceux-là, que l'on peut admirer de loin, mais qu'il faut se garder d'approcher de trop près, si l'on veut conserver sur eux ses illusions.

ne fut surtout pas M. Jules Favre. Il garda une rancune implacable à ses anciens collègues de ce froissement, et à travers les circonstances si pénibles et si graves qui suivirent, au milieu du deuil de la République et de la France, il n'eut pas d'autre préoccupation que de poursuivre la satisfaction de ce ressentiment.

Ce fut pour faire pièce à ses anciens amis de la Commission exécutive que M. Jules Favre soutint, le 15 juin, avec une insistance qui finit par triompher, la validité de l'élection du prince Louis-Napoléon Bonaparte. Il avait encore tellement sur le cœur son désaveu du 31 mai, qu'il ne put s'empêcher d'y faire allusion : « Lorsque j'ai fait un rap-
« port conforme à ce que je croyais être et à ce que la ma-
« jorité de l'Assemblée croyait être la pensée de la Com-
« mission exécutive, j'avais pour moi, je le crois, le bon
« sens : c'était mon illusion ; mais j'agissais comme simple
« représentant, j'agissais, au risque de ma popularité,
« parce que ma conscience y était engagée. » Il fallut le rappeler à la question, mais il avait peine à y revenir. Il s'échappait en paroles amères contre la Commission exécutive. — « Mais ce n'est pas la question, » lui crie-t-on encore, « c'est un plaidoyer contre le gouvernement. »

M. Ledru-Rollin répondit à M. Jules Favre avec beaucoup de dignité. Il rappela les conspirations bonapartistes qui se tramaient déjà, le danger qu'il y avait à favoriser les manœuvres d'un prétendant à un moment où la République avait tant besoin d'ordre et de tranquillité. « Deux
« fois il a été prétendant, deux fois il a parlé au nom des
« droits héréditaires de l'Empire. Eh bien! depuis qu'il
« est nommé, est-il venu dire : Je m'incline devant la
« République ; je conserve comme tradition les souvenirs
« de gloire de mon oncle, mais il y a quelque chose de plus
« grand que lui, c'est le pays qui l'avait élu. Je m'incline de-
« vant celui qui a couronné mon oncle, devant le peuple

« souverain, et je mourrai simple citoyen de la République
« que ce peuple a glorieusement fondée. A-t-il dit cela?
« Qu'il le dise, s'il le juge convenable, et alors votre loi, qui
« n'est qu'une exécution provisoire, pourra être modifiée.

« Vous-mêmes qui nous blâmez, je vous adjure, mes amis,
« car parmi vous il y a de mes amis, je vous adjure d'y bien
« réfléchir. Vous nous parlez au nom de la souveraineté du
« peuple; oh! vous nous avez touché le cœur. Vous nous
« dites de repousser les lois de proscription ; oui, vous nous
« avez touché le cœur. Mais avant tout nous sommes des
« hommes d'État, nous ne pouvons pas nous laisser guider
« seulement par des sentiments, nous avons à maintenir
« l'ordre et la sécurité de la France. »

M. Ledru-Rollin termine en jetant un anathème sur ces hommes qui, « fauteurs de discorde, mauvaises queues de
« tous les partis vaincus, viennent se placer sous ce dra-
« peau, qui rappelle de vieux souvenirs de gloire, pour
« faire la guerre à la République. — Ah! pour ceux-là pas
» de pitié, car ils sont les véritables ennemis du peuple, et
« nous les combattrons au cri de *Vive la République!* »

Mais M. Jules Favre, soutenu par M. Louis Blanc, qui vint se jeter à la rescousse avec une abnégation doublement chevaleresque, ne voulait rien entendre : « Qu'est-ce à dire?
» Voulez-vous insinuer que, de près ou de loin, le citoyen
« Louis Bonaparte soit coupable de pareilles menées?
« N'est-ce pas le procédé habituel des factions de profaner
« les plus beaux noms, et de s'entourer par usurpation des
« popularités les mieux acceptées. Prenez-y garde, c'est une
« déclaration de suspects que vous demandez. J'ai bien
« peur que toute cette fantasmagorie évoquée par les mi-
« nistres qui sont sur ces bancs ne soit un moyen de *vous*
« *surprendre un vote*.... Je vous dis qu'il est impossible
« sur une simple fiction, sur une insinuation, lorsque rien
« n'est prouvé, de décréter, par une mesure de suspicion,

« qu'un représentant du peuple ne sera pas admis. »

Les efforts de M. Jules Favre ne furent pas inutiles, et le citoyen Louis Bonaparte fut admis (1).

Le 24 juin, alors que le sang du peuple coulait dans les rues et que l'Assemblée venait de déléguer tous les pouvoirs exécutifs au général Cavaignac, M. Jules Favre eut le triste courage de demander la parole pour présenter un article additionnel ainsi conçu : *La Commission exécutive cesse à l'instant ses fonctions,*

(1) « M. Louis Bonaparte ne voulut pas profiter du vote de l'Assemblée. Ne jugeant pas à propos de se compromettre avant l'heure, il annonça qu'il resterait encore en exil, mais que cependant si le peuple lui imposait des devoirs il saurait les remplir. Ce défi indigna l'Assemblée, et on ne parla de rien moins que de le déclarer traître à la patrie. M. Louis Bonaparte eût pris à tâche de parodier la fameuse missive au sénat romain qu'il n'eût pas mieux réussi. L'Assemblée croyait déjà voir rôder autour du palais les grenadiers d'un nouveau 18 brumaire. Elle remit au lendemain pour statuer, et M. Clément Thomas s'écria : « Peut-être est-ce « une bataille que vous aurez demain ! » Le lendemain, *arriva de Londres* une nouvelle lettre par laquelle M. Louis Bonaparte, ayant la certitude d'être réélu, donna sa démission, et le mot de République, omis dans la première, se trouva dans la seconde. L'à-propos fit naturellement supposer que les bruits de l'arrivée à Paris de M. Louis Bonaparte n'étaient pas dénués de fondement. Tout ce tapage autour d'un nom fut une maladresse au moins égale à celle de la Commission exécutive qui éleva involontairement un piédestal à l'homme qu'elle désirait renverser. On heurta une boutade d'un moment, et comme une jolie femme dont on contrarie les fantaisies, le peuple s'obstina à se passer son caprice : il se laissa surprendre par des artifices grossiers. Il est affligeant de songer que sous la République M. Louis Bonaparte a trouvé des esprits plus crédules et des consciences plus accessibles que sous la Monarchie. A Strasbourg et à Boulogne, la population s'était levée en masse pour repousser une agression insensée; des soldats lui avaient dit : « Je ne vous connais pas ! » Et la révolution de 1848 éleva dans ses bras, pour le porter aux honneurs suprêmes, le prisonnier confus de Ham. Vain simulacre de choses mortes ! » (CH. ROBIN, *Histoire de la révolution de 1848.*)

« Citoyens, s'écria M. Duclerc, vous venez de voter une
« mesure de salut public, je vous demande de ne pas voter
« une rancune. »

L'Assemblée passa à l'ordre du jour, et M. Jules Favre
en fut pour la honte de son indigne vengeance, qui ne craignait pas de s'assouvir jusque sur le corps sanglant de la République et de la patrie.

Mais l'enquête Quentin Bauchart lui offrit l'occasion de satisfaire ses haines misérables. Il apporta l'un des premiers sa pierre à ce monument de réaction, et, sans dignité ni pudeur, il vint étaler les sentiments les plus mesquins qui puissent entrer dans le cœur d'un homme public. Il nous a fallu vraiment surmonter notre dégoût pour nous décider à citer ces *cancans* nauséabonds, où la haine et la perfidie des insinuations ont perdu même l'élévation qui pourrait encore leur conserver une certaine dignité.

Lisez, ô vous tous, à qui la déclamation grandiloque de l'orateur en a jamais imposé, et apprenez tout ce qu'il peut entrer de fiel et de bassesse dans le cœur d'un avocat, humilié de se trouver réduit à une position subalterne, tandis que ses confrères de la veille siégent au premier rang :

« Au 26 février, je fus appelé à remplir un poste *secon-*
« *daire* au ministère de l'Intérieur. Le préfet de police était
« ou devait être sous mes ordres ; mais en réalité c'était
« une autorité complétement indépendante. *Je n'avais ac-*
« *cepté ce poste qu'à condition que M. Caussidière ne reste-*
« *rait pas à la Préfecture de police.* On ne tint pas cet en-
« gagement, et j'avoue que j'ai fait la faute de rester dans
« le gouvernement. Je n'avais aucune action sur M. Caus-
« sidière : c'est lui qui en avait une en dehors de moi. Son
« système consistait à faire descendre sur la voie publique,
« quand il rencontrait une opposition à ses vues ; je n'ai
« jamais douté de cela.

« Au 17 mars, je crus que le mouvement était spontané,
« et j'admirais l'imposant spectacle que nous avions sous
« les yeux. Le lendemain je sus à n'en pouvoir douter que
« tout cela avait été préparé à la main par le préfet de po-
« lice, et que, dans la nuit, on avait parcouru tous les ate-
« liers pour prévenir et exciter les ouvriers. L'intention
« pouvait être bonne en ce que l'on redoutait que la garde
« nationale ne fût pas assez républicaine. Il en était de
« même en avril......

« Dans ma pensée, je reconnais que le gouvernement a
« pu faire des fautes. En ce qui touche M. Ledru-Rollin, je
« n'ai jamais vu en lui autre chose qu'une vive préoccupa-
« tion sur le sort de la République, si les élections n'étaient
« pas conformes à l'esprit de Paris. Quant à Louis Blanc et
« à Albert, c'était autre chose ; j'ai toujours cru à un sys-
« tème de conspiration de leur part.....

« Ledru-Rollin regardait Caussidière comme un préfet de
« police impossible en temps régulier, mais nécessaire en
« temps de révolution. Il se flattait de le dominer, tandis
« que Caussidière disait de son côté : « Oh! Ledru-Rollin,
« je le ferai sauter quand je voudrai. » Propos absurde et
« d'un ingrat, *après les services d'argent rendus à Caussi-*
« *dière par Ledru-Rollin*, et la nomination de Caussidière
« à la Préfecture de police.....

« *Je ne fais pas de difficulté de convenir* que j'ai rédigé
« quelques-unes des circulaires qui ont fait tant de bruit.
« J'ai rédigé la première, qui fut modifiée toutefois et for-
« tifiée par M. Ledru-Rollin. Elle devait être secrète. Ces
« mots tant critiqués, *pouvoirs illimités*, n'étaient que la
« traduction exacte des instructions verbales données dès
« l'origine aux commissaires. Par exemple, Emmanuel Arago
« prétendait avoir tout pouvoir, même de raser Lyon. Les
« commissaires étaient nommés sans discernement, sans
« aucun choix. On prenait les premiers venus....»

Et c'est parce que les commissaires avaient été nommés sans discernement, sans aucun choix, parce qu'on prenait les premiers venus, que vous leur donniez des pouvoirs illimités ! Et vous, homme politique responsable devant le pays, chef de cabinet responsable devant le ministre, vous croyez vous couvrir en vous abritant derrière des instructions verbales, dont vous venez de dénoncer vous-même la légèreté, tandis que les instructions écrites avaient pour but au contraire de corriger le désarroi de la première heure ! Et vous croyez pouvoir ainsi désavouer ces circulaires qui sont votre œuvre, en prêtant à M. Emmanuel Arago nous ne savons quel propos, que vous envenimez à dessein ! Ah ! oui, vous vous êtes moqué de la République et de vos fonctions ! Et parce que l'on ne vous laissait pas assez d'influence, parce que votre action n'était pas assez grande, vous exagériez à dessein toutes les tendances mauvaises, et vous étiez bien aise de compromettre un gouvernement qui vous laissait dans une position subalterne, sans vous soucier davantage des intérêts de la République et de la France ! Voilà le sens de votre déposition, qui restera comme un monument de la bassesse de votre caractère et de l'amertume de votre cœur !

M. Jules Favre trouva encore une occasion de déverser le trop-plein de ses rancunes en interpellant le 24 novembre le gouvernement sur les *manœuvres* employées pour soutenir l'élection du général Cavaignac à la présidence de la République. Ces interpellations furent le prélude de celles de M. Garnier-Pagès, qui provoquèrent le témoignage éclatant rendu au général par l'Assemblée. M. Jules Favre trouva encore l'occasion de rappeler le temps où il était *fonctionnaire subordonné* du gouvervement. Il y avait là pour lui une humiliation qu'il ne pouvait décidément digérer.

Mais l'hostilité de M. Jules Favre n'allait pas encore jusqu'à lui faire prendre en main la cause de la liberté contre le gouvernement. Il soutint de son vote et de sa parole la loi sur les attroupements du 8 juin, et contribua activement à la rédaction de la loi sur la presse du 11 août 1848 (1). Il fit inscrire dans cette loi une disposition formelle contre les socialistes. Le projet du gouvernement atteignait « l'at-« taque du droit de chaque citoyen à l'inviolabilité de *sa* « propriété. » M. Jules Favre demanda que la loi protégeât l'inviolabilité de *la* propriété, et en même temps les *droits de la religion et de la famille*.

Ce fut une des rares occasions où Proudhon prit part aux discussions de l'Assemblée : il demanda que, pour faire disparaître toute équivoque, on défendît d'une façon absolue la *discussion* de la propriété : « Ce sera, dit-il, à la « fois, plus sûr, plus franc et plus loyal. »

M. Jules Favre répliqua sur un ton profondément scandalisé : « De cette tribune ne doivent descendre que des « paroles sérieuses et graves : toute ironie adressée au sen-« timent de l'Assemblée, au sentiment du pays, est une « profonde inconvenance. Nous voulons que toute attaque « contre les idées sur lesquelles la société repose soient « interdites, et voici pourquoi : c'est que nous ne voulons « pas, pour servir la fortune de quelques ambitieux, mettre « en péril le salut de la patrie ; c'est que nous savons trop « bien comment leurs utopies, colorées par les mensonges

(1) Il faut cependant tenir compte à M. Jules Favre d'un bon mouvement qu'il eut dans la séance du 16 mai. Sous l'impression des événements du 15, M. Isambert demandait que l'on prît des mesures interdisant les clubs, et M. Billault que tous attroupements fussent défendus dans un rayon de 1500 mètres, autour du Palais de l'Assemblée : M. Jules Favre intervint pour supplier l'Assemblée de s'abstenir de lois d'exception : « Je vous conjure de ne pas « commettre les fautes qui, dans l'opinion publique, ont perdu vos « devanciers, de ne pas faire des lois exceptionnelles. Les lois de « circonstances sont toujours jugées par le pays des lois d'excep-« tion. »

« de l'imagination, peuvent armer des mains criminelles et
« pousser à l'émeute des hommes qu'on dit ensuite avoir été
« égarés... Mais nous ne voulons pas porter atteinte à la
« discussion philosophique; nous entendons au contraire
« qu'elle demeure entière et qu'aucune loi ne la puisse em-
« pêcher de se produire. »

« Citoyens, répondit Proudhon, si l'ironie, si le men-
« songe est quelque part, elle est dans l'amendement que
« vous allez voter. Je demande à quel signe on reconnaîtra
« qu'une polémique est une discussion ou une attaque. Vous
« ne pouvez pas définir ni l'une ni l'autre ; vous vous ré-
« servez les moyens de confondre l'une avec l'autre, et de
« punir quand bon vous semblera. Voilà ce qui arrivera, et
« ce qui arrive toujours dans les lois de répression. »

M. Jules Favre ne voulait pas laisser le dernier mot à son
adversaire : « On voudrait nous faire croire que le droit de
« propriété est menacé. Il n'est menacé que par les insen-
« sés; et de ceux-là la loi ne s'en occupe pas. » Ce mouvement oratoire produisit son effet.

Vraiment M. Jules Favre avait aussi bien que les Marie,
que les Sénart, que les Dufaure, que les Léon Faucher, l'é-
toffe d'un ministre de la République! il eût su aussi bien
qu'eux étouffer la liberté sous le pompeux étalage des principes! et l'injustice des gouvernements qui le maintinrent
systématiquement dans des positions subalternes justifie ses
rancunes !

Ce furent les gouvernements qui y perdirent : quand
M. Jules Favre vit bien qu'il n'y avait rien à faire avec
eux, il se rallia franchement à la cause de la liberté et de
la démocratie. Il apporta à l'opposition le concours de sa
puissante éloquence (1) ; il le lui a conservé jusqu'à ce

(1) La première manifestation de cette nouvelle attitude politique de M. Jules Favre fut un discours, qui produisit une grande
sensation, prononcé dans la séance du 24 janvier 1849 contre la

jour. Il prononça en 1849 de magnifiques discours sur la liberté de la presse et sur le droit de réunion, qu'il avait sacrifiés sans hésitation en 1848. L'éloquence de M. Jules Favre s'est développée dans cette voie nouvelle, et il est aujourd'hui un de nos plus puissants tribuns révolutionnaires. Mais néanmoins le peuple doit se souvenir que bien d'autres avant lui ont pareillement fait parade dans l'opposition du libéralisme le plus ardent qui, arrivés au pouvoir, ont abjuré toutes les promesses de leur passé, parce que leur caractère n'était pas à la hauteur de leur talent. Et ce que nous venons de dire de M. Jules Favre n'est pas fait pour rassurer sur son avenir. En 1848, il eût pu rendre de véritables services à la République ; il sacrifia constamment les intérêts les plus élevés à une misérable personnalité, et il livra la République à ses plus perfides ennemis par pur esprit de rancune et de jalousie (1).

proposition Rateau, ayant pour objet la dissolution de l'Assemblée. Depuis cette époque il ne cessa de faire une opposition très-vive au ministère Odilon Barrot et à la présidence et de soutenir avec beaucoup d'ardeur la cause de la liberté. L'exil de M. Ledru-Rollin, après le 15 juin 1849, lui laissa la carrière libre, et il devint le plus remarquable orateur de la gauche républicaine à l'Assemblée légistative.

(1) Il faut encore signaler chez M. Jules Favre une fâcheuse absence de jugement et d'esprit politique. C'est ainsi que, le 16 avril 1849, il conclut comme rapporteur d'une commission nommée par l'Assemblée constituante, au vote d'un crédit de 1,200,000 fr. pour l'expédition d'Italie qui allait être dirigée contre la République romaine. M. Jules Favre prit au sérieux *les déclarations positives* du gouvernement que sa pensée n'était pas de faire concourir la France au renversement de la République romaine, et quelques semaines plus tard, le 7 mai, quand les événements commencèrent à se dessiner, il se plaignit très-amèrement de ce qu'au mépris de la parole donnée, on avait occupé militairement Civitta-Vecchia. « Que la responsabilité, dit-il, retombe sur ceux qui nous ont joué, « car nous l'avons été. » — Mais la *naïveté* de M. Jules Favre était vraiment inexcusable. C'était lui qui avait prêté aux engage-

Mon maître, restez dans l'opposition, où votre place est marquée et où vous pouvez rendre de grands services à la liberté. Mais, dans votre intérêt même, nous devons nous garder de jamais vous confier le pouvoir. Votre réputation ne pourrait que s'y amoindrir. Ce n'est pas pour la ternir que nous venons de rappeler ces tristes souvenirs de 1848; mais ils doivent rester pour vous et pour le peuple, à qui s'adresse ce livre, un avertissement salutaire.

LE 15 MAI

L'objet de la manifestation du 15 mai était de faire une démonstration en faveur de la Pologne; rien de plus.

Proudhon dans ses *Confessions d'un Révolutionnaire* indique très-bien quelle était la pensée politique des auteurs de cette manifestation :

« C'était une question d'initiative gouvernementale pour le « socialisme autant que de propagande démocratique. L'é- « mancipation de la Pologne, appuyée du suffrage du peuple, « devait enlever les sympathies des représentants, et pro- « mettait le succès à toutes les idées de réforme.

« Dire au gouvernement de prendre l'initiative de l'éman- « cipation des nationalités, c'était lui dire en d'autres termes: « Depuis trois mois, vous n'avez rien fait pour la Révolution,

ments du gouvernement une précision qu'ils n'avaient pas en réalité. Tous les membres démocrates de la commission, MM. Grévy, Schœlcher, Pascal Duprat, le général Subervic ne s'y étaient pas trompés et avaient voté contre les conclusions du rapport. Les explications fournies à l'Assemblée même par M. Odilon Barrot, chef du cabinet, étaient fort vagues et M. Ledru-Rollin avait très-éloquemment signalé le piége. Le seul fait de l'envoi des troupes ne pouvait avoir que la guerre pour conséquence, et la simplicité de M. Jules Favre en cette circonstance fut vraiment par trop primitive. Il fut du reste le seul membre de la gauche qui vota avec la droite et 283 membres votèrent contre son rapport et contre le crédit demandé.

« rien pour l'organisation du travail et la liberté des peuples,
« deux choses absolument identiques. Deux fois vous avez
« repoussé l'initiative qui vous appartient, et le travail ne
« reprend pas, et vous ne savez que faire de tous ces prolé-
« taires qui vous demandent du travail ou du pain, qui bien-
« tôt vous demanderont du pain ou du plomb. Faites de ces
« hommes une armée de propagande, en attendant que vous
« puissiez en faire une armée industrielle ; assurez par la
« guerre le gouvernement de la démocratie en Europe, en
« attendant que vous puissiez refaire l'économie des sociétés.
« Vous êtes hommes politiques, dites-vous ; vous ne voulez
« point être socialistes : prenez une initiative politique si vous
« n'osez prendre une initiative sociale.

« La guerre en un mot comme moyen d'échapper à la
« question du travail : voilà quelle était, au 15 mai, la poli-
« tique de la fraction avancée du parti républicain. »

Cette diversion pouvait aussi bien favoriser les desseins
des réactionnaires : aussi avons-nous vu que plusieurs représentants appartenant au parti modéré, à la tête desquels M. Marrast, soutenaient l'avis de l'intervention en Pologne.

Et Proudhon combattait l'entraînement populaire, dans un
article fort remarquable du *Représentant du Peuple* (14 mai) :

« Vive l'Italie! vive la Hongrie! vive la Pologne! mais avant
« tout, vive la France! Quand à bout d'expédients les gouver-
« nants embarrassés te pousseraient, ô peuple souverain,
« sur les champs de bataille, tu devrais résister de toutes tes
« forces, de toute ton énergie, de tout son bon sens, et, de
« par ta volonté souveraine, de par les lois du salut com-
« mun, leur imposer la paix !...

« Et c'est toi qui demandes la guerre !

« Je sais bien qu'il faut du courage pour contrarier les
« instincts de tout le pays. Au premier son de trompette, au
« premier coup de canon, voilà toutes les têtes en feu, toutes
« les ambitions exaltées ; on se rue aux conquêtes, et l'on
« oublie le reste.

« Le reste est cependant la question sociale, l'organisation
« du travail, l'émancipation du prolétariat, le crédit à réta-

« blir, l'égalité à réaliser dans les institutions, la République
« à fonder !

« Mais n'est-ce pas en vain que nous voudrions dans ce
« moment arrêter le torrent de l'enthousiasme populaire : les
« cris de la Pologne expirante ont retenti dans les rues de
« Paris, et le peuple qui est toujours prêt à offrir ses bras,
« son travail, son sang à la patrie ou à l'humanité ; le peuple
« généreux qui pendant dix-sept ans a entendu ses repré-
« sentants officiels pleurer sur l'anéantissement de la Pologne,
« le peuple de Paris enfin ne veut pas mériter le reproche
« que ceux qui le gouvernent aujourd'hui ont adressé impi-
« toyablement pendant dix-sept années au gouvernement de
« Louis-Philippe.

« Le peuple ne comprend pas les mensonges des partis. Il
« a pris au sérieux les accusations qui ont si longtemps servi
« de thème à l'opposition libérale, et maintenant qu'il est dé-
« barrassé du système de honte et de lâcheté qui étouffait
« ses généreux instincts, il veut, la question polonaise étant
« de nouveau posée, il veut voler au secours de sa sœur mar-
« tyre, il veut faire revivre la France du Nord.

. . . .

« Eh quoi ! nous voulons, prodigues que nous sommes,
« aller porter la liberté à tous les peuples, et nous n'avons
« pas la liberté ; nous voulons leur donner l'égalité, la fra-
« ternité, et nous n'avons ni l'une ni l'autre ; nous leur
« offrons la République, et nous n'avons pas la République...

« Et d'ailleurs, aujourd'hui comme toujours, regardez au-
« tour de vous avant de décider ; écoutez et jugez. Si vos
« ennemis se trouvent d'accord avec vous et pressent la me-
« sure, arrêtez-vous, la mesure est mauvaise.

« En l'état où nous sommes, les bruits de guerre réjouis-
« sent les républicains que l'enthousiasme aveugle, mais,
« avec eux, tous ceux que l'enthousiasme républicain n'aveu-
« glera jamais.

« Faut-il le dire ? la guerre servirait encore les vues secrètes
« de quelques-uns de ceux qui mènent la France. Oui, il y a
« dans la République des gens qui seraient bien aises de

« pousser hors des frontières, à la mort, à la boucherie, ces
« patriotes généreux, ardents, imprudents quelquefois, qui
« sont toujours prêts à se lever, au premier appel de la li-
« berté menacée!

« Nous ne savons si la guerre donnerait la liberté aux
« peuples qui l'attendent, mais nous savons bien qu'elle ou-
« vrirait les portes de la France à l'arbitraire, à la banque-
« route, à tous les désordres, à toutes les tentatives contre-
« républicaines. »

Proudhon terminait ainsi son article :

« La manifestation sera, dit-on, une occasion pour les amis
« vrais de la liberté de se compter. L'occasion est mal choisie
« selon nous, et l'on peut, sans désespérer longtemps, en
« attendre une meilleure. »

La manifestation avait été toute spontanée à son origine et organisée, à ce qu'il paraît, contre le vœu des chefs de club, de Blanqui, de Barbès, de Raspail (1).

Si la guerre étrangère n'en sortait pas, il allait en sortir la guerre civile : le 15 mai fut le prélude du 24 juin, et ainsi cette démarche imprudente allait servir tous les projets odieux de la réaction.

L'ordre du jour du 15 mai appelait précisément des interpellations de M. d'Aragon au sujet de la Pologne. On eût dit que les orateurs de l'Assemblée s'étaient concertés avec ceux des clubs pour autoriser l'escalade du gouvernement. Au moment où M. Wolowski, l'un des plus chauds partisans de l'émancipation polonaise, montait à la tribune, la tête de la colonne pétitionnaire pénétrait dans la cour de l'Assemblée. M. Wolowski, l'un des hommes les plus modérés et les plus conservateurs de l'Assemblée, ami de M. Odilon Barrot, beau-père de M. Léon Faucher, s'était fait ce jour-là sans le vouloir et sans s'en douter l'orateur de l'insurrection.

Pendant son discours, on entend à diverses reprises les

(1) Proudhon, comme nous l'avons vu, blâmait la manifestation; Barbès la désapprouvait; Cabet avait décidé que son club n'y paraîtrait pas; Blanqui et Raspail y furent entraînés, fort hésitants et indécis.

cris du peuple au dehors : *Vive la Pologne!* puis tout à coup, dit le *Moniteur* « une rumeur terrible interrompt l'orateur : « le peuple envahit la salle. »

Bien que la manifestation fût prévue, aucunes mesures n'avaient été prises pour protéger l'Assemblée. Afin d'éviter un conflit fâcheux, le général Courtais avait obtenu l'autorisation du président Buchez de faire entrer vingt ou trente délégués ; mais le peuple voulait présenter lui-même sa pétition, et il envahit le palais avec la violence d'un fleuve qui vient de briser le faible obstacle opposé à sa marche impétueuse. Ces hommes n'avaient d'ailleurs aucune intention de violence (1), et il n'y avait qu'à laisser passer leur flot à travers l'Assemblée, qui eût gagné une grande force au contraire à ce débordement populaire, fécond comme le débordement du Nil. Mais l'inertie du gouvernement (2), la résistance et la faiblesse à la fois de l'Assemblée entraînèrent les plus fâcheuses conséquences. Le président, M. Buchez, avait la tête perdue, comme M. Sauzet au 24 février ; et au fond, il est certain que de la part du gouvernement il y eut provocation et inertie systématique. M. Buchez dit lui-même dans sa déposition devant la Haute-Cour de Bourges avec une franchise qui fait, dans tous les cas, peu d'honneur à son caractère : « Tout ce que je « désirais à ce moment était d'être chassé de mon fauteuil... « Mon système a été de laisser faire et de ne consentir à « rien (3). »

(1) Lord Normamby qui assistait à la séance fut très-frappé de la singulière courtoisie des insurgés. L'un d'eux, averti que la baïonnette dont il était armé effrayait les dames, la mit aussitôt sous une banquette.

(2) On voulut faire contre M. Caussidière, qui était Préfet de police, un chef d'accusation de son inertie. Mais il répondit qu'il n'avait aucun ordre, qu'il en avait vainement demandé, qu'on n'avait pas voulu lui en donner. Et la preuve de ce parti pris, c'est le témoignage que nous avons cité de M. Babaud-Laribière : M. Marrast, qui dirigeait la véritable police du gouvernement, savait que la manifestation serait grave, et il n'avait pris aucune mesure ; il affectait de dire au contraire qu'elle serait toute pacifique pour écarter les inquiétudes.

(3) M. Buchez voulut excuser Huber, un des inculpés les plus

M. Buchez consentit cependant à écrire l'ordre de cesser de faire battre le rappel. Il crut se justifier ensuite en disant qu'il avait craint qu'un refus provoquât la colère de la multitude et entraînât des violences funestes contre les membres de la représentation nationale; il ajouta qu'il pensait que l'on comprendrait bien que cet ordre lui était arraché par la force et qu'en conséquence on ne lui obéirait pas.

Le sentiment provoqué chez tous les hommes de cœur par cette conduite fut exprimé par M. de Luynes, qui demanda que le procès-verbal fût ainsi rédigé : « L'Assemblée natio- « nale entend avec une pénible surprise les explications don- « nées par le citoyen Buchez; elle proteste énergiquement « contre la pensée qui aurait dicté au président l'ordre de « ne plus battre le rappel, et déclare que les représentants « du peuple sauront mourir à leur poste plutôt que de for- « faire à leur devoir. »

L'Assemblée laissée ainsi sans direction ne put pas en imposer au peuple par sa dignité : des dialogues pleins de défis et de menaces avaient lieu entre des représentants et des chefs de clubs.

Raspail monta à la tribune et parvint à lire sa pétition, adoptée par les clubs, demandant l'intervention immédiate en faveur de la Pologne.

M. Buchez invite alors les pétitionnaires à se retirer et à

compromis dans l'affaire du 15 mai, celui qui avait pris l'initiative de la dissolution de l'Assemblée, en disant qu'il pensait qu'*Huber avait voulu le servir* en agissant ainsi : « Car dit-il, je considérais « comme une chose heureuse mon expulsion du fauteuil et celle « de l'Assemblée. » Huber protesta vivement contre cette interprétation : « Regarder pour vous comme un bonheur d'être ex- « pulsé, regarder cela comme un bonheur pour l'Assemblée, c'eût « été une lâcheté. » Une indigne lâcheté, voilà en effet la qualification que mérite l'attitude de M. Buchez. Et M. l'avocat général de Royer l'a justement flétrie en disant : « qu'il s'était fait donner « par l'accusé lui-même une leçon de dignité à laquelle il n'y avait « rien à ajouter. » Et la mémoire de ces hommes, qui n'ont pas seulement compromis leur caractère, mais qui ont perdu la République, en la déshonorant, ne serait pas vouée à l'infamie!

laisser l'Assemblée délibérer librement. Mais ils répondent qu'ils ne veulent pas attendre et qu'il leur faut une décision immédiate.

M. Barbès monte à la tribune pour engager le peuple à se retirer : « L'Assemblée a entendu vos vœux, dit-il, il faut « qu'elle y fasse droit ; mais pour qu'elle ne semble pas vio- « lentée, il faut dans ce moment-ci que vous vous retiriez. »

La multitude ne veut rien entendre et elle appelle Blanqui à la tribune.

M. Blanqui, dans un discours mesuré, net et concis, déve- loppe les vœux du peuple en faveur de la Pologne. Il aborde ensuite la question sociale. Mais plusieurs voix le rappellent à la question de la Pologne, ce qui prouve bien que c'était là le véritable objet de la manifestation.

M. Ledru-Rollin prend alors la parole, non en qualité de membre du pouvoir exécutif, ni comme représentant, mais comme citoyen ; il invite avec autorité le peuple à se re- tirer.

M. Raspail se joint à M. Ledru-Rollin. Il dit « qu'il ne recon- « naît plus comme républicains ceux qui persisteraient à rester « dans l'Assemblée. » M. Blanqui invite de son côté les délégués du peuple à donner l'exemple du calme.

Ces voix populaires ébranlaient déjà la multitude, quand M. Huber, qui venait de conférer avec M. Buchez (1), s'écrie tout à coup qu'on lui a promis de laisser défiler le peuple devant la tribune, et que, puisqu'on ne veut pas exécuter cette promesse, « au nom du peuple trompé par ses représen- « tants, il déclare l'Assemblée dissoute. »

Le tumulte arrive alors à son comble : malgré les protes- tations de plusieurs citoyens qui déplorent la tournure que prennent les choses, des exaltés montent à la tribune et propo- sent des listes d'un nouveau gouvernement provisoire à l'ac- ceptation de la foule. M. Buchez est chassé de son fauteuil où le remplace M. Laviron (2), et c'est alors que M. Barbès,

(1) On peut supposer quelle avait pu être cette conférence par les indications données plus haut.

(2) Poursuivi pour sa participation à l'affaire du 15 mai,

égaré par l'effervescence populaire et aussi par son antagonisme, avec M. Blanqui (1), qu'il craignait de voir prendre la direction de la manifestation, fait sa fameuse proposition d'un impôt d'un milliard sur les riches.

Du reste la foule se dissipe au bout de quelques instants. M. Barbès, en proie à une sorte d'hallucination, se rend seul avec M. Albert à l'Hôtel-de-Ville, où il se met à rédiger les

M. Laviron se rendit en Italie, et il fut tué à Rome, par les troupes françaises, en défendant la République. Deux listes de gouvernement furent lues à la tribune. Sur l'une figurait MM. Barbès, Louis Blanc, Ledru-Rollin, Blanqui, Huber, Raspail, Caussidière, Etienne Arago, Ch. Lagrange. C'était une fusion de la Montagne avec le parti socialiste. Sur l'autre l'élément socialiste était seul représenté par MM. Cabet, Louis Blanc, Pierre Leroux, Raspail, Considérant, Barbès, Blanqui, Proudhon. La plupart des citoyens désignés sur ces listes furent appelés à ce périlleux honneur à leur insu.

(1) L'antagonisme de Barbès et de Blanqui furent une des principales causes qui neutralisèrent les efforts du parti populaire. C'est surtout pour faire échec à Blanqui que Barbès, au 17 avril, prêta son appui inattendu au gouvernement. Voici comment il expliqua lui-même son attitude dans cette journée au club de la Révolution : « Le bruit s'était répandu qu'une poignée d'hommes avaient conçu « le coupable projet d'exploiter, la grande et pacifique manifesta- « tion des corporations ouvrières ; il n'en a rien été, mais ce que « n'a pas fait une poignée d'anarchistes, la réaction l'a tenté et ne « l'a que trop bien accompli. » Barbès d'ailleurs n'avait ouvert les yeux que tardivement et il s'était associé à la fête de la Fraternité du 20 avril. Son cœur a toujours mieux valu que son intelligence, et il a toujours eu un vieux levain de chauvinisme. Tout le monde connaît son enthousiasme manifesté à la suite de l'expédition de Crimée, à l'occasion duquel l'empereur Napoléon III lui donna sa grâce, et dans quelle position fausse il se trouva alors. Au 15 mai c'est encore cet antagonisme contre Blanqui et le désir de lui enlever la direction de la manifestation qui perdit Barbès. Complétement égaré par la haine, Barbès n'avait pas craint de se prêter aux manœuvres des ennemis de la République, en accueillant les calomnies de la *Revue rétrospective* et en leur prêtant l'autorité de son nom et de son caractère. Au procès du 15 mai, il ne sut pas contenir ses sentiments, malgré la réserve excessive de Blanqui ; et cela donna lieu à un incident scandaleux, qui combla de joie une fois de plus les ennemis de la République.

décrets du nouveau gouvernement provisoire, et où il ne tarde pas à être arrêté.

En réalité la manifestation du 15 mai fut spontanée, innocente dans son origine, égarée par des provocations insensées ou coupables (1); et dans ses excès mêmes il y eut bien plutôt intempérance de la fougue populaire qu'attentat. Les chefs du peuple, Raspail, Blanqui et Barbès lui-même, ces hommes que l'on voudrait présenter comme des conspirateurs farouches, perturbateurs de tout ordre (2), se montrèrent ce qu'ils

(1) Raspail disait au procès de Bourges, que le 15 mai avait été « un vaste coup de filet, jeté dans le bourbier de l'Hôtel-de-Ville « pour prendre certains hommes dont la droiture et la probité « étaient aussi à craindre que leur dévouement à la Répu- « blique. » Le rôle d'Huber dans cette circonstance est fort suspect. Huber, condamné à cinq ans de prison en 1836, avait obtenu du roi une réduction de peine; il était entré dans le complot de Steuble et de Mlle Grouvelle et fut soupçonné de les avoir trahis; il fut à peu près convaincu d'avoir depuis cette époque espionné pour le gouvernement de Louis-Philippe le parti républicain. Cela fut affirmé par M. Monnier secrétaire de la préfecture de police sous Caussidière, qui vint déposer au procès du 15 mai et déclara avoir eu entre les mains la preuve de ces délations. On prétendit en outre qu'il était depuis 1848 l'agent de M. de Lamartine, et qu'il avait été en rapport suivi avec M. Carlier, le chef de police. Huber protesta très-vivement contre ces accusations et, condamné par contumace par la Haute-Cour de Bourges, vint se constituer prisonnier pour se réhabiliter. Ce qu'il y a de certain c'est qu'à la veille du 15 mai, il venait de recevoir sa nomination au poste de gouverneur du Raincy. Proudhon, qui se trouva avec Huber en prison, a toujours témoigné de sa parfaite honorabilité. Un autre personnage, qui celui-là appartenait notoirement à la police, joua un rôle au 15 mai : Bormes, l'organisateur des Vésuviennes, inventa un moyen « avec « lequel deux mille citoyennes pouvaient lutter contre cinquante « mille hommes ennemis. »

(2) Raspail qui rédigeait un journal, l'*Ami du Peuple*, et dont on a voulu faire une sorte de Marat était un homme modéré, doux et humain, qui devait sa grande popularité surtout à sa médecine humanitaire. Voici ce qu'écrivait Raspail dans l'*Ami du Peuple* du 12 mars : « La terreur de 93, aujourd'hui en 1848, elle n'a plus « de sens : elle ne serait plus qu'une atroce folie, un drame à la

avaient été depuis le 24 février, modérés, timides plutôt qu'audacieux, aimant mieux sacrifier leur cause même à des scrupules de légalité qu'assumer la responsabilité redoutable d'une initiative révolutionnaire.

« Néron, un incendie de Rome pour traduire en action l'incendie
« de Troie. Depuis quinze jours je vois des Français partout, et des
« ennemis nulle part. Au milieu de ce peuple de frères, promenez
« donc la guillotine, si vous l'osez ; on vous conduira vous et elle
« à Bicêtre, le dernier jour du carnaval. » Voici d'autre part la profession de foi socialiste de Raspail : « Ceux qui rêveraient la
« réforme sociale par le bouleversement subit de la propriété se-
« raient plus que des coupables, ce seraient des insensés, ce seraient
« des sauvages qui se vengent de leurs ennemis en dévastant leurs
« moissons, et qui couronnent de leur propre mort le succès
« d'une stupide vengeance. L'égalité des droits est une loi immua-
« ble, l'égalité des biens ne durerait pas deux heures. »

Un autre chef de club, compromis dans l'affaire du 15 mai, est Sobrier, rédacteur en chef de la *Commune de Paris*, qui fut un instant préfet de police avec Caussidière. Sobrier était un homme doux, bien élevé, un cœur d'or. Par une généreuse initiative, il offrit au gouvernement provisoire, 20,000 fr. sur 100,000 qu'il possédait pour organiser le travail. Complétement dévoué à M. de Lamartine qui lui avait fait donner cinq mille fusils et l'hôtel de la liste civile pour habitation, il consacra constamment son influence sur le peuple à contenir ses manifestations violentes. Il se trouva naturellement mêlé aux événements de la journée du 15 mai. Il fut arrêté au café du quai d'Orsay, où il était allé se rafraîchir croyant sans doute que tout était fini. Il fut reconnu, arrêté et conduit à la caserne du quai d'Orsay occupée par le 2ᵉ dragon.

Là il fut confié à la garde du colonel de ce régiment, M. de Goyon, officier ambitieux et avide de se signaler par un zèle exagéré. M. Sobrier fut confiné dans une chambre, sous la garde de deux soldats qui lui tenaient de chaque côté leurs pistolets chargés appuyés sur les tempes. Sous les fenêtres de la chambre deux autres sentinelles furent également placées avec leurs armes chargées. La consigne donnée à ces hommes étaient de tirer sur M. Sobrier à la moindre tentative faite du dehors pour le délivrer. C'était mettre en pratique la théorie de l'assassinat des prisonniers. Il est vrai que M. François Arago avait dit à M. de Goyon : « Vous
« répondez de M. Sobrier sur votre tête. » Pendant trente-six heures, c'est-à-dire jusqu'à son transfèrement à Vincennes, M. Sobrier vécut

La République eût dû couvrir les événements du 15 mai de cette grande magnanimité, mise dérisoirement à l'ordre du jour le 26 février par M. de Lamartine pour couvrir les conspirateurs de la monarchie : mais il fallait des victimes.

ainsi sous une menace de mort, s'attendant de minute en minute à être fusillé. « Il était réservé à un colonel de l'armée, dit M. Robin, « d'inventer un supplice inconnu des geôliers et des bourreaux. « Les plus mauvais jours de notre histoire n'offrent rien de compa- « rable à une conduite que la langue française ne permet pas de « qualifier. » M. de Goyon est aujourd'hui général, chargé d'un des grands commandements militaires, un des plus fermes soutiens de l'empire et un des fonctionnaires qui émargent les sommes les plus considérables sur le budget.

Devant la Haute-Cour M. de Goyon osa dire que la preuve que M. Sobrier avait rendu hommage à son caractère, *c'est qu'il lui avait confié son testament.* — « Allez, monsieur, je vous pardonne, » lui dit Sobrier avec beaucoup de dignité.

Parmi les autres conspirateurs du 15 mai, il est curieux d'en signaler un, M. Joachim Houneau, qui s'est fait depuis une certaine notoriété dans les lettres, sous le pseudonyme de Georges Bell. M. J. Houneau avait quitté le lycée Monge, où il remplissait les fonctions de maître d'études pour devenir l'un des rédacteurs de la *Commune de Paris*. Il avait mérité la confiance de Sobrier par une grande exaltation d'opinion et, le matin du 15 mai, il écrivait à un de ses amis : « Nous sommes prêts à donner notre « sang pour faire triompher la République, le jour où l'Assemblée « voudra nous la ravir, ce qu'elle a déjà commencé à faire par ses « votes sur le pouvoir exécutif et sur les travailleurs. Aujourd'hui « nous nous levons trois cent mille. Peuple souverain, nous allons « visiter nos commis... » M. Houneau avait interpellé vivement M. de Lamartine dans la salle des Pas-Perdus et lui avait dit en portant la main sous son habit : « Si vous ne nous faites pas en- « trer, nous vous passerons sur le corps. »

Ce sont toujours ces gascons et ces écervelés qui compromettent les mouvements révolutionnaires. M. Houneau a mis depuis *beaucoup d'eau dans son vin*. Il a fait quelques romans médiocres sous son pseudonyme de Georges Bell et il rédige actuellement les *faits divers* de la *Liberté*. Il atteste en toute circonstance l'indifférence la plus complète en matière d'opinions politiques. Et voilà ceux que l'on voulait travestir en conspirateurs redoutables!

Blanqui le disait dans sa lettre du 12 avril en réponse à l'odieuse calomnie de la *Revue rétrospective* :

« Les bourreaux des patriotes, les sicaires du juste-milieu
« sont maintenant les dévoués, les fidèles de l'Hôtel-de-Ville.
« Les arrhes sont données ; les voilà faisant les fonctions *des*
« *quarante cinq* auprès de messieurs du gouvernement provi-
« soire, et ils vont assassiner les républicains pour le compte
« de la République, comme ils les ont assassinés si longtemps
« pour le compte de la monarchie. A eux bientôt les places,
« les honneurs, la fortune ! à nous toujours la prison, la mi-
« sère, l'opprobre ! Tant d'audace, six semaines après les
« barricades ! qui l'eût deviné ! »

Mais cela même ne suffisait pas ; il ne suffisait pas de faire rentrer Raspail, Blanqui et Barbès dans les prisons d'Etat où la monarchie les avait retenus pendant quinze mois ; il ne suffisait pas d'avoir enveloppé dans la trame provocatrice l'un deux, l'ouvrier Albert, que les membres du gouvernement provisoire avaient placé au milieu d'eux comme un paratonnerre contre la foudre populaire, et dont l'importance les gênait maintenant (1) ; il fallait encore atteindre Louis Blanc

(1) Les poursuites contre les représentants Barbès, Albert et Courtais furent autorisées par l'Assemblée sans que presque aucune opposition s'élevât. Il faut cependant mentionner la généreuse protestation de M. Greppo, adressée au *Représentant du Peuple* :
« Je vous prie de porter à la connaissance du public que le 15,
« dans la séance du soir de l'Assemblée nationale, j'ai protesté,
« par mon vote et de toute l'énergie dont je suis capable, contre
« le décret qui mettait en accusation trois de mes collègues : les
« citoyens Barbès, Albert et Courtais. J'ai protesté et je proteste
« encore malgré la menace de la garde nationale. »

Le général Courtais, chargé de la garde de l'Assemblée, fut la victime de l'inertie systématique du gouvernement qui avait laissé l'Assemblée livrée à tous les hasards de la tempête populaire sans prendre aucune mesure. M. Courtais, sincèrement animé de l'enthousiasme républicain, ne pouvait se décider à traiter le peuple en ennemi ; d'ailleurs la résistance eût compromis inutilement la vie de ses hommes. Mais son crime fut de ne pas s'associer aux violences de la réaction. Il fut arrêté dans une des salles même du palais de l'Assemblée par les gardes nationaux qui l'accablèrent

et Caussidière, les deux magistrats du peuple, qui représentaient, l'un ses aspirations sociales, l'autre ses aspirations politiques. Ce fut M. Jules Favre qui fut chargé de cette tâche; et on peut bien apprécier, à la lumière des explications que nous venons de fournir, le caractère odieux de cet acte qui

des plus lâches et des plus indignes outrages. Devant la Haute-Cour, un nommé Giroux, sous-chef de l'administration des domaines, osa se vanter d'avoir le premier porté la main sur Courtais et de lui avoir enlevé son épée, d'autres lui arrachèrent ses épaulettes et sa croix d'honneur. La Haute-Cour acquitta le général Courtais ; ce fut le seul acquittement prononcé par elle.

Le gouvernement s'abstint de blâmer même indirectement ces indignes violences de la garde nationale, dont nous avons dit que M. Louis Blanc fut victime avec M. Courtais. Quand l'Assemblée rentra en séance le 15 mai, M. de Lamartine lui demanda de « voter « à *l'ombre des baïonnettes*, la reconnaissance de la patrie à la « garde nationale de Paris. »

La garde nationale, qui n'avait pris aucune part au combat puisqu'il n'y avait pas eu combat, se livra aux excès les plus regrettables ; elle alla dévaster une seconde fois la maison de M. Cabet, *pilla* la maison de M. Sobrier, vola quelques centaines de francs, vida sa cave sans même respecter celles des voisins. M. Garnoux, commandant de la garde nationale de Montmartre, donna sa démission le lendemain. Il déclara que son honneur lui défendait de rester à la tête d'hommes qui commettaient de pareils brigandages. Mais le gouvernement couvrit ces actes de son silence approbatif.

Ce n'est pas tout ; un détachement de la garde nationale pénétra rue Saint-Martin dans la salle Molière où se réunissait la Société des droits de l'homme. La salle était vide et obscure, les gardes nationaux croyant que c'était un repaire de brigands, se divisèrent en deux colonnes pour explorer l'antre redoutable. La terreur les saisit au milieu de l'obscurité, et dans leur égarement ils firent feu les uns sur les autres. Pendant quelques jours, les membres de la Société des droits de l'homme furent accusés de cet attentat; le gouvernement fit faire des funérailles magnifiques aux victimes; on pensionna leurs familles ; puis, après une enquête minutieuse, il fallut bien reconnaître que les gardes nationaux s'étaient tués entre eux. Non, l'histoire n'a jamais enregistré l'exemple d'un gouvernement plus misérable et plus piteux !

subsistera comme une tache ineffaçable sur toute sa carrière politique.

Ce n'était pas encore assez : il fallait atteindre et déshonorer ce peuple magnanime, qui, en février, avait fait un si noble usage de la victoire, qui avait respecté et gardé lui-même non-seulement la vie mais la fortune des vaincus ; il fallait montrer comme une bande de brigands et de bandits sans aveu, ces hommes dont la misère eût à elle seule suffi à légitimer les revendications sociales et qui cependant ne demandaient eux-mêmes qu'à les soumettre à la sanction de la science.

Pendant que M. Marrast aiguisait l'arme perfide de la calomnie contre M. Louis Blanc, d'autres ne craignaient pas de faire un faux au *Moniteur* en intercalant, dans le compte rendu de la séance, des paroles qui n'avaient jamais été dites, mais qui devaient vouer à la réprobation du monde et des siècles le peuple égaré du 15 mai. Au moment où Barbès demandait un impôt d'un milliard sur les riches, *plusieurs membres des clubs* se seraient écriés : « Non ! non ! Barbès, ce n'est pas ça, « tu te trompes, deux heures de pillage ! »

Plusieurs représentants et inculpés du 15 mai protestèrent avec énergie, en affirmant qu'ils n'avaient pas entendu prononcer ces mots. Mais la version authentique du *journal officiel* semblait défier les démentis. Devant la Haute-Cour de Bourges, M. Prevost, sténographe du *Moniteur* déclare que ni lui, ni aucun sténographe n'avaient entendu la phrase et qu'elle avait été *introduite* après coup. On remonta à la source, et l'auteur de cette infamie se trouva être M. Cruveillier, secrétaire de M. Buchez, sous-préfet de Saint-Denis. M. Cruveillier tâcha de s'excuser en disant qu'un seul cri avait été poussé des tribunes, mais il avait mis au *Moniteur* : *Plusieurs membres des clubs*. Du reste, ainsi confondu, M. Cruveillier qui, pendant dix-huit mois avait gardé un silence prudent, se rétracta comme M. Marrast et exprima ses regrets de sa mauvaise action. C'est encore un de ceux auxquels on a essayé dans ces derniers temps de faire une auréole démocratique (1).

(1) Les œuvres de M. Louis Cruveillier ont été publiées avec

L'attitude, dans ces événements, de la Commission exécutive de MM. de Lamartine, Marie, Garnier-Pagès, Arago, et, il faut bien le dire, hélas! Ledru-Rollin, est caractérisée dans un article de la *Presse* publié au lendemain du 15 mai sous ce titre : *Les incapables* :

« Point d'illusions funestes! Ils seront, ce qu'ils ont été,
« souverainement incapables.

« Seulement désormais, ce sera sur l'Assemblée nationale,
« il faut qu'elle s'y attende, qu'ils rejetteront la responsabi-
« lité de leur impuissance. Ils diront ou feront dire que c'est
« elle qui les empêche, qui les affaiblit ; que sans elle toutes
« les promesses faites au peuple auraient été réalisées!

« Ils s'en prendront aux factieux! Ils s'en prendront aux
« réactionnaires! Ils s'en prendront aux événements! c'est
« déjà ce qu'ils ont fait. Rien de plus vulgaire. C'est ce que
« font les mauvais ouvriers, jamais leur outil n'est bon, et
« toujours quelque chose leur manque.

« Oui, mille fois oui, *le besoin de la situation, c'est l'ordre.*
« Mais l'ordre ne se décrète pas comme l'abolition d'une pé-
« nalité ou la perception d'un impôt ; l'ordre est à la société
« ce que le génie est à l'écrivain ; l'ordre, s'il n'est pas le
« génie de la liberté, n'est que l'abus du pouvoir..... L'ordre
« pour vous, c'est la répression. *Réprimer énergiquement les*
« *menées des factieux et les tentatives réactionnaires,* voilà en

une préface de M. Frédéric Morin qui lui consacre cette notice :
« Louis Cruveillier fut sans contredit l'un des hommes les plus
« distingués de cette nouvelle génération qui arriva à la vie intel-
« lectuelle, il y a dix ans, et que l'on connaît peu encore parce
« qu'elle n'a pas eu assez de marge pour prendre pleine possession
« de la vie sociale et d'elle-même... M. Buchez, devenu président
« de la seconde Constituante, l'appela auprès de lui. Un peu plus
« tard, le gouvernement du général Cavaignac, qui avait besoin
« d'un républicain *à la fois très-ferme et très-réfléchi* pour l'impor-
« tante sous-préfecture de Saint-Denis, lui donna ce poste de con-
« fiance. L'étudiant de la veille, improvisé administrateur, sut le
« remplir avec un tact parfait et s'attira l'estime de tous les partis
« en servant le sien sans âpreté comme sans mollesse. « Voilà comment depuis dix-huit ans on a écrit l'histoire!

« quoi consiste toute votre théorie. Elle n'est pas neuve, ce
« fut celle de l'Empire, celle de la restauration de 1815,
« celle de la révolution de 1830. Si vous croyez que la vi-
« gueur de la répression suffise au maintien de l'ordre, vous
« vous trompez. La détention de MM. Barbès et Blanqui n'a
« pas sauvé la royauté du 9 août ; ce n'est pas l'arrestation
« de MM. Barbès et Blanqui qui sauvera plus efficacement la
« république du 24 février. »

Ce fut le premier pas dans la voie qui devait perdre la République.

Et cependant l'iniquité de ces poursuites était si grande que ni les membres de la Commission exécutive, ni le gouvernement de M. Cavaignac n'osèrent renvoyer devant les tribunaux les inculpés du 31 mai. Ils leur firent subir une détention préventive arbitrairement prolongée. Ce fut seulement au mois de mars 1849, sous la présidence, que l'on osa les mettre en jugement. Et encore on dut recourir à un tribunal d'exception pour les faire condamner.

Par une dernière dérision de l'apostasie, dont jamais le cynisme ne s'étala aussi honteusement que dans cette triste année 1848, la présidence de la Haut-Cour de Bourges instituée pour juger les accusés du 15 mai fut confiée à un magistrat, M. Berenger, qui avait flétri vigoureusement autrefois les tribunaux exceptionnels et les magistrats qui consentaient à en faire partie.

« Sous quelque couleur qu'on les présente, quelque nom
« qu'on leur donne, sous quelque prétexte qu'on les institue »,
disait M. Berenger dans son livre *De la justice criminelle* publié en 1818, « on doit regarder les tribunaux d'exception
« comme des tribunaux de sang : ils déshonorent le prince
« qui s'en sert, ils souilleraient la révolution entreprise pour
« la plus juste des causes... La seule doctrine du tribunal
« d'exception est d'accomplir l'objet pour lequel il a été institué. N'attendez de lui ni pitié, ni humanité, ni sentiment
« de justice. Ne vous reposez pas même sur le caractère
« qu'ont pu montrer jusque-là les individus qui le composent.
« *Un homme assez lâche* pour accepter une mission qui le met
« dans le cas de punir des actions qui ne sont réputées cri-

« mes que parce qu'elles déplaisent à un parti ou à une
« faction, fait le sacrifice de son honneur et dès lors il est
« acquis à l'iniquité. »

Le procureur général qui poursuivit et soutint l'accusation fut M. Baroche, le même qui, au mois de mars 1848, se vantait d'avoir devancé de vingt-quatre heures la justice du peuple.

CHAPITRE IX

M. MARIE

I

Sous Louis-Philippe, M. Marie était un des avocats les plus dévoués à la cause de la liberté, et il était un des défenseurs les plus infatigables des journaux démocratiques. Il avait toujours fait à la Chambre une opposition très-vigoureuse, et il avait une tendance marquée à se rapprocher des républicains radicaux.

Au banquet d'Orléans, il avait porté un toast : *A l'amélioration du sort des travailleurs!* — « Il y a au sein de no-
« tre société si active, si industrieuse, si généreuse, une
« classe éternellement souffrante, classe nombreuse, intel-
« ligente et forte. Assurément, à elle seule, elle ne consti-
« tue pas la classe des travailleurs. Dans ce cercle, il faut
« placer la science qui crée les théories, la pratique qui les
« applique, les capitaux, l'intelligence qui les coordonne,
« les administre, les économise. Mais la classe ouvrière,
« mais les bras qui exécutent, ont bien aussi leur large part
« dans le travail industriel de la France? Ont-ils l'existence
« au moins? Il n'y a qu'un remède à ces maux, messieurs,
« et ce remède, c'est la réforme! »

Le *Représentant du peuple*, qui essayait alors de se fonder-sous la direction de MM. Jules Viard et Fauvety, et qui arborait déjà le drapeau des doctrines socialistes, faisait bien observer, dans son fort remarquable numéro spécimen publié le 14 octobre 1847, qu'il y avait dessous ce verbiage une profonde ignorance économique, et disait avec raison qu'il ne suffisait pas de rechercher la popularité par des discours stériles; que le peuple veut des idées scientifiques et positives (1). Mais il fallait néanmoins tenir gré à M. Marie de ses intentions.

C'était un homme acquis à la cause de la liberté, favorablement disposé pour les idées sociales. De tous les membres du gouvernement provisoire, il était un de ceux sur lesquels on pouvait fonder les plus légitimes espérances.

Mais, comme tant d'autres, hélas! il ne devait pas résister à cette redoutable épreuve du pouvoir. Nous avons déjà indiqué comment il fut un des agents les plus actifs de la conspiration réactionnaire qui se manifesta dès le premier jour au sein du gouvernement provisoire.

C'est à lui que revient l'initiative de la création des ateliers nationaux, qui devaient jouer un rôle si funeste dans les événements de cette glorieuse et malheureuse année 1848.

L'établissement des ateliers nationaux, appelés plus tard, par M. Marie lui-même, dans sa déposition à l'enquête Quentin Bauchart, l'*organisation de l'aumône*, était l'aveu le plus triste et le plus humiliant d'impuissance et d'ignorance que peut faire un gouvernement issu d'une révolu-

---

(1) Le *Représentant du peuple* prenait cette devise : *Eclairer, c'est affranchir.* « Nous ne sommes pas de ceux, disait-il, qui portent
« une portion des idées sociales, la portion la plus immédiatement
« acceptable, au mont-de-piété de la société actuelle, afin qu'elle
« leur prête dessus quelqu'argent et quelque popularité; nous
« attendons fort peu d'elle, nous voulons toute l'égalité ! *Eclairons*
« *donc.* »

tion populaire : c'était en même temps l'acte le plus inexcusable d'imprévoyance.

« Si le crédit tarde à se rétablir, disait la *Presse* dans
« son numéro du 12 mai, que fera-t-on de cette armée de
« 75,000 soldats que la misère a enrôlés sous le drapeau
« des ateliers nationaux? Où puisera-t-on l'argent néces-
« saire à son entretien? Pourra-t-on la licencier? Tel est le
« sort des fausses mesures : elles ne résolvent pas les diffi-
« cultés, elles les ajournent; souvent, elles les aggravent.

« La rougeur nous monte au front, lorsque nous pensons
« que, à une époque où la civilisation a la prétention d'être
« si avancée, et où il reste encore tant de grands, d'utiles
« et d'urgents travaux à accomplir, 150,000 bras ont été
« employés, pendant dix semaines, à retourner de la terre
« pour la peine de la retourner!

« Et qui a donné au monde un si triste spectacle? C'est
« une révolution ayant pour cri de ralliement ces mots :
« *Organisation du travail!*

« En serait-il donc des révolutions comme des batailles?
« De même qu'on dit : Bataille perdue, bataille gagnée,
« devrait-on dire aussi : Révolution gagnée, révolution
« perdue? En vérité, on serait tenté de le croire, quand
« on regarde où en est aujourd'hui la révolution du 24 fé-
« vrier! »

Au point de vue moral aussi bien qu'au point de vue politique et économique, cet établissement des ateliers du travail stérile était le pire des expédients qu'on pût imaginer : car il devait entraîner nécessairement l'abaissement de la dignité du travail qu'il eût fallu réhabiliter au contraire, et la dégradation des travailleurs.

« Les ateliers nationaux sont un expédient fatal, » disait M. Victor Hugo à l'Assemblée constituante : « Vous avez
« abâtardi les vigoureux enfants du travail; vous avez ôté
« à une partie du peuple le goût du labeur, goût salutaire

« qui contient la dignité, a fierté, le respect de soi-même
« et la santé de la conscience. A ceux qui n'avaient connu
« jusqu'alors que la force généreuse du bras qui travaille,
« vous avez appris la honteuse puissance de la main tendue ;
« vous avez déshabitué les épaules de porter le poids glo-
« rieux du travail honnête, et vous avez accoutumé les
« consciences à porter le fardeau humiliant de l'aumône. »

« Mais non, le glorieux peuple de Juillet et de Février ne
« s'abâtardira pas. Jamais, le voulût-on, on ne parviendra
« à faire de nos dignes et intelligents ouvriers qui lisent et
« qui pensent, qui parlent et qui écoutent, des lazzaronis
« en temps de paix et des janissaires pour le combat. Ja-
« mais !

« Ce mot *le voulût-on*, je viens de le prononcer ; il m'est
« échappé. Je ne crois pas, je ne puis croire, et je le dis en
« toute sincérité, que cette pensée monstrueuse ait pu ger-
« mer dans la tête de qui que ce soit, encore moins d'un
« ou de plusieurs de nos gouvernants, de convertir l'ou-
« vrier parisien en un condottiere, et de créer dans la ville
« la plus civilisée du monde, avec les éléments admirables
« dont se compose la population ouvrière, des prétoriens
« de l'émeute au service de la dictature.

« Cette pensée, personne ne l'a eue, cette pensée serait
« un crime de lèse-majesté populaire ! Et malheur à ceux
« qui la concevraient jamais ! malheur à ceux qui seraient
« tentés de la mettre à exécution ! Car le peuple, n'en dou-
« tez pas, le peuple, qui a de l'esprit, s'en apercevrait bien
« vite, et ce jour-là il se lèverait comme un seul homme
« contre ces tyrans masqués en flatteurs, contre ces des-
« potes masqués en courtisans ; et il ne serait pas seulement
« sévère, il serait terrible. »

M. Victor Hugo prononçait ces paroles le 20 juin, et il
ne se doutait sans doute pas de leur portée prophétique ;
il était alors quelque peu incertain dans sa voie, et son dis-

cours (1) était bien plutôt destiné à servir les odieuses manœuvres de M. de Falloux, qui voulait provoquer la dissolution immédiate des ateliers nationaux pour précipiter la bataille, qu'à défendre les intérêts populaires. Mais M. Victor Hugo était incapable de tremper sciemment dans cette intrigue ; il ne soupçonnait pas le rôle qu'on lui faisait jouer, et ses paroles elles-même sont la meilleure garantie de la droiture de ses intentions.

(1) M. Victor Hugo, tout le monde le sait, entra dans la vie, royaliste, légitimiste, catholique, aristocrate : il a lui-même expliqué l'échelle progressive qu'il avait parcourue pour arriver à la République et à la Démocratie. En 1848, il était tout rempli encore de ses anciens préjugés. Sa profession de foi électorale de cette époque donne une idée juste du désarroi de ses idées en même temps que des aspirations généreuses de son cœur. Il eut du moins la franchise de ne pas flatter bassement, comme tant d'autres la République et le peuple, et de se présenter ce qu'il était :

« Deux républiques sont possibles. L'une abattra le drapeau tri-
« colore sous le drapeau rouge, fera des gros sous avec la colonne,
« jettera bas la statue de Napoléon et dressera la statue de Marat,
« détruira l'Institut, l'Ecole polytechnique et la Légion d'honneur,
« ajoutera à l'auguste devise : *Liberté, Égalité, Fraternité*, l'option
« sinistre : ou *la Mort* ; fera banqueroute, ruinera les riches sans
« enrichir les pauvres ; anéantira le crédit, qui est la fortune de
« tous, et le travail, qui est le pain de chacun ; abolira la pro-
« priété et la famille ; promènera des têtes sur des piques ; rem-
« plira les prisons par le soupçon et les videra par le massacre ;
« mettra l'Europe en feu et la civilisation en cendres ; fera de la
« France la patrie des ténèbres, égorgera la liberté, étouffera les
« arts, décapitera la pensée, niera Dieu ; remettra en mouvement
« ces deux machines fatales qui ne vont pas l'une sans l'autre,
« la planche aux assignats et la bascule de la guillotine ; en un
« mot, fera froidement ce que les hommes de 93 ont fait ardem-
« ment, et, après l'horrible dans le grand que nos pères ont vu,
« nous montrera le monstrueux dans le petit.

« L'autre sera la sainte communion de tous les Français dès -
« présent et de tous les peuples un jour dans le principe démo-
« cratique ; fondera une liberté sans usurpation et sans vio-
« lence, etc., etc., etc.

« De ces deux républiques, celle-ci s'appelle la civilisation

Il arrache le masque de M. Marie, et avec la prescience de son génie, il nous révèle le secret sentiment qui allait rendre si terrible la levée de boucliers de juin.

Les amis de M. Marie ont toujours soutenu que l'établissement des ateliers nationaux avait été un simple expédient plus ou moins heureux, mais qu'on n'y avait pas apporté la préméditation réactionnaire qui ferait peser une si grave responsabilité sur leur auteur.

Ce qu'il y a de certain, c'est que, dès les premiers jours, les ateliers nationaux sont devenus l'instrument manifeste de la conspiration contre-révolutionnaire ourdie avec tant d'astuce et de persévérance par MM. Marie, Marrast, Garnier-Pagès et consorts.

C'était déjà un moyen de dénaturer la reconnaissance du droit au travail, arraché par le peuple au gouvernement provisoire; c'était un moyen aussi de pervertir la portée de la propagande socialiste du Luxembourg; et on ne se fit pas faute plus tard de rejeter la création des ateliers nationaux sur M. Louis Blanc, en les représentant comme une concession faite à ses idées : ce qui était une indigne calom-

---

« celle-là s'appelle la terreur. Je suis prêt à dévouer ma vie pour
« établir l'une et empêcher l'autre. »

Il soutint vivement l'institution des deux chambres, dominé qu'il était par les préjugés aristocratiques; et il écrivait le 6 novembre au *Moniteur* : « L'institution d'une assemblée unique me
« paraît si périlleuse pour la tranquillité et la prospérité du pays,
« que je n'ai pas cru pouvoir voter une constitution où ce germe
« de calamités est déposé. »

M. Victor Hugo soutint la candidature de Louis-Napoléon à la présidence, et en 1849 il fut un des membres les plus actifs du comité de la rue de Poitiers. Mais du moins il ne trahit jamais la cause des libertés générales, notamment celle de la liberté de la presse, et, tout en approuvant l'état de siége de 1848, il protesta vivement contre la suspension des journaux et les abus de l'arbitraire. Ce n'est qu'à partir de 1850 qu'il commença à entrer franchement dans la voie de l'opposition démocratique.

nie, contre laquelle M. Louis Blanc protesta vivement. M. Marie fut le premier à désavouer les ateliers nationaux dans l'enquête Quentin Bauchart, et à fomenter ainsi cette calomnie ; car toute arme lui était bonne.

La pensée première qui présida à l'établissement des ateliers nationaux nous est révélée nettement par M. de Lamartine, dont l'aveu prouve la justesse des insinuations de M. Victor Hugo :

« M. Marie, dit M. de Lamartine, organisa les ateliers
« nationaux avec intelligence, mais sans utilité pour le tra-
« vail productif. Il les embrigada, il leur donna des chefs,
« il leur inspira un esprit de discipline et d'ordre. Il en fit
« pendant quatre mois, au lieu d'une force à la merci des
« socialistes et des émeutes, *une armée prétorienne,* mais
« oisive, *dans les mains du pouvoir.* Commandés, dirigés,
« soutenus par des chefs *qui avaient la pensée secrète de la
« partie anti-socialiste du gouvernement provisoire,* les
« ateliers nationaux contrebalancèrent, jusqu'à l'arrivée de
« l'Assemblée nationale, les ouvriers sectaires du Luxem-
« bourg et les ouvriers séditieux des clubs. Bien loin d'être
« à la solde de M. Louis Blanc, comme on l'a dit, *ils étaient
« inspirés par l'esprit de ses adversaires* (1). »

Nous avons déjà indiqué quel était le rôle des ateliers nationaux dans les plans de MM. Marie et Marrast, et quelle avait été leur action dans les élections. M. Marie lui-même, dans le compte rendu de son administration à l'Assemblée constituante, ne craint pas de constater ce caractère *militant* des ateliers nationaux :

(1) Le directeur des ateliers nationaux, investi de ce poste par la confiance de M. Marie, M. Emile Thomas dit dans sa déposition à l'enquête Quentin Bauchart : « J'ai toujours marché avec la
« mairie de Paris, contre l'influence de MM. Ledru-Rollin, Flocon
« et autres. J'étais en hostilité ouverte avec le Luxembourg. Je
« combattais ouvertement l'influence de Louis Blanc. »

17

« Et puis, citoyens, ne vous y trompez pas, *ce ne sont pas*
« *des ateliers, c'est une armée de travailleurs,* que successi-
« vement nous avons vue se lever et grandir. Cette armée
« vit autour de Paris, dans Paris ; dans la sphère du tra-
« vail, elle a élu ses chefs ; dans l'ordre politique, elle s'est
« mêlée à la garde nationale ; elle a pris part à toutes les
« élections, et partout et toujours elle s'est montrée paisi-
« ble, amie de l'ordre, patiente, résignée. De tels résultats
« couvrent bien des dépenses et font justice de bien des ob-
« jections. »

« Ainsi, » dit M. Robin, dans son *Histoire* (tirant la moralité de ces aveux) ; « ainsi, pour enlever aux républicains
« du gouvernement provisoire la confiance du peuple, pour
« neutraliser l'ascendant qu'ils exerçaient sur les masses,
« pour rendre inféconde ou stérile l'étude d'un problème
« dont la solution avait solennellement été déclarée ur-
« gente, nécessaire, on ne craignit pas de créer entre les
« prolétaires un dangereux antagonisme, de mettre l'exis-
« tence de la République en danger ! Le secret mobile des
« hommes qui accordèrent tant de primes à la paresse, qui
« furent prodigues des millions du Trésor public pour cons-
« tituer une armée de travailleurs hostiles à ceux du
« Luxembourg, à qui, par parenthèse, on ne voulut jamais
« accorder une obole, n'est-il pas révélé par ces paroles de
« M. Marie à M. Émile Thomas : *Attachez-vous sincèrement*
« *les ouvriers, et ne ménagez pas l'argent. Le jour n'est*
« *peut-être pas loin où il faudra les faire descendre dans la*
« *rue.* »

Après la réunion de l'Assemblée, le gouvernement n'avait
plus aucun service à attendre des ateliers nationaux. Le
pouvoir avait désormais un point d'appui, une force répressive, et, s'il fallait descendre dans la rue, il y avait maintenant la garde mobile et l'armée. Les ateliers nationaux
n'étaient plus qu'un embarras ; et les travailleurs, qui com-

mençaient à s'apercevoir qu'ils avaient été joués, étaient envahis par cette sainte colère que pressentait M. Victor Hugo.

Les ouvriers des ateliers nationaux étaient les victimes désignées de cette politique détestable, qui avait songé à les armer contre leurs frères.

Après le 15 mai surtout, on ne garda plus de ménagements.

M. Trélat, qui avait succédé à M. Marie au ministère des Travaux publics, prenait le 25 mai un arrêté par lequel tous les ouvriers célibataires âgés de dix-sept à vingt-cinq ans étaient invités à s'enrôler sous les drapeaux, et tous ceux qui refuseraient de souscrire des engagements seraient rayés de la liste des ateliers nationaux. On plaçait les travailleurs entre la famine et l'esclavage : voilà comment les doctrinaires entendaient arriver à la dissolution des ateliers nationaux.

Un décret du 30 mai disait que les ouvriers séjournant depuis moins de trois mois dans le département de la Seine et qui n'y justifieraient pas de leurs moyens d'existence, seraient renvoyés dans leurs départements.

M. Émile Thomas ayant protesté contre ces mesures, M. Trélat, par un procédé inouï, et qui rappelait les lettres de cachet, l'attira dans son cabinet et le fit enlever et transporter à Bordeaux par la police, sans même lui laisser le temps de prévenir sa mère.

Cependant M. Trélat était d'avis de garder des ménagements. Dès son entrée en fonctions, il avait fait rédiger un rapport contenant des indications prudentes sur la situation et sur les moyens de la résoudre pacifiquement. Mais la Commission exécutive en avait interdit la distribution : certains principes qui y étaient exprimés, entre autres une reconnaissance indirecte du droit au travail, déplaisaient à ses membres.

M. Trélat, à l'attitude duquel on doit rendre hommage, malgré l'acte arbitraire commis vis-à-vis de M. Émile Thomas, ne se découragea pas. Il proposa toute une série de mesures à prendre. Des encouragements aux associations ouvrières, la colonisation algérienne sur une vaste échelle, une loi sur les prud'hommes, l'organisation d'une caisse de retraite et d'assistance : telle est la part qu'il proposa de faire aux légitimes exigences des travailleurs. Des primes à l'exportation, des avances sur les salaires, des commandes directes, une garantie sur les objets manufacturés, sont les mesures qu'il indique en faveur des commerçants et des industriels. Pour exécuter ce plan, il faudrait une somme de 200 millions, à répartir entre les divers départements ministériels ; mais il s'agit là d'une dépense productive, d'une charge apparente et non réelle, beaucoup moins lourde pour le pays que les conséquences d'un plus long chômage.

M. Trélat essaya vainement de faire pénétrer ces idées dans le sein de la commission de l'Assemblée. On objectait la pénurie du Trésor, et l'on ne voulait pas voir qu'il s'agissait de sauver le Trésor lui-même en aidant à la reprise du travail et en évitant la guerre civile. — « 200 millions pour « licencier une armée de 100,000 hommes! » s'écriait M. le baron Charles Dupin. Comme si les 100,000 hommes des ateliers nationaux n'avaient pas été une minime fraction de la classe travailleuse alors sans ouvrage, intéressée toute entière aux mesures proposées.

D'ailleurs il *fallait en finir* avec les exigences des travailleurs. Telle était l'opinion incessamment émise dans les bureaux de l'Assemblée par la majorité réactionnaire. Tout projet de nature à préparer la transition est repoussé. On commence par faire au ministre une sourde opposition ; puis on s'enhardit jusqu'à provoquer la lutte de gaîté de cœur.

M. de Falloux fût l'âme de cette intrigue : (1) le 19 juin,

(1) M. de Falloux, dont l'influence fut si funeste non-seulement

il monta à la tribune pour demander que la question des ateliers nationaux reçût une solution *rapide* et *définitive*.

à la cause de la République, mais aussi à celle de la liberté, qu. est aujourd'hui un adversaire de l'Empire, mais qui avec son digne ami M. de Montalembert fut un des complices les plus actifs du coup d'Etat, M. de Falloux avait acclamé la République, dans une lettre écrite de Tours à *l'Union de l'Ouest* le 25 février 1848 :
« Il ne s'agit pas, disait-il, d'une ambition à badigeonner de la
« couleur du jour; désormais c'est le gouvernement de tous, pour
« tous, qu'il importe de régulariser, c'est la société dans sa plus
« large, dans sa plus haute acception qu'il importe de défendre...
« Tout est nouveau, tout est inouï, dans les événements actuels.
« Notre conduite ne doit plus relever à cette heure que de notre
« patriotisme, sans aucun ressouvenir de nos vieilles démarcations
« de parti. » — M. de Falloux prévoit et appelle l'explosion révolutionnaire en Europe : « Dites-vous bien que l'Europe va prendre
« feu d'un bout à l'autre, à la nouvelle des événements de Paris.
« Cela, grâce au ciel, nous dispense en France de songer à l'é-
« tranger. Les puissances étrangères, comme on disait jadis, sont
« aujourd'hui *les impuissances étrangères*. Tout ce que leur at-
« taque a entraîné de violences, de passions en 92, en 93, ne peut
« plus se reproduire ; le mouvement actuel, d'ici à six mois, en-
« veloppera 60 millions d'hommes. » M. de Falloux est même tout prêt à faire à la révolution le sacrifice du pouvoir temporel du Pape : « Pie IX dit depuis le commencement de son règne, *qu'il*
« *est prêt à sacrifier son état temporel* plutôt que la moindre de ses
« obligations comme pape. *Prions Dieu pour qu'il ne soit pas mis à*
« *cette épreuve*, mais appliquons-nous plus que jamais à méditer les
« enseignements prodigieux qui ressortent du langage et des ensei-
« gnements de Pie IX. »

Quinze jours plus tard, dans une réunion électorale à Angers M. de Falloux faisait cette profession de foi démocratique et sociale : « J'ignore quel est le destin futur de la République en Eu-
« rope. Mais ce que je connais avec certitude, c'est le présent. Eh
« bien ! le présent est plein de magnifiques promesses... Il y a une
« chose que je crois savoir, et celle-là je tiens à la dire, parce que
« je la tiens pour définitive, pour irrévocablement acquise : *c'est*
« *l'avénement de la démocratie*. Cet avénement est d'autant plus
« irrévocable que la Providence et l'histoire nous l'ont préparé de
« bien haut et de bien loin... Le citoyen, le travailleur : voilà les
« deux termes extrêmes où Dieu a voulu amener l'ancien monde ;

M. Trélat se lève alors et dit qu'un grand nombre d'ouvriers va être envoyé dans les départements. Mais il proteste contre une impatience impolitique et inhumaine. « On ne peut cependant, dit-il, faire partir les travailleurs

« *le citoyen, le travailleur : voilà les deux bases nouvelles qu'il*
« *a préparées pour le monde futur.* »

Au mois d'août 1848 M. de Falloux protestait encore à l'Assemblée constituante de ses sentiments républicains : « La République
« a été *fondée* ici le 4 mai, disait-il, le jour où en présence de la
« population de Paris tout entière, à la face d'un soleil radieux,
« comme les cœurs et comme les visages, nous sommes venus,
« tous ensemble, sans exception, proclamer la République... Pour
« mon compte, croyez-le bien, je crois qu'il n'y a de politique,
« qu'il n'y a d'action politique possible dans le pays de France,
« qu'au prix d'une *entière sincérité*, que la sincérité et la droiture de
« caractères sont supérieures au talent, et supérieures à l'habileté,
« *et qu'il n'y a pas de position possible dans l'estime publique,*
« *sans la sincérité et sans la loyauté.* »

L'homme qui parlait ainsi avait écrit une *Vie du pape Saint Pie V* dans laquelle il faisait l'apologie de l'inquisition et réhabilitait la Saint-Barthélemy ; il avait écrit une *Histoire de Louis XVI*, dans laquelle il anathématisait la Révolution et ses libertés, présentant même comme une dangereuse innovation la publicité donnée par Necker, lors de son premier ministère, à son compte rendu des finances.

Nous venons de le voir provoquer l'insurrection de juin, par la dissolution inhumaine des ateliers nationaux, qui poussait au désespoir les travailleurs : il fut un des principaux instigateurs de l'expédition romaine pour replacer le pape sur son trône temporel au prix du sang des citoyens romains ; il fût un des principaux auteurs de la loi du 31 mai, qui repoussait l'avénement de la démocratie ; le 14 juillet 1851, il venait demander à l'Assemblée législative « la substitution du principe de la monarchie au principe de la République, » et il arguait de l'invasion imminente de ceux qui, justement qualifiées par lui *d'impuissants* le lendemain de la Révolution, étaient redevenus, grâces à ses efforts et à ceux de ses amis, les *puissances étrangères*.

Voilà l'homme *sincère* et *loyal*, qui voudrait encore aujourd'hui emprunter un masque libéral pour surprendre nos suffrages et notre estime !

« avant de savoir où on les enverra. Car enfin, ces ouvriers
« sont nos frères; ce ne sont pas des malfaiteurs que nous
« avons à renvoyer; et ici, trop souvent on parle des ou-
« vriers des ateliers nationaux comme de malfaiteurs. »

Diverses dénégations s'élèvent : « Jamais on n'a dit cela. »

« Je ne puis pas oublier, reprend M. Trélat, ce que j'ai
« entendu il y a trois jours dans le sein de la commission.
« Je ne demande pas mieux que de dissoudre les ateliers
« nationaux. Fournissez-moi les moyens, pourvu qu'ils
« soient humains (1). »

M. de Falloux, rapporteur de la commission, qui se sent atteint, demande la parole.

Mais les actes subsistent qui démentent toutes ses protestations (2).

Le 23 juin, au moment où les premiers mouvements de l'insurrection frappaient la capitale de stupeur, M. de Falloux, comme pour attiser l'émeute, vint déposer un rapport concluant à la suppression immédiate des ateliers nationaux.

En vain M. Raynal s'oppose à la lecture du rapport :
« Je ne crois pas, s'écrie-t-il, qu'il y ait opportunité dans
« le moment actuel. »

De toutes parts : *Lisez, lisez.*

Et M. de Falloux donne lecture.

M. Corbon fait observer qu'il eût été prudent de donner auparavant des garanties aux ouvriers ; il dit que le co-

---

(1) M. Trélat d'ailleurs conservait toute son hostilité contre le socialisme. Et dans ce discours précisément il dit : qu'il *ne reconnaissait plus les ouvriers* ; qu'ils avaient été égarés et pervertis par des influences pernicieuses ; que c'étaient les détestables enseignements du Luxembourg qui avaient fait tout le mal.

(2) M. de Falloux eut pour allié dans cette triste campagne, M. Goudchaux, qui, égaré par sa haine du socialisme et poussé par une certaine logique brutale, contribua plus que personne, de son propre aveu, à provoquer la guerre civile.

mité des travailleurs était de cet avis, et qu'il avait préparé en ce sens un projet de décret dont il donne lecture.

Mais le décret est désavoué au nom du comité.

M. Trélat alors se lève pour protester : il dit que cette précipitation n'est ni prudente ni humaine, et qu'en présence de la position qui lui est faite, il est de son devoir et de son droit de dégager sa responsabilité.

L'Assemblée partagée entre les sentiments de la terreur et de la rancune n'entend rien, et c'est quelques instants après que M. Garnier-Pagès monta à la tribune pour prononcer ces fameuses paroles : « *Il faut en finir avec les agitateurs,* »

Le 22 juin, les ouvriers, placés, comme nous l'avons dit, entre la famine et l'esclavage (1), s'étaient réunis, et une députation de cinq délégués s'était rendue auprès de la Commission exécutive. Ce fut M. Marie qui les reçut.

M. Pujol parla en ces termes au nom de ses camarades :
« Avant la révolution du 24 février, les travailleurs de la
« France étaient soumis à l'arbitraire et à l'égoïsme des
« fabricants. Pour se soustraire à cette exploitation, les tra-
« vailleurs de Paris prodiguèrent leur sang et renversèrent
« le pouvoir corrompu qui tolérait une semblable servitude.
« Les ouvriers de Paris n'avaient quitté les barricades
« qu'après avoir proclamé une république démocratique et
« et sociale, qui devait détruire l'exploitation de l'homme
« par l'homme. Aujourd'hui les ouvriers comprennent par-
« faitement qu'ils ont été leurrés par des promesses men-
« songères, et ils vont encore devenir, par la violence du
« sabre, les victimes d'un pareil système ; ils sont décidés

---

(1) Le 21 juin un décret avait été publié, invitant les ouvriers de 18 à 20 ans, à s'enrôler immédiatement dans l'armée ou à se tenir prêts à partir pour aller faire dans les départements qui leur seraient désignés, des travaux de terrassement à la tâche. Le jour même un premier convoi avait été dirigé sur la Sologne.

« à faire encore des sacrifices pour le maintien de nos li-
« bertés. Ils viennent vous demander qu'on ne les mette
« pas dans l'alternative d'être obligés de s'engager ou de se
« voir déportés en Sologne ou dans d'autres lieux insalu-
« bres : ils demandent avant tout l'organisation d'ateliers
« dans lesquels toutes les professions seraient exercées, et
« qui serviraient de refuge aux ouvriers. »

M. Marie répondit avec irritation, que s'ils ne voulaient pas partir, on les contraindrait par la force.

Et comme Pujol, qui lui tenait tête avec fermeté, parlait constamment au nom de ses camarades, M. Marie demanda aux autres délégués, s'ils étaient donc les *esclaves* de cet homme.

— « Vous insultez des citoyens investis d'un caractère
« sacré en tant que délégués du peuple, reprit Pujol.
« Nous nous retirons avec la conviction profonde que vous
« ne voulez pas l'organisation du travail, ni la prospérité
« du peuple travailleur, et que vous n'avez pas répondu à
« la confiance aveugle que nous vous avions accordée. »

Les délégués retournèrent auprès des ouvriers réunis sur la place Saint-Sulpice, et leur rendirent compte de la réception hostile de M. Marie, qui avait insulté les travailleurs en les traitant d'esclaves. Le soulèvement des ateliers nationaux fut décidé. Rendez-vous fut pris pour le lendemain sur la place du Panthéon, d'où partirent les premières manifestations de l'insurrection.

Ainsi ce fut la provocation de M. Marie qui détermina l'insurrection de juin. C'était lui qui avait créé les ateliers nationaux pour en faire un instrument de réaction : ce fut lui qui les congédia brutalement au risque de donner le signal de la guerre civile, et qui donna effectivement ce signal par la raideur odieuse de son attitude vis-à-vis des délégués du peuple travailleur qui faisaient auprès du gouvernement une dernière tentative de conciliation. C'est sur lui que doit retomber toute la responsabilité des funestes événements de juin.

II

M. Marie resta-t-il du moins fidèle à la cause de la liberté ?

Hélas !

Ce fut lui qui le premier inaugura cette série des lois répressives, que l'Assemblée constituante de la République devait entasser avec plus d'acharnement réactionnaire que n'en manifesta jamais aucune Assemblée monarchique.

Il présenta, le 7 juin, la loi sur les attroupements qui suggérait au *Représentant du Peuple* les réflexions suivantes :

« Les républicains qui nous gouvernent, et qui ont pro-
« testé pendant dix-huit ans contre les mesures répressives
« et oppressives des ministres de la dynastie, ne trouvent
« pas aujourd'hui que ces mêmes mesures soient assez
« rigoureuses, assez tyranniques, assez cruelles pour les
« garantir contre les coups de mains populaires ; il leur
« faut de nouvelles lois, il leur faut un code draconien.

« Ce projet de décret contre les attroupements est, dans
« son genre, ce que furent dans le leur les lois de sep-
« tembre 1835. Ses dispositions sont aussi perfides, aussi
« odieuses, et peuvent devenir entre les mains de gens
« habiles aussi fatales à la liberté. »

« Eh ! quoi, disait M. Bac à la tribune, nous avons un
« code qui a été formé à travers l'expérience de nos lon-
« gues révolutions ; un code qui est composé de toutes les
« mesures que la prudence a successivement suscitées à
« tous les gouvernements. Et cela ne suffirait pas ! il fau-
« drait saluer l'avénement de la République par une loi
« nouvelle plus arbitraire, plus exigeante, plus contraire

« aux principes de la liberté que toutes celles qui ont été
« promulguées jusqu'à ce jour, par une loi qui créerait
« des délits nouveaux là où il n'est pas possible qu'il y ait
« délit ! »

D'après cette loi, l'attroupement armé constitue un crime, s'il ne se dissipe pas à la première sommation ; un délit, s'il se dissipe sans résistance. L'attroupement est armé lorsque plusieurs individus sont porteurs d'armes apparentes ou cachées, ou lorsqu'un seul individu, porteur d'armes apparentes, n'est pas immédiatement expulsé de l'attroupement par ceux qui en font partie. Ainsi les curieux peuvent se trouver compromis, et la police peut envoyer des agens armés pour transformer en crime une agitation qui lui déplaît.

Le décret prévoit en même temps la provocation à l'attroupement par la voie de la presse et met en cause les imprimeurs, afficheurs et distributeurs qui seront poursuivis comme complices.

— « Nous avons passé dix-huit ans de notre vie à com-
« battre ces choses-là ! » s'écrie M. Bac.

M. *Victor Chauffour* : « Je demande à cette Assemblée,
« si nous voterons une disposition que les législateurs de
« 1835 n'ont pas osé mettre dans les lois de septembre ! »

—« En vérité, dit M. Germain Sarrut, aux plus mauvais
« jours de la Chambre qu'on a qualifiée d'introuvable, il
« ne se trouva pas un ministre qui osât dire que les por-
« teurs d'un journal pourraient être mis en cause. Eh bien !
« messieurs, les plus beaux discours que j'ai entendus sur
« les bancs de la Cour d'assises, c'étaient ceux que d'ho-
« norables avocats venaient prononcer en faveur des im-
« primeurs. Les imprimeurs, nous disaient-ils, jouent le
« rôle d'une mécanique intelligente. Eh quoi ! vous brisez
« les lois de censure, et vous créez la censure de l'impri-
« meur, de l'afficheur, du distributeur de journaux ! Certes,

« il est fâcheux que les élections ne soient pas terminées,
« il est fâcheux que l'auteur des lois de septembre ne
« soient pas au milieu de nous... Quelle douce jouissance
« il éprouverait ! »

M. Marie soutient la nécessité de l'adoption de la loi, pour le rétablissement du travail, la conservation de l'ordre et l'affermissement de la République. Il maintient tout ce qu'il a jamais dit « pour la liberté de la presse et pour toutes les « libertés politiques. Mais toujours à côté de ses protesta-« tions en faveur de la liberté, il y avait des proclamations « en faveur de l'ordre. C'est précisément après avoir pro-« clamé ce qui a été l'espérance de toute ma vie, la Répu-« blique en France, que je ne veux pas qu'elle soit dés-« honorée et vaincue. »

M. Guinard : « C'est vous qui la déshonorez ! »

— « Au lieu de proposer une loi contre les attroupements, « où la plupart du temps se trouvent des hommes sans ou-« vrage, dit M. Pelletier de Lyon, on devrait plutôt s'occuper « de leur créer du travail.... Tant que vous proposerez des « moyens coërcitifs pour comprimer l'émeute, elle gros-« sira. Il y a cinq ou six ans, il y avait, comme aujourd'hui, « des rassemblements à la porte Saint-Denis et à la porte « Saint-Martin ; pendant quatre ou cinq jours on y a en-« voyé de la troupe, les rassemblements ont augmenté ; « mais dès que la troupe a cessé d'y aller, il n'y a plus eu « de rassemblements. »

M. Pelletier avait raison ; et la loi, tout énergique qu'elle était, ne put empêcher la terrible insurrection de juin, qui éclata seize jours après sa promulgation (1).

(1) Parmi les représentants qui votèrent pour cette loi, nous remarquons les noms de MM. Baroche, Barthélemy-Saint-Hilaire, Charras, Corbon, Ducoux, Jules Favre, Glais-Bizoin, Havin, Armand Marrast, E. Quinet, Jules Simon. Votèrent contre 82 représentants parmi lesquels MM. Babaud-Laribière, Bac, Beslay, Chauffour, Grévy, etc.

M. Turck dit non moins judicieusement que la véritable mesure à prendre pour sauvegarder la tranquillité de Paris serait de la placer sous la sauvegarde d'élections municipales qui lui manquent complétement. Mais on n'eut garde de relever cette observation.

MM. Marie, Jules Favre, Garnier-Pagès, qui étaient alors au pouvoir et qui demandent avec tant d'ardeur aujourd'hui pour Paris un conseil municipal élu, ne voulurent jamais alors, malgré les vives réclamations qui s'élevèrent souvent dans l'Assemblée, réorganiser sur les bases de l'élection la municipalité de Paris : et la Constitution de 1848 consacra le régime exceptionnel auquel devait être soumise la capitale.

M. Marie fut le seul membre de la Commission exécutive maintenu au pouvoir par le général Cavaignac. Il le méritait bien. Nul, comme nous l'avons vu, n'avait davantage contribué par ses provocations à l'insurrection de juin, qui fut l'échelon sanglant par lequel le général Cavaignac s'éleva au pouvoir.

M. Marie fut le ministre de la justice de l'état de siége, et ce fut lui, l'ancien avocat du *Populaire* et des journaux démocratiques sous Louis-Philippe, qui se chargea de soutenir la loi contre la presse du 11 août (1). Et, abjurant lui

(1) Cette loi, outre ses dispositions pénales, visant entr'autres le vague délit d'excitation à la haine et au mépris du gouvernement, rétablissait le cautionnement. Déjà dans la séance du 16 juin, M. Bethmont, ministre de la Justice, répondant à une interpellation, avait annoncé que l'intention du gouvernement était de maintenir le cautionnement des journaux. M. Bethmont, qui avait été ministre du Commerce sous le gouvernement provisoire, vota constamment avec la droite, et s'associa à toutes les mesures réactionnaires prises au nom de la République. Il donna sa démission de membre de l'Assemblée constituante le 5 novembre 1848, espérant être nommé premier président de la Cour de Paris. Mais M. Lherbette interpella à ce sujet M. Marie, ministre de la Justice, et lui rappela l'article de la Constitution, portant que « pen-

aussi, comme M. de Montalembert, les illusions libérales de sa jeunesse, il fit à cette occasion cette déclaration précieuse à retenir :

« Oh ! nous aussi, quand nous sommes arrivés au gouver-
« nement des affaires, nous y sommes venus avec ces
« idées, permettez-moi de le dire, plus chevaleresques que
« solides et vraies dont nos adversaires se parent à cette
« tribune. Oui, nous avons cru, ou du moins j'ai cru pour
« pour mon compte, que la civilisation avait fait d'assez
« grands pas dans le monde, pour qu'à son éclatante lu-
« mière les esprits se fussent élevés, pour que les cœurs se
« fussent adoucis. Nous avions pensé, je pensais que les er-
« reurs de la presse pourraient en effet être corrigées fa-
« cilement par les vérités de la presse ; que la raison
« serait seule souveraine. Devant ces idées, nous avons
« mis à néant toutes les lois de la Restauration, toutes les
« lois de la branche cadette. Devant ces idées, nous avons
« foulé aux pieds toutes les garanties qui avaient été don-
« nées, non pas contre la liberté, mais contre l'excès de la
« liberté. Qu'en est-il résulté ? C'était la force même du
« gouvernement qui était attaquée ; c'étaient toutes les tra-
« ditions du pays qui étaient mises en question ; c'étaient
« les colonnes de granit sur lesquelles repose la société qui
« étaient ébranlées chaque jour par les attaques de la presse. »

« dant toute la durée de son mandat un député ne pourra pas ob-
« tenir d'avancement, ni être promu fonctionnaire. » M. Marie essaye de répondre en invoquant la considération qui entourait M. Bethmont. « Je proteste pour l'honorable M. Bethmont des
« sentiments d'estime et d'affection réelle, répliqua M. Lherbette ;
« mais plus l'homme qui donne un mauvais exemple est haut
« placé dans l'estime publique, plus ce mauvais exemple est dan-
« gereux. Maintenant, monsieur le ministre, faites la nomination,
« mais vous pourrez être attaqué pour illégalité le lendemain. »
La nomination n'eut pas lieu : M. Bethmont fut appelé au Conseil d'Etat le 14 avril 1849.

Ce fut M. Marie qui, à la suite de l'enquête Quentin Bauchart, arracha à l'Assemblée l'autorisation des poursuites contre MM. Louis Blanc et Caussidière, qu'elle avait refusée quelques semaines auparavant.

Il déploya une ardeur à la répression qui en fit le digne successeur des Martin (du Nord) et des Hébert. Il avait des dispositions spéciales pour ce rôle. Après le 15 mai, c'était lui qui, comme membre de la Commission exécutive, avait signé l'ordre d'arrestation de Raspail, son ancien ami, et il avait ordonné en même temps l'arrestation de son fils. Raspail dénonça très-vigoureusement devant la Haute-Cour de Bourges ce procédé de M. Marie, qui oubliait ainsi les liens sacrés de l'amitié et de convictions anciennes : « On « me saisit non-seulement moi, mais mon fils, dit-il. Oui, « on a voulu me frapper dans ma famille, dans mon fils : « c'est une tache d'infamie qui restera sur le front de ce-« lui qui l'a ordonné. »

L'homme qui trahit ses principes peut bien aussi trahir ses sentiments, et nous laissons M. Marie sous le coup de cette flétrissure qui lui fut infligée par Raspail.

CHAPITRE X

M. LE GÉNÉRAL CAVAIGNAC

I

Le 23 juin, alors que le sang avait déjà commencé à couler, et que M. de Lamartine apportait à la tribune de l'Assemblée nationale de vaines assurances, M. de Girardin écrivait dans la *Presse*, s'adressant aux membres de la Commission exécutive, qui avaient formé la majorité du gouvernement provisoire, auquel ils avaient succédé :

« Vous dites qu'il faut agir ! Vous dites qu'il ne faut pas
« discourir ! Et vous discourez et vous n'agissez pas ! Char-
« latans d'autorité, qui aviez annoncé à la France que vous
« la guéririez sans douleur, vous la conduisez à la ruine,
« à la banqueroute, au déshonneur, à la décadence. Reti-
« rez-vous, votre vie tout entière ne sera pas assez longue
» pour expier le crime de votre présomption, le scandale de
« votre usurpation....

» Retirez-vous ! vous ne pouvez plus rester ; retirez-
« vous, car tout le sang qui a arrosé aujourd'hui Paris, n'a
« pas coulé pour la liberté, il a coulé pour votre incapa-
« cité. »

Cet anathème sera ratifié par l'histoire.

Quelques jours auparavant, Proudhon disait dans le *Représentant du Peuple*, s'adressant aux mêmes hommes :

« Votre intelligence n'était pas à la hauteur de la si-
« tuation : il n'y avait de prêt, le 24 février, que votre
« ambition. »

Jamais incapacité n'aboutit à des résultats plus épouvantables. Les odieuses journées de juin furent le dénouement
des glorieuses journées de février.

C'est que c'est un jeu terrible, que le jeu des révolutions.

Les hommes du gouvernement provisoire ne savaient
rien du problème social posé le 24 février : et ils ne voulurent ni le comprendre, ni l'apprendre. Ils pensaient en être
quittes avec quelques flatteries pompeuses à l'adresse du
peuple, en célébrant sa magnanimité, en proclamant avec
lui le droit au travail. Ils pensaient le payer de mots, comme
ils s'en étaient toujours payés eux-mêmes.

Le peuple s'était fié à eux, et pour leur laisser tout le loisir de résoudre le problème (1), les travailleurs, qui *man-*

(1) Dans une proclamation le gouvernement provisoire invitait

quaient du nécessaire, avaient mis sans marchander trois mois de misère au service de la République (1). Comment les avaient-ils employés ? Qu'avaient-ils fait ? Qu'avaient-ils du moins essayé de faire ?

Ils n'avaient eu qu'une préoccupation : créer une force répressive pour la tourner contre ce peuple généreux, qu'ils flattaient parce qu'ils se sentaient à sa merci. C'est ainsi qu'ils avaient organisé la garde mobile, embrigadé les ateliers nationaux, rappelé l'armée.

La science politique leur faisait défaut aussi bien que la science sociale. Le sentiment secret de leur incapacité leur avait mis au cœur une haine féroce contre ce peuple magnanime, qui leur avait confié généreusement ses destinées.

Comme ces dépositaires infidèles, qui cherchent à se dé-

---

le peuple *à la patience*, disant naïvement que la question du travail était *complexe* et que l'on ne pouvait la résoudre *en un instant*.

(1) M. Garnier-Pagès ose écrire dans son *Histoire de la révolution de* 1848 : « Ce mot sublime : *Le peuple a trois mois de* « *souffrances au service de la République*, ne fut jamais une réa- « lité. Que n'a-t-il été vrai ! la République eût été fondée à ja- « mais. » Comment peut-on nier que le peuple du 24 février au 24 juin, sans excepter même le 15 mai, n'ait été admirable de patience et de confiance? Non, ce n'est pas le concours du peuple qui a fait défaut aux hommes du gouvernement provisoire ; c'est leur incurable incapacité et aussi leurs dispositions réaction- naires qui ont perdu la République. M. Garnier-Pagès, qui avait reçu de M. Odilon Barrot l'instruction de réagir à tout prix contre l'idée sociale de la révolution, croit avoir trouvé un bel argument contre le droit au travail, en disant que l'ouvrier Marche, qui venait en demander la réalisation au gouvernement provisoire, fut em- barrassé par l'interpellation d'un assistant qui lui dit d'écrire ou de dicter lui-même la formule. O dérision ! Mais c'est précisément cette ignorance du peuple et cette confiance qu'il avait dans vos lumières, qui fait votre crime. Ce peuple vous apportait ses vœux et ses aspirations. C'était à vous à les satisfaire ou à les discuter avec lui, ou bien il fallait vous retirer.

faire de ceux qui pourraient leur demander compte du dépôt violé, ils préparaient sourdement la guerre civile.

Les hommes du gouvernement provisoire, non-seulement n'avaient su résoudre ni prévenir aucune difficulté : tout au plus les avaient-ils ajournées ; mais encore nous avons vu avec quelle coupable et atroce impatience ils appelaient l'explosion terrible qui pouvait les soustraire définitivement aux engagements de février.

Résistance et réaction : tel avait été le premier et le dernier mot de leur politique depuis quatre mois.

Pour justifier l'attentat prémédité de longue date, on s'efforçait de déshonorer ceux dont on voulait se défaire en prenant à tâche de les représenter comme des brigands conjurés contre la propriété et contre la société. Nous avons vu comment ces hommes, aveuglés jusqu'au crime, avaient fait un faux en écriture authentique, et avaient frauduleusement intercalé au *Moniteur* dans le compte rendu de la séance du 15 mai, des paroles infâmes : *Deux heures de pillage* !

Le 23 juin, au moment où éclatait l'insurrection, M. Armand Marrast adressait une proclamation aux maires de Paris, dans laquelle il disait :

« …. Ce n'est pas seulement la guerre civile qu'ils vou-
« draient allumer parmi nous, *c'est le pillage*, la désorgani-
« tion sociale, c'est la ruine de la France qu'ils préparent.
« Que la garde nationale, qui est la première gardienne de
« la paix publique et *des propriétés*, comprenne bien que
« c'est d'elle surtout qu'il s'agit, de ses intérêts, de son
« crédit, de son honneur. Si elle s'abandonnait, c'est la pa-
« trie entière qu'elle livrerait à tous les hasards, *ce sont les*
« *familles et les propriétés* qu'elle laisserait exposées aux
« calamités les plus affreuses. »

Et le lendemain M. Sénard, président de l'Assemblée, lançait une proclamation plus furieuse encore :

« Ils ne demandent pas la République ! Elle est pro-
« clamée.

« Le suffrage universel ? Il a été pleinement admis et
pratiqué.

« Que veulent-ils donc ? On le sait maintenant : ils veu-
« lent l'anarchie, l'*incendie,* le *pillage*... »

D'autres avec une bonne foi plus ou moins grande ont
voulu faire croire que l'insurrection de juin avait été fo-
mentée par les partis légitimistes et bonapartistes : c'est
ainsi que M. Flocon, ministre du Commerce et de l'Agriculture, montait à la tribune, le 23 juin, pour déclarer,
très-haut, afin que du dehors on l'entende: que les agitateurs
n'ont d'autre drapeau que celui du désordre, et que derrière se cache plus d'un prétendant, appuyé par l'étranger (1).

Non, l'insurrection de juin fut l'insurrection de la faim,

---

(1) M. Flocon, s'était montré d'abord un des révolutionnaires les
plus déterminés du gouvernement provisoire. Mais, comme nous
l'avons dit, une maladie grave l'empêcha de prendre une part active
aux délibérations du début, et ensuite, elle atténua chez lui les dispositions ardentes du premier jour. Il fut complétement enivré par
les vapeurs du pouvoir, et bien que ce fut un esprit droit et foncièrement honnête, il se laissa entraîner comme M. Ledru-Rollin à
partager jusqu'à juin inclusivement, même après, la responsabilité
de toutes les fautes qui conduisirent la République à sa perte, et
il n'avait pas l'élan nécessaire pour se relever énergiquement
comme le fit M. Ledru-Rollin. Le 26 juillet 1848 il appuya la loi
contre les sociétés secrètes par cet argument qui, suivant l'observation de M. Senard, était plus sérieux qu'il n'en avait l'air, mais
aussi qui équivalait bien un peu à une abjuration révolutionnaire :
« Pendant toute ma vie, jusqu'au 24 février, j'ai fait partie des
« sociétés secrètes. Je sais comment elles se font : *c'est précisé-*
« *ment pour cela que je n'en veux plus.* » M. Caussidière dans
ses *Mémoires* fait à son sujet cette observation fort juste : « Ses
« intention le ramèneront sans doute plus tard dans la lutte, mais
« il aura à se convaincre qu'en révolution on n'est possible
« qu'avec les siens. »

l'insurrection du désespoir, et aussi l'insurrection pour la revendication du droit des travailleurs solennellement consacré, au lendemain de la révolution de Février, et indignement méconnu et trahi par ceux à qui le peuple avait remis le soin de l'exécution de ses volontés.

Cédons la parole à Mme Daniel Stern, dont le témoignage n'est pas suspect :

« Les prolétaires, insurgés en juin, ne formaient pas,
« comme l'esprit de parti l'a osé dire, le rebut de l'espèce
« humaine ; ce n'étaient pas cent mille forcenés se ruant
« tout à coup dans un accès de cupidité brutale sur les
« riches pour les égorger ; nulle part non plus on n'a vu,
« que je sache, *ces misérables aux gages des factions*, si-
« gnalés par une presse envenimée, et auxquels on payait,
« à raison de tant par heure, le salaire d'une besogne de
« meurtre, de viol et d'incendie.....

« Ce qui fit la puissance de l'insurrection de juin et son
« incroyable durée, bien qu'elle n'eût jamais ni plan, ni
« chef, c'est qu'elle avait à son origine, et qu'elle conserva
« jusqu'à la fin, dans l'esprit d'un grand nombre, le ca-
« ractère d'une juste protestation contre la violation d'un
« droit ; c'est qu'il y avait ainsi en elle, malgré les éléments
« impurs qui la corrompirent, malgré les violences qu'elle
« commit, un principe moral, un principe égaré, mais vrai,
« d'enthousiasme, de dévouement, d'héroïsme ; un *mont*
« *sacré* intérieur où le peuple sentait le droit.

« L'insurgé de juin, ne l'oublions pas, c'est le combat-
« tant de février, le prolétaire triomphant, à qui un gou-
« vernement proclamé par lui-même assure solennellement
« à la face du pays qui ne proteste pas, le fruit modeste de
« sa conquête : le travail pour récompense de sa misère,
« le travail comme prix du combat. Et le prolétaire à qui
« l'on confie en tremblant les embarras de la République,
« ajourne l'exécution de la promesse ; il se montre désin-

« téressé ; il donne du temps à l'État qui s'est reconnu son
« débiteur ; il offre *trois mois* de misère à la patrie.

« Trois mois sont écoulés. Le prolétaire confiant vient
« réclamer son droit au travail. Mais qu'entend-il alors?
« que rencontre-t-il? quelle réponse et quel accueil? Les
« mêmes hommes qui ont combattu avec lui, d'égal à égal,
« les conditions d'un pacte qu'ils ont ratifié, lui enjoignent,
« par un commandement subit et inexpliqué, de quitter sa
« famille, sa demeure, la ville où il est né, le séjour qui a
« vu ses triomphes pour s'enrôler dans une armée, qui
« n'ira pas, il le sait bien, au secours du peuple dont il
« souhaite la délivrance, et, s'il refuse de devenir soldat,
« ces hommes portés par lui au pouvoir suprême, le con-
« damnent à gagner loin de leurs yeux, par des travaux
« insalubres, qui ne sont pas de son choix, auxquels il n'est
« pas propre, un salaire dérisoire qui ne saurait suffire à
« la plus humble existence.

« La simple exposition de ces faits inouïs, le seul rappro-
« chement de ces deux dates : 28 *février*, 22 *juin*, me dis-
« pensent de réflexions plus longues. Le lecteur ne doit
« point perdre de vue ces dates, s'il veut apprécier avec
« équité les tragiques, les néfastes jours de juin... »

Avant de recourir à la protestation extrême de l'insurrection, les travailleurs ont épuisé toutes les voies de la
conciliation, ils ont épuisé tous les appels les plus pressants
aux sentiments qui devaient être les plus puissants sur des
hommes issus de la Révolution, et qui faisaient profession
de dévouement à la cause populaire et aux principes démocratiques.

Le 18 juin, les travailleurs des ateliers nationaux adressaient cet appel à M. Goudchaux, auxiliaire de M. de
Falloux dans sa campagne pour la suppression immédiate :

« Ce n'est pas notre volonté qui manque au travail ; c'est

« le travail utile et approprié à nos professions qui manque
« à nos bras. Nous le demandons, nous l'appelons de tous
« nos vœux.

« Vous demandez la suppression immédiate des ateliers
« nationaux ; mais que fera-t-on de cent dix mille travail-
« leurs qui attendent chaque jour de leur modeste paye les
« moyens d'existence pour eux et leurs familles ? *Les
« livrera-t-on aux mauvais conseils de la faim, aux entraî-
« nements du désespoir ?* Les jettera-t-on en pâture aux
« factieux ? Ouvriers appelés à la construction de l'édifice
« social, organisez, instruisez, moralisez les ateliers na-
« tionaux, mais ne les détruisez pas ! »

Nous avons dit la démarche tentée auprès du gouvernement par Pujol, au nom de ses camarades des ateliers nationaux et comment elle avait été accueillie par M. Marie, qui avait donné lui-même le signal de l'insurrection, signal confirmé le lendemain par M. de Falloux, qui était venu demander à l'Assemblée la dissolution immédiate des ateliers nationaux.

Les insurgés de juin n'étaient pas même des hommes égarés ; c'étaient des hommes exaspérés, sans pain, sans travail et auxquels on venait d'enlever jusqu'à l'espérance.

Sur les barricades ils adressaient encore à M. de Lamartine cet appel suprême :

« Nous ne sommes pas de mauvais citoyens, nous sommes
« des ouvriers malheureux. Nous demandons qu'on s'occupe
« de nos misères ; songez à nous, *gouvernez-nous*, nous
« vous aiderons. Nous voulons vivre et mourir pour la
« République. »

Comment faut-il juger la haine implacable de ces hommes qui s'obstinaient en face même de l'évidence à nier et à dénaturer par leurs écrits et leurs paroles le caractère des faits et à déverser l'opprobre sur ce peuple auquel ils devaient tout ce qu'ils étaient, qu'ils avaient si indignement trompé, et qu'ils immolaient ainsi sans pitié et sans remords, avec un raffinement atroce, inconnu aux plus exécrables tyrans dont l'histoire ait conservé la mémoire.

Un seul homme, Proudhon, dans sa déposition à l'enquête Quentin Bauchart, eut le courage d'élever la voix en face de la réaction triomphante pour rétablir le caractère de l'insurrection, et d'enregistrer sa protestation isolée dans le dossier même réuni par les accusateurs du peuple pour faire le procès à la révolution de Février (1) :

(1) L'esprit de parti a odieusement travesti le rôle de M. Proudhon en juin, et en travestissant un mot prononcé par lui on a prétendu qu'il n'avait cherché dans le spectacle affreux de ces luttes qu'une occasion d'admirer « l'horreur sublime de la canonnade. » M. Senard ne craignit même pas de lui jeter à la face de l'Assemblée l'insulte de n'avoir été qu'un *lâche*. Déjà dans le *Représentant du Peuple* du 6 juillet Proudhon rétablissait courageusement le véritable caractère de l'insurrection, en protestant contre quelques expressions employées par ce journal qui disait que l'insurrection avait été *coupable* : « Si la révolte des 23, 24, 25 et 26
« juin a surgi tout à coup comme un accident de la misère; si la
« lutte soutenue pendant ces quatre malheureuses journées, n'a
« été qu'un éclat du désespoir; si l'instruction prouve que, malgré
« l'or répandu, malgré les embauchements dynastiques, l'im-
« mense majorité des insurgés se composait d'ouvriers démoralisés
« par le chômage, égarés par la faim, déçus dans leurs espérances,
« irrités à tort ou à raison contre le pouvoir : s'il était vrai enfin
« que le gouvernement, que l'Assemblée nationale elle-même,
« trompés d'abord sur le véritable sens de l'émeute, eussent porté
« au comble, par une politique fatale, l'exaspération de ces hommes
« dont le cri de ralliement était : *Du pain ou du plomb!* Oh !
« alors il faudrait reconnaître que la guerre civile qui vient d'en-
« sanglanter le berceau de la République a été un affreux malheur,
« mais que grâce au ciel! il n'y a point de coupables, il n'y a que
« des victimes. Un chômage de quatre mois s'est converti subite-
« ment en un *casus belli*, en une insurrection contre le gouvernement
« de la République : voilà en quelques mots toute la vérité sur ces
« funèbres journées. Mais quoi qu'on en ait dit, quoique répande
« tous les jours encore l'égoïste et impitoyable calomnie, la géné-

« Le 23 juin, j'avais cru que c'était une conspiration de
« prétendants s'appuyant sur les ouvriers des ateliers na-
« tionaux. J'étais trompé comme les autres. Le lendemain,
« j'ai été convaincu que l'insurrection était socialiste... La
« cause première déterminante de l'insurrection, c'est la
« question sociale, la crise sociale, le travail, les idées ; il
« m'en coûte de le dire, à moi qui suis socialiste.

« *D.* — Y a-t-il eu un plan, une direction ?

« *R.* — Je ne le crois pas. Si l'insurrection avait eu à
« sa tête quelques noms connus, si elle avait eu une direc-
« tion, elle pouvait aboutir. Beaucoup d'hommes, sans y
« prendre une part matérielle, s'y sont associés d'inten-
« tion. Cette association va peut-être croissant à l'heure
« qu'il est (15 juillet). La pitié est pour les insurgés, parce
« que beaucoup ont été tués, parce qu'ils se battent pour
« avoir du pain, parce qu'ils sont morts sous l'exécration
« publique. Tout ce qui est socialiste a pris résolûment
« parti pour les insurgés, en les considérant comme de
« malheureuses victimes des idées, des temps. Ce senti-

« rosité, la haute moralité des classes travailleuses n'ont point péri
« dans le fratricide. Le dénûment des insurgés, la misère des
« prisonniers, le respect des propriétés, qui, s'il faut en croire de
« nombreux rapports, n'aurait pas été aussi grands du côté de la
« répression que du côté de l'émeute, sont là qui l'attestent... Si
« le droit était aussi de ce côté-ci des barricades, il était aussi de
« ce côté-là. L'épouvantable carnage auquel nous avons assisté
« ressemblait à ces tragédies antiques, où le devoir et le droit se
« trouvaient en opposition et qui partageaient les dieux. Pleurons
« sur nos frères de la garde nationale, pleurons sur nos frères de
« l'insurrection et ne condamnons personne. Espérons que la jus-
« tice une fois éclairée sur les faits qui ont précédé, accompagné
« et suivi l'insurrection, se relâchera de la sévérité de la loi, et
« que le décret d'exportation, désormais sans objet comme sans
« moralité, sera révoqué. » Sous le régime de l'état de siège,
sous l'empire de la terreur poussée jusqu'au vertige qui régnait
alors, il fallait du courage pour réhabiliter ainsi l'insurrection et
même pour faire appel à la clémence.

« ment a ramené à l'insurrection une masse de sympathies.
« L'immoralité de l'insurrection, évidente au premier
« abord, va s'affaiblissant dans l'opinion de tous. »

II

Maintenant que nous savons dans quelles conditions fut engagée la lutte, nous allons voir quel en fût le caractère.

Voyons d'abord quel était l'homme auquel fut confié le commandement de la bataille.

Le seul titre de M. Eugène Cavaignac, c'était d'être le frère de Godefroy Cavaignac, qui avait été sous la monarchie un des plus nobles lutteurs du parti républicain. On avait songé à lui dès le lendemain du 24 février, et on l'avait nommé gouverneur général de l'Algérie, où il résidait. Le 20 mars, le gouvernement provisoire songea à l'appeler au ministère de la guerre, en remplacement du général Subervic.

M. Cavaignac refusa ce poste, ou du moins répondit qu'il avait besoin avant tout de connaître la pensée du gouvernement, et de savoir quel devait être l'avenir de l'armée :

« Comme homme politique, si j'étais condamné à le devenir,
« disait-il, *je ne sacrifierais jamais mes convictions de soldat*
« déjà avancé dans la carrière : la République a besoin de
« son armée. Loin de mon pays, j'ignore aujourd'hui ce
« qu'est l'armée ; mais, ce que je sais, c'est que si malheu-
« reusement elle était profondément atteinte dans ses con-
« ditions d'existence, il faudrait la réorganiser ; si elle était
« inquiétée, il faudrait la rassurer ; si sa tête était inclinée,
« il faudrait la relever. *Voilà mes convictions.*

« Comme homme politique, je sais quels sont les hom-
« mes avec qui je voudrais seulement marcher ; mais

« ceux-là mêmes, s'ils veulent atteindre l'armée, s'ils ne
« veulent lui rendre ce qui seul la fera vivre, le sentiment
« de sa dignité, de son rôle dans tout pays vivant entouré
« de nations armées elles-mêmes, *ceux-là même, je le dé-*
« *clare*, ne me compteront pas dans leurs rangs. »

Voilà la véritable profession de foi du général Cavaignac. Il est soldat avant d'être citoyen, ses convictions militaires passent avant ses convictions politiques, si tant est qu'il ait des convictions politiques; il met l'armée au-dessus de la République. Plus tard, le général Cavaignac se fit gloire d'être républicain, parce qu'il avait commandé la République, et que dès lors la République lui appartenait aussi comme une sorte d'armée. C'était encore là une conviction militaire bien plutôt qu'une conviction politique.

Cette lettre indisposa fort vivement le gouvernement provisoire, plutôt par son ton arrogant sans doute que par les sentiments qui y étaient exprimés. M. Marrast, dit-on, fut un de ceux qui manifestèrent le mécontentement le plus vif : nous verrons comment plus tard eut lieu la réconciliation. On répondit au général une lettre fort sévère, dans laquelle se trouvait notamment cette phrase, rédigée par M. Louis Blanc : « Restez en Afrique, général, le gouver-
« nement vous l'ordonne. »

Mais l'ambition du général Cavaignac l'appelait en France, et les hommes du gouvernement provisoire éprouvaient chaque jour davantage le besoin de se reposer sur l'armée, et d'avoir un chef militaire capable de donner une direction énergique à la guerre civile qui allait éclater d'un instant à l'autre.

La Commission exécutive lui réserva de nouveau le portefeuille de la Guerre : cette fois le général accepta avec empressement et accourut à Paris ; les dispositions du gouvernement pour l'armée ne pouvaient plus être suspectes d'ailleurs après la grande manifestation militaire du 20 avril.

Chargé de réprimer l'insurrection de juin, le général Cavaignac n'eut qu'une seule préoccupation, il l'avoua expressément lui-même dans sa déposition à l'enquête Quentin Bauchart : *Sauvegarder avant tout l'honneur du drapeau*. Le général Cavaignac ne comprenait pas la différence qui existait entre la guerre civile et la guerre faite contre les Kabyles. Ses convictions militaires passaient, il l'avait déclaré, avant ses sentiments de citoyen.

Au lieu de réprimer l'insurrection à sa naissance, en en faisant attaquer les barricades à mesure qu'elles s'élevaient, et d'épargner ainsi l'effusion du sang, le plan du général consista à laisser l'insurrection se développer et à concentrer ses troupes pour l'écraser ensuite plus sûrement.

Vainement lui fit-on des représentations dictées par l'humanité. Il prétendit que l'honneur de l'armée exigeait qu'il persistât dans son système de concentration. « L'ex- « périence de juillet 1830 *et de février* 1848, dit-il dans sa déposition à la commission d'enquête, « lui démontrait la « nécessité de ne pas engager les troupes dans les rues, et « de réunir les corps en nombre suffisant pour que l'insur- « rection fût toujours forcée de céder devant eux. »

Ces préoccupations stratégiques dominaient pour lui toutes les autres : — « Si une de mes compagnies était désar- « mée, disait-il, je me brûlerais la cervelle. Que la garde « nationale attaque les barricades, c'est son affaire. *Est-ce* « *que je suis ici pour défendre les Parisiens*, la garde na- « tionale ? Qu'elle défende sa ville et *ses boutiques !* Si elle « est battue, j'aime mieux me retirer dans la plaine Saint- « Denis, où je livrerai bataille à l'émeute. »

Dirigée par une semblable tactique, la guerre fut acharnée, implacable. Les insurgés furent massacrés sans pitié, les faubourgs furent bombardés, et traités comme dans une ville prise d'assaut.

Cette guerre sans merci était encouragée par l'Assemblée, qui, affolée de haine et de terreur, étouffait par ses murmures les voix de ceux qui voulaient faire appel aux sentiments de clémence ou de pitié.

L'attitude de cette Assemblée est un des spectacles les plus tristes pour l'humanité dont l'histoire ait jamais enregistré le souvenir.

M. Considérant dit qu'il « y a dans la population insur- « gée un malentendu fatal. » (*Explosions de murmures.— Quelques voix :* A l'ordre! à l'ordre! Ce sont des assassins !)

M. Considérant reprend en disant qu'il croit « qu'un « grand nombre d'hommes étaient égarés, et qu'une dé- « monstration de l'Assemblée pourrait facilement rétablir la « paix dans les rues ensanglantées de la capitale. » Il demande qu'une proclamation soit faite en ce sens et que le président nomme des membres chargés de la rédiger.

M. Sénard, président, répond « qu'il décline l'honneur « de toute désignation de membres QUI PACTISERAIENT AVEC « L'ÉMEUTE. »

M. Considérant, ainsi désigné aux suspicions de ses collègues, ne peut parvenir qu'à grand'peine à développer sa proposition, au milieu des interruptions, des réclamations et des interpellations violentes qui lui sont adressées, et on se refuse à entendre la lecture de son projet de proclamation.

M. Baze, développant la pensée exprimée par M. Senard, demande la question préalable : « Notre devoir est de res- « ter impassibles à notre place, sans délibération avec l'é- « meute, sans pactisation quelconque avec elle par la dis- « cussion d'une proclamation ou d'une autre, et sans aucun « de ces moyens qui se discutent et qui, soit qu'on les re- « jette, soit qu'on les adopte, sont également funestes. » (*Oui! oui! — Aux voix! La clôture!*)

La clôture est prononcée, sans que M. Babaud-Laribière puisse même obtenir de parler contre elle, et la question préalable est prononcée.

— « Comment », s'écrie M. Lagarde (de la Gironde), « on ne veut pas nous laisser parler quand les citoyens se « font tuer pour la République ! Nous sommes muets dans « une pareille circonstance ! C'est indigne ! »

M. Caussidière essaie courageusement une nouvelle tentative : « Vous ne voulez pas faire de proclamation. Voulez-« vous que douze représentants se joignent ou à la Com-« mission ou au commandement militaire ? (*Non ! non !*) Si « vous ne voulez pas faire de concessions, voulez-vous donc « qu'on s'égorge dans Paris toute la nuit ? »

M. Bérard. — « On ne raisonne pas avec les factieux, on « les bat. »

M. Avond. — « Ce n'est pas dans une situation pareille « que nous pouvons faire des concessions. »

M. Caussidière, *avec force, au milieu du tumulte*. — « Je « ne demande point de concessions pour l'anarchie, je de-« mande des précautions pour éviter la guerre civile. »

M. Caussidière poursuit au milieu du tumulte, avec une émotion qui lui arrache des accents admirables : « Voulez-« vous, encore une fois, au nom de la majesté nationale, « vous rendre simplement, sans appareil, auprès du peuple ? « (*Non ! non !*) Que six d'entre vous me suivent ! Je me met-« trai à la tête, si vous voulez ; je recevrai les premiers « coups de fusil. Si nous mourons, tant pis ! Si nous som-« mes détruits, eh mon Dieu ! nous aurons fait notre devoir, « et cela doit nous suffire. (*Agitation prolongée.*) Vous tenez « donc bien à vivre ! (*Explosions de murmures.*) Je de-« mande qu'un certain nombre de députés se rendent, ac-« compagnés d'un membre de la Commission exécutive, « dans le cœur de l'insurrection. Pour mon compte, je me « livre comme ôtage, et je réponds que nous ramènerons

18.

« l'ordre, que nous ferons cesser l'effusion du sang. Voyons,
« citoyens, pensez à cela. »

L'Assemblée, qui ne veut rien entendre, et qui a peur de se laisser émouvoir, demande la suspension de la séance.

M. Duclerc, ministre des Finances, par un mouvement généreux, monte à la tribune pour appuyer la motion de M. Caussidière. « J'ai traversé, dit-il, des groupes de peu-
« ple. Le peuple est bon ; seulement il souffre horriblement.
« Les uns disaient : Nous voulons du pain. Les autres di-
« saient : Nous ne voulons pas de pain, nous voulons du
« travail. Je leur ai dit : On vous trompe sur les disposi-
« tions de l'Assemblée nationale. L'Assemblée nationale et
« le gouvernement ont droit à votre confiance ; ils feront
« tous leurs efforts pour vous donner du travail. »

« Citoyens, insiste M. Baune, en 1832, MM. Barrot,
« Laffitte et Arago se sont transportés au cœur de l'émeute,
« au milieu des baïonnettes, pour jeter des paroles de paix.
« Imitons ce grand exemple, soyons dignes de nos devan-
« ciers. » Des exclamations l'interrompent, et M. Senard suspend la séance.

A la reprise de la séance, M. Charles Lagrange « prie
« l'Assemblée de conserver le calme, la dignité qui convien-
« nent à de véritables représentants du peuple. »

Mais vient M. Garnier-Pagès, qui provoque les applaudissements en prononçant son triste mot : « *Il faut en finir avec les agitateurs.* » Et cette autre atroce parole : « Toutes
« les mesures sont prises ; et ces mesures, c'est le
« canon. »

A M. Garnier-Pagès succède M. Degousée, qui demande qu'on fasse arrêter dans la nuit même tous les rédacteurs des journaux démocratiques, et que « pour le crime du
« 15 mai, comme pour le crime de ce jour, la déportation
« ait lieu sur la reconnaissance de l'identité des individus. »

M. Duclerc proteste dignement contre ces violences ; mais elles expriment les véritables sentiments de l'Assemblée, qui leur donne une formule en proclamant l'état de siége.

Sous l'empire de ces excitations, la lutte avait pris un caractère féroce, implacable. Le maire du 12ᵉ arrondissement, M. Pinel-Granchamp, voulut parlementer avec les ouvriers, et ses efforts pour arrêter l'effusion du sang furent considérés comme une trahison. Les représentants du peuple qui ne voulaient pas aller aux barricades pour faire une tentative de pacification, y allèrent pour activer la répression. C'était une guerre d'extermination. Au mépris de toutes les lois on fusillait des prisonniers.

Les gardes nationales du département de la Seine et des départements limitrophes, accouraient pour sauver la capitale, que les appels furieux de MM. Marrast et Senard présentaient comme occupée et dominée par des hordes de barbares menaçant la société et la civilisation (1).

(1) Des excès atroces furent commis par ces gardes nationaux, affolés par l'épouvante de la bataille, enivrés par l'odeur du sang, qui brûlaient de montrer leur zèle.

Non-seulement ils massacrèrent des prisonniers, mais il leur arriva même d'égorger des gens inoffensifs. Georges Sand, dans la préface de *Cadio* nous donne une idée de ces horreurs qui vinrent s'ajouter à toutes les autres accumulées dans ce sinistre épisode de notre histoire : « Aux journées de juin de notre dernière révolu-
« tion, la garde nationale d'une petite ville que je pourrais nom-
« mer, commandée par des chefs que je ne nommerai pas, partit
« pour Paris sans autre projet arrêté que de rétablir l'ordre,
« maxime élastique à l'usage de toutes les gardes nationales,
« quelle que soit la passion qui les domine. Celle-ci était composée
« de bourgeois et d'artisans de toutes les opinions et de toutes les
« nuances, la plupart honnêtes gens, d'humeur douce et pères de
« familles. En arrivant à Paris, au milieu de la lutte, ils ne surent
« que faire, à qui se rallier et comment passer à travers les postes,
« sans être suspects aux uns, écrasés par les autres. Enfin vers le
« soir, rassemblés dans un poste qui leur était confié, ils arrêtèrent

L'accusation de pactiser avec l'émeute, lancée en pleine Assemblée par M. Senard à ceux qui refusèrent de s'associer à la fureur aveugle de la répression, produisit son effet. Dans la soirée du 24, le représentant Lagrange faillit être fusillé, sur le quai de la Ferraille, par un groupe de gardes nationaux, qui l'accusaient d'être l'ami de Barbès et de s'être opposé à l'état de siége. M. Ledru-Rollin fut poursuivi, en sortant de l'Assemblée, jusqu'à la rue de Tournon, où il demeurait, par des menaces de mort. M. Louis Blanc, assailli sur le boulevard par des gardes nationaux en armes, courut risque de sa vie.

Les malheureux, accusés par les pouvoirs constitués de vouloir piller et incendier Paris, avaient écrit sur leurs drapeaux, comme en février : Mort aux voleurs ! au-dessous de cette autre devise que portaient les bannières

« un passant qui pour son malheur portait une blouse ; ils étaient
« deux cents contre un. Sans interrogatoire, sans jugement, ils le fusil-
« lèrent. Il fallait bien faire quelque chose pour charmer les ennuis
« de la veillée. Ils étaient si peu militaires qu'ils ne surent même
« pas le tuer ; étendu sur le pavé il râla jusqu'au jour, implorant
« le coup de grâce.

« Quand ils rentrèrent triomphants dans leur petite cité, ils
« avouèrent qu'ils n'avaient fait autre chose que d'assassiner un
« homme qui avait l'air d'un insurgé. Celui qui me raconta le
« fait, me nomma l'assassin principal, et ajouta : « Nous n'avons
« pas osé empêcher cela. »

« Voilà pourtant un fait historique des mieux caractérisées, il
« résume et dénonce une époque ; aucun journal n'en a parlé,
« aucune plainte, aucune réflexion n'eut été admise. La victime
« n'a jamais eu de nom, le crime n'a pas été recherché, l'assassin
« a vécu tranquille, les bons bourgois et les bons artisans qui
« l'ont laissé déshonorer leur campagne à Paris se portent bien,
« vont tous les jours au café, lisent leurs journaux, prennent de
« l'embonpoint et n'ont pas de remords.

« Ceci est une goutte d'eau dans l'océan d'atrocités que sou-
« lèvent les guerres civiles. Je pourrais en remplir une coupe
« d'amertume. »

des ouvriers des ateliers nationaux : Du travail et du pain !
Au Marais, un insurgé ivre s'étant mis à crier : Incendions!
fut conduit par ses camarades au poste des pompiers. Dans
la rue Saint-Martin, à côté d'un seul magasin de bijouterie
resté ouvert, les ouvriers s'étaient contentés d'enfoncer la
boutique d'un marchand de fer. Quant au riche étalage,
scintillant d'or et de pierreries, nul n'y songea. Aucune
violence ne fut commise par le peuple dans les quartiers où
il était le maître.

Le 25 février, l'insurrection qui, depuis plus de cinquante
heures, tenait derrière ses barricades toute une armée en
échec, fut forcée de rétrograder devant le mouvement d'of-
fensive commencé la veille et poursuivi avec une grande
vigueur. Le général Duvivier opéra de manière à gagner
la place de la Bastille par la rue Saint-Antoine. Mais il dut
préalablement dégager toutes les rues longues et étroites
qui vont de l'Hôtel-de-Ville à la rue Saint-Antoine. Il fallut
faire le siége de chaque maison. Le général Duvivier fut blessé
mortellement dans cette lutte acharnée (1), et le général
Perrot le remplaça dans le commandement de la division.
Enfin, avec un renfort amené par le général Négrier, qui
devait, lui aussi, périr dans cette fatale lutte, les troupes
parvinrent à enlever les barricades de la rue Saint-Antoine
et à délivrer les greniers d'abondance au pouvoir du peuple. Le général Négrier fit sa jonction avec le général Perrot sur la place de la Bastille. Les caveaux de l'Hôtel-de-

---

(1) Le brave général Duvivier était un des rares socialistes qui
faisaient partie des conseils du gouvernement. Il mourut en disant
qu'il fallait donner au peuple des réformes sociales, que c'était le
véritable moyen d'étouffer tous germes d'insurrection dans l'avenir.
Membre du comité des travailleurs de l'Assemblée, le général Duvivier voulait que le comité annonçât, dans un manifeste, la tendance de ses travaux, qu'il indiquait ainsi dans un projet : « Le
« comité veut marcher, imperturbablement et sans dévier, vers un
« but sacré pour tous ceux qu'anime un sentiment brûlant et bien

Ville regorgeaient de prisonniers, où M. Marrast, il faut lui rendre cette justice, les conserva plutôt que de les livrer aux fureurs de la garde mobile et de la garde nationale, qui les fusillaient sans pitié. M. Flottard exposa plusieurs fois sa vie pour arracher quelques victimes aux cruelles vengeances des vainqueurs, pour empêcher que l'on ne fît avec des Français ce que l'on ne fait point sur le champ de bataille, lorsque l'invasion étrangère menace la patrie (1).

Pendant ce temps, le général Lamoricière réduisait le haut du faubourg du Temple et la position formidable du clos Saint-Lazare, d'où les insurgés communiquaient avec la Villette, la Chapelle Saint-Denis et Montmartre. Le combat fut acharné et terrible, et le général Lamoricière fit preuve d'une intrépidité rare ; mais il en était arrivé à ne plus se posséder, et il était dans un état d'exaspération et de violence peu en rapport avec la dignité, qui ne devrait jamais abandonner un chef militaire, surtout dans les tristes nécessités de la guerre civile (2). Attaqués de front par

« compris de fraternité. *Ce but ne sera atteint que lorsqu'on sera* « *parvenu à assurer à tous les ouvriers la possibilité de posséder* « *par eux-mêmes les instruments de travail.* » Ces sentiments malheureusement n'étaient pas partagés par la majorité du comité, recruté dans la majorité de l'Assemblée, mais ils n'en sont que plus honorables pour la mémoire du général Duvivier.

(1) Ch. Robin, *Histoire de la Révolution de 1848.*

(2) M. Robin dans son *Histoire* cite le trait suivant : « Le sous-
« secrétaire d'Etat d'un ministère étant venu lui demander quel-
« ques troupes pour dégager un point important, le général s'em-
« porta jusqu'à l'insulter. Sans répondre à la demande qui lui
« était faite, il parla avec véhémence de M. Lalanne (chef des ate-
« liers nationaux qui avait succédé à M. Thomas). — Il nous faut
« M. Lalanne! répétait-il dans ses accès de colère. Je le ferai
« fusiller ce soir! — Faites fusiller M. Lalanne, c'est votre affaire,
« répondait le sous-secrétaire d'Etat, ce n'est point de cela qu'il
« s'agit en ce moment. Je viens vous prévenir qu'un détachement

le général Lamoricière, de flanc par le général Lebreton, les insurgés furent rejetés hors Paris, après une lutte sans précédents dans les annales révolutionnaires. Comme aux quartiers Saint-Antoine, Saint-Jacques et Saint-Marceau, tout fut éventré par le boulet, sillonné par les balles.

Une première expédition avait été faite la veille sur la rive gauche. Tandis que le général Duvivier forçait, à l'aide de l'artillerie, le passage barré par les barricades du pont Notre-Dame et de la rue de la Cité, et refoulait les insurgés sur la place Maubert, le général Damesme arrivait au Panthéon, où s'était réfugié le peuple, après la canonnade de la rue Soufflot, dirigée par M. Arago. Les troupes furent bientôt maîtresses de ce quartier. Sur le théâtre de la lutte, la garde mobile fusilla un grand nombre de prisonniers sous les yeux de leurs femmes (1). L'École de droit, envahie par les insurgés, tombe également au pouvoir du général Damesme, qui, poursuivant l'attaque des barricades qui ralliaient le quartier Saint-Jacques au quartier Mouffetard, fut mortellement blessé dans la rue de l'Estrapade. Le général Bréa, qui remplaça le général Damesme, enleva toutes les barricades du faubourg Saint-Marceau, celles de la rue Mouffetard, et poussa des reconnaissances jusqu'au Jardin des Plantes.

Le 25, le général Bréa, après avoir enlevé d'assaut les barricades du faubourg Saint-Jacques, arriva à la bar-

« de gardes nationaux est dans une position périlleuse. Mais le
« général ne voulut rien entendre. — Que m'importe la garde
« national! s'écria-t-il, qu'elle se tire d'affaire comme elle pourra
« Est-ce que je suis sur des roses, moi? Et il revint sur M. Lalanne.
« Le sous-secrétaire d'Etat lui fit observerver qu'il n'avait peut-
« être pas tout le calme nécessaire à un général en chef. — Ah!
« je ne suis pas calme! vociféra M. Lamoricière en se dressant sur
« ses étriers. Ses yeux lançaient des flammes. Il enfonça ses épe-
« rons dans les flancs de son cheval et disparut. »

(1) Robin, *Histoire de la Révolution de* 1848.

rière Fontainebleau, où les insurgés, ayant masqué la barrière par une masse de pavés, s'étaient fait une position inexpugnable, protégée de chaque côté par le mur d'enceinte. Le général ouvrit des pourparlers avec les insurgés, et annonça qu'il venait dans un but de conciliation. On l'invita à franchir la barrière, et il eut l'imprudence de s'engager au milieu d'une foule exaspérée.

L'assassinat du général Bréa et de son aide-de-camp Mangin est le crime qui a été le plus vivement reproché aux insurgés. Il faut convenir que l'imprudence d'un général, s'engageant ainsi en parlementaire, est à peine concevable, et on devine même difficilement le sentiment qui pouvait le faire agir; car les dispositions n'étaient pas alors à la clémence, et le général lui-même venait de faire une guerre impitoyable aux insurgés. On ne peut lire qu'avec un sentiment pénible la déclaration écrite par le général pour calmer la foule :

« Nous soussigné, général Bréa de Ludre, déclarons être
« venu aux barrières pour annoncer au bon peuple de Pa-
« ris et de la banlieue que l'Assemblée nationale a décrété
« qu'elle accordait trois millions en faveur de la classe né-
« cessiteuse, et qu'elle a crié : Vive la République démo-
« cratique ! »

Ce document est en opposition si frappante avec tous les autres documents officiels du moment, qu'il nous frappe de stupeur. Ou bien le général avait complétement perdu la tête, jusqu'au point d'acheter sa vie au prix d'une lâcheté indigne d'un militaire, ou bien il faut croire qu'il y avait là un piége non moins indigne tendu aux insurgés.

Ce caractère insolite nous a engagé à nous reporter aux pièces du procès, que nous avons étudiées avec l'impartialité que nous donne l'éloignement de toutes les passions, si violemment surexcitées lorsqu'eurent lieu les débats.

Il paraîtrait résulter de certaines dépositions, que le général aurait précédemment obtenu la reddition des barricades du Panthéon en promettant aux insurgés qu'ils auraient la vie sauve, et pourraient retourner chez eux sans être inquiétés. Puis, contrairement à la foi jurée, les soldats se seraient rués sur les prisonniers, et en auraient égorgés plusieurs; et, dès lors, on peut penser que le général avait l'intention de recommencer la même ruse.

Ce qui semble confirmer ces dépositions, c'est l'attitude d'un des accusés, Nourrit, enfant de dix-sept ans. Nourrit était à la barricade du Panthéon; il avait été témoin de ce massacre, et s'était sauvé à la barrière de Fontainebleau, où il avait raconté ce qu'il venait de voir.

Quand était arrivé le général Bréa, c'était lui, il ne le niait pas, qui avait excité contre lui les colères de la foule, et il avouait avoir tiré l'un des premiers sur lui.

« Eh bien, oui! répond-il à l'interrogatoire du colonel Cornemuse, président du conseil de guerre. « Quand j'ai
« tenu le général, *je nous ai vengé.* » — *Le président:*
« Taisez-vous; je vous dis que vous êtes un assassin. —
« *Nourrit.* Gardez pour vous ce titre, qui vous appartient,
« et aux membres du conseil (1). — Taisez-vous. — Oui,
« c'est vous qui êtes des assassins. »

Le président ordonne d'emmener Nourrit, qui insultait ainsi la justice. Il fut condamné à mort; mais il y eut une commutation de peine en sa faveur, et il fut transporté à Cayenne pour la vie.

Parmi les dépositions importantes du procès des assassins du général Bréa, il faut signaler celle du représentant Mathé, qui dépose que, étant dans le quartier du Panthéon, le 25 juin, il a vu fusiller sous ses yeux un caporal du nom de Redinard : « Je retournai tout ému de cette scène, dit-il,

(1) Le colonel Cornemuse était un des officiers qui avaient présidé à l'attaque de la barricade du Panthéon. La juridiction des conseils de guerre le rendait ainsi juge de ses ennemis de la veille.

« à l'Assemblée nationale. J'en fis part à nos collègues, au
« colonel Charras, au général Cavaignac lui-même. Je le
« priai de faire mettre un terme à de telles atrocités. *Il me
« dit que les ordres qu'il donnerait seraient inutiles.* »

M. Mathé ajoute que les soldats lui ont dit « qu'il y avait
« eu plus de douze hommes ainsi fusillés dans la mati-
« née. »

Un autre représentant, M. Charles Madet, qui accompagnait M. Mathé, confirme sa déposition.

Sur quoi le colonel Cornemuse dit : « On a beaucoup
« exagéré les récits de cette nature. Mon bataillon est entré
« le premier dans le Panthéon avec un bataillon de mobiles.
« Il a tiré sur six ou huit insurgés qui fuyaient. Mais rien de
« pareil à ce que vous rapportez n'est parvenu à ma con-
« naissance, ni à celle d'aucun autre officier (1). »

(1) Est-il vrai qu'on ait fusillé les prisonniers en juin, et que
ce n'ont pas été là des actes isolés, mais que ces massacres
ont eu lieu journellement et partout ? Ils furent en quelque sorte
considérés comme le droit de l'état de siége.

Le 27 juin, M. le général Lebreton déclarait à l'Assemblée constituante que depuis trois jours il employait tous ses efforts « pour
« empêcher que des prisonniers soient fusillés sans jugement. »
Les gardes nationaux, dit-il, devraient s'en remettre à la loi,
quoique assurément ils pussent accomplir une vengeance légitime !

M. Edmond Adam, adjoint au maire de Paris, déclare dans sa
déposition à la Commission d'enquête, qu'on a fusillé des prisonniers sans qu'il ait pu l'empêcher.

M. Berryer dépose également devant la Commission, qu'il vit
rue Saint-Fiacre « deux hommes qu'on voulait fusiller, » il s'y
opposa « en disant qu'on ne pourrait obtenir des renseignements. »
Motif plus juridique qu'humain ! »

M. Joubert, ancien directeur des octrois de Paris, a rencontré
des représentants « qui s'opposaient au massacre d'insurgés faits
« prisonniers. »

M. Lacrosse, vice-président de l'Assemblée, étant avec son
collègue Richer au Faubourg Poissonnière, « eut beaucoup de peine
« à préserver les insurgés d'être massacrés. »

M. Lefèvre, inspecteur des prisons, déclare « avoir vu des hom-

Il est bien certain en tout cas que l'assassinat du général Bréa ne fut pas un crime exécuté de sang-froid, mais une conséquence des passions surexcitées en ces jours sinistres, et dont il faut bien reconnaître que les hommes du parti de

« mes tués à coups de baïonnettes et de sabres. » Il ajoute qu'il a sauvé deux ou trois cents individus.

Plusieurs assassinats de prisonniers ont été révélés devant les conseils de guerre. A l'audience du 14 novembre, M. Demarquet cite un homme fusillé sous ses yeux, rue Beaubourg. A celle du 11 septembre, M. Chaix d'Est-Ange, cite un nommé Vandru, linger, qui fut pris rue Saint-Hyacinthe et fusillé. Un avocat, défenseur d'un accusé, M° Cartelier, ne craint pas d'émettre cette théorie extra-juridique : « Il faut que le peuple, quand il prend les « armes, sache bien *que la force publique a, dans ce cas, le droit* « *de fusiller les prisonniers* : c'est le droit des vainqueurs. »

Ce qui est plus affreux encore, c'est qu'il est certain que, dans les lieux où étaient entassés de nombreux prisonniers, jetés là au hasard et livrés à toutes les angoisses de l'inquiétude, de la faim et du malaise physique, des exécutions atroces eurent lieu. Les factionnaires en sentinelle devant le caveau de la terrasse du bord de l'eau, dans le jardin des Tuileries, où 1500 personnes étaient entassées dans une boue fétide, tiraient sur les malheureux qui se disputaient les places voisines des soupiraux par lesquels leur venait un peu d'air et de lumière. Ce fait est authentiquement constaté par M. de Guise, chirurgien en chef de la garde nationale qui dit dans sa déposition devant la Commission d'enquête : « J'ai « examiné le caveau dans lequel étaient placés les insurgés aux « Tuileries, et j'ai reconnu les dangers de l'état sanitaire de cette « agglomération d'individus et de morts, *par suite de l'ordre qu'a-* « *vaient les gardes nationaux de tirer sur ceux qui ébranleraient* « *les barreaux des fenêtres.* J'en ai fait un rapport au généra « commandant Poncelet, qui en a fait dès le soir même extraire « une grande partie. » Mais la consigne ne fut pas changée. Et pendant plusieurs nuits les habitants du quartier des Tuileries, de l'Ecole militaire et des autres quartiers où étaient entassés des prisonniers entendirent des feux de peloton qui leur paraissaient le signal du massacre des prisonniers. Comme la pitié succédait à la terreur et que la population commençait à s'inquiéter de ces exécutions nocturnes, il y eut un ordre, attribué à Lamoricière, de ne plus tirer de coups de fusil sur les prisonniers *qui tenteraient*

l'ordre ne furent pas davantage exempts que les insurgés.

Un autre épisode mémorable de la bataille de juin, c'est la mort de l'archevêque de Paris, M. Affre, qui, dans l'espoir d'arrêter la lutte, avait été courageusement porter des paroles de conciliation aux insurgés. On a encore voulu

<small>*de s'évader*, mais d'user de la baïonnette, comme si les prisonniers avaient pu fuir avec des portes murées et des fenêtres grillées. Il faut lire dans les journaux du temps les récits épouvantables des témoins oculaires. M. Louis Ménard réunit plusieurs de ces témoignages dans un récit publié en feuilleton dans *le Peuple*, sous ce titre : *Prologue d'une révolution*. La publication de M. Louis Ménard fut poursuivie et son auteur fut condamné, à cause des sentiments de haine que cette accumulation d'horreurs pouvaient provoquer dans le cœur des citoyens; mais on ne contesta pas les faits et l'on ne voulut pas entendre les nombreux témoins qu'il avait fait citer. Les quelques indications que nous venons de donner et qui toutes sont extraites de documents officiels peuvent donner une idée de ces atrocités, qui durent être commises. Ce qui se passa dans ces antres pestilentiels est indescriptible : des prisonniers se pendirent, d'autres devinrent fous, plusieurs sortirent de là avec des cheveux blanchis en une nuit.

Pour bien rendre compte de l'état des esprits, dans ces jours d'horrible mémoire, nous empruntons une dernière citation à la déposition faite devant le Conseil de guerre, par M. Desmarets qui accompagnait le général Bréa à la barrière Fontainebleau et qui, avec M. Gobert, était parvenu à s'échapper :

« On m'a fait venir au fort pour me confronter avec un insurgé,
« dit M. Desmarets, je reconnus Gautron, et je dis : C'est celui qui
« a voulu m'assommer avec un pavé. Les soldats qui étaient là
« étaient exaspérés, *ils voulaient le fusiller. Je n'avais qu'un
« mot à dire, il eût été fusillé à l'instant même. Je lui dis : Je
« vous fais grâce*, la justice prononcera sur vous. (*Mouvement d'approbation*). »

Il ne faut pas perdre de vue que ceci se passait au fort où était détenu Gautron. Ainsi cela paraissait tout naturel à cet officier et à ses soldats de fusiller un détenu! Et M. Desmarets croit avoir fait acte de magnanimité en *lui faisant grâce!* Et cela paraît également naturel aux juges et à l'auditoire du Conseil de guerre, qui approuvent cette générosité! Dans quel temps vivait-on donc? (Voir à l'Appendice la note B).</small>

rejeter sur l'insurrection l'odieux de ce triste événement. Mais il résulte des documents les plus authentiques et les plus certains qu'elle fut le résultat d'un accident, et que la mort de l'archevêque fut causée par la balle d'un soldat, et non par les balles des insurgés, comme on eût la cruauté de le dire, au moment même où ils se faisaient tuer pour voler à son secours.

Un représentant, M. Ch. Beslay, vint rapporter à l'Assemblée le 26 juin comment les choses s'étaient passées. Tandis qu'il parlementait lui-même avec les insurgés, à quelque distance de M. Affre, il donna l'ordre de battre le tambour. On crut que c'était un appel aux armes. On tira des deux côtés ; il y eut une dixaine d'hommes de blessés. « Monseigneur était avancé un peu davantage dans le fau-« bourg ; c'est de notre côté qu'il a reçu la balle. » Cette loyale déclaration provoqua les murmures de l'Assemblée, qui interrompit M. Beslay et ne le laissa pas achever, pour pouvoir continuer à croire et à dire que les insurgés avaient assassiné l'archevêque.

M. Affre, qui faisait face à la barricade, avait été atteint par derrière, ce qui indique clairement que la balle égarée venait du côté des soldats. Les insurgés, laissant la barricade et leurs armes, s'élancèrent à son secours, et le transportèrent, sous une grêle de balles, dans une maison, où il reçut les soins les plus empressés, et où ses grands vicaires et tous les membres du clergé purent venir assister ses derniers moments. Ce fut ainsi pour les insurgés une occasion remarquable d'attester les sentiments de générosité et d'humanité qui n'avaient cessé de les animer à travers toutes les horreurs d'une lutte épouvantable. Et cependant, à propos de ce triste événement, les journaux et les rapports officiels s'obstinèrent à les traiter d'assassins (1). « Quel nom

(1) Le récit qu'a publié M. l'abbé Taillefumière sur la mort de l'archevêque et toutes les versions des témoins oculaires, s'accor-

« donner à la haine politique poussée à ce point ? » demande M. Robin.

Le combat était fini, mais la terreur continua pendant plusieurs jours encore à régner dans la ville, entretenue par les clameurs atroces des journaux réactionnaires, « espèce de cors sauvages qui sonnaient la chasse aux « hommes (1). » — « Il y avait à Paris, » dit M. Hippolyte Castille (*Histoire de la seconde République française*), « trois ou quatre journaux voués à un rôle exécrable, et qui « ont contribué singulièrement à l'abaissement de la presse « périodique en France. Ces journaux, à la tête desquels on « est obligé de placer le *Constitutionnel* » (dirigé alors par M. le docteur Véron, avec M. Merruau pour rédacteur en chef), « avaient pris à tâche, au milieu du conflit des partis, « de remuer dans le cœur humain ce qu'il y avait de plus « mauvaises passions : la peur, la haine, l'esprit de ven- « geance, l'esprit du sang lui-même, qui rabaisse l'homme « au niveau de la bête féroce. Ils ne craignaient pas d'im- « primer — et depuis l'aveu du mensonge est sorti des

dent à reconnaître qu'il fut tué par les troupes qui tiraient sur la barricade à vingt pas de laquelle se trouvait le prélat. La déclaration suivante confirme pleinement le récit de M. Beslay : « Je « soussigné, vicaire général de l'archevêque de Paris, qui avais « l'honneur de l'accompagner dans la mission de paix et de charité « qu'il avait entreprise, atteste, autant qu'il a été possible d'en « juger au milieu d'une grande confusion, qu'il n'a pas été frappé « par ceux qui défendaient les barricades. 26 juin 1848, *Signé* : « Jaquemet, vicaire-général. » Cela n'empêche pas que la calomnie ait poussé des racines profondes dans la crédulité publique, et récemment encore un homme bien disposé pour la cause populaire, M. A. Barbier, l'auteur de l'immortel poëme des *Iambes*, mettant en scène, dans une nouvelle, l'ouvrier compagnon de l'héroïque Baudin, tué avec lui sur les barricades du 2 décembre, fait dire à un ancien insurgé de juin : « Oh ! je n'étais pas avec ceux *qui ont tiré sur l'archevêque !* »

(1) Louis Blanc, *Pages d'histoire de la révolution de février* 1848.

« lèvres mêmes de ces narrateurs, — des récits qui, en
« d'autres temps, eussent fait sourire de pitié, mais qui, à
« ces heures de vertige, ressemblaient aux cris des belluai-
« res excitant la rage des animaux du cirque. De sorte que
« ces malheureux, à qui l'Assemblée nationale refusait,
« sous l'inspiration de M. de Falloux, les travaux demandés
« par le ministre Trélat, étaient à la fois affamés, fusillés
« et calomniés (1). »

(1) « Lorsque l'on vit les imaginations frappées, la calomnie,
« qui jusqu'alors ne s'était essayée que timidement, devint systé-
« matique. La joie odieuse de l'esprit de parti ne ménagea plus
« rien. Elle ne respecta plus, ni la douleur publique, ni l'honneur
« national, ni l'humanité. Selon les feuilles réactionnaires, il n'y
« avait pas moins de vingt-deux mille forçats dans l'insurrection.
« Ces ouvriers dont les mêmes feuilles avaient, pendant trois
« mois, loué avec une hypocrite exagération la sagesse, l'intelli-
« gence, la probité, formaient soudain une horde de malfaiteurs.
« Le feu, le poison, le poignard et le vitriol, écrivait-on, ont été
« employés, en des inventions de Néron, avec la sagacité de Sa-
« tan. Les détails les plus circonstanciés étaient complaisamment
« fournis à l'appui des assertions. Selon les uns, les insurgés
« dressaient sur leurs barricades des trophées de tête et de mem-
« bres coupés, disposés avec une horrible symétrie; ils avaient
« enlevé, dans les pensions et dans les couvents, des jeunes filles
« des premières maisons de France, qu'ils dépouillaient de leurs
« vêtements, et qu'ils exposaient ainsi, deshonorées, outragées,
« au feu de la troupe. Des cantinières soudoyées versaient aux
« soldats de l'eau-de-vie empoisonnée. Des marchands de tabac
« leur vendaient des cigares imbibés dans des substances véné-
« neuses. On avait vu un insurgé faire du crâne d'un soldat de la
« ligne, qu'il avait rempli de suif, un effroyable fanal, que ses
« camarades avaient promené en chantant le refrain : *Des lam-*
« *pions*. D'autres avaient enduit de térébenthine le corps d'un of-
« ficier et l'avaient allumé tout vivant. On avait fabriqué enfin,
« avec un art infernal, des projectiles dont la forme et la compo-
« sition, inconnues jusque-là, rendaient la douleur des blessures
« intolérables et les plaies mortelles.

« On peut se figurer jusqu'à quel point de semblables calom-
« nies, répétées chaque jour, exaspéraient les esprits. De fréquents

M. Louis Blanc a retracé dans une page saisissante la terreur qui envahit ainsi Paris à la suite de ces funestes journées. : « Malheur à qui osait faire entendre des paroles « de pitié, déplorer l'égarement des insurgés, rappeler que « beaucoup avaient été conduits au combat par la faim !

« accidents les accréditaient. La violence des passions, la peur
« surtout, la stupéfaction des honnêtes gens leur donnaient une
« puissance funeste.

« L'historien est heureux de pouvoir aujourd'hui effacer, anéan-
« tir ces calomnies, qu'alors on osait à peine révoquer en doute.

Il est maintenant avéré que les prisonniers, faits par les in-
« surgés, n'eurent à subir aucun mauvais traitement. D'après les
« preuves les plus authentiques tirées de l'ensemble des interro-
« gatoires subis, pendant trois mois consécutifs, devant les com-
« missions militaires, d'après les rapports unanimes des maires et
« des commissaires de police, d'après le témoignage des princi-
« paux médecins et chirurgiens attachés aux hôpitaux civils et mi-
« litaires, entr'autres ceux de M. le Dr Peloux, de M. Jacquemin,
« chirurgien en chef des hôpitaux, de M. le Dr Héreau, de M. de
« Guise, chirurgien en chef de la garde nationale, les insurgés,
« ne commirent aucune des atrocités qui leur étaient imputées.

« Quant aux blessures profondes et si souvent mortelles que les
« chirurgiens constatèrent d'abord avec surprise, ils ne tardèrent
« pas à en trouver l'explication naturelle. Presque tous les coups
« étaient tirés de haut en bas ou de bas en haut dans une direc-
« tion oblique. Les combattants étaient si proches les uns des au-
« tres, que les balles, animées de toute leur vitesse, traversaient
« le corps, brisaient les os et prenaient l'apparence de balles mâ-
« chées. Renvoyées par les murs, elles subissaient de singulières
« déformations. Quant aux balles *coniques, tronquées, creuses et*
« *ciselées d'arêtes*, qui parurent une invention féroce, il est résulté
« de la déposition du colonel de Goyon devant la commission d'en-
« quête et de sa lettre datée du 3 juillet 1848, que c'étaient des
« balles d'un nouveau modèle *destinées à l'armée et en essai à Vin-*
« *cennes*. L'eau-de-vie des cantines a été scrupuleusement analy-
« sée sans qu'il ait été possible d'y surprendre la plus légère
« trace de poison. La femme Hervé, accusée d'avoir scié un
« garde mobile entre deux planches, a été acquittée à l'unanimité
« par le conseil de guerre. » DANIEL STERN, *Histoire de la révolution de 1848.*

« c'était devenir leur complice. Ses parents mêmes, ses
« amis, si on en avait qui fussent morts, involontairement
« enveloppés dans l'insurrection, il était interdit de les
« pleurer. Du côté des vaincus, dans cette vaste cité remplie
« de funérailles, le deuil était crime. On fusilla une jeune
« fille, parce qu'elle avait fait de la charpie dans une am-
« bulance d'insurgés, pour son amant peut-être, pour son
» mari, pour son père. Il est vrai que, comme à Magde-
« bourg aux mains des Croates de Tilly, il est vrai que,
« comme à Crémone incendié par les colonnes d'Antonius,
« les maisons ne furent pas livrées au pillage et les enfants
« écrasés contre les murs ; mais ce qui manqua en accès
« de rage, on l'eut en ignominie : car, espionner, ce fut de
« la vigilance; trahir l'amitié, ce fut du civisme; assassi-
« ner, ce fut du courage. Puis vinrent chaque soir, à l'en-
« trée de la nuit, les rassemblements causés par des appa-
« ritions prétendues, par des complots dont on croyait voir
« le fantôme passer dans les airs. Ainsi que d'un signal
« donné de loin à des conspirateurs mystérieux, on s'in-
« quiéta d'une lampe agitée derrière une vitre. Dans la
« maison que j'habitais, on vint un soir poursuivre les reflets
« de la lune sur l'ardoise de mon toit soupçonné. La colère
« avait des visions, la haine en était aux illusions d'opti-
« que. O humiliation de mon pays ! Un moment, Paris ap-
« partint à des fous furieux (1). »

(1) Une proclamation de M. Ducoux, préfet de police, aux habitants de Paris, en date du 26 juillet, atteste que M. Louis Blanc
ne s'est livré à aucune exagération dans ce tableau. M. Ducoux
« dément les bruits alarmants répandus dans le public. » — « Ces
« souterrains dont il a tant été parlé, dit-il, n'ont jamais existé.
« Ces carrières où se réfugiaient des légions d'ennemis et où se
« trouvaient d'immenses dépôts d'armes, ont constamment été ex-
« plorées avec le soin le plus minutieux. Ces catacombes qui de-
« vaient être converties en mines pour faire sauter des quartiers
« de la capitale, sont inattaquables par la poudre à canon, tant est

III

Quelle est la part de responsabilité qui incombe à M. Cavaignac dans ces épouvantables événements?

La préoccupation toute militaire que nous avons signalée pourrait à la rigueur s'excuser, quelque atroce qu'elle soit dans la circonstance, si M. Cavaignac, exécuteur d'une consigne, avait du moins apporté dans l'accomplissement de ce pénible devoir le désintéressement loyal d'un général d'armée.

Mais, en réalité, M. Cavaignac, dominé tout entier par une détestable ambition, ne songeait qu'à se faire de la guerre civile un échelon sanglant pour arriver au pouvoir.

La personnalité politique de M. Cavaignac s'était affirmée d'une manière inattendue dans la séance du 10 juin. A propos d'une interpellation de M. de Heeckeren, — aujourd'hui

« épaisse la couche de terrain qui forme le recouvrement de ces
« excavations. Les bruits nocturnes et mystérieux, les prétendus
« signaux qui alarmaient les passants ont été le sujet d'un exa-
« men sérieux, d'une surveillance active; et toujours une cause
« simple est venue donner l'explication de ces effets. » — On sera peut-être frappé de la complaisance minutieuse avec laquelle M. le préfet de police entre dans ces détails indignes d'occuper un fonctionnaire sérieux, qui eût dû faire justice de ces coupables et stupides calomnies par des paroles sévères et graves, ce qui eût beaucoup plus efficacement calmé les inquiétudes du public. Mais M. Ducoux était dans son genre un type singulier de naïveté politique : pendant toute la durée de ses fonctions il adressait ainsi chaque semaine à ses administrés une sorte de proclamation ridicule ou emphatique. Il voulait être le Caussidière du parti de l'ordre, mais il n'avait ni le cœur, ni la haute intelligence de M. Caussidière et il ne parvint qu'à devenir un de nos grotesques les plus achevés. Tout plein de l'importance politique de ses fonctions, M. Ducoux ne songea que plusieurs semaines après son entrée en fonctions, que le soin de veiller à la sûreté privée des citoyens était une des attributions les plus graves du préfet de police. Voici en quels termes il annonçait le 19 sep-

sénateur, — demandant avec indignation s'il était vrai que, à Troyes, un régiment d'infanterie eut répondu par le cri de : *Vive Louis-Napoléon!* aux cris de : *Vive la République!* poussés par la garde nationale, M. Cavaignac, comme ministre de la guerre, avait fait cette déclaration énergique, qui avait provoqué une vive émotion dans l'Assemblée : « Je voue à l'exécration publique quiconque osera « jamais porter une main sacrilége sur les libertés du « pays! »

Ainsi, en même temps que s'affirmait l'ambition de M. Cavaignac, se posait, avec un secret pressentiment de l'avenir, son antagonisme avec le prince Louis-Napoléon, et l'invocation de la liberté, comme toujours, servait de chaperon complaisant. Mais on ne devait pas tarder à savoir à quoi s'en tenir sur la sincérité de ce zèle de M. Cavaignac pour les libertés du pays.

A lui aussi, comme à Napoléon, on pouvait appliquer ces vers de Corneille sur Auguste :

> La perte de nos biens et de nos libertés,
> Et les proscriptions et les guerres civiles,
> Sont les degrés sanglants dont Auguste a fait choix
> Pour s'élever au trône, et nous donner des lois.

Et cette froide et hypocrite exploitation de la guerre civile, à laquelle ne craignit pas de recourir M. Cavaignac,

tembre l'arrestation de quelques voleurs : « Il est de l'essence des « révolutions de faire surgir à la surface les questions qui fermen- « tent au sein des masses. Si toutes n'atteignent pas leur solution « attendue, toutes sont livrées à l'attention qui les médite et les « prépare pour l'avenir : cette transformation qui s'opère dans la « forme d'un gouvernement et dans la législation d'un pays, n'a « cependant pas la puissance de transformer immédiatement les « habitudes et les mœurs... (Nous faisons grâce à nos lecteurs des « développements...) Il ne suffit pas de contenir les partis politi- « ques, d'arrêter la pensée au moment où elle menace de se tra- « duire en acte d'agression ; mais tout ce qui tend à jeter dans

est plus odieuse encore, s'il est possible, que ne peut l'être un coup d'État, dont les auteurs du moins combattent à visage découvert, et acceptent vis-à-vis de la postérité la responsabilité de leur acte.

M. de Girardin publiait le 21 juin, dans la *Presse*, ce *Court dialogue* :

« — Il faut que cela aille plus mal encore !

« — Pourquoi donc ?

« — Parce que nous n'avons plus qu'un moyen de gar-
« der le pouvoir qui nous échappe....

« — Quel moyen ?

« — C'est de rendre nécessaire la dictature du général
« Cavaignac.

« — Mais c'est un caractère indécis, un esprit faible.....

« — Qu'importe, on ne le sait pas, et cette faiblesse a
« pour correctif 60,000 hommes de troupes à Paris et dans
« les environs. Nous n'attendons plus que la circonstance,
« elle ne se fera pas attendre longtemps. »

Le complot parlementaire, ainsi dévoilé par M. de Girardin, qui allait amener la mise de Paris en état de siége et la dictature du général Cavaignac, avait pris naissance dans la réunion de représentants dits du Palais-National, formés de la fusion des réunions du Conseil d'État et des Pyramides. Cette réunion du Palais-National, composée en grande partie de républicains incolores, avait résolu de soutenir la Commission exécutive; mais, dès le 18 juin, les délégués

« les esprits la perturbation même partielle, que le vice amène
« à sa suite, appelle des investigations incessantes et une répul-
« sion sévère. *L'administration de la police a compris tous ces*
« *devoirs*, et son œil, ouvert sur les menées des hommes qui rêvent
« des bouleversements a su pénétrer aussi, dans les régions obs-
« cures où l'esprit du mal ourdit ses trames. » Suivent des détails sur l'arrestation de quelques dangereux voleurs livrés à la justice. Qu'on nie après cela que M. Ducoux fut un préfet de police incomparable ! (Voir à l'Appendice la note C).

des deux cent cinquante ou trois cents membres de la réunion du Palais-National, montrèrent des exigences que la Commission repoussa, et alors ils s'adressèrent au général Cavaignac, qui avait déjà ses projets, dans lesquels il était aidé et soutenu par M. Marrast. Le résultat de cette entrevue fut que, le 20 juin, M. d'Adelsward, l'un des amis du général, se rendit à la réunion, et annonça que M. Cavaignac prendrait le pouvoir, si on voulait bien le lui confier. Le 22, une visite fut faite à M. Cavaignac, pour conférer sur ce sujet, par MM. Ducoux, Latrade et Landrin.

Le 23, les négociations se poursuivirent au sein de l'Assemblée, et les partisans du général se rendirent même auprès de la Commission pour exiger sa retraite immédiate. On se battait dans Paris, le sang coulait à flots, et quelques ambitieux ne songeaient qu'à monter au pouvoir. L'intrigue se continua pendant toutes les longueurs d'une nuit d'angoisses pour la France. Le matin du 24, le canon grondait, la fusillade produisait un bruit déchirant : soldats, gardes nationaux, prolétaires, s'entre-égorgeaient; et, dans une salle du palais de l'Assemblée nationale, quelques hommes se faisaient une misérable guerre de portefeuilles.

Vers huit heures et demie, M. Sénard se retira dans son cabinet particulier, où le suivit le général Cavaignac. De quoi s'occupaient ces deux hommes, dont l'un était président de l'Assemblée nationale, l'autre commandant général de toutes les forces militaires? S'entretenaient-ils de la nécessité de faire cesser la lutte? Non, ils ne parlaient pas du combat. Leur conversation portait uniquement sur les conditions du nouveau pouvoir et sur les combinaisons parlementaires qui paraissaient les plus proposables. M. Pagnerre, entrant inopinément dans le cabinet, M. Sénard lui demanda son opinion sur la question qui s'agitait. M. Pagnerre répondit que la Commission exécutive ne pouvait se retirer dans un pareil moment. M. Sénard insista, et M. Pagnerre maintint sa première déclaration. — Voyez, messieurs, dit mielleusement M. Cavaignac, vous connaissez mieux l'opinion publique; moi, je ne la connais pas.

M. Garnier-Pagès survint, et M. Senard s'adressa à lui :
— Mais vous, lui dit-il, vous êtes nécessairement de toutes les combinaisons. Triste vérité, car M. Garnier-Pagès avait été le même jour ministre de la régence et ministre d'un gouvernement républicain. M. Garnier-Pagès résista, comme M. Pagnerre, et répondit qu'il fallait d'abord en finir avec l'insurrection (1).

MM. Garnier-Pagès, Pagnerre et les autres n'avaient ni plus de désintéressement, ni plus de patriotisme, mais ils voulaient avant tout se maintenir au pouvoir, comme M. Cavaignac voulait avant tout s'y élever. De là les deux plans auxquels nous avons fait allusion. La Commission exécutive voulait prévenir les développements de l'insurrection, parce que c'était la condition de son maintien au pouvoir; M. le général Cavaignac laissait systématiquement l'insurrection se développer, parce qu'il se réservait d'apparaître au dernier moment comme un sauveur, et de devenir ainsi l'homme de la situation. Des deux côtés même insouciance égoïste du sang versé et des malheurs de la patrie : on le vit bien dans la mémorable discussion du 25 novembre. Ni M. Garnier-Pagès, ni M. Pagnerre, ni M. Barthélemy-Saint-Hilaire, ni aucun autre, n'eut souci d'appuyer la proposition d'amnistie généreusement mise en avant par M. Ledru-Rollin comme la seule issue qui pût rendre quelque dignité à ces débats.

M. Cavaignac avait préparé de loin son plan, et il en avait poursuivi l'exécution avec une triste fixité. Antérieu-

(1) Ch. Robin, *Histoire de la révolution de 1848*. Pour les détails, voir la note lue à l'Assemblée nationale par M. Barthelémy Saint-Hilaire et la discussion qui s'engagea à ce sujet, dans la séance du 25 novembre 1848. (Voir à l'Appendice la note D.)

rement, en prévision des événements, il avait reçu l'ordre d'augmenter l'effectif de la garnison, de grouper des forces imposantes autour de la capitale, et de prévenir l'armée des Alpes d'avoir à se tenir prête à marcher sur Paris. On apprit plus tard que, loin de suivre les instructions du gouvernement, il avait éloigné plusieurs régiments de Paris, quelques jours avant le 23 juin (1).

Le 23 juin, on avait donné l'ordre au général Cavaignac d'envoyer des troupes au Panthéon, premier rendez-vous désigné des insurgés. Cet ordre ne fut pas exécuté (2).

(1) Le 14 juin le 55ᵉ de ligne était parti pour Laon, le 15 le 21ᵉ pour Orléans, le 18 le 43ᵉ pour Soissons, le 25ᵉ fut envoyé pour Fontainebleau.

(2) M. Arago déposa devant la commission d'enquête : « Je « savais qu'un rendez-vous avait été donné pour le lendemain à « six heures du matin. Dans la nuit du 22 au 23, à trois heures « du matin, sur un rapport de la préfecture de police, l'ordre fut « envoyé au général Cavaignac de faire trouver un régiment d'in- « fanterie et deux escadrons à six heures du matin sur la place de « l'Estrapade. *Cet ordre ne fut pas exécuté.* La démonstration qui « avait eu lieu chez M. Marie, nous avait inquiétés. Ordre avait été « donné le 22 au ministre de l'Intérieur et au préfet de police « d'arrêter cinquante-sept délégués des ateliers nationaux dont « Pujol faisait partie. On nous a dit qu'on n'avait pas trouvé leurs « adresses. Ces hommes se sont précisément retrouvés aux barri- « cades dont ils étaient les chefs. » M. Recurt, ministre de l'Intérieur et le préfet de police M. Trouvé-Chauvel étaient de la combinaison Cavaignac, Marrast et Senart. — M. Garnier-Pagès dit : « Nous étions bien convaincus qu'il y avait au moins « 20,000 hommes casernés dans Paris. Nos ordres à ce sujet « étaient formels, et il avait même était convenu que l'on appel- « lerait 20,000 hommes de l'armée des Alpes, dans les environs « de Paris. Nous donnâmes l'ordre d'arrêter les délégués. Nous « donnâmes l'ordre au général Cavaignac d'envoyer des troupes au « Panthéon. *Aucun de ces ordres ne fut exécuté.* » — M. de Lamartine confirme les ordres donnés d'environner Paris de troupes nombreuses et il dit : « J'ai *obsédé* le général Cavaignac de mes « observations à cet égard. » — « Pour les événements de juin, dit « M. Ledru-Rollin, on a dit que la Commission exécutive avait été

Nous avons raconté, dans notre chapitre sur M. Ledru-Rollin, par quelle conduite inqualifiable, dans la journée du 23, et dans la nuit du 23 au 24, M. le général Cavaignac s'était abstenu systématiquement de prendre aucune mesure, et s'était absenté, laissant M. Ledru-Rollin et la Commission exécutive exposés aux accusations de trahison.

M. Cavaignac dit plus tard, pour se justifier, qu'il s'était rendu sur le théâtre de l'insurrection, et il prononça cette parole : « Je n'étais encore que ministre de la Guerre, « j'étais bien libre de me faire tuer, si bon me sem- « blait. »

On a voulu voir dans cette parole nous ne savons quelle magnanimité; tout au plus attesterait-elle le trouble, et sans doute le remords, qui agitaient à ce moment l'âme de M. Cavaignac.

Mais non, un ministre de la guerre n'a pas le droit de s'exposer gratuitement et de se faire tuer : il doit rester au siége du gouvernement, prendre les mesures et donner les ordres que requièrent les circonstances ; toute autre conduite est une forfaiture et une trahison.

La persistance des refus de la Commission exécutive décida les impatients à changer leurs batteries. Ils en appelèrent à l'Assemblée nationale, après s'être distribué les rôles de la comédie qu'ils se préparaient de jouer. Sans se soucier de leurs antécédents, les hommes du *National* recoururent à ce qu'ils avaient flétri dans M. de Polignac et dans M. Casimir Périer.

Ce fut M. Pascal Duprat, un ancien rédacteur des journaux démocratiques, qui, quelques jours après le 24 février, dans le *Peuple constituant*, engageait les travailleurs à ne

« imprévoyante; je repousse ce reproche, et je déclare que toutes
« les mesures avaient été prises. *Nos ordres étaient formels, mais*
« *ils n'ont pas été exécutés.* »

pas se dessaisir de leurs armes (1), ce fut M. Pascal Duprat qui prit la triste initiative de présenter la proposition ainsi conçue : « Paris est en état de siége; tous les pouvoirs « sont concentrés entre les mains du général Cavaignac. »

M. Larabit protesta courageusement contre l'état de siége et la dictature; sa voix fut couverte par les exclamations; pendant plusieurs minutes il se cramponna à la tribune, mais il dut céder à la fin, et un membre, que le *Moniteur* ne nomme pas, lui adressa cette indécente apostrophe : « Vous faites perdre un temps précieux à l'Assemblée. »

MM. Germain Sarrut, Nachet, Lagrange, Buvignier, joignirent leur protestation à celle de M. Larabit (2).

Mais M. Bastide (3), prévoyant les dangers de toute discussion, vint supplier, *au nom de la patrie,* l'Assemblée de mettre un terme à ses délibérations : « Dans une heure « peut-être, dit-il, l'Hôtel-de-Ville sera pris. On l'annonce « à l'instant même. »

(1) (Voir à l'Appendice la note E.)

(2) Le vote pour la mise en état de siége eut lieu par assis et levés, sans constatation des noms des votants. Seulement après la séance ceux qui avaient voté contre cette mesure inscrivirent leurs noms au bas d'une déclaration, qui devait rester comme pièce historique, mais qu'on était convenu de ne pas publier, dans la crainte de prêter une force morale à l'émeute. Cependant ce document fut inséré dans les journaux du lendemain ; cette indiscrétion parut assez grave à quelques-uns de ces représentants pour motiver une protestation contre cette publicité donnée malgré eux et qui, dans le moment où elle avait lieu pouvait prêter à de fausses interprétation.

(3) M. Bastide, intelligence médiocre, esprit étroit, fut l'âme damnée de la réaction faite au nom de la République, par la coterie du *National.* Il vota avec la droite pour toutes les mesures répressives et contre toutes les propositions libérales ou clémentes. Ministre des Affaires étrangères sous la Commission exécutive, et la dictature de Cavaignac, il sacrifia constamment la cause des nationalités et fut le premier inspirateur de l'expédition contre la République romaine.

Cela se passait à dix heures du matin, et à neuf heures M. Recurt, ministre de l'Intérieur, avait adressé dans les départements la dépêche télégraphique suivante : « La garde « mobile, la troupe de ligne, la garde républicaine, ont fait « courageusement leur devoir : *elles sont maîtresses sur tous « les points.* »

Pendant qu'on jetait l'alarme dans l'Assemblée, on donnait aux départements une entière sécurité.

Les flétrissures de l'histoire ne sauraient être trop sévères pour les indignes auteurs de ces indignes manœuvres.

La Commission exécutive ne voulant pas être destituée, envoya sa démission, et le règne du sabre fut inauguré.

Alors tout changea d'aspect. La répression fut poussée avec une violence inouïe. Une demi-heure après le vote de l'Assemblée, entraînant la chute de la Commission exécutive, une dépêche télégraphique partait du ministère de la guerre pour ordonner aux trois commissaires généraux de la Seine-Inférieure, de la 2e et 3e divisions militaires, de diriger sur Paris toute l'infanterie disponible. Le dictateur Cavaignac réparait l'oubli du ministre de la guerre Cavaignac (1).

Le premier usage que fit M. Cavaignac de la dictature et de l'état de siége, fut ce suspendre la *Presse* et de faire emprisonner M. Émile de Girardin, qui avait osé dénoncer l'odieuse préméditation. Plusieurs autres journaux furent également supprimés (1). Il importait que la vérité ne pût pas se faire jour sur la conduite de M. Cavaignac.

(1) Ch. Robin, *Histoire de la Révolution de* 1848.
(1) M. de Girardin fut arrêté le 25 juin, il resta au secret jusqu'au 7 juillet et fut relâché le 9. La *Presse* put reparaître seulement le 6 août. Voici la réponse que fit le général Cavaignac à une lettre dans laquelle M. de Girardin lui demandait les motifs de son arrestation :

« Citoyen, les ordres qui vous ont atteint aujourd'hui n'attei« gnent pas peut-être votre pensée ; la justice seule en peut « décider ; mais ils atteignent certainement vos imprudentes publi-

Devant la commission d'enquête, il ne put s'empêcher de se trahir lui-même en déclarant « avant tout, qu'il ne « paraissait pas devant la commission pour se justifier, lors « même que cela pourrait paraître nécessaire par suite de « certaines dépositions : la dignité des fonctions dont il était « revêtu ne lui permettait pas d'accepter le débat sur ce « terrain. »

Mais M. le président de la commission *s'empressa* de lui faire observer que les impressions dont il se préoccupait ne résultaient nullement des témoignages reçus. L'objet de l'enquête, en effet, n'était nullement de faire surgir la vérité; elle était uniquement dirigée contre MM. Caussidière, Louis Blanc, Ledru-Rollin, dont on voulait faire les complices de l'insurrection, et on étouffa les dépositions des

« cations; elles perdraient la République, la nation, la société eu-
« ropéenne tout entière.
« La confiance de l'Assemblée m'a chargé d'une responsabilité
« que je veux justifier. A la hauteur où ces scènes cruelles m'ont
« placé, où je ne désirais pas m'élever, où je ne désire pas rester,
« les passions ne peuvent atteindre. Rassurez-vous donc, vous
« n'avez rien à craindre de moi. Je vous laisse apprécier ce que
« la justice du pays pourra vous devoir. »

En réalité la justice ne fut pas saisie et M. de Girardin fut seulement interrogé par M. le capitaine Plée. Le *Moniteur* dans son numéro du 26 juin publia une curieuse note, sur l'arrestation de M. de Girardin : « Quelques journaux ont annoncé que M. Emile
« de Girardin avait été arrêté, et que les scellés avaient été ap-
« posés sur les presses de son journal. Le fait est vrai, *mais il faut*
« *ajouter* que dix autres journaux ont également cessé de paraître
« et que leurs presses ont aussi été mises temporairement sous
« scellés. Les journaux ainsi frappés sans acception d'opinions,
« parce que leur rédaction était de nature à prolonger la lutte qui
« a ensanglanté la capitale, sont : *la Révolution, la vraie Répu-*
« *blique, l'Organisation du travail, l'Assemblée nationale, le*
« *Napoléon républicain, le Journal de la Canaille, le Lampion,*
« *la Liberté, le Père Duchesne et le Pilori.* » Du moment où M. de Girardin était en aussi nombreuse compagnie, il avait assurément tort de se plaindre.

membres de la Commission exécutive, qui accusaient formellement M. Cavaignac. Pour empêcher M. Ledru-Rollin de parler, on éteignit les feux dirigés contre lui : c'est alors que M. Cavaignac lui donna cette fameuse poignée de main, véritable baiser de Judas, que M. Ledru-Rollin eut dû repousser avec indignation et qu'il eut la faiblesse d'accepter.

Le débat ne fut soulevé que le 24 novembre, par MM. Barthélemy-Saint-Hilaire et Garnier-Pagès; mais l'Assemblée, dont la majorité avait joué un rôle dans cette intrigue, justifia complétement le général en proclamant qu'il avait bien mérité de la patrie.

A la suite de ce vote, madame Émile de Girardin publia dans la *Presse* quelques strophes indignées qui sont une des plus belles inspirations de la muse française, et qui s'attacheront à travers les âges à la mémoire de M. Cavaignac, pour la vouer à l'exécration :

Eh bien ! moi, devant Dieu, devant Dieu je l'accuse :
Je ne suis qu'une femme, une folle, une muse !...
Mais mon cœur tout français d'horreur s'est révolté ;
Je sens parler en moi l'esprit de vérité ;
Une fièvre de feu me tourmente et m'inspire....
J'entends dans mon sommeil les mères le maudire.
Et malgré l'humble arrêt, par ses flatteurs rendus,
Je vois tomber sur lui tout le sang répandu !...

Je vous dis, je vous dis que la justice est lente;
Que lui seul est l'auteur de la lutte sanglante;
Que du sang des Français il s'inquiète peu ;
Que notre mort à tous n'est qu'un coup dans son jeu !...
Je crie avec mon cœur... Oh ! vous pouvez me croire :
Je hais tous les partis, je traite avec l'histoire,
Je n'aime que la France et j'ai su le prouver...
Je lui pardonnerais s'il pouvait la sauver !...
Mais je vous dis encor que cet homme est coupable !
Et que son propre aveu le condamne et l'accable.
Pendant que nos amis tombaient... que faisait-il?

Partout le sang coulait en fleuves, en cascades,
Jusqu'au front des maisons montaient les barricades,
Dans un cercle de feu la cité s'enfermait,
La mort veillait partout !... lui dormait !... Il dormait !
Honneur au défenseur du peuple et de la ville !
Vive l'Endymion de la guerre civile !

Quoi ! le sommeil des camps est l'orgueil des héros...
Des héros ?... il se peut, mais non pas des bourreaux !
Napoléon dormait la veille d'une affaire...
Bien, c'était du courage, et la guerre est la guerre ;
Mais l'Empereur avait choisi son ennemi ;
Dans la guerre civile il n'aurait point dormi.
Vous dormiez, général. Hélas ! nous, pauvres femmes,
Qui n'avions pas les camps pour retremper nos âmes,
Pendant les longues nuits de ces affreux combats,
Nous priions, général, et nous ne dormions pas...
Fi donc ! par ce sommeil votre gloire est comblée ;
Vous avez obtenu de la grave Assemblée,
Avec des mots heureux, des sourires charmants,
Pour ce noble sommeil des applaudissements....

O vous ! qui lui devez une mort magnanime ;
Toi, pontife divin, sa plus belle victime,
Et toi, posthume enfant, qui naîtras pour le deuil,
Toi, précoce orphelin, bercé sur un cercueil,
Frères dépareillés, jeunes filles tremblantes,
Qui n'avez pour trésor que des palmes sanglantes,
Vous tous qui l'accusez au tribunal de Dieu,
Vous qu'il a séparés par l'éternel adieu :
Vous, épouses, vous, sœurs, vous, mères éplorées,
Cœurs brisés, flancs meurtris, entrailles déchirées,
Qui n'avez plus pour fils que de froids ossements, —
Avez-vous entendu ces applaudissements ?

IV

Le 25 juin, le général Cavaignac adressait aux insurgés une proclamation dans laquelle il disait :

« Ouvriers, et vous tous qui tenez encore les armes
« levées contre la République, une dernière fois, au nom
« de tout ce qu'il y a de respectable, de saint, de sacré
« pour les hommes, déposez vos armes! L'Assemblée na-
« tionale, la nation tout entière vous le demandent. ON
« VOUS DIT QUE DE CRUELLES VENGEANCES VOUS ATTENDENT :
« CE SONT VOS ENNEMIS, LES NÔTRES QUI PARLENT AINSI. On
« vous dit que vous serez sacrifiés de sang-froid! Venez à
« nous, venez comme des frères repentants et soumis à la
« loi, et les bras de la Repubique sont tout prêts à vous
« recevoir. »

Le 26 juin, on lisait dans une autre proclamation du général Cavaignac, adressée à la garde nationale et à l'armée :

« Ce matin, l'émotion de la lutte était légitime, inévi-
« table. Maintenant, soyez aussi grands dans le calme que
« vous venez de l'être dans le combat. Dans Paris, je vois
« des vainqueurs, des vaincus. QUE MON NOM RESTE MAUDIT
« SI JE CONSENTAIS A Y VOIR DES VICTIMES! *La justice* aura
« son cours; qu'elle agisse, c'est votre pensée, c'est la
« mienne... »

Cette fausse magnanimité ne doit point en imposer à l'histoire.

« Les bras de la République sont tous prêts à vous re-
« cevoir, » avait dit le général Cavaignac quand il déses-
pérait de la victoire. Mais le 26, alors que le succès était certain, il repoussa les propositions d'une soumission honorable des insurgés, appuyées par les représentants Larabit, Galy, Cazalat et Druet-Desvaux, qui, après la mort de l'archevêque s'étaient réfugiés parmi les insurgés.

La déclaration suivante, approuvée par les combattants du faubourg Saint-Antoine fut remise à MM. Senard et Cavaignac : « Nous ne désirons pas l'effusion du sang de
« nos frères; nous avons toujours combattu pour la Répu-
« blique démocratique. Si nous adhérons à ne pas pour-

« suivre le progrès de la sanglante révolution qui s'opère,
« nous désirons aussi conserver notre titre de citoyens en
« consacrant tous nos droits et tous nos devoirs de ci-
« toyens français. »

Les trois représentants avaient joint à l'adresse cette apostille : « Les vœux ci-dessus sont si justes et si con-
« formes à nos vœux à tous que nous y adhérons complé-
« tement, et nous pensons que personne n'y verra percer
« un acte de faiblesse. »

Il dépendait du général Cavaignac, et de M. Sénard de mettre immédiatement un terme à l'insurrection et de clore ces journées néfastes.

Voici quels furent les termes de la réponse de M. Cavaignac : « Si vous voulez vraiment conserver le titre et les
« droits et remplir les devoirs de citoyens français, dé-
« truisez à l'instant les barricades en présence desquelles
« nous ne pourrions voir en vous que des insurgés. Faites
« donc cesser toute résistance, soumettez-vous et rentrez
« en enfants un moment égarés dans le sein de cette Ré-
« publique démocratique que l'Assemblée nationale a la
« mission de fonder, et qu'à tout prix elle saura faire res-
« pecter. »

Il fut ajouté verbalement à cette réponse que l'on donnait aux insurgés jusqu'à dix heures du matin pour se rendre sans conditions.

Dans l'intervalle, deux nouvelles tentatives furent faites auprès de l'Assemblée nationale et du général pour obtenir une amnistie : mais MM. Sénard et Cavaignac considérèrent cette demande comme une insulte. Le chef du pouvoir exécutif déclara qu'il ne pouvait entendre qu'un seul mot : soumission absolue.

A dix heures, la reddition n'étant pas opérée, l'attaque commença, dirigée par le général Perrot, assisté de M. Recurt, qui mitrailla le faubourg. Alors, les parlementaires de la nuit s'élancèrent sur la première barricade et firent comprendre au péril de leur vie que les insurgés se rendaient à discrétion.

« Venez à nous, avait dit le général aux insurgés, les « bras de la République sont tout prêts à vous recevoir. » Et nous avons dit comment pendant plusieurs jours on fusilla les prisonniers!

Après tout, les actes atroces qui accompagnèrent et qui suivirent immédiatement la lutte peuvent se comprendre, sinon s'excuser.

Mais ce qu'il y eut de vraiment abominable, et ce qui fait que le nom de M. Cavaignac, suivant sa propre imprécation, doit rester à jamais maudit, ce sont les répressions implacables et arbitraires qui suivirent.

Le cours de la justice, malgré la déclaration solennelle de M. Cavaignac, fut interrompu pour les prisonniers de juin. Les uns furent déportés sans jugement; les autres, soustraits aux juges ordinaires, furent renvoyés devant des conseils de guerre, où siégeaient ceux-là même qui étaient leurs adversaires de la veille, et qui dans les premiers moments s'étaient livrés contre eux à de si atroces représailles. Malgré sa promesse solennelle, M. le général Cavaignac fit bien réellement des victimes des vaincus de juin. Il n'y a pas dans l'histoire d'autre exemple d'une réaction aussi odieuse, aussi prolongée, aussi froidement cruelle, dirigée avec un mépris aussi complet des règles les plus élémentaires de l'humanité et de la justice.

M. Bastide, le complice de M. Cavaignac, dans cette œuvre d'arbitraire et de sang, a publié une narration dans laquelle il nous montre M. Cavaignac pleurant avec sa mère au lendemain des journées de juin. M. Bastide serait intervenu, suppliant M. Cavaignac de prendre la dictature et de proclamer l'amnistie. « L'Assemblée, aurait-il dit, « va vouloir proscrire en masse. Tout ce qui s'est mêlé de

« près ou de loin à la révolte va former un parti irrécon-
« ciliable, ce sera là une menace incessante de guerre civile.
« La réaction commence. Aujourd'hui, elle frappe les in-
« surgés, demain elle viendra jusqu'à nous. »

« Ce serait un coup d'État, » aurait répondu M. Cavaignac. « Il y a un souverain légitime, l'Assemblée. Si elle
« veut amnistier, elle fera bien ; mais ce n'est pas à moi à
« choisir les coupables. *Il faut donner l'exemple de la léga-*
« *lité :* ce qu'il faut aujourd'hui, ce n'est pas de l'audace,
« *mais du respect des lois ;* on ne fonde pas la liberté avec
« des mœurs despotiques. »

M. Bastide dit que : « s'il ne fut pas convaincu, il fut
« forcé au silence et à l'admiration devant cet homme qui
« se révélait à lui avec une grandeur de caractère que
« nous ne croyons guère possible que chez les héros de
« Plutarque. »

Certes, il est impossible de travestir les faits avec plus
d'impudence, et les plats courtisans de Tibère et de Néron
n'insultaient pas la vérité avec une plus odieuse bassesse.

M. Cavaignac, ce héros de Plutarque, ne voulait pas
prendre la dictature pour amnistier les vaincus, mais il
n'hésitait pas à la prendre pour les déporter en masse et
sans jugement, pour les livrer aux conseils de guerre, pour
supprimer les journaux démocratiques, pour mettre la main
sur toutes les libertés, sur tous les droits consacrés par
trois révolutions.

M. Bastide voudrait rejeter sur l'Assemblée la responsabilité des odieuses mesures ; mais l'histoire dira que l'Assemblée agit seulement sur l'initiative de M. Cavaignac ; et
l'histoire dira que M. Cavaignac, ce Tartuffe de la légalité
et du respect des lois, dont Laurent Bastide serre devant
le public la haire avec la discipline, — l'histoire dira que
M. Cavaignac, non-seulement fit proposer par ses ministres
une loi restrictive de la liberté de la presse, mais que cette

loi étant votée il dédaigna de l'appliquer, et suspendit encore des journaux en vertu de son autorité dictatoriale, afin de bien constater qu'il était au-dessus des lois et au-dessus de l'Assemblée.

La persistance de M. le général Cavaignac à réclamer le maintien de l'état de siége, les manœuvres sans pudeur qu'il ne craignit pas d'employer pour arriver à la Présidence, ses avances aux partis les plus hostiles à la République pour se procurer leur appui, la remise du pouvoir aux mains de MM. Dufaure et Vivien, ce qui était rétrograder en deçà de M. Odilon Barrot, en deçà non pas seulement du 24 février, mais même du 23 février, ses négociations avec le pape pour se concilier le clergé, — suffisent à nous édifier sur le désintéressement, sur la grandeur de caractère de M. Cavaignac, et sur la sincérité de ses sentiments républicains.

M. Cavaignac écrivait à M. Marrast, maire de Paris, le 1er juillet : « La patrie a été sauvée par la pensée républi« caine, qui animait tous les citoyens qui se présentaient « en face de l'émeute. Cette pensée persévérante assure le « salut du pays. » Dérision ! profanation !

Le 25 juin, au moment d'engager la lutte terrible, M. Guinard, colonel de la garde nationale, adressait à M. Cavaignac cette adjuration solennelle : « Qu'allons-nous « faire ? que nous ordonnes-tu ? qu'exiges-tu de nous ? le « sais-tu bien toi-même ? Nous allons tirer sur le peuple « avec qui nous avons combattu toujours ! Peux-tu me « jurer du moins, me jurer devant Dieu, sur la mémoire « de ton père et de ton frère, que nous allons mourir ou « vaincre pour la République ?... » — « En peux-tu douter ? lui répondit Cavaignac. » S'il en pouvait être autrement, « crois-tu que je consentirais à commander une aussi ter« rible guerre, à laisser sur mon nom tant de sang ? » Dérision ! profanation !

Dans une des biographies du général Cavaignac, distribuées à profusion sur les fonds de l'État pour soutenir sa candidature à la présidence de la République, on racontait qu'en 1832, M. Cavaignac qui n'était encore que capitaine, répondait à ces questions qui lui étaient adressées par son colonel : « Si le régiment avait à se battre contre les car-« listes, vous battriez-vous ? — *Oui*. — S'il avait à se « battre contre les républicains, vous battriez-vous ? — « Non. » Et que pour punir *cette noble franchise* on l'avait envoyé en Afrique. Dérision ! profanation !

La République, invoquée par M. Cavaignac comme l'enseigne de son ambition, repousse de son sein cet homme qui jamais à aucune époque, ni par ses sentiments ni par ses actes, n'a mérité de pouvoir se recommander d'elle.

La République, glorieusement inaugurée le 24 février, est morte le 24 juin, égorgée et violée par M. Cavaignac. Elle est morte, noyée dans le sang du peuple. La dictature militaire de M. Cavaignac ne peut pas plus passer pour une manifestation du gouvernement républicain que la dictature présidentielle du prince Louis-Napoléon, prélude de l'Empire.

La dictature de M. Cavaignac fut la négation de tous les principes proclamés en 1848. Le premier acte de la révolution de Février avait été de protester contre l'application de l'armée à la compression des troubles civils (1). Le premier acte des hommes de juin fut de déchirer cette pro-

(1) Voici le texte de ce remarquable document, publié sous forme de manifeste du comité électoral démocratique et revêtu des signatures de MM. Guinard, L. Blanc, David (d'Angers), Martin (de Strasbourg), Félix Pyat, Durand Saint-Amand, Recurt, Goudchaud, Bastide, Victor Masson :

... « Combien n'est pas douloureux pour des hommes d'honneur
« cette alternative de manquer aux lois de la discipline ou de
« tuer des concitoyens ! La ville de la science, de l'industrie, de
« la civilisation, Paris enfin, ne saurait être le champ de bataille

testation ; la révolution de Février avait proclamé le droit au travail ; le signal de la compression de juin fut l'abolition des concessions apparentes faites aux travailleurs et la radiation définitive de la constitution du droit au travail. La révolution de Février avait proclamé la liberté de la presse et le droit de réunion, elle avait aboli les lois de septembre, supprimé le cautionnement, proclamé que les clubs étaient pour la République un besoin, pour les citoyens un droit ; l'œuvre des hommes de juin fut de supprimer arbitrairement et au mépris des lois les journax démocratiques nés

« rêvé par le courage des soldats français. Leur attitude l'a prouvé
« et elle condamne le rôle qu'on leur impose.

« D'un autre côté la garde nationale s'est énergiquement pro-
« noncée comme elle le devait en faveur du mouvement réformiste ;
« il est certain que le résultat obtenu aurait été atteint sans effu-
« sion de sang, s'il n'y avait eu de la part du ministère provoca-
« tion directe, provocation résultant d'un brutal étalage de troupes.

« Donc les membres du comité électoral démocratique présen-
« tent à la signature de tous les citoyens la pétition suivante :

« Considérant :

« Que l'application de l'armée à la compression des troubles
« civils est attentatoire à la dignité d'un peuple libre et à la mo-
« ralité de l'armée elle-même ;

« Qu'il y a là renversement de l'ordre véritable et négation per-
« manente de la liberté ;

« Que le recours à la force seule est un crime contre le droit ;

« Qu'il est injuste et barbare de forcer des hommes de cœur à
« choisir entre les devoirs du militaire et du citoyen ;

« Que la garde nationale a été instituée précisément pour
« garantir le repos de la cité et sauvegarder la liberté de la nation ;

« Qu'à elle seule il appartient de distinguer une révolution
« d'une émeute ;

« Les citoyens soussignés demandent que le peuple entier soit
« dans la garde nationale.

« Ils demandent que la garde municipale soit dissoute.

« Ils demandent qu'il soit décidé législativement qu'à l'avenir
« l'armée ne pourra plus être employée à la compression de trou-
« bles civils. »

au souffle de la Révolution, de faire revivre et de fortifier les anciennes lois de la monarchie contre la presse, de rétablir le cautionnement, de réglementer et de supprimer les clubs.

En quoi donc le général Cavaignac qui a étouffé dans le sang les revendications sociales du peuple et qui a porté la main sur toutes les libertés aurait-il pu bien mériter de la République ?

La mémoire de son frère pouvait seule le rattacher à la tradition républicaine, et il a répudié lui-même cette mémoire en se séparant de tous les anciens amis de Godefroy et en dirigeant contre eux la proscription pour se rapprocher des hommes que son frère avait passé toute sa vie à combattre.

Ce rôle politique de M. Cavaignac est bien caractérisé par M. Delescluze, un des anciens amis de Godefroy, l'ami fidèle de Ledru-Rollin, le courageux rédacteur de la *Révolution démocratique et sociale*. Dans le récit intéressant de ses souvenirs de transportation publiés en feuilleton dans le *Réveil* sous le titre : *de Paris à Cayenne*, M. Delescluze, dit en parlant de Belle-Isle, la forteresse politique dans laquelle étaient renfermés sous la République les prisonniers républicains :

« C'est je crois, le seul monument que doive la France au
« règne néfaste de M. Cavaignac. Misérable instrument des
« partis contre-révolutionnaires, le frère de notre Gode-
« froy ne pouvait laisser un symbole plus significatif de sa
« dictature. Nouveau Sylla, il aura, le premier en France,
« mérité de croiser dans ses armes l'épée sanglante qui
« s'abaissa sur des prisonniers et des blessés avec la clé du
« geôlier et les tablettes du proscripteur. C'est là que par
« ses ordres, après juin 1848, furent dirigés les citoyens
« qui n'avaient pu trouver place sur les pontons et qu'il

20.

« désespérait de faire condamner par les conseils de guerre,
« comme s'il avait eu à craindre l'impartialité ou la man-
« suétude de ses caporaux. Si le dernier des criminels,
« l'homme le plus notoirement coupable, le plus indigne
« d'excuse était frappé sans jugement, condamné sans être
« entendu, jugé sur des notes de police ou des dénonciations
« anonymes, il n'y aurait qu'une voix pour invoquer les
« principes élémentaires de toute justice. Cependant tout
« cela s'est fait, en 1848, non pas pour un individu, mais
« pour des milliers d'hommes ; cela s'est fait par des hom-
« mes qui se disaient républicains, mais qui voulaient avant
« tout le pouvoir. Je ne sais si lorsque plus tard ils ont vu,
« en 1851, tourner contre eux les armes qu'ils avaient for-
« gées eux-mêmes, un remords tardif est venu éveiller leur
« conscience. »

Le 2 décembre 1851, le prince Louis-Napoléon renversa la République pour élever son pouvoir sur ses ruines : le prince Louis-Napoléon du moins n'essaya pas de faire partager à l'idée républicaine la solidarité de ses violences et de ses proscriptions, ni de son despotisme, tandis que M. Cavaignac par la persistance avec laquelle il a prétendu placer ses actes sous l'invocation de la République déshonorerait l'idée républicaine, si nous ne le repoussions pas énergiquement de nos rangs.

Non, entre M. Cavaignac et la démocratie, entre M. Cavaignac et la liberté, entre M. Cavaignac et la République, il ne saurait rien y avoir de commun (1) !

(1) Dans la discussion sur la révision de la constitution, le 14 juillet 1851, le général Cavaignac fit sa profession de foi politique en disant que tout gouvernement qui permettrait qu'on discute son principe était un gouvernement perdu. — « Mais la Ré-
« publique! » interrompit M. Michel (de Bourges) qui monta ensuite à la tribune pour faire cette remarquable déclaration:
« L'honorable général qui parlait hier à cette tribune pour la
« République faisait du droit antique et du droit des monarchies.

« Il prétendait que notre principe était compromis si nous le lais-
« sions discuter : c'est le langage monarchique, c'est l'histoire de
« nos trente dernières années. J'ai là, messieurs, sous la main
« les monuments de votre intolérance ; vous avez tous, dans des
« circonstances diverses, soutenu la même maxime que jamais un
« gouvernement ne peut se laisser discuter. Tous, comme cela a
« eu lieu dans tous les temps et dans tous les pays, et dans les
« républiques antiques, il faut le reconnaître aussi, tous, vous
« n'avez pas eu foi dans votre principe ; vous n'y avez pas cru ;
« vous n'avez pas permis qu'on le discutât. Nous, républicains
« d'aujourd'hui, de notre temps, de notre société, nous voulons
« qu'on nous discute. Nous provoquons, nous si faibles, nous si
« peu habiles, nous si peu hommes d'État, nous permettons, nous
« sollicitons qu'on nous discute ; nous avons la prétention d'être
« la raison même... Prenez-y garde, si nous ne sommes pas dis-
« cutables, nous ne sommes pas vrais. Nous sommes, nous, les
« enfants du doute, nous ne pouvons pas nier notre mère, le libre-
« examen ; c'est la source d'où nous venons et à laquelle nous
« voulons toujours remonter. »

Le 13 juin 1849 M. Cavaignac appuya l'état de siége de M. Odilon Barrot, et il choisit cette triste occasion pour faire l'apologie
des événements de juin et l'apologie de ses sentiments républicains.
M. Pierre Leroux, protestant contre la demande de M. Odilon
Barrot, disait que la source de tous les malheurs qui affligeaient la
République était dans le décret d'état de siége de juin : « De là
« tant de griefs fournis à l'esprit humain de se récrier, et de se
« récrier par la violence ; de là ces combats acharnés que vous
« appelez aujourd'hui les combats de la démagogie, et que moi,
« dans ma conscience, j'appelle le combat du droit ; car, ainsi que
« je le disais à l'Assemblée constituante, il n'y a pas de justice
« sans clémence, il n'y a pas de justice sans miséricorde, et les
« victorieux qui sont violents, qui ne sont pas justes, amènent
« aisément des représailles et des représailles qui se prolongent et
« qui peuvent un jour ou l'autre éclater. » — M. Cavaignac monta
à la tribune pour répondre à M. Pierre Leroux : « Il a prétendu
« que nous avions été sans clémence et sans mansuétude. Je lui
« rappelle que, le 28 juin, après la victoire, il y a quelqu'un,
« *et c'est moi, moi seul, qui suis monté à cette tribune et qui ai
« plaidé pour la clémence et la mansuétude. Où étiez-vous alors
« vous et vos amis! Avez-vous pris la parole?...* Vous avez dit
« que nous avons vécu dans la terreur. L'histoire est là, elle par-
« lera : elle pourra dire si moi et les hommes qui m'ont secondé

« dans l'exercice du pouvoir, nous avons vécu dans la terreur.
« Voulez-vous que je vous dise un mot enfin? vous m'inspirez une
« profonde douleur! Vous êtes des républicains de la veille, et si
« je le disais de moi-même peut-être me contesteriez-vous ce titre...
« Mais, quand la République est venue, je l'ai saluée de mon respect
« et de mon dévouement, je l'ai servie ; je ne servirais pas autre
« chose, entendez-vous? (*Bravos et applaudissements unanimes et
« prolongés*). » L'orateur indiquant du doigt le sténographe du
Moniteur : « Ecrivez ce que je viens de dire, écrivez le mot à mot;
« que cela reste gravé dans les annales de nos délibérations. Je ne
« servirai pas autre chose. (*Nouveaux applaudissements una-
« nimes.*) J'ai fait plus que servir la République, je l'ai gouvernée,
« c'est un dépôt d'honneur que j'ai conservé, non pas comme un
« titre, mais comme une obligation, comme un devoir, et que je
« livrerai pur et sans faiblesse au jugement de la postérité. Mais
« ce que je dis là, c'est un droit que je me donne à votre égard,
« et c'est pour cela que je vous dis : Vous m'inspirez une douleur
« profonde. Entre vous et nous, c'est à qui sert le mieux la Répu-
« blique, n'est-ce pas? Eh bien! ma douleur, c'est que vous la
« servez bien mal. J'espère, pour le bonheur du pays qu'elle n'est
« pas destinée à périr de (*De toutes parts* : Non! non! *Plusieurs
« voix à droite :* Vive la République! Mais si nous étions destinés
« à une pareille douleur, rappelez-vous bien que nous en accuse-
« rions vos exagérations et vos fureurs. » (*Applaudissements una-
« nimes et redoublés*).

M. Bancel protesta dignement contre ces insultes et contre
cette ridicule accusation de *fureur* adressée à un philosophe, tel
que Pierre Leroux.

Mais pour savoir ce que valent les protestations et les affirmations de M. Cavaignac, il suffit de se reporter à cette séance du 28
ou plutôt du 27 juin invoquée par lui. M. Pierre Leroux, auquel
M. Cavaignac demande avec jactance où il était et s'il a pris la
parole, y prononça un long et pathétique discours en faveur de la
clémence, écouté avec impatience par l'Assemblée, et qui lui valut
de nombreux rappels à la question et même un rappel à l'ordre.
Quant à M. Cavaignac qui prétend être monté *lui seul* à la tribune pour plaider pour la clémence et la mansuétude, il y monta
simplement pour protester contre quelques expressions du rapporteur du décret de transportation sans jugement, M. Méaulle, qui
semblaient donner à entendre qu'il s'était placé dans une pensée plus
extrême que la Commission. Ce rapporteur lui ayant dit qu'il
avait mal compris sa pensée : « Permettez, messieurs, répondit

« emphatiquement M. Cavaignac, nous faisons de l'histoire, et
« dans l'histoire une virgule mal placée est une chose importante.
« Pour me résumer en deux mots, je repousse cette attitude qui
« n'est pas vraie, qui n'est pas possible, *que je dédaigne*, l'atti-
« tude d'un homme qui se serait montré plus sévère que la pensée
« de l'Assemblée, plus sévère que la nation entière. » Voilà comment en cette circonstance M. Cavaignac fit appel à la clémence.
Voici quel était le fond de l'incident : la commission de l'Assemblée voulait la transportation en masse des détenus, M. Cavaignac
demandait que les conseils de guerre eussent à prononcer sur
tous ; pour mettre d'accord ces deux opinions, on fit deux parts
des insurgés, les uns destinés à la transportation en masse sans
jugement, les autres livrés aux conseils de guerre. Voilà ce que fut
la clémence, la mansuétude et la justice des vainqueurs de
juin 1848.

L'intervention de M. Cavaignac, dans la discussion du 13 juin 1849,
eut pour résultat que la mise en état de siége fut votée aux cris
de : *Vive la République !* Voilà ce que dira l'histoire. M. Odilon
Barrot n'en demandait pas tant, mais il dut être reconnaissant au
général Cavaignac.

La vérité est qu'entre ces deux hommes, pas plus qu'entre eux
et le prince Louis-Napoléon, il n'y avait aucune différence de principes, il y avait seulement une communauté d'ambitions qui devait
tôt ou tard dégénérer en une rivalité qui allait susciter un implacable antagonisme.

Quoi d'étonnant qu'au 2 décembre le peuple du faubourg Saint-
Antoine, sollicité à défendre la République, quelle République !
par les vainqueurs de juin unis aux auteurs de la loi du 31 mai,
par ceux qui l'avaient mitraillé et proscrit, unis à ceux qui l'avaient
dépouillé de ses droits politiques, quoi d'étonnant que le peuple
ne se soit pas ému ? Pauvre peuple, exalté et glorifié quand on a
besoin de toi, toujours victime, et placé sans cesse entre les ambitions rivales qui veulent se servir de ta force, comme la barre de
fer entre l'enclume et le marteau !

CHAPITRE XI

M. SENARD

I

« La victoire de la réaction dans les fatales journées de
« juin, écrit M. Caussidière dans ses *Mémoires*, eut pour
« résultat l'état de siége, les commissions militaires, la loi
« de transportation, la commission d'enquête, le désarme-
« ment des ouvriers, la fermeture des clubs et la suspen-
« sion des journaux populaires : en un mot, la violation de
« toutes les libertés et le despotisme de la force. Elle mit à
« jour bien des caractères et fit tomber bien des masques
« hypocrites. Qui dirigea l'attaque sur la place de la Bas-
« tille contre le faubourg Saint-Antoine ? M. Recurt, le
« decin des faubourgs, avec l'assistance du général Perrot,
« le même qui, le 24 février, commandait Paris contre eux
« au nom du roi Louis-Philippe. Qui avait demandé l'état
« de siége et la dictature ? M. Pascal Duprat, un ancien
« rédacteur des journaux démocratiques. Qui appuya l'ur-
« gence du vote de la transportation ? Bien des républi-
« cains, hélas ! dont nous n'avons pas le courage de citer
« les noms. A qui revient l'invention de déporter outre-
« mer les vaincus de la guerre sociale ? A M. Senard, qui
« *avait puisé cette mesure dans son cœur*. Et pendant qu'on
« ramassait les morts au faubourg Saint-Antoine, crénelé
« par les boulets et la mitraille, M. Senard s'écriait avec
« une emphase de théâtre : *Remercions Dieu, messieurs.*
« *Oh ! que je suis heureux. Huissiers, battez le palais pour*
« *rassembler les représentants. Merci à Dieu !* Et M. Ca-
« vaignac, le héros de juin, osa dire à la tribune : *Nous*
« *faisons de l'histoire.* Quelle histoire ! Voilà de beaux
« actes et de beaux noms pour le jugement de la postérité ! »

L'Assemblée nationale décréta que MM. Senard et Cavaignac avaient bien mérité de la patrie, et ce dernier conserva la dictature sous le titre de Chef du pouvoir exécutif, avec la faculté de choisir lui-même ses ministres. Après la bataille, les vainqueurs se partagèrent les dépouilles. M. Sénard, qui avait si bien secondé l'ambition du général Cavaignac fut nommé ministre de l'Intérieur en remplacement de M. Recurt, un autre complice, qui passa aux Travaux publics. Le général Lamoricière accepta l'héritage du général Cavaignac au ministère de la Guerre; M. Bastide resta aux Affaires étrangères, le portefeuille des Finances fut donné à M. Goudchaux, qui avait contribué de toutes ses forces à provoquer l'insurrection en poussant à la dissolution immédiate des ateliers nationaux. On donna le portefeuille de la Justice à M. Marie, le seul des membres de la Commission exécutive qui ait favorisé les desseins du général Cavaignac, sa haine contre le peuple étant plus forte que son ambition même de rester au pouvoir. M. Trouvé-Chauvel, qui à la Préfecture de police avait secondé le complot par son inaction calculée passa à la préfecture de la Seine qui remplaça la mairie de Paris : M. Ducoux devint préfet, M. Marrast fut nommé président de l'Assemblée dont la majorité n'avait rien à refuser au général Cavaignac; et dans cette position il put satisfaire à l'aise ses goûts fastueux en même temps qu'il inspirait le gouvernement, sans partager le fardeau de ses travaux et de ses responsabilités. On fit la part modeste à M. Pascal Duprat : on lui donna simplement une ambassade en Autriche.

Et puis il y eut la curée de récompenses. On n'avait pas fait depuis février de promotions dans la Légion d'honneur. On rouvrit pour la circonstance ce registre honorifique. De nombreuses décorations furent distribuées à la garde nationale, à la garde mobile, à l'armée. Parmi ces dignitaires de la guerre civile, nous voyons figurer le nom du lieutenant Cluseret du 55e de ligne, chef du 23e bataillon de la garde mobile, qui est fait chevalier de la Légion d'honneur. M. Cluseret a depuis fourni une vaillante carrière dans les rangs de la démocratie militante; il a combattu en Italie avec Garibaldi; il a gagné le grade de général dans la dernière guerre d'Amérique et il est revenu à Paris mettre sa plume au service de la cause sociale : il a sans doute déposé une décoration qui doit lui rappeler de tristes souvenirs.

Plusieurs refusèrent dignement ces récompenses et pensèrent que le malheur de la patrie ne devait jamais être pour les citoyens une occasion de joie, ou d'honneur. Nous signalerons notamment le célèbre peintre Ary Scheffer, élevé au grade de commandeur de la Légion d'honneur, et qui ne voulut pas accepter cette promotion.

L'armée elle-même comprit que le triste devoir qu'elle avait dû remplir dans ces événements ne pouvait être assimilé aux campagnes glorieuses contre les ennemis de la patrie, et le général Changarnier fut obligé d'adresser à plusieurs colonels, qui refusaient les décorations au nom de leurs légions, une lettre dans laquelle il en appelait au principe de l'obéissance, qui est la règle suprême de l'état militaire.

En même temps le général Changarnier adressait une lettre aux colonels de la garde nationale pour les prévenir, en réponse à de nombreuses demandes, qu'aucune distribution supplémentaire de récompenses ne serait faite.

La politique du nouveau gouvernement fut tout entière à la répression.

Son premier acte fut le décret ordonnant la transportation, par mesure de sureté générale, dans les possessions françaises d'outre-mer, des individus détenus qui avaient pris part à l'insurrection.

Cet épouvantable décret, qui mettait ainsi hors la loi un nombre considérable de citoyens parmi lesquels se trouvaient sans aucun doute, non-seulement des malheureux égarés, mais aussi des innocents arrêtés par des erreurs, cet épouvantable décret fut voté d'urgence et presque sans discussion.

Vainement M. Baune voulut-il s'opposer à l'urgence, au nom de la civilisation qui ne se défend point par des lois de colère, au nom de la douleur publique. On ne voulut même pas l'écouter et les cris : *Assez ! assez ! aux voix ! aux voix !* lui coupèrent la parole et étouffèrent sa voix.

Vainement M. Pierre Leroux voulut-il protester contre cette intolérance indécente et odieuse : « Vous avez dit : pas
« de concessions devant l'émeute ! Et vous dites mainte-
« nant : Pas de discussions après la victoire ! » Vainement voulut-il tenter un appel à la clémence, sinon à la justice. On ne voulut pas l'écouter davantage, et même le président, qui était encore M. Sénard, le rappela à l'ordre.

M. Caussidière ne se laissa pas décourager : il dit qu'il fallait faire la part du vertige qui, dans ces tristes jours s'était emparé aussi bien de ceux qui ne voulaient pas l'insurrection que de ceux qui s'y étaient laissés entraîner ; mais que maintenant il fallait apporter du calme et du sang-froid dans la délibération et respecter la justice. Il flétrit énergiquement cet argument de ceux qui présentaient la transportation comme une mesure d'humanité, en disant : *Si vous ne déportez pas ces hommes, on les assassinera.*
« Mais c'est une honte, mais c'est infâme, qu'on puisse dire
« que des Français qui ont vaincu ne seraient que des
« misérables, qu'ils viendraient massacrer les vaincus de
« sang-froid (1) ! »

M. Caussidière demande à la justice « une investigation
« plus sage, plus raisonnée, une investigation qui fasse

---

(1) M. Louis Jourdan, dans un article du *Siècle*, publié en mai 1865 a repris et s'est approprié la théorie humanitaire de la transportation contre laquelle M. Caussidière protestait avec une si légitime indignation. « Après les funestes journées de juin 1848,
« nous avons pensé qu'il fallait soustraire les vaincus aux fureurs du
« parti réactionnaire. Il nous parut alors, *comme il nous paraîtrait*
« *aujourd'hui*, plus prudent de transporter les gens que de les

« qu'on ne perde pas les familles. — Car, voyez-vous, dit-
« il, le deuil des morts est vite fait, mais le deuil des pri-
« sonniers est long et dur, et cela amène dans le pays des
« voix de proscription. Formulez un décret qui garantisse
« aux citoyens restants qu'il n'y a pas eu une injustice : on
« ne peut cependant pas jeter comme ça un tas d'hommes
« sur les navires, car ils ne sont pas tous coupables, quand
« le diable y serait ! »

Les rires des membres de la majorité accueillirent ces expressions qui n'étaient pas très-élégantes, peut-être, mais qui, sûrement, partaient du cœur ; et le moment était trop grave pour que ceux qui luttaient ainsi courageusement contre les murmures de l'Assemblée au nom de l'humanité et de la justice, pussent songer à faire des phrases.

— « Riez, amusez-vous, éclata Caussidière, ceux qui ont
« le cœur de rire et de s'amuser après des massacres sem-
« blables ! Honneur à ceux qui ont voulu les éviter ! Misère
« et honte à ceux qui veulent les continuer ! »

Oh! oui, misère et honte! Qui pourra dire combien d'innocents furent ainsi envoyés sur les pontons ! On désigna pour la transportation M. Gellé, nommé sous-préfet à Boulogne, quelque temps avant les malheureuses journées de juin, et qui n'était pas revenu à Paris.

Le grief invoqué contre lui, c'était que l'on avait fabriqué de la poudre pour les insurgés dans sa pharmacie située au cœur du faubourg saint Antoine ; mais il constata qu'il avait cédé cette pharmacie longtemps avant les journées de juin. On peut juger par cet exemple des erreurs qui durent être commises. M. Madier de Montjau, plaidant devant le conseil de guerre, cita cette lettre du colonel d'état-major, commissaire de la première division : « Les

« laisser exposés à la mort. » — « Jésuites, faites votre métier,
« s'écriait Proudhon ; entre nous et vous la guerre est à outrance.
« Fussiez-vous trente-six millions, nous ne vous pardonnerons pas. »

« individus que vous me demandez ne sont point entre les
« mains de l'autorité militaire. Cazavan est en fuite ; *les
« deux autres ont été transportés par erreur.* »

Quatre mille trois cent quarante-huit prisonniers avaient ainsi été désignés pour la transportation, et furent conduits dans les ports, où ils furent soumis à un régime plus douloureux que ne l'eût été la transportation même (1). Au mois de novembre, en présence des nombreuses réclamations, qui étaient adressées chaque jour au gouvernement, une commission fut nommée pour examiner la situation de

(1) Nous trouvons dans la *République* les indications suivantes sur la situation des transportés internés dans les pontons :

« Nous recevons une lettre des transportés de juin, placés à bord
« des pontons en rade de Brest. Nous en extrayons quelques dé-
« tails qui suffiront pour édifier nos lecteurs sur les prétendus
« principes d'humanité qui animent l'administration soi-disant
« républicaine, sous laquelle nous avons le bonheur de vivre.

« Les détenus, après avoir été transportés au Havre, ont été
« entassés sur le vapeur le *Darius*, avec les ménagements habi-
« tuels aux négriers ; arrivés sur la rade de Brest, ils ont été dis-
« tribués sur les quatre pontons l'*Uranie*, la *Guerrière*, la *Didon*
« et la *Belle-Poule*, où ils ont été soumis au régime que l'An-
« gleterre et l'Espagne firent subir à nos prisonniers pendant les
« guerres de la République et de l'Empire.

« Il appartenait à la réaction, qui a su renouveler dans nos
« murs les scènes de septembre et les massacres de 1815, de re-
« trouver ce mode de captivité, justement flétri par l'histoire, et
« et de l'appliquer à des hommes qui n'ont même pas été soumis
« à des jugements semi-réguliers.

« Nourriture malsaine et insuffisante, privation d'espace et
« d'exercice, de vêtements indispensables, mesures de discipline
« extra-rigoureuses, adoucies seulement par l'humanité des officiers
« et des matelots, voilà comment l'administration interprète ces
« paroles plus pompeuses que sincères du général Cavaignac : « Je
« ne vois ici que des vainqueurs et des vaincus, Dieu me garde
« d'y voir des victimes ! »

M. Bareste, gérant de la *République*, fut poursuivi pour cet article sous la prévention d'excitation à la haine et au mépris du gouvernement. Mais il fut acquitté par le jury.

ces malheureux, composée de MM. Victor Foucher, conseiller à la Cour ; Hatton, juge d'instruction, et Ch. Lucas, inspecteur des prisons. Les membres de cette Commission mirent immédiatement en liberté *neuf cent quatre-vingt onze détenus.*

On avait fait deux catégories : les plus coupables, ceux qui étaient désignés comme chefs, fauteurs ou instigateurs de l'insurrection, furent renvoyés devant les conseils de guerre, tandis que ceux qui étaient moins compromis étaient transportés purement et simplement sans jugement.

Or, il arriva que les conseils de guerre prononcèrent plusieurs acquittements. Si parmi ceux qui étaient désignés comme les plus coupables, il y avait des innocents, à combien plus forte raison ne devait-il pas y en avoir parmi les autres (1) ?

Voilà comment furent traités ces vaincus, dont le général Cavaignac avait juré devant l'histoire de ne pas faire des victimes !

Et l'Assemblée, pendant plusieurs mois, jusqu'au dernier jour de son existence, refusa obstinément l'amnistie à ces malheureux ! Elle laissa cette honte et cette misère peser sur elle éternellement dans l'histoire. Et M. Lagrange, qui ne cessait de demander à tout propos l'amnistie, fut ridiculisé et raillé pour cette monomanie de clémence ! Quels temps ! quels hommes !

Les conseils de guerre fonctionnèrent pendant plus de

---

(1) M. Sénard lui-même faisait cet aveu à la tribune de l'Assemblée, le 3 mai 1849 : « Quand j'ai vu que les hommes réservés
« comme les plus coupables n'avaient été condamnés par les con-
« seils de guerre, au moins beaucoup d'entre eux, qu'à des peines
« de trois mois ou de six mois d'emprisonnement, et d'autres ac-
« quittés, il m'a paru impossible que l'Assemblée laissât peser sur
« ceux que nous avions regardés comme les moins coupables une
« durée de détention illimitée. » Ce qui n'avait pas empêché M. Sénard de repousser par son vote, encore le 1ᵉʳ février précédent, une proposition d'amnistie.

six mois; et, chose inouïe, sans exemple dans le passé, des femmes furent traduites devant ces commissions militaires! comme des femmes aussi se trouvaient parmi les victimes désignées pour la transportation ! Des femmes ! et des enfants qui n'avaient pas seize ans!

La plupart des accusés étaient des vétérans du parti républicain, qui avaient déjà été victimes sous la monarchie des insurrections politiques, soutenus et défendus alors par ceux-là mêmes qui retournaient aujourd'hui contre eux les mêmes procédés odieux. L'un d'eux, l'accusé Guérineau, rappelait les justices exceptionnelles de 1832 et de 1834 :
« Eh bien ! Messieurs, disait-il, j'ai vu tout cela, et pour-
« tant tous ces épisodes ne nous avaient point encore donné
« le spectacle qui s'offre aujourd'hui à nos regards; on n'a-
« vait pas eu l'idée de créer des conseils de guerre pour ju-
« ger des femmes; on n'était pas arrivé à cette dernière pé-
« riode; on n'avait pas vu des mères, tenant enlacés leurs
« enfants en bas-âge, liées, garrottées, escortées de soldats,
« traverser une ville en plein jour au milieu d'une haie de
« baïonnettes.

« En février, lorsque je combattais pour la République,
« je ne me doutais guère, en voyant paraître son auréole,
« que, huit mois plus tard, des gens sans pudeur, des hom-
« mes qui se cachent au moment du danger, pourraient,
« changeant de masque, réussir à me traduire à la barre
« d'un tribunal militaire, en société de deux femmes, à côté
« d'une femme septuagénaire. »

Ces deux femmes, dont l'une était âgée de soixante-seize ans, furent acquittées. Guérineau fut condamné à vingt ans de travaux forcés.

Dans le même numéro (6 août), où se trouve la première liste des transportés envoyés à Brest, le *Moniteur* publie le compte-rendu d'une fête donnée par M. Armand Marrast pour inaugurer l'hôtel de la Présidence :

« Jeudi soir, M. Marrast, président de l'Assemblée na-
« tionale, a donné une fête brillante pour l'inauguration de
« l'hôtel de la Présidence. Cet hôtel, ancienne résidence
« des Guise et des Condé, a été acheté, il y a quelques an-
« nées, par la Chambre des députés, qui, voulant que son
« président pût recevoir dignement, l'a fait agrandir et ap-
« proprier pour cette destination. *Les événements de mai et*
« *de juin avaient fait suspendre les travaux.* M. Marrast,
« aussitôt après son élection, a donné des ordres pour l'a-
« chèvement de l'hôtel........ Les salons, très-élégamment
« meublés, pouvaient à peine contenir la foule qui s'y pres-
« sait. On y voyait les magistrats, les conseillers d'État, les
« fonctionnaires, les artistes, les écrivains de la presse pé-
« riodique, confondus avec les gardes nationaux et les mili-
« taires de tous grades et de toutes armes, parmi lesquels
« se trouvaient les gardes mobiles nouvellement décorés de
« la Légion-d'Honneur..... »

Et tandis qu'on dansait dans les salons étincelants de lumière et de dorure de MM. Cavaignac et Marrast, les combattants de Février, arrêtés sur les barricades de juin,
étaient accroupis sur de la paille fétide dans les casemates
des forts et dans les cabanons de Vincennes. Entre une valse
et une contredanse, le dictateur signait à la hâte quelques
papiers, et des milliers d'hommes partaient la nuit sous de
fortes escortes, et des femmes, des enfants couverts de hail-
lons, attendaient sur les glacis pour envoyer un dernier
adieu aux condamnés, sans qu'on daignât mettre à côté de
la peine aucun motif pour la justifier (1).

Non-seulement l'état de siége était maintenu dans toute
sa rigueur, mais on lui donnait une extension abusive, à ce
point qu'elle provoquait même des protestations de la part
de M. Valette, l'éminent professeur de droit, désintéressé
des passions politiques, mais sincèrement dévoué à la cause

(1) CH. ROBIN, *Histoire de la révolution de 1848.*

de la légalité : Jamais, « disait M. Valette, nos législateurs,
« qui ont organisé l'état de siége, n'ont entendu faire autre
« chose que transporter à l'autorité militaire tous les pou-
« voirs, qui, dans l'état normal, appartiennent aux magis-
« trats. Ainsi donc, la question est uniquement de savoir si
« l'autorité civile, dans l'état politique actuel, avait le droit
« de supprimer un journal. Si elle ne l'avait pas, l'autorité
« militaire ne l'avait pas davantage. »

Mais M. Marie qualifiait ces interpellations de *téméraires;* il répondait qu'il y avait une question politique qui dominait toutes les questions légales et les consultations d'avocat :
« La loi suprême de l'état de siége, disait-il, c'est le salut
« du pays. »

Non contents de cette force exceptionnelle, MM. Sénard et Marie profitaient de la disposition des esprits pour faire adopter par l'Assemblée des lois restrictives de la liberté de réunion et de la liberté de la presse, et pour rétablir le cautionnement (1).

Dans le dernier numéro du *Peuple constituant,* obligé de

(1) Voici comment M. Senard s'exprimait sur la liberté de la presse, au mois de mars 1839 dans un banquet donné par la ville de Rouen à MM. Laffite et Arago : La presse est la voix du peuple
« dans les gouvernements libres : c'est la plus précieuse de nos
« garanties, c'est l'instrument le plus puissant de la civilisation et
« du progrès. *La législation de la presse est la révélation la plus*
« *sûre des tendances secrètes du gouvernement dont elle émane.*
« Est-ce qu'au milieu des combinaisons destinées, dans les lois de
« septembre, à bâillonner les organes de l'opinion publique, vous
« ne pressentiez pas les lois de famille, la résurrection des apa-
« nages, et tout ce cortège des lois de déportation, de disjonction,
« qui devaient appuyer ce retour au passé? Pourquoi d'ailleurs
« chercher le remède au mal dans un luxe odieux de pénalité? le
« remède, il est dans le bon sens public, qui fait promptement
« justice de l'expression du mensonge et de la haine. » Sans doute M. Senard subitement illuminé sur le chemin du pouvoir avait abjuré comme M. Marie ces illusions chevaleresques de son passé.

cesser sa publication par l'impossibilité où il se trouvait de verser un cautionnement, Lamennais jetait sur ces hommes un anathème éloquent :

« Le *Peuple constituant* a commencé avec la République,
« il finit avec la République ; car, ce que nous voyons, ce
« n'est pas, certes, la République, ce n'est même rien qui
« ait un nom. Paris en état de siége, livré au pouvoir mili-
« taire, livré lui-même à une faction qui en a fait son ins-
« trument ; les cachots et les forts de Louis-Philippe, en-
« combrés de 14,000 prisonniers, à la suite d'une affreuse
« boucherie, organisée par des conspirateurs dynastiques,
« devenus, le lendemain, tout-puissants ; des transportations
« sans jugement, des proscriptions telles que 93 n'en four-
« nit pas d'exemple ; des lois attentatoires au droit de réu-
« nion, détruit de fait ; l'esclavage et la ruine de la presse,
« par l'application monstrueuse de la législation monarchi-
« que, remise en vigueur ; la garde nationale désarmée en
« partie ; le peuple décimé et refoulé dans sa misère, plus
« profonde qu'elle ne le fût jamais, non, encore une fois,
« non, certes, ce n'est pas là la République, mais autour de
« sa tombe sanglante, les saturnales de la réaction.

« Les hommes qui se sont faits ses ministres, ses servi-
« teurs dévoués, ne tarderont pas à recueillir la récompense
« qu'elle leur destine, et qu'ils n'ont que trop méritée.
« Chassés avec mépris, courbés sous la honte, maudits
« dans l'avenir, ils s'en iront rejoindre les traîtres de tous
« les siècles dans le charnier où pourrissent les âmes cada-
« véreuses, les consciences mortes.....

« Quant à nous, soldats de la presse, dévoués à la dé-
« fense des libertés de la patrie, on nous traite comme le
« peuple, on nous désarme. Depuis quelque temps, notre
« feuille, enlevée des mains des porteurs, était déchirée,
« brûlée sur la voie publique. Un de nos vendeurs a même
« été emprisonné à Rouen, et le journal saisi sans autre for-

« malité. L'intention était claire : on voulait à tout prix
« nous réduire au silence. On y a réussi par le cautionne-
« ment. Il faut aujourd'hui de l'or, beaucoup d'or, pour
« jouir du droit de parler. Nous ne sommes pas assez riches.
« Silence au pauvre ! »

« Républicains ! s'écriait la *Réforme*, vous tous qui, de-
« puis dix-sept ans, avez lutté, comme nous, et par la presse
« et par le combat, contre les prérogatives, contre les pri-
« viléges, contre le principe et les lois de la monarchie,
« vous prononcez notre condamnation à tous, vous justifiez
« la royauté ! Philippe et Guizot avaient raison quand ils
« élevaient des forts, quand ils refoulaient le peuple dans
« son bagne, quand ils nous rejetaient en dehors de la com-
« munion politique, et qu'ils écrasaient la pensée sous la loi
« fiscale, sous le marc d'argent ! »

Il n'était pas un des abus reprochés à la royauté que les ministres de M. Cavaignac ne prissent à tâche de reproduire. C'est ainsi que M. Senard annulait une délibération du conseil général de l'Eure, pour avoir dépassé la limite de ses attributions, en exprimant un blâme sur des nominations de percepteurs qui avaient eu lieu dans ce département.

On pouvait appliquer à M. Senard les réflexions que des mesures d'une nature analogue, prises par M. Duchâtel, inspiraient en 1847 à ses amis du *National* : « Un gouver-
« nement honnête et loyal aurait vu dans ces aveux de sa-
« ges avertissements, et un moyen de bonne entente entre
« lui et ses administrés ; mais lorsqu'on marche contre les
« intérêts du pays, on est bien forcé d'imposer silence à
« toutes les voix qui apportent le blâme et l'opposition. »

Parmi ceux qui avaient mission de défendre la liberté de la presse, et qui la livrèrent, il faut signaler M. Eugène Pelletan, qui, dans le *Bien public*, se fit l'apologiste complaisant de tous les actes de la dictature du général Cavaignac, « sorti de la conscience publique, disait-il, pour per-

« sonnifier la nouvelle période dans laquelle devait entrer
« la Révolution. »

Voici en quels termes M. Pelletan conviait lui-même les vainqueurs de Juin à prendre une initiative pour réprimer les licences de la presse : « Nous pouvons le dire aujour-
« d'hui, il convient de mettre un terme à ce dévergondage
« de pensée et d'expression qui a surtout pour but de com-
« promettre la liberté de la presse par l'abus qu'on en fait. »
Et il applaudissait ainsi au rétablissement du cautionnement :
« Le cautionnement ne sera une entrave que pour la licen-
« ce, il sera une force pour la liberté. Ne nous en plaignons
« donc pas. »

« La République, nous ne devons pas le nier, écrivait
« M. Pelletan, après la terrible épreuve de ces dernières
« journées, avait besoin d'une tutelle militaire pour proté-
« ger son berceau. Elle doit commencer, si elle ne veut pas
« finir, par le régime de l'épée..... Si nous demandons que
« la première présidence explicite ou implicite de notre
« jeune démocratie porte l'épaulette, c'est parce que nous
« croyons qu'il faut assurer, escorter militairement les pre-
« miers pas de la République. Refoulez, général, devant le
« poitrail de votre cheval, les derniers débris de l'anar-
« chie; écartez du bout de votre épée les derniers obsta-
« cles ; ouvrez à travers ce pêle-mêle de partis, de regrets
« et de passions le grand chemin de la République, et vous
« aurez fait la moitié de l'œuvre de Washington. »

Le général Cavaignac suivit ces conseils, et M. Pelletan l'en félicite dans un autre numéro du *Bien public :* « Le gé-
« néral Cavaignac jugea qu'il ne devait pas laisser affaiblir
« l'autorité morale du commandement sous lequel tous les
« citoyens se disciplinaient et s'organisaient dans un inté-
« rêt de commune défense. Il crut que c'était un devoir
« d'imposer silence à toute contestation passionnée, à *toute*
« *critique malveillante*, et de suspendre l'exercice de la li-

« berté, pour protéger son droit et pour sauver son principe
« immortel (1). »

CHAPITRE XII

M. GRÉVY

Apparent rari nantes in gurgite vasto.

La Constitution fut votée et discutée sous le règne, ou, si l'on veut, sous la protection de l'état de siége.

Un membre de la majorité, M. Liechtenberger, maire de Strasbourg, prit l'honorable initiative d'une proposition demandant la levée de l'état de siége avant la discussion de la Constitution : « Si les opinions des membres de l'Assem-
« blée, disait M. Liechtenberger, si le concours de tous et
« de chacun de nous à l'œuvre solennelle que nous allons
« entreprendre, n'ont reçu et ne peuvent recevoir aucune
« atteinte de la suspension momentanée des pouvoirs lé-
« gaux, l'état de la capitale, *le silence des opinions au-de-*

(1) Le *Bien public* était placé sous la haute inspiration de M. de Lamartine et rédigé par MM. Eugène Pelletan et Arthur de la Guéronnière. Les deux fidèles collaborateurs qui, lors de la cessation du *Bien public*, après l'élection du 10 décembre entrèrent ensemble à la *Presse*, se sont séparés depuis, M. Pelletan a passé dans les rangs de l'opposition, il défend aujourd'hui la cause de la liberté : M. de la Guéronnière, sénateur et directeur de *la France*, est resté fidèle à la cause des pouvoirs forts et des dictatatures militaires. — Le *Bien public* fut, avec le *Constitutionel*, le journal qui se distingua le plus par ses excitations sauvages et qui propagea avec le plus d'acharnement contre les insurgés les odieuses calomnies, destinées à les désigner « à l'exécration des
« honnêtes gens de tous les partis. » — « Parmi les insurgés
« morts ou prisonniers, disait ce journal, « on a reconnu un bon
« nombre de forçats; tous étaient bien munis de poudre et de
« balles mâchées ou en fer... Toutes les horreurs de cette longue
« bataille semblent écrites sur la figure de ces hommes (les pri-

« *hors de cette enceinte, la presse muette et mutilée,* la
« menace incessante d'une juridiction exceptionnelle, in-
« vestie du pouvoir de faire comparaître devant elle les
« opinions pour les bâillonner et les juger, toutes ces dou-
« loureuses conséquences de nos déchirements intérieurs
« et de nos discordes civiles, constituent-elles l'état normal
« de la République ? Est-ce sous ces tristes auspices que la
« Constitution nouvelle doit s'offrir aux accords de la
« nation ? Une telle situation, est-il possible, est-il poli-
« tique de la prolonger et de la maintenir ? La Constitu-
« tion, qui doit commander le respect de tous, ne sorti-
« rait-elle pas de nos délibérations, altérée dans son prin-
« cipe, *flétrie d'avance,* pour ainsi dire, de cette tache
« originelle que lui aurait imprimée le silence forcé des
« journaux, et l'absence du contrôle libre que l'opinion
« publique doit avoir le pouvoir comme le droit d'exercer
« sur nos discussions ? »

M. Crémieux soutient le maintien de l'état de siége, en
s'appuyant surtout sur cet argument que « si jamais dans
« aucun temps, une constitution n'a été délibérée sous

« sonniers) qui ont violé dans cette lutte toutes les lois de l'hu-
« manité. Leur physionomie est sinistre : on ne sait dans quels
« bas-fonds l'insurrection les a pu recruter. » Voilà par quels
récits du reste le journal de M. Eugène Pelletan excitait au
massacre des prisonniers : « A Saint-Séverin, les gardes mobiles
« pour se venger des lâches assassinats dont ceux des leurs
« faits prisonniers avaient été victimes, après avoir envahi la
« maison d'où des décharges meurtrières avaient été faites sur
« eux, *précipitaient les insurgés par les fenêtres*, en disant : *les*
« *malheureux ! ils ne valent pas un coup de fusil !* » M. Caussidière avait-il donc tort de dire que le vertige s'était emparé
d'une partie de la population, sous l'impression de ces funestes
journées ? Nous tirons un voile sur ces épouvantables souvenirs
en nous associant à cette réflexion de M. Robin. « Pour l'honneur
« de l'humanité, il faut croire que ces hommes n'avaient plus
« conscience ni de leurs actes ni de leurs paroles ! »

« l'état de siége, jamais aussi dans aucun temps, ce n'était
« l'Assemblée constituante qui avait prononcé l'état de
« siége. » L'état de siége est légitimé par ce fait que ce
n'est pas le pouvoir exécutif, mais l'Assemblée qui l'a créé
et le maintient. La liberté est donc entière, absolue.

A quoi, M. Favreau, un membre de la droite comme
M. Liechtenberger, réplique avec raison que sans doute
l'Assemblée est parfaitement libre. « Mais la question n'est
« pas précisément là tout entière. Il s'agit de savoir si, à
« côté de nous, il n'y a pas quelqu'un ou quelque chose qui
« ait aussi le droit d'être libre. » On ne manquerait pas
d'appeler la Constitution votée dans une telle situation, la
Constitution de l'état de siége.

M. Ledru-Rollin : « La Constitution faite, il faudra bien
« rétablir la presse ; la presse vous dira que la Constitution
« n'a pas été délibérée librement ; et alors, c'est là le mo-
« ment funeste, et nous ne sommes que sur le seuil, une
« fois la presse frappée, il faudra la frapper continûment.
« Ce qui n'est qu'une exception aujourd'hui devra devenir
« une situation normale. Alors, vous aurez fait de la Ré-
« publique, non un gouvernement libéral à large base,
« mais un gouvernement dictatorial et exceptionnel. »

On parle de dangers. Mais ces dangers fussent-ils aussi
grands qu'on le dit, est-ce que dans l'histoire on ne s'est
jamais trouvé en présence de périls semblables ? — « J'en-
« tends murmurer qu'on n'a jamais rien vu de pareil. Eh !
« mon Dieu, je ne veux pas rappeler les douleurs du pays,
« mais quand la Convention a décrété la première consti-
« tution, elle était battue sur nos frontières, la Vendée
« était déchirée par la guerre civile, les factions intérieures,
« les privilégiés cent fois plus étroitement coalisés qu'au-
« jourd'hui, et cependant ce n'est pas, je le répète, sous
« l'empire de l'état de siége qu'a été votée la première
« constitution démocratique. » On oppose à l'orateur, la

Terreur, les tribunaux révolutionnaires. — « Vous vous
« trompez, la constitution de 1793 est du mois de juin,
« les tribunaux révolutionnaires du mois d'octobre. » Il
poursuit : « Vous me paraissez, en maintenant l'état de
« siége, céder à un sentiment que les assemblées précé-
« dentes n'ont pas connu : la peur ! Vous me paraissez
« supposer que la majesté de l'Assemblée, que la force
« même des idées républicaines ne sont pas assez grandes
« pour défier toutes les déclamations des partis. Est-ce bien
« la fierté et l'indomptable courage qui doivent distinguer
« des législateurs révolutionnaires. » — « Vous dites que
« nous sommes libres, mais, encore un coup, le monde qui
« nous contemple dira le contraire ! »

M. Victor Hugo monte à son tour à la tribune. Il dit que
son opinion n'est pas qu'il faille lever l'état de siége, mais
que l'état de siége n'est pas la dictature. « C'est la censure
« et la confiscation qui, à l'heure qu'il est, pèsent sur les
« organes de la pensée publique. C'est là une situation in-
« compatible avec la Constitution. »

Le général Cavaignac vient répéter les arguments de
M. Crémieux. Il avait bien exprimé le principe qui le gui-
dait dans une interruption adressée à M. Ledru-Rollin qui
disait : « Vous rappelez-vous de quel mépris nous couvrions
« ces constitutions discutées sous l'empire du sabre? Vous
« rappelez-vous, quand nous voyions les cortès délibérer
« sous la protection, à l'ombre du sabre de tel ou tel gé-
« néral que je ne veux pas nommer, quel respect nous ins-
« pirait cette constitution ? » — Le général Cavaignac :
« *C'était une monarchie!* » Qu'est-ce donc alors qui distingue la République de la monarchie? Est-ce la liberté?
Non, c'est le droit d'opprimer la liberté.

M. Cavaignac dit que l'assemblée créerait un véritable
danger, si elle levait l'état de siége. Il fait cette déclaration
qui provoque de *longs applaudissements* : « Il y a une

« chose à laquelle nous ne répondrons que par l'état de
« siége, c'est à toute attaque contre le principe républi-
« cain : quiconque ne voudra pas de la République est
« notre ennemi, notre ennemi sans retour! »

L'état de siége fut maintenu par 529 voix contre 140. Votèrent, entr'autres, pour le maintien de l'état de siége : Odilon Barrot, Bastide, Bethmont, Ed. Charton, Chauffour, Charras, Flocon, Glais-Bizoin, Goudchaux, Havin, Ketsner, Leblond, V. Lefranc, A. Marrast, Edgar Quinet, Jules Simon, de Tocqueville. Votent contre avec la gauche : François et Etienne Arago, Arnaud (de l'Ariége), Frédéric Bastiat, le général Bedeau, Beslay, David (d'Angers), Grévy, J. Reynaud, de Montalembert, Valette.

Ce vote avait lieu le 2 septembre. Le 7 septembre M. Deville revenait à la charge, dans la discussion du préambule de la Constitution, en proposant un amendement ainsi conçu :

« En présence de Dieu, sous le règne de l'état de siége
« destructif de toute liberté, et spécialement de la liberté
« de la presse qu'il supprime, qu'il suspend à volonté;
« sous le régime de l'autorité militaire, qui n'a aucune
« connaissance des besoins de la société, qui, par son exis-
« tence seule, comprime, avec l'esprit public, la manifes-
« tation de toutes les idées, de toutes les vérités, si utiles
« à répandre au moment où vont se discuter les bases de
« la Constitution; sous ce régime inintelligent, expéditif,
« juste effroi des citoyens qu'il peut arrêter sans formes,
« sans limites, enlever à leurs juges ordinaires et livrer
« aux conseils de guerre ; au nom du peuple français, et
« cédant à la compression qui pèse sur Paris, l'Assemblée
« nationale proclame et décrète..... »

M. Deville développa avec fermeté son amendement au milieu des interruptions les plus violentes : « Non, dit-il, « je ne viens pas insulter à la majesté de l'Assemblée, je

« ne veux qu'une seule chose, je veux indiquer la situa-
« tion, les faits sous la pression desquels je me trouve, qui
« pèsent sur ma spontanéité, qui pèsent sur ma conscience.
« Ce qu'il y a de positif, c'est que je viens ici émettre une
« vérité. »

On a parlé de la Terreur ! dit-il. « Est ce que par hasard,
« à cette époque si fatale, mais en même temps si glorieuse,
« dont on a si imprudemment évoqué le souvenir, vous
« avez vu, sans défense contradictoire, sans jugement,
« proscrire 10,000 hommes à la fois, 10,000 hommes,
« parmi lesquels 5 à 6,000 au moins sont étrangers, direc-
« tement ou indirectement, à l'attentat auquel on a voulu
« les rattacher, et n'ont à s'imputer d'autre torts, d'autre
« crime que d'avoir excité une lâche délation ! Quoi ! vous
« appelez cela de la liberté ! »

Pas n'est besoin de dire que l'on passa à l'ordre du jour
sur l'amendement de M. Deville.

La majorité, secondée par les ministres de M. Cavaignac,
avait déjà pris à tâche depuis deux mois d'annuler tous
les actes du gouvernement provisoire, toutes les grandes
mesures accomplies sous la pression populaire qui devaient
être autant de jalons pour la République, si elle eut suivi
sa voie glorieuse. La contrainte par corps avait été rétablie ;
on avait rétabli l'impôt du sel et les impôts sur la consom-
mation ; on avait aboli la limitation des heures du travail.

La discussion de la Constitution fut l'occasion de préciser ces tendances réactionnaires et d'achever la destruction de l'œuvre de Février : c'est ainsi, que fut déchirée la
reconnaissance du droit au travail, et que malgré les promesses réitérées de M. Garnier-Pagès, l'impôt proportionnel fut préféré à l'impôt progressif. Ainsi, au mépris des
engagements formels pris par le gouvernement provisoire
et confirmés solennellement en face du peuple par l'Assemblée dans les premiers jours de sa réunion, toute satis-

faction aux aspirations des travailleurs était écartée de la Constitution de la République, et la portée sociale de la République était complétement méconnue.

Quand aux vaines déclarations des libertés publiques, que pouvaient-elles signifier en face de la situation actuelle? Quelles garanties pouvaient subsister pour les citoyens puisque le pouvoir conservait la faculté de suspendre à sa volonté leurs droits (1)? Et par une dernière dérision, tandis que la Constitution monarchique de 1830, disait formellement que nul ne pourrait être distrait de ses juges naturels et qu'il ne pourrait être créé de tribunal extraordinaire, sous quelque forme que ce soit, disposition qui paraissait à la Cour de cassation incompatible avec l'état de siége, — la Constitution républicaine de 1848, réparait cette lacune, reconnaissait formellement la légitimité

(1) « Je vois avec une surprise amère toutes les idées de « liberté se défigurer et s'amoindrir dans cette discussion d'une « constitution républicaine, » disait M. V. Hugo défendant un amendement qui ne fut pas adopté sur l'abolition de la censure théâtrale. « Aucune idée de liberté n'a encore été admise par vous « entière. Ne trouvez-vous pas quelque inconvénient à faire voir « ainsi par les faits que la République, telle que vous l'entendez, « est moins libérale que ne l'était la monarchie. Car, je le déclare, « la prohibition qui frappait la censure dans la Charte de 1830 « était beaucoup plus large, plus absolue et plus respectueuse pour « l'intelligence humaine que l'article de votre projet de constitu- « tion. Si vous continuez ainsi, le résultat auquel vous arriverez « ne répondra pas à la pensée des peuples, à l'attente solennelle « de l'humanité. Je le dis, parce que je le crains, votre constitu- « tion ressemblera à un avortement. » — « Prenons pour devise : « Pas de libertés illimitées! » s'était écrié quelques instants auparavant dans la même séance (20 septembre) M. Jules Simon, défendant le monopole universitaire et s'opposant à ce que le principe de la liberté d'enseignement fût inscrit sans restriction dans la Constitution. Dans la même séance encore fut repoussé un amendement de M. Pierre Leroux sur la liberté de l'imprimerie. Dans une séance précédente, M. Pierre Leroux avait demandé

de l'état de siége, et comprenait la loi sur l'état de siége, dans la nomenclature des lois organiques de la République !

Au milieu de ce déchaînement des passions hostiles à la liberté et à la démocratie, il n'y avait qu'une chose à sauvegarder, la forme du gouvernement, afin de garantir du moins le maintien de la République et de lui permettre de réparer dans la suite par son baume souverain les blessures qu'elle se faisait ainsi à elle-même dès ses premiers pas.

Or, l'institution d'un Président, élu directement par le peuple, allait constituer un pouvoir personnel en lui mettant entre les mains tous les moyens de détruire la souveraineté de l'Assemblée et la souveraineté populaire. C'était une véritable restauration monarchique.

C'est sur ce point que devaient se porter tous les efforts

---

l'abolition du budget des cultes, comme la seule garantie efficace de la liberté des cultes ; mais il n'est pas besoin de dire que sa voix n'avait pas trouvé d'écho. L'ensemble avec lequel fut repoussé un amendement de M. Deville demandant l'abolition du remplacement militaire eût fourni, s'il en eût été besoin, l'occasion de constater une fois de plus combien l'Assemblée était plus hostile encore à l'égalité qu'à la liberté. Cet amendement cependant avait été défendu par le général Lamoricière, ministre de la guerre, qui avait dit avec l'autorité qui lui appartenait que les remplaçants étaient *la plaie de l'armée*. Entraîné par son sujet, le général Lamoricière élevant cette question, qui était surtout pour lui une question d'administration militaire, à la hauteur des principes républicains, s'était écrié : « Malheur à la France, si, aujourd'hui « qu'elle a reconnu que la République était la seule ancre de salut, « elle n'a point assez de foi dans la valeur des institutions qu'elle « se donne, pour oser espérer qu'elles réagiront sur ses mœurs, « et les mettront en harmonie avec les conditions de son existence « nouvelle! Malheur à elle, car elle ne pourra fonder une Répu- « blique indestructible, que lorsqu'elle aura dépouillé les vieilles « mœurs de la monarchie! » Mais la parole du général Lamoricière n'avait d'influence sur l'Assemblée que lorsqu'elle venait appuyer quelque mesure réactionnaire.

des amis de la liberté, des amis de la République, et M. Grévy eut l'honneur d'en bien saisir l'importance et la portée et d'en déterminer le véritable terrain, dans un amendement justement célèbre.

Déjà, dans la discussion générale, M. Audry de Puyraveau, le doyen de l'Assemblée, un des plus respectables vétérans des luttes républicaines sous la monarchie, avait signalé le danger :

« La première conséquence d'une pareille disposition
« serait de créer un pouvoir à côté d'un autre pouvoir.
« Vous prépareriez ainsi, par cette monstruosité politique,
« un conflit dont les conséquences faciles à prévoir ne se
« feraient pas attendre. Qu'opposeriez-vous en effet à ce
« pouvoir, sorti de la même origine que vous, élu directe-
« ment par le peuple, s'il voulait vous résister?... Il vous
« dissoudrait, s'il le jugeait nécessaire à son ambition ; on
« n'oppose rien à la force. Ce pouvoir ne serait qu'une
« royauté déguisée sous les insignes d'un président...
« Vous avez vu, citoyens représentants, un consul se faire
« empereur, une royauté limitée se faire despotique. En
« avez-vous donc perdu le souvenir ? Nous n'aurions alors
« qu'une monarchie déguisée sous le nom de république. »

M. Grévy développa son amendement dans un discours très-remarquable à la fois par le sens politique qui lui faisait prévoir les dangers immédiats de la situation et par le sens philosophique qui lui faisait concevoir très-nettement les conditions nouvelles de l'organisation des sociétés modernes.

Voici les deux points principaux de ce discours :

« Je dis que le seul fait de l'élection populaire donnera
« au Président une force excessive.

« Oubliez-vous que ce sont les élections de l'an X qui
« ont donné à Bonaparte la force de relever le trône et de
« s'y asseoir ? Voilà le pouvoir que vous élevez ! Et vous

» dites que vous voulez fonder une république démocra-
« tique! que feriez-vous de plus si vous vouliez, sous un
« nom différent, restaurer la monarchie? Un semblable
« pouvoir conféré à un seul, quelque nom qu'on lui donne,
« roi ou président, est un pouvoir monarchique ; et celui
« que vous élevez est plus considérable que celui que vous
« avez renversé.

« Il est vrai que ce pouvoir, au lieu d'être héréditaire,
« sera temporaire et électif; mais il n'en sera que plus
« dangereux pour la liberté. Êtes-vous bien sûrs que,
« dans cette série de personnages qui se succèderont tous
« les quatre ans au trône de la Présidence, il n'y aura que
« de purs républicains empressés d'en descendre? Êtes-
« vous sûrs qu'il ne se trouvera jamais un ambitieux tenté
« de s'y perpétuer? Et si cet ambitieux est un homme qui
« a su se rendre populaire, si c'est un général victorieux,
« entouré de ce prestige de la gloire militaire auquel les
« Français ne savent pas résister; si c'est le rejeton d'une
« des familles qui ont régné sur la France, et s'il n'a ja-
« mais renoncé expressément à ce qu'il appelle ses droits;
« si le commerce languit, si le peuple souffre, s'il est dans
« un de ces moments de crise où la misère et la déception
« le livrent à ceux qui cachent sous des promesses des
« projets contre sa liberté, répondez-vous que cet ambi-
« tieux ne parviendra pas à renverser la République?

« Jusqu'ici toutes les Républiques sont allé se perdre
« dans le despotisme : c'est de ce côté qu'est le danger,
« c'est donc contre le despotisme qu'il faut les fortifier.
« Législateurs de la démocratie, qu'avez-vous fait pour
« cela? Quelles précautions avez-vous prises contre l'en-
« nemi capital? Aucune. Que dis-je? vous lui préparez les
« voies! vous élevez dans la République une forteresse
« pour le recevoir!

« Voilà mon premier grief contre le système de la com-

« mission. Je lui reproche de créer dans une république
« démocratique un véritable pouvoir monarchique, pouvoir
« plus considérable que celui du dernier roi, plus dange-
« reux par la limitation même de sa durée, pouvoir qui
« sera pour le despotisme une tentation et un marchepied,
« et qui sera dans la République un germe de destruc-
« tion. »

Les événements qui ont suivi donnent à ces paroles une portée en quelque sorte prophétique.

Répondant ensuite à l'exemple qu'on a prétendu tirer des États-Unis, M. Grévy fait observer qu'aux Etats-Unis le président n'est pas nommé directement par le peuple, mais par une délégation plus ou moins compliquée.

Puis abordant les côtés élevés de la question, il dégage les véritables principes de la démocratie des sophismes et des erreurs d'un constitutionnalisme bâtard. C'est là la partie vraiment forte du discours.

« Citoyens, je vais dire une chose qui paraîtra peut-être
« déplacée, téméraire dans la bouche d'un homme nou-
« veau et sans autorité, mais elle m'est arrachée par une
« conviction irrésistible.

« Plus j'examine attentivement le jeu des institutions
« constitutionnelles et les faits historiques qui l'éclairent,
« plus je demeure convaincu que lorsque les publicistes
« du dix-huitième siècle et après eux l'école moderne qui
« a professé et appliqué leurs principes, ont considéré le
« gouvernement des trois pouvoirs comme un gouverne-
« ment de pondération et d'équilibre, et par conséquent
« comme une forme de gouvernement définitive et der-
« nière, ils ont commis la plus grande erreur politique de
« ces temps-ci.

« Ils ont trouvé en Angleterre une nation à l'état de
« transformation politique, n'étant plus sous la monarchie
« absolue et n'étant pas encore en république; ils ont

« trouvé là une royauté, une aristocratie et une démo-
« cratie en présence, se partageant la souveraineté, et,
« par une suite nécessaire, le gouvernement. Leur erreur
« a été de croire que ces trois éléments formaient équi-
« libre, et qu'il résultait de leur pondération une forme de
« gouvernement stable et pouvant être définitive. Leur
« vue, concentrée sur le présent, ne s'est portée ni sur le
« passé, ni sur l'avenir; ils n'ont pas vu que l'élément po-
« pulaire ne s'était établi qu'en remplaçant les deux autres,
« que le terrain qu'il avait gagné avait été perdu par la
« royauté et l'aristocratie, qu'il poussait lentement, mais
« incessamment sa conquête, et qu'il en résultait une lutte
« sourde dont l'inévitable issue est le triomphe de l'élé-
« ment démocratique sur les deux autres.

« Aujourd'hui que le temps a marché, nous pouvons
« mesurer du regard le progrès accompli, nous pouvons
« marquer les progrès de la lutte en Angleterre, nous
« pourrions peut-être en prévoir le terme.

« En France, où le même essai a été tenté, la lutte a
« été plus courte et plus terrible. C'est parce qu'en France
« cette lutte a été un duel entre le peuple et la royauté sur
« le cadavre de l'aristocratie. En France, l'aristocratie n'a
« pas survécu à 89, et tous les efforts tentés depuis pour
« la galvaniser et en constituer une deuxième chambre
« ont été impuissants. Voilà pourquoi cette deuxième
« chambre, privée de vie, n'a jamais pu jouer qu'un rôle
« de comparse dans la lutte du peuple contre la royauté.
« Voilà pourquoi cette lutte a été un duel à mort, une lutte
« terrible, une lutte plus courte.....

« Remontez aux causes de toutes les révolutions qui se
« sont accomplies en France depuis soixante ans, vous
« trouverez toujours que ces révolutions sont sorties des
« conflits de pouvoirs indépendants entre eux, et que ces
« conflits ont été la conséquence forcée de cette indépen-

« dance. Eh quoi ! vous assistez depuis trente ans à cette
« lutte de tous les jours, de tous les instants, du peuple
« contre la royauté, vous avez assisté à toutes ces révolu-
« tions, et vous nous parlez encore de modération et d'é-
« quilibre ! Pouvoirs indépendants, conflits ; conflits de
« pouvoirs, révolution : voilà ce que les événements écri-
« vent depuis soixante ans à chaque page de notre his-
« toire.....

« Lorsque la collision est éteinte, lorsque la monarchie
« et l'aristocratie abattues laissent la démocratie maîtresse
« du champ de bataille, vouloir appliquer à ce nouvel état
« l'ancienne forme, vouloir scinder l'unité démocratique
« pour en opposer les parties les unes aux autres dans un
« inévitable antagonisme, c'est un anachronisme et un non-
« sens.

« Citoyens représentants, vous l'avez vous-mêmes com-
« pris et jugé ainsi, lorsque vous avez, à une très-forte
« majorité, prononcé qu'il n'y aurait qu'une chambre : les
« raisons de décider sont les mêmes. Pourquoi avez-vous
« repoussé la seconde chambre ? parce qu'elle est la repré-
« sentation de l'aristocratie, parce qu'elle est un pouvoir
« aristocratique et qu'il n'y a plus d'aristocratie en France.
« Pourquoi maintiendriez-vous l'autre pouvoir, le pouvoir
« d'un seul, le pouvoir de la royauté, quand il n'y a plus
« de royauté ?

« Vous aviez à opter entre deux systèmes, le système
« du passé, celui de la division de la souveraineté en trois
« branches, et le système que j'appellerai le système du
« présent ou au moins de l'avenir, le système de l'unité de
« la souveraineté, vous vous êtes prononcés contre le pre-
« mier en repoussant la seconde chambre ; vous ne pouvez
« aujourd'hui, sans une inqualifiable inconséquence, y
« revenir après l'avoir mutilé ; en ramasser les deux élé-
« ments restants, pour en faire une sorte de gouvernement

« bâtard, qui aurait pour effet inévitable d'aggraver les
« inconvénients du premier, en réorganisant un antago-
« nisme sans tempérament, sans issue, par conséquent,
« plus direct et plus dangereux... »

L'amendement de M. Grévy, appuyé par MM. Félix Pyat, Roux-Lavergne, Th. Bac (1) fut combattu par MM. de Tocqueville, de Lasteyrie et de Lamartine.

En théorie on invoqua contre lui cette théorie de la séparation des pouvoirs, réfutée d'une façon si magistrale par M. Grévy; mais en réalité l'objection véritable était ailleurs, et M. de Tocqueville ne fit pas de difficulté d'avouer dans la péroraison de son discours, que la véritable objection des conservateurs contre la République, c'est qu'ils y voyaient non-seulement le changement de la Constitution politique du pays, mais la menace du changement de sa Constitution sociale. « Le vrai remède au mal » dit M. de Tocqueville aux applaudissements réitérés de la Chambre, « c'est de séparer complètement, nettement ces
« deux révolutions, de soutenir l'une et de réprouver l'autre,
« de vous mettre énergiquement vous-mêmes, à la tête de
« la majorité vraie du pays, de vous y mettre d'une ma-
« nière continue, énergique, *en brûlant vos vaisseaux* (2). »
— C'est-à-dire en nommant le prince Louis-Napoléon.

(1) Voir à l'Appendice la note F.
(2) Une manifestation remarquable de cette ardeur contre-révolutionnaire, ainsi exprimée par M. de Tocqueville, c'est la profession de foi de M. Molé, aux électeurs de la Gironde, le 25 septembre 1848 à la suite de laquelle il fut envoyé à l'Assemblée constituante :

« Ma première jeunesse s'écoula à travers une époque d'épou-
« vantable mémoire, qu'on voudrait en vain réhabiliter aujourd'hui.»
« Comme vous, je me rallie sincèrement, sans arrière-pensée,
« à la *République honnête et modérée*. Oublions nos dissensions
« passées, unissons-nous pour sauver le pays des dangers qui le
« menacent et dont il ne faut pas se dissimuler l'étendue. C'est la
« société elle-même qui est en péril : la lutte est engagée entre

Voilà le véritable motif qui fit repousser l'amendement Grévy : les préoccupations de la majorité de l'Assemblée étaient ailleurs que de chercher la formule parfaite de la démocratie de l'avenir.

Le vote de la Chambre fut entraîné par M. de Lamartine, au moyen d'un de ces mouvements oratoires saisissants, mais absolument dénués de bon sens, qui font des avocats et des poëtes les pires fléaux des Assemblées populaires, car ils fournissent des prétextes honorables à ceux qu'un dernier reste de pudeur pourrait faire hésiter, et ils égarent la conscience des faibles.

«Périsse le monde plutôt qu'un principe, périsse la République plutôt que le principe de la souveraineté du peuple! dit M. de Lamartine. — « Je sais bien qu'il y a
« des moments d'aberration, dans les multitudes; qu'il y

« la civilisation et la barbarie. D'un côté la famille et la propriété,
« de l'autre, l'abolition de ces lois éternelles dont les racines
« sont au cœur de l'homme, et qui émanent directement de son
« divin auteur...
« Permettez-moi de vous offrir ici le tribut de mon expérience.
« Savez-vous comment les meilleures causes succombent, quoi-
« qu'elles aient pour elles l'immense majorité des esprits? C'est
« par l'indifférence, la mollesse, la division de ceux-là même qui
« ont le plus d'intérêt à les défendre. Réunissons-nous donc, pen-
« dant qu'il en est temps, réunissons-nous, mes chers conci-
« toyens ; volons au secours de la civilisation menacée. Ecrivons
« sur notre drapeau : Paix aux hommes, réconciliation entre tous ;
« mais guerre inflexible, inexorable aux doctrines subversives et
« à cette nouvelle barbarie, qui ne procède pas comme autrefois
« de l'ignorance, mais de la raison humaine, faussée et per-
« vertie. »

C'est le même langage, il ne faut pas l'oublier, qu'avaient tenu quelques semaines auparavant MM. Senard, Marrast et Marie ; ils avaient eux-mêmes donné le signal de cet assaut contre la République et fait appel à la coalition des partis. C'est ainsi que M. Cavaignac, le 26 juillet, avait *remercié au nom du pays* M. Thiers pour son rapport contre la fameuse proposition de Proudhon.

« a des noms qui entraînent les foules, comme le mirage
« entraîne les troupeaux, comme le lambeau de pourpre
« attire les animaux privés de raison! Eh bien! malgré
« cette redoutable responsabilité personnelle dans les dan-
« gers que peuvent courir nos institutions problématiques,
« je n'hésite pas à me prononcer en faveur de ce qui vous
« semble le plus dangereux, l'élection du président par le
« peuple.

« Oui, quand même le peuple choisirait celui qu'une
« prévoyance, mal éclairée peut-être, redouterait de lui
« voir choisir, n'importe *Alea jacta est*. Que Dieu et le
« peuple prononcent! Il faut laisser quelque chose à la
« Providence! Elle est la lumière de ceux qui, comme
« nous, ne peuvent pas lire dans les ténèbres de l'avenir!

« Eh bien! si le peuple se trompe, s'il se laisse aveugler
« par un éblouissement de sa propre gloire passée; s'il se
« retire de sa propre souveraineté après le premier pas,
« comme effrayé de la grandeur de l'édifice que nous lui
« avons ouvert dans sa République et des difficultés de ses
« institutions; s'il veut abdiquer sa sûreté, sa dignité, sa
« liberté entre les mains d'une réminiscence d'empire;
« s'il dit : Ramenez-moi aux carrières de la vieille monar-
« chie; s'il nous désavoue et se désavoue lui-même; eh
« bien! tant pis pour le peuple, ce ne sera pas nous, ce
« sera lui qui aura manqué de persévérance et de cou-
« rage. »

Non! ce sera vous qui aurez manqué de science et qui
aurez faussé la formule de cette souveraineté populaire que,
sciemment ou inconsciemment, vous étouffez en l'embrassant et en la glorifiant! Non, vous n'avez pas le droit de
rejeter sur le peuple la responsabilité de votre ignorance et
de votre incapacité, pas plus que celle de vos fautes!

La décision qu'allait prendre l'Assemblée était d'une importance excessive : « Il reste à la République, si grave-

« ment compromise par les fautes, les excès du pouvoir,
« les scandales et les apostasies des républicains de la
« veille, une dernière planche de salut, disait la *Presse :*
« cette planche, c'est l'amendement Grévy. Tous ceux qui
« ne veulent plus de la République n'ont qu'à rejeter cet
« amendement ; s'il est rejeté, elle ne lui survivra pas long-
« temps. »

Cent-soixante-huit voix seulement appuyèrent l'amendement, parmi lesquelles nous remarquons celles de MM. François et Étienne Arago, Baraguey d'Hilliers, Carnot, Ed. Charton, Victor Chauffour, Pascal Duprat, Glais-Bizoin, Lamennais, Ledru-Rollin, Marrast, Piétri, Proudhon, Quinet, de la Rochejacquelein. Au nombre de ceux qui le rejetèrent, nous voyons figurer MM. Barthélemy-Saint-Hilaire, Bastide, Berryer, Beslay, Bethmont, Corbon, Crémieux, Ducoux, Flocon, V. Hugo, J. Reynaud, V. Lefranc, Marie, de Montalembert, Pagnerre, Sénart, J. Simon. M. Jules Favre était absent au moment du vote, mais il écrivit au *Moniteur* pour faire connaître qu'il aurait voté avec ceux qui déféraient l'élection du président au suffrage universel.

L'amendement Grévy était ainsi conçu :

« L'Assemblée nationale délègue le pouvoir exécutif à un
« citoyen qui reçoit le titre de Président du conseil des
« ministres. Élu pour un temps illimité, il est toujours ré-
« vocable. »

Cet amendement en réalité supprimait la présidence de la République. Il se distingue absolument de l'amendement de M. Leblond, auquel s'était rallié M. Flocon, qui voulait que le président de la République fût nommé par l'Assemblée nationale, et maintenait ainsi l'institution. C'était là un système bâtard, dont M. Bac démontra très-bien les inconvénients. S'il y avait un président, c'était le peuple qui devait le nommer, et la prétention de faire nommer par l'Assemblée un président irrévocable était tout à fait insoutenable. L'amendement avait en réalité été inventé pour les besoins de la cause du général Cavaignac, qui sentait bien qu'il avait peu d'espérances à fonder sur l'élection populaire. M. Leblond, son auteur, vota toujours à l'Assemblée constituante, avec la droite, pour la restriction des libertés, pour l'expédition de Rome, et contre l'amnistie. M. Cavaignac, qui s'était abstenu de prendre part au vote de l'amendement Grévy, n'hésita pas à soutenir l'amendement Leblond (1).

Mme Daniel Stern, dans son *Histoire de la révolution de* 1848, trace le portrait suivant de M. Grévy :

« L'un des représentants qui parla le plus fortement dans
« les bureaux contre l'état de siége (en juin), ce fut
« M. Grévy, représentant du département du Jura. C'était
« un esprit ferme et tempéré, à qui l'amour du bien et
« l'habitude des choses honnêtes traçaient toujours, sans
« qu'il eût besoin d'efforts, la ligne la plus droite. Sa pa-
« role était grave, lucide ; il possédait cette logique invin-

(1) Vingt-neuf membres votèrent contre la Constitution qui restera un triste monument de la mutilation de la République par ceux qui avaient reçu mission de la fonder et de la défendre : MM. Benoit, Berryer, Bouhier de l'Ecluse, Bravard-Toussaint, Brives, Bruys, Cholat, Crespel de Latouche, Defontaine, Denoize, Deville, Doutre, Favreau, Gamon, Greppo, V. Hugo, Joigneaux, Lantoine, Harduin, P. Lefranc Lubbert, de Montalembert, Pelletier, Pierre Leroux, Proudhon, de Puységur, Pyat, Eugène Raspail, de Larochejacquelein, de Sesmaisons.

Les uns repoussaient la Constitution parce qu'elle n'était pas assez républicaine, les autres parce qu'elle l'était encore trop.

Les membres de la gauche expliquèrent leur vote en disant qu'ils avaient voté contre la Constitution : « parce qu'elle ne contenait
« pas complétement la liberté de la pensée, la gratuité de l'ensei-
« gnement, l'abolition de la peine de mort, l'unité du pouvoir et le
« droit au travail par lequel et pour lequel le peuple a fait la ré-
« volution de février. »

M. Ledru-Rollin et quelques autres membres de la montagne avec lui, s'étaient abstenus de prendre part au vote.

« cible de la sincérité qui gagne tous les bons esprits. L'un
« des nouveaux venus dans l'Assemblée, il s'y était promp-
« tement acquis, sans intrigue et même sans ambition, une
« considération particulière. Républicain par réflexion plu-
« tôt que par entraînement, il ne concevait le progrès que
« par la liberté. Se tenant à cette notion très-simple, mais
« bien rare dans les querelles de parti, il parut constam-
« ment au sein de l'Assemblée, comme une expression mo-
« deste de sa meilleure conscience, comme un exemple
« parfait de l'esprit parlementaire appliqué dans toute sa
« sincérité à l'affermissement et à l'extension des institu-
« tions démocratiques. »

Ces éloges sont parfaitement mérités : M. Grévy est, avec son confrère au barreau, M. Bac, un des rares hommes, qui, dans cette année 1848, si féconde en apostasies et en défaillances, au milieu du tourbillon de l'esprit de parti et des ambitions surexcitées, ont toujours soutenu, sans jamais se laisser détourner, la cause de la liberté et de la démocratie. La droiture de l'esprit fut toujours égale chez lui à la droiture du caractère, et son attitude est d'autant plus remarquable qu'il n'appartenait pas au parti socialiste ni même à la gauche proprement dite, et ne demandait jamais ses inspirations qu'à sa conscience.

Cette attitude unique, jointe à une grande modération et à un absolu désintéressement, devaient faire à M. Grévy la position la plus élevée dans l'opinion publique. Mais en France, on sacrifie tout à l'apparence : la modestie de M. Grévy l'a laissé dans l'ombre. De tous les hommes de 1848, c'est lui cependant qui a fait constamment preuve du plus remarquable esprit politique, et en même temps de la plus grande sincérité dans ses convictions. Son mérite et sa vertu le désignent pour les premières places, et c'est à cet homme éminent et simple que le peuple, toujours dupe et victime de ceux qui sollicitent bruyamment ses faveurs, devrait, dans le cas où se présenteraient des circonstances graves, confier quelqu'une de ces importantes et délicates missions que ne sollicitent jamais ceux qui en sont vraiment dignes.

CHAPITRE XIII

M. BASTIDE

« Le général Cavaignac poussait sa candidature à la présidence avec toutes les fureurs du désespoir. Forcé de lever l'état de siége, le 29 octobre (1), son pouvoir était entré dans la période de la décadence, malgré les concessions honteuses qu'il ne cessait de faire à la contre-révolution, et malgré son obséquiosité à la Chambre où il ne cessait de répéter dans toutes les circonstances critiques : « Je « suis aux ordres souverains de l'Assemblée, c'est à elle « de prononcer. » Ce langage hypocrite n'était pas moins méprisable que ses protestations d'amour pour la liberté, quand tous ses actes portaient le cachet de son esprit despotique et de sa conduite arbitraire. Il parlait aussi du faix immense que faisait peser sur lui le pouvoir, du besoin de s'en débarrasser ; il se plaignait même d'avoir trop de

(1) Le 10 octobre avait été discutée une proposition de M. Durier, relative à la base de l'état de siége. MM. Senard et Marie, confirmant les déclarations précédemment faites par M. Cavaignac, avaient dit qu'ils croyaient que le salut public exigeait le maintien de l'état de siége. La proposition de M. Durieu avait été repoussée avec une majorité seulement de deux voix, et cinq ministres avaient voté pour eux. C'est à la suite de ce vote, que M. Cavaignac, qui déclarait quelques jours auparavant que l'état de siége était encore nécessaire *pour longtemps*, prit lui-même, le 19 octobre, l'initiative d'une proposition pour sa définitive levée.

pouvoir, sachant les royalistes bien décidés à lui en donner plus encore, ne se doutant pas que c'était pour le compromettre plus vite.

« Trop de pouvoir! Et pour y arriver, il avait trahi la Commission exécutive, trompé la France, plongé Paris dans toutes les horreurs de la guerre civile. Pour s'y maintenir, il insultait à la révolution de Février en appelant au pouvoir deux ministres de Louis-Philippe, MM. Dufaure et Vivien ; car la réunion de la rue de Poitiers avait demandé des positions en garantie et en récompense d'un appui qu'elle refusa au moment décisif, alors que l'instrument fut usé.

« Ce remaniement ministériel eut pour origine un projet élaboré par MM. Cavaignac, Marrast et Senard qui, sous prétexte de raffermir la foi républicaine dans les départements, voulaient y envoyer des espèces de commissaires généraux choisis dans le sein de l'Assemblée par le chef du pouvoir exécutif. Le but de cette mesure était facile à deviner. M. Cavaignac rêvait la dictature dans les départements par l'intermédiaire de proconsuls qui eussent travaillé en faveur de son élection à la présidence. Les royalistes s'émurent d'un projet dont la réalisation eût déjoué leurs intrigues, renversé une partie de leurs espérances. Aussi le repoussèrent-ils avec une brusquerie qui épouvanta M. Cavaignac. Une autre circonstance vint encore ajouter au mécontentement de la réaction. Les banquets démocratiques gênaient beaucoup les royalistes qui visaient à démontrer que la France n'était pas républicaine, en favorisant des émeutes dans le Midi. Le banquet de Toulouse notamment les contraria beaucoup, et ils réclamèrent la destitution du préfet, M. Cazavan, qui y avait assisté. Mais M. Cazavan était un ami de M. Senard. Ah ! si c'eût été un ami de M. Ledru-Rollin... Bref, M. Sénard refusa la destitution réclamée, c'était rendre sa retraite inévitable, car s'il avait bien mérité de la patrie, c'est-à-dire de la majorite de l'Assemblée, pour avoir exploité l'insurrection, il en méritait mal en ne contestant pas aux républicains le droit de réunion, quand ses amis se trouvaient au nombre des délinquants.

« MM. Cavaignac et Marrast, qui avaient besoin de l'appui des dynastiques de l'Assemblée, consentirent à leur donner des gages positifs, et un remaniement ministériel eut lieu. Le *National* livra des portefeuilles, non pas à l'ancienne gauche dynastique, mais à l'ancien *tiers-parti*.

« M. Dufaure, tant raillé par le *National* pour avoir refusé d'assister au banquet de Saintes où il voulait qu'on portât un toast à Louis-Philippe, fut appelé au ministère de l'Intérieur, et M. Vivien, le collègue de M. Dufaure dans le cabinet du 12 mai 1839, entra au ministère des Travaux-Publics. M. Cavaignac choisissait pour ministres les ex-serviteurs de cette monarchie de Juillet ques on frère avait tant combattue ! M. Marrast poussant le *National* à prouver que les hommes encore tout meurtris par ses attaques étaient tout à coup devenus de profonds politiques et que leur présence au pouvoir sauverait la République ! Tant de résignation inspirerait quelque pitié si on pouvait oublier ce que leur ambition a coûté de larmes et de sang, si les conséquences de leur indigne conduite n'eussent été si fatales à la France.

« Et, après de tels faits, le général Cavaignac, qui trouvait une satisfaction si intime dans l'exercice de ses pouvoirs, osait jouer l'abnégation, le désintéressement, lui dont la politique pour arriver à la présidence, se résumait par une immense tentative de captation exercée sur le pays. Soit au dehors, soit au dedans il méconnaissait les intérêts permanents et vrais de la France, il reniait tous les principes de la démocratie. L'honneur de la France coulait à pleins bord en Allemagne et en Italie, et les nouveaux satisfaits du *National*, groupés sous l'épée du général Cavaignac ou couchés au pied de la réaction, donnaient à l'Europe le spectacle de toutes les palinodies. Pactisant avec ceux qu'ils avaient insultés pendant dix-sept ans, reniant leur passé, leurs doctrines, leurs vieilles opinions, les professions de foi de toute leur vie, dans leur politique à l'intérieur, ils dépassaient en arbitraire, en compression, en népotisme et en corruption tout ce qu'ils avaient si énergiquement flétri sous le régime déchu, tandis qu'à l'extérieur ils replaçaient la France dans ce cercle de servitude d'où la Révolution l'avait fait sortir; ils renouaient la chaîne demi-rompue des traités de 1815, de ces traités maudits, contre lesquels ils avaient ameuté tant de si légitimes colères (1). »

La République s'était particulièrement engagée à protéger l'affranchissement de l'Italie, et dans ce but on avait rassemblé un corps d'armée aux pieds des Alpes (1). Charles-Albert, qui avait pris en main la cause de l'indépendance italienne, poussé par cette ambition démesurée de la maison de Savoie qui fut et qui devait être encore dans l'avenir si funeste à l'Italie, avait d'abord refusé de faire appel au concours de l'armée française, par crainte du drapeau républicain. Sous cette préoccupation égoïste Charles-Albert n'avait pas reculé devant une véritable tra-

(1) Ch. Robin, *Histoire de la Révolution de* 1848.

(2) Le commandement en chef de l'armée des Alpes fut confié du général Oudinot, qui adressa à ses soldats une proclamation dans laquelle il disait : « La République est amie de tous les peu« ples : *elle a surtout de profondes sympathies pour les popula*« *tions d'Italie.* Les soldats de ces belles contrées ont souvent « partagé sur d'innombrables champs de bataille nos dangers et « nos gloires ; peut-être de nouveaux liens ressortiront-ils bientôt « d'une fraternité d'armes si chère à nos souvenirs. » — Ce fut le même général Oudinot qui commanda plus tard l'expédition contre la République romaine.

hison, aimant mieux traiter avec l'Autriche même qu'avec la République : il avait livré Milan et la Lombardie. Mais il ne tarda pas à s'apercevoir qu'il s'était livré lui-même et il fit alors à la France un appel désespéré. Le devoir de la France était tout tracé. Le cas prévu par M. de Lamartine se présentait : un peuple libre, allié de la République demandait son secours. M. Cavaignac et son fidèle ministre des Affaires Étrangères, M. Bastide, préférèrent entamer une négociation diplomatique avec le cabinet de Vienne, en faisant intervenir la médiation de l'Angleterre, absolument comme eût pu le faire M. Guizot. Le résultat de cette négociation fut de sacrifier l'indépendance italienne en rendant à l'Autriche ses anciennes limites et en isolant Venise, ce qui équivalait à la livrer.

La révolution venait d'éclater à Rome : la France républicaine applaudit au triomphe de la volonté nationale, à la résurrection de la démocratie dans la ville éternelle. Mais le général Cavaignac, sûr de l'assentiment de la majorité, ne songea qu'à faire tourner ces événements au profit de sa candidature à la présidence, en tentant de s'assurer par un coup de théâtre les suffrages du parti ultramontain et du clergé si puissant dans les élections. Avant même d'avoir consulté l'Assemblée, qui n'eut plus qu'à ratifier les faits accomplis, il envoya à Civitta Vecchia une brigade de trois mille cinq cents hommes sur quatre frégates à vapeur, afin d'assurer l'existence et la liberté personnelle du pape, déposant ainsi le germe de cette funeste expédition romaine, boulet que la France traîne encore attaché au pied. En même temps le général Cavaignac écrivait à Pie IX pour le prier d'accepter l'hospitalité de la République française (1), et jouant jusqu'au bout la comédie, il en-

(1) Voici ce qu'écrivait le général Cavaignac à Pie IX le 3 décembre 1848 : « La République, dont l'existence est déjà consa-
« crée par la volonté réfléchie, persévérante et souveraine de la

voyait avec éclat M. Freslon à Marseille pour recevoir Sa Sainteté, afin de faire croire qu'elle avait accepté son invitation. « Honte pour la France! » s'écria M. Ledru-Rollin. Oui, honte! honte!

En Allemagne, les rois se livraient avec ardeur à des saturnales sanglantes pour comprimer l'élan des peuples vers la liberté. L'état de siége de Paris, les mitraillades, les conseils de guerre, la transportation en masse et sans jugement, et l'arbitraire, le despotisme, la répression si impitoyable servaient admirablement les desseins de l'Europe monarchique. Les atrocités de la République française donnaient une espèce de blanc-seing aux gouvernements despotiques ou constitutionnels. Le système Cavaignac faisait le tour du monde.

M. Victor Hugo porta à la tribune une éloquente protestation contre ces horreurs, et notamment contre les fureurs sanguinaires de l'armée autrichienne : « Je le déclare, ces
« exactions, ces extorsions d'argent, ces spoliations, ces
« fusillades, ces exécutions en masse, la potence dressée
« pour ces hommes héroïques, la bastonnade donnée à
« des femmes, toutes ces infamies mettent le gouvernement
« autrichien au pilori de l'Europe. Quand à moi, soldat
« obscur, mais dévoué à la cause de l'ordre et de la civi-
« lisation, je repousse de mon cœur indigné ces sauvages
« auxiliaires, ces Radetzki et ces Haynau qui prétendent,
« eux aussi, servir cette sainte cause, et qui font à la civi-
« lisation cette abominable injure de la défendre par les
« moyens de la barbarie ! »

M. Cavaignac était digne de donner la main à Radetzki et à Haynau, il la leur tendit (1). Se séparant de la poli-

« nation française, verra avec orgueil votre Sainteté donner au
« monde le spectacle de cette consécration toute religieuse que
« votre présence au milieu d'elle lui annonce. »

(1) Il n'est pas douteux que toutes les sympathies de M. Bas-

tique déjà si pusillanime du gouvernement provisoire et de la commission exécutive, il rassurait les gouvernements de l'Allemagne menacés. Pour décourager les tentatives du parti démocratique, il déclara qu'il conserverait une entière neutralité et qu'il sévirait au besoin contre les réfugiés. Il fut même convaincu d'avoir fait la police au profit du sanguinaire Narvaez, auquel il livra tantôt les papiers, tantôt les personnes des républicains espagnols réfugiés en France. Le *Journal des Débats* félicita le pouvoir de faire ainsi rentrer la République à pleines voiles dans la politique de M. Guizot. L'empereur de Russie fit témoigner son estime personnelle au général, et l'Angleterre, qui n'avait encore accrédité en France un ambassadeur que d'une manière provisoire, donna le titre d'envoyé extraordinaire à lord Normanby avec des lettres de créance de la reine. Honte ! Honte !

« Vous tous, républicains ambitieux, s'écrie M. Robin dans son *Histoire*, « soyez à jamais maudits pour tout le
« sang que vous avez fait répandre ! Vivants, la France
« vous a déjà frappés dans votre orgueil insensé ; morts,
« elle flétrira votre mémoire ; car vous avez commis plus

tide et de M. Cavaignac étaient pour l'Autriche. Dans une brochure publiée par M. Raumer, membre du parlement de Francfort, envoyé à Paris pour obtenir de la République française la reconnaissance du pouvoir central germanique, ce diplomate allemand rapporte, que M. Bastide lui dit : « L'Autriche ne doit pas s'affai« blir en Italie ; la France, loin de vouloir diminuer la puissance « de l'Autriche, désire l'augmenter, mais du côté de l'Orient. » Il faut dire d'ailleurs que les Italiens conçurent encore plus de mépris pour l'incapacité incurable, l'ignorance profonde et *l'ineptie gouvernementale* de ces hommes qu'ils n'eurent de haine pour leur trahison. Nous trouvons ces sentiments exprimés dans un article rétrospectif de l'*Opinione* de Turin du 19 octobre 1849. Peut-être est-ce là leur véritable excuse. Mais tout cela n'en est pas moins profondément triste pour la France et pour l'idée républicaine qu'ils prétendaient représenter.

« que des fautes, plus que des crimes : vous avez laissé
« égorger la démocratie européenne; » vous avez prêté les
mains au massacre.

CHAPITRE XIV

M. DUFAURE

L'arrivée au ministère de MM. Dufaure et Vivien produisit dans tout le pays une pénible impression, que vint exprimer à la tribune M. Ledru-Rollin : « M. le prési-
« dent du Conseil nous a dit qu'il s'était séparé avec peine
« d'hommes dont le nom avait été une garantie, une égide,
« lorsqu'il s'était agi, par suite des événements funestes de
« juin, de porter un instant la main sur les libertés. Si
« cela est vrai, si ces hommes, qu'on me permette de le
« dire, qui avaient perdu leur popularité au prétendu ser-
« vice de la République, si ces hommes ne peuvent plus
« rester, vous aviez donc quelque chose de plus à exiger
« d'eux. Il fallait donc leur demander de nouveaux sacri-
« fices; car les leurs ils les avaient faits ; ils n'avaient pas
« reculé devant de pénibles concessions ; et si aujourd'hui,
« ils se retirent, c'est sans doute que vous avez quelque
« chose de nouveau à exiger en fait de sacrifices contre la
« liberté. »

« C'est tout le contraire », avait répondu M. Dufaure, dont la réponse n'avait assurément rien de flatteur pour MM. Senard et Marie.

Proudhon, avec un sentiment plus juste de la situation, s'était abstenu de prendre part au vote sur le nouveau ministère : « Parce que, disait-il, il lui était impossible de
« regretter M. Senard et M. Ducoux (1) et que l'*antisocia-*

(1) M. Ducoux avait donné sa démission de préfet de police, et

« *lisme* des républicains de la veille le fatiguait autant que
« les plates calomnies des républicains du lendemain. » « Il
« m'est apparu d'ailleurs, ajoutait-il, aux explications de
« MM. Senard et Ducoux qu'il ne s'agissait là que d'une
« querelle de ménage entre doctrinaires bleus et doctri-
« naires blancs, peut-être aussi d'une affaire de présidence,
« et cela ne nous regarde pas. »

Proudhon voyait juste, et nous avons dit par suite de
quelle intrigue MM. Dufaure et Vivien auraient été appelés
au ministère.

L'arbitraire déployé par M. Senard pour réprimer les
révolutionnaires, M. Dufaure le déploya pour favoriser la
candidature de M. Cavaignac : la France fut inondée de
courtiers électoraux et de brochures vantant les hautes
vertus du général ; on diffamait et on traînait dans la boue
les autres candidats, et notamment le prince Louis-Napoléon, dont M. Dufaure allait être quelques mois plus tard
le ministre dévoué. On entravait les publications hostiles
au général Cavaignac, en leur interdisant la vente sur la
voie publique, en arrêtant leurs distributeurs. M. Dufaure
retardait le départ des malle-postes au risque de compromettre les intérêts industriels et commerciaux les plus
graves, pour faciliter l'envoi de bulletins favorisant la candidature de M. Cavaignac. Jamais l'intimidation et la corruption électorale ne furent exercées sur une plus large
échelle; mais il faut bien le dire aussi, jamais plus de sottise
ne fut mise au service d'une ambition plus effrénée ; si
bien que tous ces efforts et toutes ces manœuvres eurent

---

il était venu apporter à la tribune une élucubration emphatique,
comme les proclamations que nous avons citées, qui avait été
souvent interrompue par les rires et les réclamations de l'Assemblée,
dans laquelle il disait : « Je me suis séparé du gouvernement
« lorsque j'ai vu qu'il cessait de représenter les principes de la
« révolution de Février. »

bien plutôt pour résultat de rendre le général Cavaignac ridicule ; car il avait épuisé la coupe de l'odieux, et toutes les vexations arbitraires de cette heure ne pouvaient plus paraître que des misères auprès de la répression atroce des mois précédents, auprès de l'égorgement des prisonniers et des transportations en masse.

Si le général Cavaignac eût eu le moindre sentiment de l'honneur et de la dignité politiques, il devait dans sa situation s'abstenir de poser sa candidature, ou sinon, il devait donner auparavant sa démission de chef du pouvoir exécutif. L'article 45 de la Constitution, dont l'objet était précisément d'épargner à la France le scandale et à la République cette honte que le pouvoir exécutif pût servir d'instrument aux manœuvres électorales d'une ambition dévergondée, l'article 45 de la Constitution, qui déterminait que le président en fonctions n'était rééligible qu'après un intervalle de quatre années, faisait une loi au général Cavaignac de suivre cette conduite. Mais il était incapable d'un tel désintéressement, et il poussait sa candidature, suivant l'expression de M. Robin, *avec toutes les fureurs du désespoir.*

La circulaire adressée par le chef du pouvoir exécutif à tous les fonctionnaires civils et militaires, à l'occasion de la promulgation de la Constitution, est un témoignage des sentiments qui animaient le général Cavaignac dans cette campagne politique, qui était le couronnement de sa campagne militaire des barricades. Voici les passages les plus caractéristiques de cette circulaire :

« La Révolution n'étant pas définie, les esprits audacieux
« avaient pris carrière, et parce qu'un intervalle de temps
« devait s'écouler entre la destruction de l'édifice monar-
« chique et la reconstruction de l'édifice républicain, il
« semblait que tout fût à refaire, et que, de la société an-
« cienne, rien ne dût être conservé.

« Ces théories funestes devaient produire des fruits
« amers, et vous savez quelle terrible responsabilité font
« peser sur elles les actes de profanation sacrilége ou
« d'aggression sauvage, qui, sous un drapeau emprunté,
« vinrent s'attaquer à tout ce que les sociétés humaines ont
« de plus respectable, de plus saint, de plus vital...

« Rédigée en présence, si l'on peut s'exprimer ainsi, des
« théories subversives qui s'attaquent à la propriété, à la
« famille, aux conditions possibles et salutaires du travail,
« la Constitution n'avait rien à ajouter à la puissance des
« principes éternels sur lesquels ces droits reposent...
« Vous connaissez les erreurs, les dangers de notre époque,
« *vous continuerez à les combattre* avec le dévouement que
« la République a le droit d'attendre de votre part. L'appui
« de l'autorité qui vous dirige, l'opinion de la nation en-
« tière sont les sources où vous irez retremper le courage
« qui vous est nécessaire pour ne pas faiblir en présence
« d'agressions audacieuses, si, par malheur, elles venaient
« à se produire. »

M. Cavaignac termine en disant que « la religion doit
« couronner la solennité qui se prépare. » Et en rendant
hommage au patriotisme des ministres de la religion qui
« ont salué d'un sincère hommage l'établissement de la
« République. »

L'incident de Rome vint fort à propos servir ces avances
de M. Cavaignac au parti clérical, et il parvint à obtenir le
concours direct et effectif de quelques membres éminents
du clergé. C'est ainsi que M. Fayet, évêque d'Orléans,
écrivit à tous les évêques de France, au nom des évêques
et des ecclésiastiques de l'Assemblée (plusieurs, notamment
M. Parisis, le désavouèrent), pour leur dire que « le choix
« du général Cavaignac leur semblait offrir à la religion
« plus de garantie, et au pays plus de calme et de stabilité
« que toute autre candidature, » et les engager à faire

usage, pour la soutenir, de toute leur légitime influence.

Était-il possible après cela que les républicains sincères pussent se rallier à la candidature de M. Cavaignac? Trahi au dernier moment par les légitimistes et les orléanistes, il échoua honteusement, et c'était justice. L'élection du prince Louis-Napoléon consacra la chute définitive de la République, mais c'était le général Cavaignac qui l'avait conduite réellement à la ruine; la République avait été égorgée et trahie une première fois en juin ; et c'est sur le général Cavaignac que doit peser la véritable responsabilité de la perte de la République. Eût-il pu la sauver? Nous ne le pensons pas. Il est certain, dans tous les cas, qu'il n'en était pas digne ; et si l'on peut appliquer à la République la noble devise des preux : *Potius mori quam fœdari. Plutôt mourir qu'être souillé*, eh bien ! aujourd'hui encore nous ne devons pas regretter que la République n'ait pas été sauvée par M. Cavaignac, ce qui est d'ailleurs une hypothèse tout à fait invraisemblable ! Pour l'honneur de la République, il vaut mieux qu'il n'y ait rien de commun dans l'histoire entre elle et celui qui fut le plus implacable ennemi de la révolution et de la liberté !

Nous avons déjà réglé notre compte avec M. Dufaure, dans le chapitre consacré à M. Odilon Barrot, et nous avons dit comment il avait été le ministre de l'état de siège de 1849. Il faut dire toutefois à la décharge de M. Dufaure qu'il resta fidèle à ses antécédents, dans cette circonstance. M. Dufaure n'avait jamais fait parade de libéralisme sous le gouvernement de Juillet; il avait accepté un portefeuille déjà au lendemain d'une date néfaste, le 13 mai 1839, c'est-à-dire qu'il avait été le ministre de la répression impitoyable exercée par le gouvernement de Juillet, à la suite de la dernière prise d'armes du parti républicain. Le ministre du 13 mai 1839 était digne d'être le ministre du 13 juin 1849.

Mais son passage au pouvoir pour diriger la campagne électorale de M. Cavaignac est une triste page dans sa biographie. Rien ne l'obligeait à ce rôle, et le travestissement républicain qu'il n'hésita pas à prendre à cette occasion ne peut que donner une triste idée de son caractère.

M. Dufaure passe aujourd'hui pour un libéral. Pourquoi pas? puisque M. Cavaignac passe bien pour un républicain!

CONCLUSION

« O liberté, » s'écriait Mme Roland sur les marches de l'échafaud, « ô liberté, que de crimes on commet en ton « nom! » — Que de crimes en ton nom aussi, ô République!

Nous achevons ce livre sous l'empire d'une grande amertume et d'une profonde douleur. Ces tristesses d'un passé encore si rapproché nous paraissent plus pénibles que les tristesses même de l'époque présente. La conclusion qui se dégage des faits que nous venons d'exposer est terrible pour les hommes de 1848 : ils ont perdu, trahi, déshonoré, étouffé, égorgé la République, inaugurée magnanimement et glorieusement par le peuple en février : tous leurs actes ont été des crimes contre la démocratie et contre la liberté, et quand nous voyons ces mêmes hommes, qui n'ont rien appris, placés en face d'un peuple qui a tout oublié, se mettre de nouveau à la tête du mouvement démocratique et libéral, quand nous les voyons tenir dans leurs mains l'avenir, le découragement s'empare de nous.

Cependant, hâtons-nous de le dire, lorsqu'il s'agit de juger les hommes, il faut se garder également d'une sévérité trop grande et d'une complaisance exagérée. Dans une certaine mesure ces hommes sont de bonne foi et ils sont excusables. Ils sont sous l'empire de l'erreur profonde signalée par M. Grévy, dans les développements de son célèbre amendement : ils ne comprennent pas les conditions nouvelles de la société et ils s'égarent à la recherche d'une impossible division de pouvoirs et de l'équilibre impossible de la liberté et de l'autorité. Voilà pourquoi ils sont nécessairement amenés à reconstituer un pouvoir monarchique avec tous ses abus essentiels, ce « pouvoir fort — « dont l'action puisse incessament s'exercer sur les classes « inférieures, » réclamé par M. Jules Favre, — et qui dans leurs mains devient d'autant plus arbitraire et vexatoire qu'il est en contradiction plus directe avec l'idée libérale ou républicaine qu'ils prétendent représenter.

Ce qui leur manque, c'est la notion exacte de la liberté : ils s'obstinent à la chercher dans les formes politiques, tandis qu'elle réside dans la souveraineté de la conscience individuelle, qu'il s'agit de dégager. C'est là l'œuvre de la démocratie : en proclamant l'égalité morale et sociale de tous les hommes, elle nous initie à la formule élevée de la liberté qui est la justice, et qui se distingue ainsi essentiellement de la liberté égoïste du laisser-faire, le dernier mot de la science doctrinaire.

A cette lumière nouvelle on découvre que la condition indispensable de la liberté, c'est l'abolition de l'ignorance et de la misère, qui sont les derniers remparts du despotisme moderne. Tant que l'ignorance et la misère ne seront pas chassées à jamais du monde, non-seulement la justice n'existera pas, mais l'équilibre social sera sans cesse menacé, et ainsi la liberté même de ceux qui sont affranchis de ce double esclavage se trouvera compromise. L'abolition de l'ignorance et de la misère, voilà quelle doit-être la dernière raison d'exister des gouvernements, leur dernière tâche. Ils ne doivent plus avoir d'autres armes que l'instruction et le bien-être pour combattre les erreurs et les égarements populaires. Ces armes eussent pu prévenir et abattre les barricades de juin et préserver à jamais l'avenir de ces affreuses commotions. Les hommes de 1848, tout imbus des préjugés gouvernementaux et militaires, ont eu recours de très-bonne foi au canon et à la réaction ; mais par cela même ils se sont assimilés aux gouvernements monarchiques et en les imitant dans leurs pratiques les plus odieuses, ils se sont mis hors la révolution, qui seule pouvait faire leur force et qui seule pourrait encore aujourd'hui légitimer leur persistante ambition.

Ils n'ont pas pu trouver d'autres principes sur lesquels s'appuyer que le salut public et la légitimité de leur gouvernement, c'est-à-dire qu'ils ont été réduits à invoquer le droit de la force. Mais le caractère précisément de la République ou plutôt de la liberté, — les deux termes sont synonymes, — c'est qu'elle oppose au droit ancien de la force le droit nouveau de la raison, suivant l'admirable réplique de Michel (de Bourges) à Cavaignac.

Ainsi les termes du problème sont changés et désormais les institutions sociales doivent précéder les institutions politiques. On n'ira pas au bien-être et à la science par la République, — les événements de 1848 en sont un frappant exemple, — mais on ira à la République par le bien-être et par la science. La liberté est impossible à réaliser tant que le peuple sera ignorant et misérable, tant qu'il y aura dans la société des classes inférieures et subordonnées.

Châteaubriand, qui mourut précisément en 1848, au lendemain des journées de juin, avait le pressentiment de la métamorphose profonde que la société est appelée à subir, qu'elle subit en ce moment et dont les conditions doivent être désormais la règle de notre conduite publique :

« La société, telle qu'elle est aujourd'hui, écrivait-il,
« n'existera pas. A mesure que l'instruction descend dans

« les classes inférieures, celles-ci découvrent la plaie se-
« crète qui ronge l'ordre social depuis le commencement
« du monde, plaie qui est la cause de tous les malaises et
« de toutes les agitations populaires. La trop grande inéga-
« lité des conditions et des fortunes a pu se supporter tant
« qu'elle a été cachée d'un côté par l'ignorance, de l'autre
« par l'organisation factice de la cité ; mais aussitôt que
« cette inégalité est généralement aperçue, le coup mortel
« est porté. Recomposez, si vous le pouvez, les fictions aris-
« tocratiques ; essayez de persuader au pauvre, quand il
« saura lire, au pauvre à qui la parole est portée chaque
« jour par la presse, de ville en ville, de village en village,
« essayez de persuader à ce pauvre, possédant les mêmes
« lumières et la même intelligence que vous, qu'il doit se
« soumettre à toutes les privations, tandis que tel homme,
« son voisin, a, *sans travail*, mille fois le superflu de la
« vie ; vos efforts seront inutiles ; ne demandez point à la
« foule des vertus au delà de la nature.

« Le développement matériel de la société accroîtra le
développement des esprits. Lorsque la vapeur sera per-
« fectionnée, lorsque, unie au télégraphe et aux chemins
« de fer, elle aura fait disparaître les distances, ce ne seront
« pas seulement les marchandises qui voyageront d'un
« bout du globe à l'autre avec la rapidité de l'éclair, mais
« encore les idées. Quand les barrières fiscales et commer-
« ciales auront été abolies entre les divers États, comme
« elles le sont entre les provinces d'un même État ; quand
« le *salaire*, qui n'est que l'*esclavage* prolongé, se sera
« émancipé à l'aide de l'égalité établie entre le producteur
« et le consommateur ; quand les divers pays, prenant les
« mœurs les uns des autres, abandonnant les préjugés na-
« tionaux, les vieilles idées de supériorité et de conquête
« tendront à l'unité des peuples, par quel moyen ferez-
« vous rétrograder la société vers des principes épuisés ?...

« Un avenir sera, un avenir puissant, libre dans toute la
« plénitude de l'égalité évangélique..... Mais, avant de
« toucher au but, avant d'atteindre l'unité des peuples, la
« démocratie naturelle, il faudra traverser la décomposi-
« tion sociale, temps d'anarchie, de sang peut-être..... »

Saint-Simon formulait, en 1828, la loi philosophique et scientifique de cette évolution sociale :

« L'espèce humaine a été appelée à vivre d'abord sous
« le régime *gouvernemental et féodal ;*

« Elle a été destinée à passer du régime gouverne-
« mental ou militaire sous le régime *administratif* ou *in-*
« *dustriel*, après avoir fait suffisamment de progrès dans
« les sciences positives et dans l'industrie ;

« Enfin, elle a été soumise par son organisation à essuyer
« une crise longue et violente, lors de son passage du sys-
« tème militaire au système pacifique.

« L'époque actuelle est une époque de transition. »

C'est pour avoir méconnu cette loi du progrès, que les hommes de 1848 ont été conduits à réagir contre la révolution, dont ils devaient diriger et favoriser le développement. Et c'est à cause de cette ignorance invétérée de nos hommes d'État que toutes nos révolutions, depuis soixante ans, au lieu de nous faire avancer dans la voie de la liberté, nous ont fait reculer.

Le gouvernement, avec sa centralisation et son arbitraire, est l'expression des résistances actuelles au grand mouvement de l'émancipation politique, sociale et morale du peuple. Mais ce n'est pas l'ennemi présent, l'ennemi connu qui est le plus dangereux : c'est l'ennemi du lendemain, c'est l'ennemi déguisé qui nous caresse hypocritement aujourd'hui pour nous dominer et pour mieux étouffer ensuite nos aspirations.

C'est précisément parce que la situation est grave, parce que nous sommes à la veille peut-être d'importants événements que la publication de ce livre nous a paru opportune.

Nous voulons l'élever comme un phare aux yeux des nouvelles générations pour les avertir de l'écueil contre lequel sont venu se heurter et s'engloutir misérablement ceux qui les ont précédé dans la carrière de la démocratie militante.

Qui donc avaient raison en 1847, de ceux qui soutenaient l'union libérale, ou de ceux qui la repoussaient comme une déception et une duperie ? Et si alors quelques hésitations pouvaient subsister, sont-elles possibles aujourd'hui après l'expérience décisive de 1848 ?

Les idées ne peuvent marcher qu'à la condition de passer sur le corps des hommes qui leur font obstacle. On ne peut laisser la direction du mouvement populaire à des hommes qui le perdraient infailliblement, comme ils l'ont perdu dans le passé. Il ne faut pas la leur laisser prendre, il faut la leur retirer.

C'est là ce qui importe avant tout, et c'est pour cela que nous n'avons pas hésité à soulever ce début de personnalités. « Peut-on régénérer, peut-on même réformer ce « pays-ci sans attaquer aussi véhémentement les personnes « que les choses ? » écrivait Mirabeau en 1787, démasquant Necker, un de ces hommes aussi qui voulaient égarer la révolution en s'insinuant dans la confiance du peuple.

Nous avons couru au plus pressé, nous avons employé la démonstration la plus saisissante. Nous avons montré leur liberté et leur république en action. Est-ce là la liberté et la république que nous voulons ?

Il n'y a plus aujourd'hui que deux grands partis en présence : ceux qui veulent vraiment l'émancipation du peuple et la réalisation de la liberté par l'instruction et le bien-être universels, et ceux qui, par préjugé ou par calcul, sont opposés à cette révolution qui doit transformer l'ordre social non moins profondément que l'ordre politique.

Nous avons vu quelle a été la conduite dans le passé de ceux qui aspirent à diriger le mouvement actuel. Il est une pierre de touche qui nous permettra de reconnaître sûrement si, dans le présent même, ils sont du parti du progrès ou du parti de la résistance, du parti de la révolution ou du parti de la réaction.

Trois courants très remarquables se manifestent en ce moment dans le peuple, dans la bourgeoisie, dans la jeunesse, qui, divergents en apparence, attestent cependant la similitude des préoccupations et la communauté des aspirations vers un état régénéré, en même temps que le pressentiment commun de ses conditions essentielles :

Les efforts des travailleurs pour affirmer leur capacité, pour accomplir par eux-mêmes l'œuvre de leur émancipation, pour inaugurer un nouvel état de choses, fondé sur le travail, mais sur le travail libre, sur le travail organisé scientifiquement, et non plus arbitrairement comme dans les anciennes utopies communistes ;

Les aspirations de la bourgeoisie vers la paix, érigées désormais en principe, qui se manifestent d'une façon significative par la ligue internationale permanente de la paix, par la ligue de la paix et de la liberté, par l'Union pour la paix du Havre, et qui attestent le détachement qui se fait dans la classe aisée de la vieille politique et des vieilles fictions de *patrie*, de *nationalité*, de *grandeur territoriale*, de *gloire militaire*, etc.

D'autre part enfin, les tendances de la jeunesse vers le matérialisme, le positivisme, la morale indépendante, systèmes plus ou moins satisfaisants, mais qui tous procèdent d'une volonté nettement arrêtée de s'affranchir du mysticisme religieux, et d'établir la solidarité étroite qui existe sur le terrain de la liberté complète entre le problème moral et les problèmes politiques et sociaux.

Eh bien! les hommes dont nous parlons, se tiennent systématiquement en dehors de ces trois grands courants de la pensée moderne, non pas seulement indifférents, mais hostiles.

Ils ne comprennent pas et ne veulent pas comprendre les questions économiques et sociales : les efforts des travailleurs en ce sens leur paraissent suspects; ils y voient une fâcheuse diversion aux préoccupations politiques; il leur semble, tant est grande leur ignorance, et tant sont invétérés leurs préjugés, que ce soit là un terrain d'entente secrète avec le *gouvernement*.

Ils ne sont pas sympathiques davantage aux manifestations de la libre-pensée qu'ils considèrent comme une aberration et une révolte dangereuse; on connaît les flétrissures infligées par M. Jules Favre, de la tribune du Corps législatif et de celle de l'Académie, aux matérialistes et aux athées. Les plus émancipés ne vont pas au-delà du voltairianisme et de la religion naturelle dont M. Jules Simon a tracé le programme éclectique.

Enfin, ils se sont abstenus d'adhérer publiquement aux ligues de la paix et de prendre part à aucun de leur congrès. La guerre des nationalités est encore un des thèmes les plus brillants de leur opposition, et le souvenir même de leur défection de 1848 ne les rend ni plus circonspects ni plus réservés.

Ils bornent leur horizon au mouvement électoral, quelque peu aveugle par sa nature même et par le but immédiat qu'il doit se proposer ; mais c'est cette obscurité même qui leur plaît et qu'ils veulent entretenir, parce qu'elle favorise leur ambition et qu'elle couvre les transactions et les coalitions les plus inexcusables.

« Unissons-nous pour la lutte, disent-ils comme ils le
« disaient en 1847 ; soyons unis pour être forts, écartons
« les questions d'application qui nous diviseraient. Jusqu'à

« la victoire, combattons tous ensemble, nous aviserons
« après. »

Et après, ce seront les ateliers nationaux, ce sera la Commission du Luxembourg, ce seront les réactions sanglantes de Juin, ce seront les catastrophes funestes dans lesquelles s'abîment à la fois la liberté et la prospérité du pays !

Ces hommes ont-ils du moins reconnu et confessé leurs fautes passées? ont-ils fait amende honorable devant le peuple? ont-ils pris un ferme propos pour l'avenir? ont-ils manifesté qu'ils aient profité en quelque façon de la cruelle leçon de l'expérience?.

Non, non, non. Tout récemment encore, dans les débats du fameux procès des Treize, la première grande manifestation de leur parti reconstitué pour l'action, M. Jules Favre glorifiait M. Sénard comme le sauveur de la société en juin 1848 (1).

Eh bien! le peuple, qui ne veut plus être ainsi sauvé dans l'avenir, mais qui veut se sauver lui-même, doit repousser à tout prix ces hommes.

Que ce soit pour lui le commencement de la sagesse!

La démocratie, si elle ne veut pas périr, doit abandonner les anciennes routes, rejeter ses anciens guides, et se frayer des voies nouvelles avec le concours d'hommes nouveaux.

(1) A cette occasion, M. Jules Favre employa cette périphrase ridicule : « Sénard, le *courageux* président de l'Assemblée natio-
« nale qui a *opposé sa poitrine* aux coups des agitateurs. » Mais comment veut-on que ceux qui ne se sont pas reportés aux documents de l'histoire se reconnaissent au milieu de toute cette confusion d'apologies et d'événements dénaturés, arrangés selon les besoins des circonstances?

APPENDICE

Note A (p. 38).

M. de Montalembert, dans sa profession de foi, en même temps qu'il protestait de son libéralisme ardent, faisait au socialisme l'avance suivante : « J'ai peut-être à me repro-
« cher d'avoir partagé, non pas l'indifférence, mais l'igno-
« rance de la plupart des hommes politiques sur plusieurs
« des questions sociales et économiques qui occupent aujour-
« d'hui une si grande et si juste place dans les préoccupa-
« tions du pays. »

Le 18 septembre, M. de Montalembert faisait une sortie violente contre le socialisme. Il dénonçait l'école « qui avait
« pour but de rendre le travail attrayant, de changer ainsi
« dans l'esprit du peuple la notion même du travail. Au lieu
« d'une obligation et d'un avertissement, d'un châtiment et
« d'un remède pour l'âme, on en fait, on veut en faire une
« jouissance ou un droit. De là les désirs démesurés. L'Eglise
« plus prudente enseigne aux pauvres : Résignez-vous à la
« pauvreté laborieuse, et vous en serez récompensés et dé-
« dommagés éternellement. »

On voit que le catholicisme n'est pas moins inconciliable avec l'égalité sociale qu'avec la liberté.

M. de Montalembert faisait précisément cette sortie à propos de la liberté d'enseignement qu'il réclamait pour les catholiques, mais en excluant les socialistes. Quelques révolutionnaires sincères demandent *la liberté même pour les jésuites.* Quand donc les doctrinaires de tous les partis voudront-ils donc donner *la liberté même aux socialistes!*

Du reste il devait être donné à M. de Montalembert d'épuiser successivement toutes les thèses les plus réactionnaires. C'est ainsi que le 13 décembre 1849, à l'Assemblée législative, en défendant l'impôt sur les boissons, il ne craignait pas de faire en même temps l'apologie des gros budgets, et de présenter la *fiscalité* comme un des articles de la foi conservatrice : « Cette croisade que l'on a entreprise contre l'im-

« pôt, s'écriait M. de Montalembert, qui a commencé d'abord
« par des détails, tantôt par la réduction de la taxe des
« lettres, tantôt par la réduction de l'impôt sur le sel, cette
« croisade qui se continue aujourd'hui contre l'impôt des
« boissons, et qui prend des proportions formidables, n'est
« qu'une face de la guerre que certains hommes ont entre-
« prise contre la société. Ces ennemis de la religion, de la
« propriété et de la famille, nous les avons vaincus dans la
« rue, nous les avons vaincus dans les lois, nous les avons
« vaincus dans le sanctuaire de la justice. Ils cherchent à
« tenter une dernière bataille dans le domaine des finances ;
« il faut les y poursuivre, il faut les y cerner ; il faut, si je
« puis m'exprimer ainsi, remporter une dernière victoire. A
« aucun prix il ne faut les y laisser pénétrer ; il ne faut pas,
« il ne faut absolument pas leur ouvrir les portes du Trésor
« national. Et ici, il y a un danger d'autant plus grand qu'un
« grand nombre d'honnêtes gens, de véritables patriotes, de
« vrais philanthropes, se laissent prendre à l'appât de ces ré-
« formes... Avant la Révolution, c'était une banalité que les
« finances de la France étaient les plus prospères du monde ;
« c'était une banalité que le système de l'impôt fût le plus
« juste, le plus solide, le moins onéreux ; c'est ce système que
« l'empereur a si bien compris, qui a reçu tant de perfec-
« tionnements de tous les hommes intègres qui ont passé aux
« affaires sous la Restauration et sous le gouvernement de
« Juillet, que l'on voudrait détruire aujourd'hui. Certes, je ne
» suis pas partisan de tous les détails de notre organisation
« administrative et politique... Mais, dans toute cette organi-
« sation, s'il y a une chose que j'admire, c'est la *fiscalité*,
« pour lui donner le nom le plus odieux... »

Ce discours attira à M. de Montalembert un des articles les plus vifs de M. de Girardin, dans la *Presse* du 14 décembre. M. de Girardin disait que la réaction aveugle et routinière en votant le maintien de l'impôt sur les boissons, allait voter sa déchéance politique, et provoquer la révolution, qui, trois fois détournée de son cours, serait terrible et vengeresse :
« Il vous en coûte peu, je le sais, monsieur, poursuivait
« M. de Girardin, de vous rétracter, de vous signer le front,
« de vous meurtrir la poitrine, de confesser votre erreur
« avec l'éclat de cette prétentieuse humilité, taillée à facet-
« tes, que vous excellez à faire scintiller ; mais vraisem-
« blablement il sera trop tard alors pour abjurer votre ido-

« lâtrie fiscale, et reconnaître qu'il n'y a de bon impôt que
« celui qui a pour assiette la justice...

« Qui a renié la liberté par peur, dès que le péril éclatera,
« n'hésitera pas à renier la fiscalité !

« Tel commencement, telle fin. N'avez-vous pas commencé,
« monsieur, votre carrière de grand docteur de la presse, en
« fondant, en 1830, avec M. Lamennais, le journal l'*Avenir*,
« que, deux ans après, vous alliez désavouer solennellement
« à Rome ?

« Vous avez sanctifié la palinodie !

« Plus de modestie, monsieur, et moins d'humilité. »

Note B (p. 328).

Extrait de l'audience du 8 janvier 1849 du Conseil de guerre de Paris. — Affaire Barthélemy.

Le témoin *Ribot* dépose que l'accusé Barthélemy « par gé-
« nérosité d'âme, a sauvé la vie à un grand nombre de gardes
« nationaux. » — « Voici comment. Par suite d'un faux mou-
« vement, les insurgés s'emparèrent d'une barricade dont
« nous étions maîtres ; nous nous sommes trouvés alors au
« milieu de la rue et exposés à recevoir leur feu sans pouvoir
« seulement répondre ; aussitôt que Barthélemy s'en aperçut,
« comme il commandait, il fit cesser le feu et nous sauva
« ainsi la vie. »

Barthélemy dit alors que c'est aussi au citoyen Ribot qui
l'arrêta plus tard qu'il dut de ne pas être fusillé : « car au
« lieu de me déposer à la caserne de la rue Saint-Martin, il
« me conduisit à la mairie du Ve ; parce que les gardes, à
« cette caserne fusillaient les prisonniers. »

M. le président (le colonel Cornemuse). — Nous savons que
ces gardes tiraient souvent des coups de fusil au hasard.

Barthélemy. — Je le sais ; mais les gardes nationaux qui
me conduisaient savaient tellement qu'on y fusillait les prisonniers, qu'ils ne voulurent pas s'y arrêter. Je pourrais vous
signaler des faits de cruauté inouïe, qui vous prouveraient
que les insurgés, que l'on a représentés comme des barbares,
ont été traités avec la plus grande cruauté.

M. le président. — Accusé, citez-nous un de ces faits.

Barthélemy. — Après avoir séjourné quelque temps à la
mairie du Ve arrondissement, je fus transporté à l'Ecole mili-

taire ; on me mit dans une cave avec d'autres prisonniers ; nous y étions sans pain, sans eau, la chaleur était étouffante, car nous étions beaucoup ; on se plaignit. Un officier se promenait de long en large devant le soupirail de cette cave ; il entendit. — Qui se plaint ! dit-il. — Nous avons faim, faites-nous demander du pain. — Attendez... — Aussitôt il prit le fusil d'un factionnaire et le déchargea sur nous par le soupirail. Un des nôtres tomba. — Qui a encore faim ? dit-il en ricanant. Je vais le servir... (*Mouvement prolongé*).

Dans la nuit du 25 au 26, dans une cave qui portait le n° 6, un fou, un malheureux qui avait perdu la tête dans les événements, se mit à crier. La sentinelle tira au hasard dans le tas, plusieurs tombèrent...

Et si l'on doutait de la vérité de ces faits, je rappellerai que le 3 juillet, lorsque je fus conduit à la préfecture de police, il y avait sur des voitures plus de trente insurgés mutilés par suite de pareils actes.

Voici un autre fait. Impasse Ménilmontant, devant le n° 16, un homme blessé tomba entre les mains des gardes nationaux ; il est fusillé ; puis, comme si ce n'était pas assez, pour assouvir leur rage, ils prennent de la paille, le couvrant avec, y mettent le feu et le rôtissent... (*Mouvement d'horreur*).

M. le président. — Je ne puis vous laisser continuer, un pareil récit ne peut que provoquer des sentiments de haine. D'ailleurs il y a eu des crimes commis de part et d'autre, mais on les a exagérés, heureusement. Ainsi, une femme avait été accusée d'avoir mutilé des gardes mobiles.

Barthélemy. — Elle a été acquittée par vous comme innocente.

M. le président. — J'allais le dire. Si des crimes ont été commis, des traits de générosité ont eu lieu des deux côtés. Mais je ne peux vous laisser continuer, ceci est étranger à votre cause.

Barthélemy. — Lorsque des faits prouvent que les actes de barbarie n'ont pas été commis par les insurgés, vous empêchez la parole, de même que vous avez souffert que des journaux stipendiés nous prodiguassent l'injure et la calomnie. Puisque vous avez entendu le mensonge, pourquoi ne pas souffrir la vérité ? Je proteste contre une pareille manière de juger.

Des crimes ont été commis des deux côtés, avoue M. le colonel Cornemuse. Mais quelle répression a été dirigée contre les crimes commis du côté des vainqueurs? N'ont-ils pas été couverts par une scandaleuse impunité? tandis que leur générosité même ne servait pas à protéger les vaincus.

Barthélemy fut condamné aux travaux forcés à perpétuité. Mais dans la nuit même, il s'évada avec le docteur Lacambre, ami de Blanqui, arrêté à la suite du 15 mai, reconnu innocent de ce chef, mais arbitrairement retenu prisonnier pour complicité dans les événements de juin, bien qu'il fût évident qu'il n'avait pu y participer en rien puisqu'il était prisonnier depuis plusieurs semaines lorsqu'ils éclatèrent. M. Lacambre se réfugia à Londres, puis à Bruxelles : il a écrit un récit intéressant de son évasion.

Note C (p. 336).

La police elle-même avait contribué activement à provoquer et à entretenir cette terreur insensée. Voici ce que déposait à la Commission d'enquête, le 8 juillet, M. Panisse, directeur de la police de sûreté générale : « Je suis en ce
« moment sur les traces d'un complot qui aurait pour but
« de brûler Paris et que l'on appellerait *le tour de la paillasse.*
« Des gens devraient louer de petits logements en douze ou
« quinze quartiers de Paris, les remplir de paille, arroser
« cette paille avec de l'essence de thérébentine, y mettre le
« feu et se sauver. »

Il n'est pas besoin de dire qu'il n'y avait rien de vrai dans ce complot fantastique imaginé par un chef de police désireux de montrer du zèle; mais on peut juger de l'effet que devaient produire sur une population déjà surexcitée et terrifiée de semblables *révélations* enregistrées solennellement par une commission de l'Assemblée.

Un odieux calcul inspirait d'ailleurs ces odieuses inventions. Il se révèle clairement dans l'extrait suivant du procès-verbal de la séance de la Commission d'enquête, du 13 juillet :
« M. le préfet de police (M. Dacoux) demande à être intro-
« duit. Ce magistrat signale le danger de la présence des
« prisonniers dans Paris. Les détenus ne sont pas abattus.
« Ils s'attendent à être délivrés d'un instant à l'autre. Ils sont
« entretenus dans ces idées par les hommes intelligents qui
« sont enfermés avec eux et qui les dominent. On remarque
« une agitation considérable à la surface et très-sérieuse au

« fond... *L'arrestation de Caussidière est une mesure indispen-
« sable...* »

Note D (p. 338).

Le *Peuple* dans son numéro du 26 novembre 1848, tirait ainsi la conclusion du débat qui s'était élevé la veille dans l'Assemblée entre le général Cavaignac et la Commission exécutive : « En laissant toute liberté à l'insurrection, Cavaignac
« est la cause volontaire de l'acharnement effroyable de la
« lutte. Le peuple, qui hésitait d'abord, s'est levé presque
« tout entier ; la bourgeoisie a été effrayée. De part et d'autre
« on a voulu livrer une bataille décisive ; *on a voulu en finir !*
« Et lorsqu'une population tout entière s'est levée, au lieu de
« chercher une conciliation, au lieu d'apaiser la révolte en
« donnant satisfaction à ses justes exigences, au lieu d'éclai-
« rer des hommes égarés, on a pensé uniquement à vaincre
« des ennemis. Le peuple de Paris n'a plus été qu'une horde
« de barbares qu'il fallait vaincre à tout prix. La France a été
« divisée en deux camps et le général Cavaignac a conduit
« ses régiments contre des ennemis, non contre des compa-
« triotes et des frères. La résistance a été désespérée, l'atta-
« que a été furieuse.

« Le général Cavaignac a laissé grandir l'insurrection, il
« est vrai ; mais pour mieux l'écraser et pour vaincre d'un
« seul coup tout le peuple révolutionnaire. Ce n'est donc pas
« à la Commission exécutive d'accuser Cavaignac devant le
« peuple et devant la bourgeoisie, c'est au peuple, c'est
« à la révolution de l'accuser devant l'histoire. »

Note E (p. 341).

Voici ce qu'écrivait M. Pascal Duprat après le 24 février dans le numéro 3 du *Peuple constituant* : « Que les ouvriers ne
« se dessaisissent pas légèrement de leurs armes, qu'ils gar-
« dent avec la même sollicitude la plupart de ces barricades
« qui ont été le tombeau de la royauté. C'est ainsi qu'ils
« fonderont véritablement la République. Les pierres qui ont
« fait tout-à-coup des citadelles, seraient encore au besoin
« les gardiennes du droit populaire. »

Note F (Voir la page 383).

Les développements de cette thèse de l'unité du pouvoir,

qui est la véritable formule démocratique, si remarquablement exposés par M. Grévy, furent complétés par M. Bac :

« Une objection qui a sa force est celle-ci : Sous un tel
« gouvernement qui concentre toujours en lui les forces de
« la nation, les minorités peuvent être momentanément
« écrasées ou du moins privées de participer à l'action du
« pouvoir. A cela, je réponds qu'on aura beau faire, il n'y a
« de gouvernement juste que celui qui est conforme à cer-
« tains principes éternels, écrits dans la conscience humaine ;
« mais il n'y a de gouvernement possible, et possible dans la
« modération et dans la force réelle, que celui qui s'appuie
« sur les majorités ; quant aux minorités qui souvent, disons-
« le, presque toujours ont avec elles la justice, leur rôle est
« d'éclairer l'opinion : à elles la presse et la liberté, à elles
« le droit de réunion, tous ces droits qui appartiennent aux
« citoyens et non pas au pouvoir ; à elles tous ces droits que
« le pouvoir ne peut que surveiller et jamais comprimer ; à
« elles tous ces moyens de transformer successivement l'opi-
« nion publique et d'arriver par la prédication pacifique à
« son règne par la majorité de la nation.

« Voilà, selon moi, le rôle des minorités.

« Ainsi, j'ai fait deux parts : l'une, le pouvoir, aux majo-
« rités ; l'autre, aux minorités, la liberté, la presse, la prédi-
« cation, la conversion par les moyens pacifiques, et non le
« bouleversement par les complots et les séditions, qui n'a-
« mènent jamais que l'oppression ; car l'oppression est fille
« de la violence. Aux minorités, ce rôle, ce rôle progressif,
« ce rôle qui les amènera au pouvoir le jour où la nation aura
« conscience que la vérité est avec elles. »

Il y a longtemps que la situation est la même, et que l'antagonisme existe entre les socialistes qui veulent la République pour l'amélioration du sort du peuple et les politiques pour lesquels la République n'est qu'un moyen d'élever ou de rétablir leur pouvoir.

En 1797, les partisans de Babœuf qui voulaient réaliser le triomphe complet de l'égalité et les Montagnards qui voulaient rétablir la Convention, luttaient, chacun de leur côté et tous au nom de la République, contre le gouvernement réactionnaire et corrompu du Directoire. Une tentative de rapprochement eut lieu entre les deux partis ; mais les Montagnards ne voulurent pas adopter un autre programme que le rétablissement pur et simple de la Convention, et la seule concession qu'ils offraient était d'admettre les membres du Directoire secret de la conjuration de Babœuf au Conseil exécutif qu'ils se proposaient d'établir.

La réponse faite par Babœuf aux Montagnards, telle que la rapporte Buonarotti, dans son *Histoire de la Conspiration pour l'Égalité*, est fort remarquable, et nous ne pouvons mieux terminer ce livre qu'en la signalant aux méditations de tous ceux qui sont dévoués avec sincérité et désintéressement à la cause de la Révolution :

« Nous ne voulons pas anéantir un gouvernement op-
« presseur, pour lui en substituer un qui ne le serait pas
« moins. Il est bon de pardonner à l'erreur, mais il y
« aurait de la folie à confier de nouveau le sort de la
« patrie à ceux dont les erreurs la perdirent.

« Mieux vaut périr par les mains du gouvernement que
« de mettre encore le peuple à la merci de ceux qui immo-
« lèrent au 9 thermidor ses meilleurs amis, et laissèrent,
« depuis, lâchement proscrire les républicains et démolir
« l'édifice démocratique. »

Ce que disait Babœuf aux hommes de 1793, nous sommes fondés à le répéter aux hommes de 1848.

Ces paroles ne sont d'ailleurs que le commentaire de cette maxime de Robespierre : « Toute révolution qui n'a
« pas pour objet immédiat l'amélioration du peuple, n'est
« qu'un crime succédant à un autre crime. »

POST-SCRIPTUM

M. Hippolyte Castille vient de publier une brochure sous ce titre : *Les Massacres de juin* 1848. C'est la reproduction du chapitre de son *Histoire de la seconde République française* consacré à ce sanglant épisode.

M. Castille, qui fut un des écrivains vigoureux du parti républicain dans les dernières années du règne de Louis-Philippe et qui avait du talent lorsqu'il avait des convictions, appartient depuis 1852 à l'armée active de la presse officieuse. Son *Histoire*, amplification assez pâle, fut écrite pour faire litière de la seconde République aux pieds du second Empereur, comme des scribes à gages avaient fait litière autrefois de la première République aux pieds du premier Empereur.

Quand à la pensée qui vient d'inspirer la publication du chapitre consacré aux massacres de juin, il faut la chercher sans doute dans cette phrase du livre original, habilement écartée de la nouvelle édition :

« Au boulevard Italien, les gens de bourse arrêtaient
« par le bras les soldats de la mobile (qui revenaient des
« barricades) et les forçaient à boire à leur table. Ces
« choses se passaient au café de Paris, à Tortoni, sur toute
« la ligne des boulevards élégants. *Il est bon de s'en sou-*
« *venir pour le jour prochain où tonnera sur ce même bou-*
« *levard le canon vengeur.* »

On se préoccupe fort en haut lieu de l'émotion si vive causée par les livres récents sur le 2 décembre, et l'accueil plus que froid fait à la réédition du *Récit* de M. Granier de Cassagnac a montré que le moment des apologies est passé et qu'il faut chercher des arguments plus puissants pour justifier le coup d'Etat. Alors on a songé à opposer Juin à Décembre.

Mais il n'appartient pas à ceux qui des rangs des victimes ont passé dans le camp des vainqueurs, comme M. Castille et comme son digne compère M. Hugelmann, un des transportés de juin qui se recommandaient le plus vivement dans ce temps aux sympathies des démocrates ; il ne peut appartenir à ces gens, disons-nous, de se faire de ces tristes souvenirs une arme de parti : car cette arme ne pourrait, dans leurs mains, que se retourner contre le peuple, dont ils feignent de prendre la défense.

Non, il n'est pas vrai que le 2 décembre ait vengé le 24 juin, la même pensée de réaction implacable contre le socialisme et contre la liberté a dirigé les auteurs de ces deux actes, et les deux dates du 24 juin 1848 et du 2 décembre 1851 doivent rester également funestes.

La vérité est que la distance entre les hommes de Juin et les hommes de Décembre n'est pas aussi grande que les uns et les autres voudraient le faire croire. Comme cette démonstration est importante pour la cause que nous soutenons, nous écrirons l'histoire de la Présidence, dans un prochain volume qui complètera celui-ci, et nous raconterons les événements qui ont précédé et provoqué le Coup d'État.

10 janvier 1869.

TABLE DES MATIÈRES

CHAPITRE Ier. — M. Odilon Barrot............................. 1
    —   II. — M. de Lamartine........................... 74
    —   III. — M. Louis Blanc............................ 109
    —   IV. — M. Ledru-Rollin........................... 146
    —   V. — M. Garnier-Pagès.......................... 186
    —   VI. — M. Carnot................................. 208
    —   VII. — M. Armand Marrast....................... 227
    —   VIII. — M. Jules Favre.......................... 241
    —   IX. — M. Marie.................................. 283
    —   X. — M. le général Cavaignac................... 303
    —   XI. — M. Sénard................................. 358
    —   XII. — M. Grévy................................. 371
    —   XIII. — M. Bastide.............................. 390
    —   XIV. — M. Dufaure............................... 397
CONCLUSION.. 402
APPENDICE... 411

TABLE DES PERSONNAGES

CITÉS DANS CE VOLUME

Abattucci, 20.
Adam (E.), 49, 326.
Adelsward (d'), 337.
Affre, 328.
Albert, 82, 99, 262, 274, 278.
Anstett, 51.
Arago (F.), 22, 81, 99, 119, 127, 128, 132, 238, 248, 276, 339, 375, 387.
Arago (Et.), 82, 126, 256, 274, 375, 387.
Arago (Em.), 33, 262.
Aragon (d'), 21, 270.
Arène, 70.
Arnaud (de l'Ariége), 374.
Audry de Puyraveau, 176, 379.
Avond, 317.
Avril, 51.

Babaud-Laribière, 300, 317.
Bac, 55, 298, 299, 300, 384, 389, 417.
Bancel, 356.
Baraguey-d'Hilliers, 29, 70, 387.
Barbès, 94, 126, 175, 245, 251, 270, 274, 280.
Barbier (A.), 330.
Bareste, 363.
Baroche, 20, 243, 883, 330.
Baron, 20.
Barrot (O.), 1, 143, 164, 187, 375.
Barrot (F.), 61.
Barthélemy Saint-Hilaire, 186, 195, 300, 387.
Bastiat, 375.
Bastide, 341, 348, 351, 359, 375, 387, 390.
Bauchart (Q.), 27.
Baune, 51, 318, 361.
Baze, 317.
Beaumont (de la Somme), 20.
Beaumont (G. de), 22, 60, 188.
Bedeau, 82, 375.
Bell (G.), 277.
Benoît, 388.

Béranger, 136, 199.
Bérard, 317.
Bérenger, 282.
Berger, 21.
Bernard, 183.
Berryer, 80, 164, 326, 387, 388.
Beslay, 300, 329, 375, 387.
Bethmont, 21, 49, 83, 138, 301, 375, 387.
Beuzelin, 219.
Beyer, 51.
Bigot, 21.
Billault, 9, 21, 243, 264.
Bineau, 61.
Bixio, 60, 83.
Blanc (L.), 21, 22, 56, 82, 90, 91, 109, 180, 197, 250, 262, 274, 287, 320, 351.
Blanqui, 94, 183, 270, 274, 278.
Boch, 51.
Boichot, 51.
Boissel, 20.
Boissy (de), 3.
Bonin, 21.
Bonjean, 106, 215, 227.
Bordillon, 173.
Bormes, 275.
Bouchené-Lefer, 49.
Boudet, 49.
Bouhier de l'Ecluse, 388.
Boulatignier, 49.
Boulay, 49.
Boussingault, 49.
Bravard-Toussaint, 388.
Bréa, 323.
Brives, 51, 388.
Bruys, 388.
Buchez, 150, 142, 178, 230, 245, 271.
Buffet, 60.
Bugeaud, 53, 77, 163.
Bureaux de Pusy, 20.
Buvignier, 341.

Cabet, 113, 126, 134, 270, 274, 279.

Cambacérès (de), 21.
Cantagrel, 51.
Carnot, 20, 21, 82, 138, 189, 208, 387.
Cartelier, 327.
Carteret, 49, 166.
Cauchois-Lemaire, 242.
Caussidière, 82, 137, 218, 261, 262, 271, 317, 360.
Cavaignac, 143, 184, 374, 385, 390, 394, 399.
Chaix d'Est-Ange, 234, 327.
Chambolle, 20, 22.
Changarnier, 28, 59, 61, 133, 360.
Charras, 300, 326, 375.
Charton (Ed.), 49, 209, 375, 387.
Chasseloup-Laubat, 49.
Chauffour (V.), 299, 300, 375, 387.
Chevallier, 80.
Cholat, 388.
Cluseret, 359.
Commissaire, 51.
Considérant, 51, 271, 317.
Corbon, 244, 296, 300, 387.
Cormenin, 49.
Cornemuse, 325, 413.
Courtais, 21, 83, 241, 271, 278.
Crémieux, 4, 14, 20, 50, 77, 79, 136, 170, 206, 248, 254, 256, 372, 387.
Crépu, 49.
Créton, 20.
Crespel de la Touche, 388.
Cruveiller, 280.
Cuvier, 49.

Damesme, 323.
Darricau, 49.
David d'Angers, 218, 351, 375.
Defontaine, 388.
Degousée, 318.
Delamarre, 197.
Delattre, 70.
Delescluze, 92, 172, 246, 353.
Demarçay, 20.
Demontry, 51.
Denjoy, 70, 242.
Denoize, 388.
Desage, 54.
Desèze, 227.
Deschamps, 246.
Desmarets, 328.
Desmoulins, 54.

Desmousseaux de Givré, 1.
Deville, 51, 375, 378, 388.
Doutre, 388.
Drault, 21.
Drouyn de Lhuys, 21, 60, 102, 210.
Druet-Desvaux, 346.
Dubois, 172.
Duchâtel, 2, 14, 63, 369.
Duclerc, 175, 195, 248, 261, 318.
Ducos, 178, 229.
Ducoux, 300, 333, 337, 359, 387, 397, 415.
Dufaure, 8, 22, 29, 42, 60, 68, 235, 397.
Dufraisse, 51, 106.
Dumas, 61.
Dunoyer, 49.
Dupin, 78.
Dupont (de Bussac), 83.
Dupont (de l'Eure), 20, 81, 238.
Duprat (P.), 340, 356, 358, 388, 416.
Durieu (X.), 390.
Dusolier, 21.
Dussard, 49, 146.
Duvergier de Hauranne, 13, 20, 33, 34, 68, 113, 187.
Duvivier, 98, 321.

Falloux (de), 60, 227, 287, 293.
Fargin-Fayolle, 51.
Faucher (L.), 7, 9, 20, 60, 68.
Fauvety, 284.
Favre (J.), 32, 99, 106, 142, 150, 164, 166, 216, 241, 300, 301, 387, 410.
Favrean, 373, 388.
Fayet, 400.
Flocon, 21, 82, 138, 149, 248, 255, 305, 375, 387.
Flottard, 83, 322.
Forestier, 57.
Foucher (V.), 364.
Fould, 9, 21, 61, 197.
Franck-Carré, 146, 172.
Freslon, 138, 395.
Furet, 52.

Galy-Cazalat, 336.
Gambon (F.), 51, 388.
Garnier-Pagès, 20, 21, 77, 81, 92, 119, 127, 186, 210, 218, 229, 248, 296, 301, 305, 318, 338, 339.
Garnon, 21.

TABLE DES PERSONNAGES

Garnoux, 279.
Gaulthier de Rumilly, 20, 49.
Gellé, 362.
Genoude (de), 79.
Girardin (E. de), 3, 16, 17, 32, 35, 143, 165, 169, 240, 281, 285, 303, 336, 342, 387.
Giroux, 279.
Glais-Bizoin, 300, 376, 387.
Gouache, 236.
Goudchaux, 90, 192, 197, 295, 309, 351, 359, 375.
Goyon (de), 271, 332.
Granier de Cassagnac, 4, 5.
Greppo, 278, 388.
Grévy, 42, 50, 300, 371.
Guérineau, 365.
Guinard, 83, 300, 350, 371.
Guise (de), 327.
Guizot, 1, 8, 13, 19, 22, 26, 28, 35, 36, 62.

Hatton, 364.
Harduin, 388.
Hautpoul (d'), 61.
Havin, 49, 300, 375.
Hébert, 32, 170.
Heckeren (d'), 334.
Heitzmann, 51.
Hély d'Oissel, 49.
Hofer, 51.
Houneau (J.), 277.
Huber, 271, 275.
Hugo (V.), 285, 287, 374, 377, 382, 387, 395.

Isambert, 20, 264.

Jannot, 51.
Joigneaux, 388.
Joly, 232.
Joubert, 326.
Jourdan (L.), 361.
Jouvencel (de), 21, 49.

Keratry (de), 169.
Kestner, 375.
Kœnig, 51.
Kopp, 51.
Korsy (de), 50.

Lacrosse, 60, 78, 326.
Lafayette (G.), 20.

Laferrière, 49.
Lagarde, 317.
Lagrange, 274, 318, 320, 341, 364.
La Guéronnière, 371.
Lamartine, 2, 3, 11, 16, 18, 74, 119, 132, 135, 177, 106, 210, 219, 240, 248, 279, 339, 371, 385.
Lamazières (D.), 51.
Lamennais, 199, 368, 387.
Lamoricière, 322, 327, 358, 378.
Lanyer, 49.
Landolphe, 51.
Landrin, 49, 251, 254, 337.
Lanjuinais, 60.
Laothoine, 388.
Larabit, 21, 105, 341, 346.
Larochejaquelein, 90, 189, 387, 388.
Lasteyrie (F. de), 21, 384.
Latrade, 337.
Lavalette (de), 17.
Laviron, 213.
Laurent (de l'Ardèche), 232.
Leblond, 375, 387.
Lebreton, 323, 326.
Ledru-Rollin, 2, 7, 15, 21, 22, 28, 34, 51, 80, 95, 99, 129, 133, 135, 146, 203, 206, 210, 251, 258, 262, 267, 273, 274, 320, 339, 373, 385, 387, 388, 395, 397.
Lefèvre, 326.
Lefort-Gonsselin, 21.
Lefranc (P.), 388.
Lefranc (V.), 375, 387.
Legouvé, 211.
Leroux (P.), 34, 42, 54, 178, 274, 315, 361, 377, 388.
Lesseps, 20.
Lherbette, 8, 21, 301.
Liechtenberger, 371.
Lignier, 49.
Louriou, 51.
Lubbert, 388.
Lucas (Ch.), 364.
Luchet (A.), 175.
Luynes (de), 272.

Macarel, 49.
Madet, 326.
Madier de Montjau père, 169.
Mahérault, 49.
Maichain, 21

TABLE DES PERSONNAGES

Maigne, 51.
Maillard, 49.
Malardier, 51.
Mallefille, 175.
Malleville (de), 3, 14, 20, 34, 60, 188.
Mangin, 320.
Marchand, 49.
Marche, 93, 305.
Marie, 14, 20, 22, 79, 81, 121, 132, 135, 178, 189, 192, 206, 248, 256, 283, 339, 358, 367, 387, 390.
Marquis, 21.
Marrast (A.), 4, 19, 82, 119, 132, 135, 136, 142, 178, 210, 227, 248, 271, 300, 306, 314, 322, 359, 365, 375, 387.
Martin-Bernard, 51.
Martin (de Strasbourg), 351.
Masson (V.), 323.
Mathieu (de la Drôme), 38.
Matthieu (de Saône-et-Loire), 21.
Mauguin, 20.
Maurat-Ballanche, 21.
Ménand, 51.
Ménard (L.), 328.
Merruau, 330.
Michel (de Bourges), 354.
Molé, 75, 384.
Montalembert (de), 29, 38, 66, 68, 375, 387, 388, 411.
Morin (Frédéric), 281.
Morny (de), 3, 16, 17, 113.
Murat (L.), 243.

Nachet, 341.
Napoléon (Louis), 26, 28, 258, 260.
Négrier, 321.
Neumayer, 61.
Nourrit, 325.

Ollivier (D.), 140.
Ollivier (Emile), 164.
Ortolan, 211.
Oudinot, 393.

Paillard-Ducléré, 163.
Pagès de l'Ariége, 21.
Pagnerre, 22, 195, 337, 387.
Paravey, 49.
Parieu (de), 61.

Parisis, 219, 400.
Passy (H.), 60.
Payer, 254.
Pelletan (E.), 369.
Pelletier, 300, 388.
Pereira, 173.
Pereire, 244.
Pérignon, 49.
Perrée, 187.
Perrot, 321, 347.
Persigny, 243.
Peupin, 138, 144.
Pfliéger, 51.
Pietri, 243, 387.
Pilhes, 51.
Pinel-Granchamp, 319.
Poncelet, 327.
Pons (de l'Hérault), 49.
Portalis, 144, 251, 254.
Prévost, 280.
Proud'hon, 110, 124, 128, 205, 218, 248, 264, 267, 268, 274, 304, 311, 387, 388, 397.
Pujol, 296.
Puységur (de), 388.
Pyat (F.), 61, 351, 384, 388.

Quinet (E), 216, 217, 300, 375, 387.
Quinette, 21.

Raspail, 30, 239, 270, 276.
Raspail (E.), 388.
Rattier, 51.
Raumer, 396.
Raynal, 295.
Rayneval, 51.
Recurt, 82, 178, 248, 339, 342, 347, 351, 358.
Régnault (Elias), 166.
Rémusat (de), 22.
Renouvier, 205.
Reynaud (J.), 49, 209, 375, 387.
Ribeyrolles, 252.
Richardet, 51.
Rimbault, 20.
Riverieulx, 70.
Rivet, 49.
Robin (C.), 86.
Rolland, 51.
Romain-Desfossés, 61.
Ronjat, 51.
Rougeot, 51.

Rouher, 61, 243.
Royer (de), 273.
Rulhières, 60.

Saint-Albin (H.), 20.
Sand (G.), 166.
Sarrut (G.), 299, 341.
Sauzet, 19, 78, 81, 87.
Say (H.), 49.
Ségur d'Aguesseau, 242.
Senard, 90, 140, 306, 311, 316, 337, 347, 358, 387, 390, 391.
Sesmaison (de), 387.
Scheffer (Ary), 360.
Schmitt, 244.
Simon (Jules), 49, 70, 300, 375, 377, 387.
Sobrier, 94, 126, 276, 279.
Sommier, 51.
Stourm, 49.
Suchet, 51.

Taillandier, 21.
Taschereau, 132.
Tessié de la Motte, 21.
Teulon (F.), 174.

Thiard, 20.
Thiers, 9, 12, 18, 21, 22, 56, 59, 77.
Thomas (C.), 105, 260.
Thomas (E.), 178, 289, 291, 121, 132.
Tocqueville (de), 60, 68, 375, 384.
Tournouer, 49.
Tracy (de), 60.
Trélat, 178, 248, 291, 294.
Troplong, 242.
Trouvé-Chauvel, 339, 359.
Turck, 301.

Valette, 32, 366, 375.
Vavin, 21.
Vauthier, 51.
Véron, 330.
Vernet, 187.
Verninac, 49.
Vésin, 227.
Viard (J.), 284.
Vivien, 22, 49, 163.
Vuillefroy, 49.

Wolowski, 270.

Yautier, 147.

Imprimerie générale de Ch. Lahure, rue de Fleurus, 9, à Paris

EN VENTE A LA MÊME LIBRAIRIE.

DICTIONNAIRE POPULAIRE ILLUSTRÉ, d'Histoire, de Géographie, de Biographie, de Technologie, de Mythologie, d'Antiquités, d'Art militaire, de Droit usuel, des Beaux-Arts, de Littérature, par Décembre-Alonnier; 600 illustrations inédites, par Berthall, Castelli, Clerget, Gerlier, Lix, Thorigny, Philipoteaux, Yan'd'Argent, etc., gravées par Trichon. 3 beaux volumes de 2400 pages à 3 colonnes, broché, 16 fr. 50 c.

Belle reliure, 20 francs.

DICTIONNAIRE D'HISTOIRE NATURELLE, comprenant la Botanique, la Zoologie, la Minéralogie, la Géologie, par Décembre-Alonnier; illustrations de Yan'd'Argent, de Berard, A. de Bar, Delonnoy, Lanson, Lehnert, Riou, Maubert, gravées sur bois par Trichon. 1 beau vol. de 800 pages, 10 francs.

Avec belle demi-reliure riche, 14 francs.

DICTIONNAIRE DE LA RÉVOLUTION FRANÇAISE, par Décembre-Alonnier; illustrations d'après des dessins originaux et des gravures du temps, gravés sur bois par Trichon. Le Dictionnaire de la Révolution française formera 200 livraisons grand in-4°, ornées de magnifiques gravures par nos principaux artistes, au prix de 10 centimes la livraison.

Le fascicule de 5 livraisons brochées, 50 centimes.

Il paraît une livraison le mardi de chaque semaine.

30 fascicules sont en vente.

On peut aussi se procurer ces trois dictionnaires par livraisons à 10 c.

LES RUINES ou MÉDITATIONS SUR LES RÉVOLUTIONS DES EMPIRES, suivies de LA LOI NATURELLE, précédées d'une NOTICE SUR LA VIE ET LES ŒUVRES DE VOLNEY, par Jules Claretie, un vol. in-18 jésus de 360 pages, prix 3 fr. 50.

HISTOIRE DE LA MISÈRE ou LE PROLÉTARIAT A TRAVERS LES AGES, par Jules Lermina, 1 vol. in-18 jésus de 360 pages, prix 3 fr. 50 c.

LE CONFESSIONNAL, par Emile Faure et Thomas Puech, un vol. in-18 jésus, prix, 3 fr. 50 c.

LES HOMMES DE 1848, par A. Vermorel, 1 vol. in-18 jésus, de près de 400 pages, prix, 3 fr. 50 c.

Sous presse et pour paraître successivement :

HISTOIRE DES CAMISARDS, par E. Bonnemère.

LA DIXME ROYALE DE VAUBAN, précédée d'une étude et annotée par Ernest Hamel, auteur de l'*Histoire de Robespierre*.

HISTOIRE DE L'INQUISITION, par A. Arnould.

DU SUICIDE. — CE QU'ON A DIT ET CE QU'ON PEUT DIRE DE LA MORT VOLONTAIRE, par Edmond Douay, professeur à l'*Association polytechnique*.

CONDORCET. — député au C...

MIRABEAU. — R...NIE, p... française.

PELLETAN

DE LA TY- s du peuple

PARIS. — ...ON, 2.

www.ingramcontent.com/pod-product-compliance
Lightning Source LLC
Chambersburg PA
CBHW050905230426
43666CB00010B/2038